U0554974

甘肃省基本建设考古报告集

（一）

甘肃省文物考古研究所　编著

文物出版社

图书在版编目（CIP）数据

甘肃省基本建设考古报告集. 一 / 甘肃省文物考古研究所编著. -- 北京 : 文物出版社, 2020.10

ISBN 978-7-5010-6738-1

Ⅰ. ①甘… Ⅱ. ①甘… Ⅲ. ①考古发掘—发掘报告—甘肃 Ⅳ. ①K872.42

中国版本图书馆CIP数据核字(2020)第136872号

甘肃省基本建设考古报告集（一）

编　　著：甘肃省文物考古研究所

封面设计：秦　彧
责任编辑：秦　彧　彭家宇
责任印制：苏　林

出版发行：文物出版社
社　　址：北京市东直门内北小街 2 号楼
邮　　编：100007
网　　址：http://www.wenwu.com
邮　　箱：web@wenwu.com
经　　销：新华书店
印　　刷：北京荣宝艺品印刷有限公司
开　　本：889mm × 1194mm　1/16
印　　张：24
版　　次：2020 年 10 月第 1 版
印　　次：2020 年 10 月第 1 次印刷
书　　号：ISBN 978-7-5010-6738-1
定　　价：350.00 元

编　委　会

主　编：陈国科

副主编：王　山　岳晓东

编　委：（按姓氏拼音排序）

康禹潇　李永峰　刘兵兵　马洪连

马　丽　毛瑞林　孙　峰　王永安

魏美丽　吴　荭　张俊民　赵建龙

学术委员会（按姓氏拼音排序）

陈国科　毛瑞林　吴　荭　张俊民　赵雪野

序　言

基础设施是为社会生产和居民生活提供公共服务的物质工程设施，是用于保证国家或地区社会经济活动正常进行的公共服务系统，是社会赖以生存发展的一般物质条件。它们是企业、单位和居民生产经营工作和生活的共同物质基础，是城市主体设施正常运行的保证、是国民经济各项事业发展的基础。

进入 21 世纪后，随着中国经济实力的快速增长，西部地区的开发力度逐渐加大也成为必然的趋势。2001 年 3 月，第九届全国人民代表大会第四次会议通过的《中华人民共和国国民经济和社会发展第十个五年计划纲要》对实施西部大开发战略再次进行了具体部署。西部地区特指陕西、甘肃、宁夏、青海、新疆、四川、云南、贵州、重庆、西藏、广西、内蒙古 12 个省、自治区和直辖市。实施西部大开发，就是要依托亚欧大陆桥、长江水道、西南出海通道等交通干线，发挥中心城市作用，以线串点，以点带面，逐步形成我国西部有特色的西陇海兰新线、南（宁）贵、成昆（明）等跨行政区域的经济带，带动其他地区发展，有步骤、有重点地推进西部大开发。2007 年 1 月 23 日，国务院常务会议审议并原则通过《西部大开发“十一五”规划》。目标是努力实现西部地区经济又好又快发展，人民生活水平持续稳定提高，基础设施和生态环境建设取得新突破，重点区域和重点产业的发展达到新水平，教育、卫生等基本公共服务均等化取得新成效，构建社会主义和谐社会迈出扎实步伐。西部大开发战略正式实施。

搭乘着西部大开发的快车，从 2000 年至今，甘肃省也展开了为数众多的基础设施建设工程，涵盖公路、铁路、航空、电力、水利、燃油气管道、城市规划建设等涉及社会生活的各个方面。十八大以来，特别是十九大以后，党和国家对西北地区尤其是甘肃省的快速优质发展高度重视，持续加强针对甘肃省基础设施工程建设的投资与支持力度，逐年上马大量的新建基础建设工程。这些基础建设工程的实施，加速推进了甘肃省社会经济的跨越式发展，是经济持续增长的基础动力。

随着大量基础设施建设工程的实施，各项工程施工范围内的文物安全面临着极大的压力，对相关文物保护工作的需求也日益急迫。为保证基建工程涉及的各类文物的安全，甘肃省文物考古研究所将配合基建工程的考古调查、勘探、发掘等工作作为业务工作的重要组成部分，并给予高度重视，在不影响工程进度、保证经济发展的前提下，每年开展数十项配合基建项目的文物考古工作，保证了各项工程涉及文物的安全。在此对 2000 年以来甘肃省文物考古研究所开展的各项配合基本建设工程的文物考古工作做一梳理和总结。

一　2000 年以来开展的各项配合基础设施建设文物考古工作所取得的成果

甘肃省是文物大省，在第三次全国不可移动文物普查中登记在册的文物点有 16000 余处，分布于全省各地；此外还有战国—秦、汉、明等各时代长城自河西至陇东贯穿全省，这些都是我省宝贵的文化遗产，不可移动文物的保护工作是我省文物工作者的首要任务。

基础设施建设工程有着工程路线长、占地范围大的特点，在工程选址、施工过程中有较大的可能涉及不可移动文物的保护范围或建设控制地带，如果不做好文物保护工作，这些工程的建设行为势必对文物安全造成严重的影响。为了保护好不可移动文物的安全，在不影响国家经济建设的前提下，在工程实施前，受甘肃省文物局委派，甘肃省文物考古研究所对全省境内所有的基础设施建设工程选址或工程线路施工范围进行了详细的文物考古调查，摸清各项工程设计的不可移动文物情况并提出相应的保护建议，并依据甘肃省文物局的指示对涉及不可移动文物保护范围和建设控制地带的区域进行了准确的考古勘探，掌握施工区域地下遗存的分布与保存状况，为下一步的文物保护工作提供了准确翔实的资料。

甘肃地形狭长，自西北至东南方向长约1800千米，戈壁、荒漠、山地纵横交错，地形复杂，河西走廊更是连接中亚—中国新疆与中国内地的必经之路，铁路运输、油气管道、公路工程、输电线路、水利设施等保障性大型工程，是甘肃省基础设施建设工程的重中之重，承担着人员物资流通、社会民生保障的主要任务，是经济发展的基础。甘肃省文物考古研究所遵循既有利于基本建设，又有利于文物保护的原则，在保证各项工程顺利推进的前提下对各类工程施工建设范围涉及的不可移动文物进行了考古发掘，取得了一批重要发现。

配合基本建设工程的考古发掘工作中，史前时期遗址占据了较大的比重，多分布于甘肃中东部，重要发现有天水师赵村遗址、通渭李家坪遗址、秦安崖背里遗址、岷县山那树扎遗址、兰州曹家咀遗址、廿里铺大坪遗址、永靖坟台遗址等。其中较有代表性的如配合兰渝铁路工程发掘的岷县山那树扎遗址，该遗址揭示出仰韶中期庙底沟类型文化因素、仰韶晚期文化因素和马家窑类型文化因素三者的共存关系，为研究仰韶晚期文化与马家窑文化的关系及马家窑文化的来源等问题提供了新线索，也为研究洮河流域这一时期人类的生业模式，生产、生活方式及人与自然环境的关系问题等提供了重要资料。配合九甸峡建设工程进行发掘的岷县占旗遗址，是一处重要的寺洼文化墓地。该墓地是寺洼文化的早期遗存，对认识寺洼文化分布范围、完善寺洼文化的分期断代、寺洼文化的源头等研究具有重要意义；出土的部分陶器和铜器，对探讨寺洼文化与周边地区齐家文化、卡约文化、辛店文化之间的关系，乃至探讨与中原地区商周文化和欧亚草原文化之间的文化交流具有重要的意义。配合武威海藏湖生态治理工程项目发掘的武威海藏遗址为一处典型的齐家文化时期玉器加工聚落遗址，对研究玉石器手工业考古研究具有重要的意义，同时为齐家文化玉器研究、华西系玉器、早期玉石之路研究提供了丰富的资料；该遗址出土的西城驿文化的彩陶，对探讨齐家文化与西城驿文化的关系问题具有重要意义，乃至为认识早期文化传播和人群互动提供了重要的证据；出土铜器与河西走廊其他地区及周边地区出土铜器比较，探讨早期冶金传播与文化交流过程具有重要的意义，对认识河西走廊冶金圈、乃至西城驿—齐家文化冶金共同体具有重要意义。

以西气东输工程、西电东送工程和兰新客运专线为代表的大型线性工程项目多取道河西走廊，这一区域配合基本建设工程发掘的项目以魏晋墓葬居多，如敦煌祁家湾墓群、佛爷庙湾—

新店台墓群、玉门官庄墓群、金鸡梁墓地、白土梁墓群、永昌水泉子墓群等。其中较有代表性的如配合敦煌至格尔木铁路工程发掘的敦煌祁家湾墓群，清理了一批西晋十六国墓葬，其出土物与敦煌地区已发掘同时期墓葬互为补充，为进一步认识河西魏晋墓的内涵提供了实物证据，也为研究西晋十六国时期的敦煌社会生活习俗提供了宝贵资料。西气东输一至三线工程沿线发掘的玉门官庄墓群、金鸡梁墓地、白土梁墓群等，其出土器物种类多样，尤其是官庄墓群出土的墓葬棺板上的纸质绘画，色彩鲜艳，形象生动，其人物、服饰、车马及描绘的内容，都为研究汉晋时期丝绸之路的民族文化提供了较为形象的资料。配合兰新客运专线发掘的民乐八卦营墓群，随葬器物丰富，且保存较好，为研究汉代河西地区的政治、经济、文化和社会状况提供了重要的实物依据。配合敦煌机场扩建工程发掘的敦煌佛爷庙湾—新店台墓群，进一步丰富了河西地区魏晋时期的考古资料，对进一步研究河西地区该时期历史、经济、丧葬习俗等具有重要的意义。

陇东地区汉唐墓葬群发掘也是甘肃省配合基本建设考古工作的重头戏，如通渭董家庄墓群、西峰新庄墓群、漳县西坪墓地等。其中配合宝兰客运专线发掘的通渭董家庄墓群，虽然仅发掘3座墓葬，但通渭县在汉代曾是天水郡、汉阳郡的重要属地，汉代遗存分布广泛，该墓群的发掘，对于了解该地区汉代墓葬的形制、葬俗等方面均提供了具有一定价值的第一手资料。配合银西铁路发掘的西峰新庄墓群，共清理汉至宋各时代墓葬20余座，分布范围广，年代跨度大，对于研究庆阳地区古代社会丧葬习俗、物质文化生活等方面提供了一批重要资料。配合渭武高速发掘的漳县西坪墓地墓葬年代从墓葬形制、出土器物判断应为东汉时期，该墓地的发掘从墓葬形制、丧葬习俗等方面为研究东汉时期漳河流域提供了新材料，特别是多人合葬的丧葬习俗在其他地区还未见发表的材料，为研究该地区东汉时期的社会经济状况、丧葬制度丰富了资料。

甘肃省文物考古研究所配合各类基础设施建设工程所进行的考古调查、勘探、发掘等工作遍布全省各地，合计300余项，尤其是考古发掘工作，年代上至新石器时代，下迄唐宋时期，涵盖城址、聚落、墓葬等各类古代遗存，以上仅介绍了部分具有代表性的发掘工作及其收获，这些考古发掘工作获取了大量珍贵的实物资料，对研究各地区各时代不同文化的社会形态、生业模式、人与自然环境的关系问题等具有重要意义。

二　关于配合基本建设工程考古发掘简报的整理与出版

考古发掘及其成果的整理与公布，是古代遗存能够进入研究领域的现后两个阶段，共同组成了一个科学完整的流程；只发掘不整理、不发表报告，无异于工作流程产生了缺环，发掘成果不能体现其应有的价值。考古报告的整理与刊布，既是考古工作者的职责所在，也是对发掘成果的尊重，更是对考古发掘这一艰辛过程本身的尊重。

甘肃省文物考古研究所自2000年以来进行的配合基础设施建设工程的考古发掘，已经整理出版或发表了一系列考古报告或简报，取得了一定的成果。考古报告如《兰州红古下海石——新石器时代遗址发掘报告》[1]、《民乐八卦营——汉代墓群考古发掘报告》[2]等，此外玉门白土

[1] 甘肃省文物考古研究所：《兰州红古下海石——新石器时代遗址发掘报告》，科学出版社，2008年。

[2] 甘肃省文物考古研究所：《民乐八卦营——汉代墓群考古发掘报告》，科学出版社，2014年。

良汉代墓地[1]、玉门官庄墓地[2]、酒泉崔家南湾墓群[3]、永昌水泉子墓群[4]、民乐五坝村[5]、榆中夏官营古城[6]、永靖坟台遗址[7]等发掘项目也已发表发掘简报，张掖黑水国遗址等发掘项目的考古报告也即将出版。与此同时，诸如临泽黄家湾滩墓群、岷县山那树扎遗址、泾川泾州古城、通渭李家坪遗址等发掘项目的考古报告或简报也在整理之中。

在取得一定成果的同时，随着考古发掘项目逐年增加，承担田野考古工作的业务人员严重不足的问题也日渐凸显，现有业务人员往往处于连续作战、长期作战的状态下，不仅疲于应战，也很难有足够的时间与精力进行考古报告的整理；考古报告整理的时间和劳动强度远远超过发掘，令发掘人员望而生畏，加之发掘任务繁重，顺势借词卸责，同时也存在个别负责人因为受限于业务水平而无法开展资料整理的现象；此外由于个别项目资料管理不善，发掘人员去世、调离、退休等客观因素也造成了发掘资料流失、积压等现象。

由于上述几条原因，造成了发掘成果的整理与公布出现了滞后的现象，且越积越多，情况越来越严重，有一批发掘项目的考古报告、简报至今没有刊布。

为了解决考古发掘资料长期积压，报考整理工作严重滞后的问题，甘肃省文物考古研究所计划用 5 到 10 年时间，完成积压资料的整理、刊发与出版。其中 2000 年以来配合基本建设考古发掘的资料整理遵循以下原则：

资料充足的遗址必须完成考古报告并逐一出版；资料不足以完成报告的重要遗址必须完成简报逐一刊发；资料可以完成简报但难以刊发的必须以考古报告集形式结集出版；资料已经不全（2000 ～ 2005 年）者尽可能整理出简报。

基于上述原则，我们决定对 2000 年以来配合基本建设工程考古发掘项目进行梳理，挑选出可以完成简报但难以刊发的项目集结成基建考古专题报告集，每集挑选某一历史时段为主题，收集十余篇简报结成合集，以 1 至 2 年一集的速度分批出版。

本次结集出版的 14 篇简报，时代上以甘肃省已经发掘的魏晋时期遗址、墓葬为主，兼收新石器时代、商周时期的发掘项目，共同组成《甘肃省基本建设考古报告集（一）》。受整理者的水平所限，此次刊布的简报难免有所纰漏，望各位同仁不吝赐教。

与此同时，《甘肃省基本建设考古报告集（二）》的结集与出版正在策划中，内容计划以新石器时代遗址和两汉至宋金时期墓葬为主，计划收集的考古简报正在整理之中，相信不久的将来就能与读者见面。

---

[1] 甘肃省文物考古研究所：《甘肃玉门白土良汉晋墓发掘简报》，《考古与文物》2006年第1期。

[2] 甘肃省文物考古研究所：《甘肃玉门官庄魏晋墓葬发掘简报》，《考古与文物》2005年第6期。

[3] 甘肃省文物考古研究所：《甘肃酒泉崔家南湾墓葬发掘简报》，《考古与文物》2006年第6期。

[4] 甘肃省文物考古研究所：《甘肃永昌水泉子汉墓发掘简报》，《文物》2009年第10期。

[5] 甘肃省文物考古研究所等：《甘肃民乐五坝史前墓地发掘简报》，《考古与文物》2012年第4期。

[6] 甘肃省文物考古研究所：《甘肃榆中夏官营古城遗址发掘简报》，《文博》2019年第6期。

[7] 甘肃省文物考古研究所：《甘肃永靖红城寺坟台遗址发掘简报》，《文博》2018年第2期。

目　录

序　言…………………………………………………………………………………… i

壹　岷县维新乡坪上遗址发掘简报……………………………………………………… 1

贰　兰州市红古区下旋子遗址发掘报告………………………………………………… 23

叁　陇西县梅家嘴新石器遗址 2011 年发掘简报 ……………………………………… 39

肆　岷县维新乡卓坪遗址发掘简报……………………………………………………… 56

伍　陇西县梁家坪遗址汉墓 M1 发掘简报 …………………………………………… 66

陆　陇西县南坡营遗址两座汉墓发掘简报……………………………………………… 70

柒　玉门市白土梁汉晋墓 2010 年发掘报告 …………………………………………… 78

捌　玉门市白土梁汉晋墓 2005 年发掘简报 ………………………………………… 147

玖　酒泉市野猪沟墓地 2010 年发掘简报 …………………………………………… 168

拾　酒泉市三坝湾魏晋墓 2013 年发掘报告 ………………………………………… 179

拾壹　瓜州县十工山墓群 2014 年发掘简报 ………………………………………… 205

拾贰　敦煌市祁家湾墓群 2013 年发掘简报 ………………………………………… 225

拾叁　玉门市金鸡梁西晋、前凉墓 2013 年发掘报告 ……………………………… 245

拾肆　敦煌市佛爷庙湾墓群 2014 年发掘简报 ……………………………………… 257

后　记………………………………………………………………………………… 287

壹　岷县维新乡坪上遗址发掘简报

甘肃省文物考古研究所

第一节　概况

一　地理位置

甘肃省洮河流域的九甸峡水电工程是甘肃省“十一五”工程项目中的南水北调工程项目之一，即引调洮河上游之水东北向供给甘肃省干旱地区之一的定西市一带，以便解决当地的人口用水外，并要灌溉当地的数万亩良田。该工程自2006年正式动工以来，投入了大量的人力、物力、财力，迁移人口大约万余户（约8万人）。甘肃省文物考古研究所为配合这项工程在九甸峡水库蓄水淹没区的洮河上游一带进行了古遗址以及古文物的普查勘探，并对一些重要遗址的进行抢救性发掘，比较重要的遗址有35处，2007年下半年开始对大坝附近的一些遗址进行了科学发掘和保护，2008年甘肃省文物考古研究所又组成三个发掘小组，分别对九甸峡库区洮河上游的一些淹没区的古遗址进行抢救性的考古发掘。

九甸峡水电工程的水库大坝位于洮河中上游的临潭、卓尼两县界处，属陇南山区，东至卓尼县城50、西至临潭县城60、北至临洮县城100多、南到定西地区的岷县60千米。水库淹没区长达40余平方千米，海拔高度2180～2250米。该地区虽说山大沟深，但气候温润，雨水充沛，十分适宜人类生活，所以，在远古时代就有人在这一带生存和繁衍。现知最早的有距今6000年左右的仰韶文化庙底沟类型时期的人们在这一带生存，继而有仰韶文化晚期（石岭下类型）遗存分布，同时又有马家窑文化遗存交相呼应，之后有齐家文化、寺洼文化遗存以及西汉墓葬和元、明、清时期的遗存。

二　发掘经过

2008年7～9月，为配合洮河中上游的九甸峡水库建设以及其蓄水工程，又对岷县、临潭、卓尼三县界洮河上游的一些古遗址进行了抢救性的科学发掘。甘肃省文物考古研究所副研究员赵建龙担任领队，由甘肃省文物考古研究所王永安、陕西省溧阳市张晓荣、宝鸡刘银春、四川大学隋唐史研究生刘兵兵、岷县文物局於生明等组成发掘小组，主要对属于岷县维新乡的底旗村、坪上村与卓坪村三处遗址进行重点复查与发掘。由于三处遗址之间的位置相去较远，交通不便，所以，依靠当地的三轮车（三马子）进行了转战迁徙，经过了住址三迁才完成了这次发掘任务。

底旗遗址位于岷县维新乡西北2.5千米处的洮河东岸二级台地上，地理坐标为北纬34°41′52.5″，东经103°50′59″，海拔2226米。北距岷县西北边缘的维新乡武旗村占旗遗址1.5千米，南至维新乡对岸的堡子村2.5千米。该遗址经过复查得知与原调查情况不符，核对陕西勘探队的勘探材料，仅发现几座墓葬，经过核实当为西汉时期的几座砖室小墓，早已被农民平整土地时破坏，青砖、尸骨散乱于地垄上，故而放弃了对该遗址的发掘工作，将发掘的重点放在了坪上村与卓坪村两个遗址。

坪上遗址位于岷县维新乡北1千米处的坪上村西南部，即洮河上游西岸的二级台地上，分布面积约80万平方米，地理坐标为北纬34°41′36″，东经103°52′14″，海拔2186米。南到岷县县城45、西距临潭县陈旗乡遗址（王旗村）约1、西北隔洮河距武旗村占旗遗址约2千米，当属两县界的交界处。南去维新乡卓坪村（卓坪遗址）5千米（图一）。

坪上遗址位于洮河西岸坪上村东南部的二级台地上，地势比较平坦，属山坡台地，大部分遗址被现代村庄所覆盖，可以发掘的地区多属于遗址边缘坦。所以，仅有部分文化堆积层或少量灰坑等遗迹。这次发掘共开5米×5米探方14个，发掘面积约350平方米。分别为北部麦地编号T1～T3，方位均北偏西15°（彩版一，1）；中部麦场编号T4～T6，方位均北偏西10°；南部麦地编号T7～T14，其中部分探方，由于堆土不便而做了部分发掘，方向均北偏西20°。三个发掘点的南北相互距离均约20米（图二）。

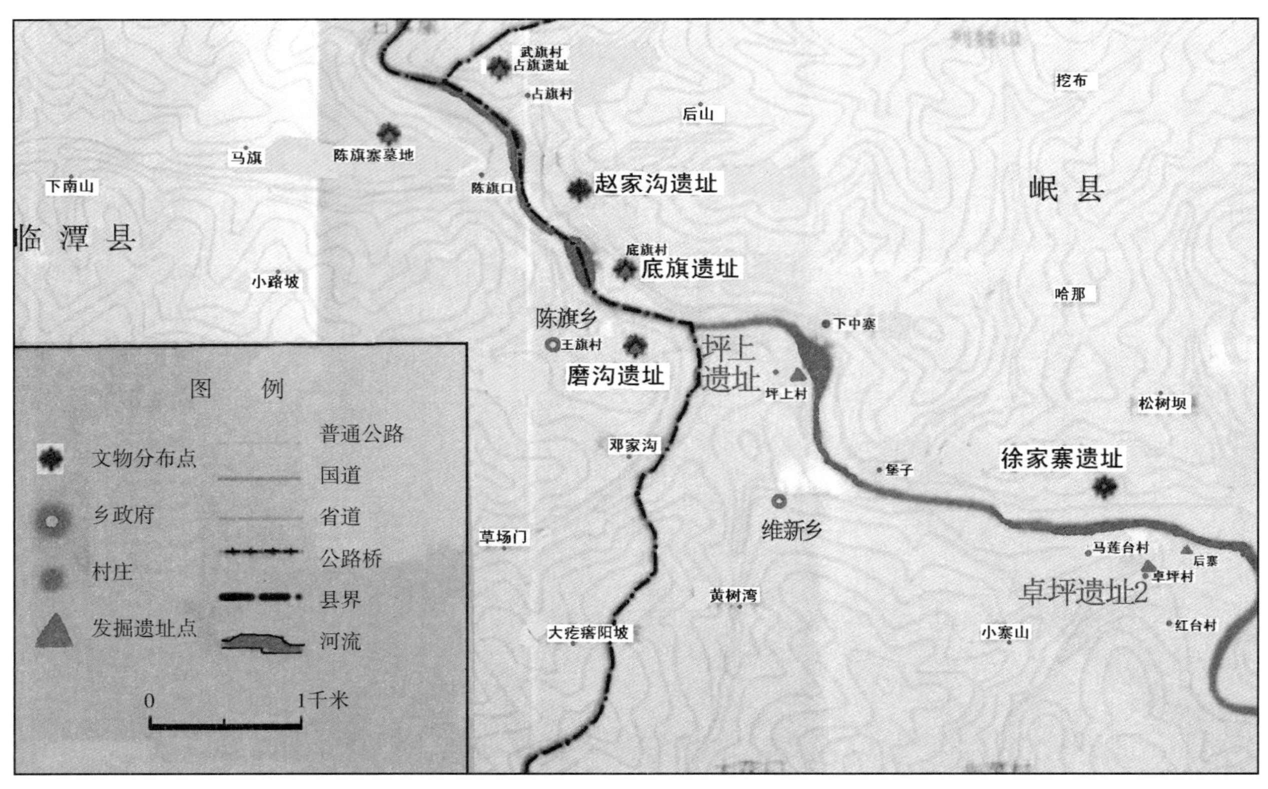

图一　岷县坪上遗址地理位置示意图

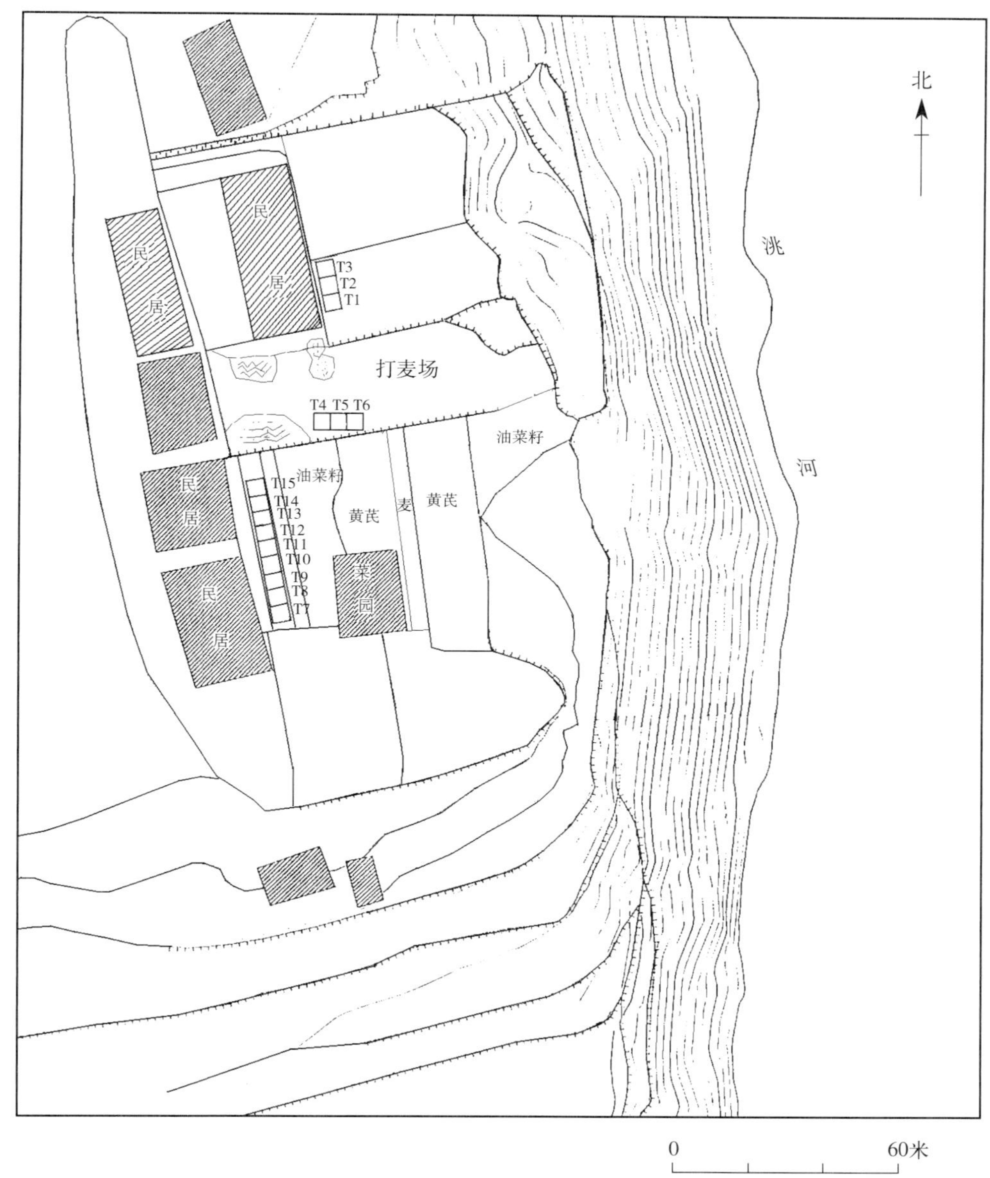

图二　坪上遗址探方分布平面图

第二节　地层堆积

1.T1 ~ T6 地层

本次发掘探方 T1 ~ T6 地层均较浅。

第①层：农耕或表土层，厚 0.2 ~ 0.25 米。浅灰色黄土，比较纯净。

第②层：灰黄色扰土层，厚 0.3 ~ 0.4 米。比较坚硬，内含有少量陶片和汉代瓦片及元代黑瓷片等，属后期的填土。

第③层：比较纯净的黄色生土。

唯在打麦场上的T4～T6三探方中没有耕土层，第①层就是灰黄色扰土层，再下则为黄色生土，在T6①层下发现了一个不规则的灰坑，编号H1。

2.T7～T9地层

探方T7～T9由于出土堆积的原因，均进行了部分发掘。

第①层：农耕层，厚0.3米左右。浅灰色黄土，比较纯净。

第②层：深灰色土，厚1.1～1.4米。比较坚硬，内含有少量陶片及元代黑瓷片等，属后期的填土。

第③层：灰黄色土，厚0.4～0.5米。比较坚硬，也比较纯净，内含有极少量的仰韶文化中晚期陶片。

第④层：黄灰色土，厚0.4～0.5米。土质较软，偶有灰色斑块，内含有比较多的黑灰色、褐红色、黄灰色的夹砂陶片，素面，外表磨光，部分器表残留有烟炱，常见有侈口，短颈，颈部有附加鋬或宽桥形耳，圆鼓腹，平底或平底中部向内压一个凹窝，还见有少量施紫红色陶衣者等残片，近似于寺洼文化的陶质或陶色。同时还见混有极少量齐家文化泥质橙黄色竖篮纹陶片和仰韶文化中期的泥质线纹、夹砂绳纹等陶片以及马鹿、山羊等兽骨。

第⑤层：浅黄色土，厚0.3～0.4米。杂有少量灰色斑块，内含有少量陶片，陶质陶色基本与第④层同，也杂有极少量仰韶文化中期陶片以及马鹿、山羊等兽骨。

再下为纯净的黄色生土。其中T7的第④层下东部发现一个沟状灰坑，编号为H2。T9的第③层下西北部发现一个圆形灰坑，编号为H3。

3.T10地层

探方T10仅发掘了北半部，共有四层。

第①层：农耕层，厚0.3米左右。浅灰色黄土，比较纯净。

第②层：深灰色土，厚1.1～1.4米。比较坚硬，内含有少量陶片及元代黑瓷片等，属后期的填土。

第③层：灰黄色生土，厚0.3～0.35米。比较硬，从底部或东壁剖面可以看出自北向南呈斜坡状，很少见有陶片等。

第④层：黄灰色土，厚0.25米左右。土质较软，偶有灰色斑块，南部较深，未发现任何遗物。

这些现象说明南部的几个探方中的第②、③层均为后期的填土堆积层。第④、⑤层才是原有的文化层堆积。

4.T12～T14地层

探方T12～T14依次位于T11北部，文化层堆积都较南部的几个探方浅，也可分四层。

第①层：农耕层，厚0.3～0.4米。浅灰色黄土，比较纯净。

第②层：深灰色土，厚0.35～0.5米。比较坚硬，内含有极少量碎陶片等，属后期的填土，北浅南深。

第③层：灰黄色土，厚0.3～0.4米。比较坚硬，从底部或东壁剖面可以看出自南向北呈斜坡状，内含有少量的仰韶文化中期陶片等。

第④层：黄色夹有灰色斑点的土层，厚0.25米左右。较紧密，也呈南北向斜坡状，内含有少量寺洼文化的夹砂灰或橙黄色陶片以及极少量的仰韶文化中期陶片等。

再下为黄色生土。可见T11北部的几个探方中的第③、④层又是向北倾斜，似乎T11中的H4所处的地理位置很高，可能是此处有大量的灰土和陶片，在其后期的取土过程中被有意留存下来的一块高地也未可知。

由此，对上述探方的地层进行了初步统层，根据每个探方各层的土质土色以及其包含物看，探方T7～T10内的②、③层同于T11以北探方的第②层。而其下部的第④层，相当于T11以北的第③层。第⑤或⑥层则相当于T11以北的第④层。只是每个人分层的标准各异所致。又根据这些探方中的第②、③层的土质土色以及包含物的纯净度等特征看，其当为同时期的一种回填土堆积层。又T7南边，东西向原有一道城墙，现存地基宽约10米，据当地老人说原有2～3米高，顶宽约2米，年代不详。这些探方中大量的取土与填土似乎与这道城墙有关。

现以探方T11和T12剖面为例说明H4所处的地层位置：

探方T11位于T10的北部，共有四层（图三）。

第①层：农耕层，厚0.3米左右。浅灰色黄土，比较纯净。

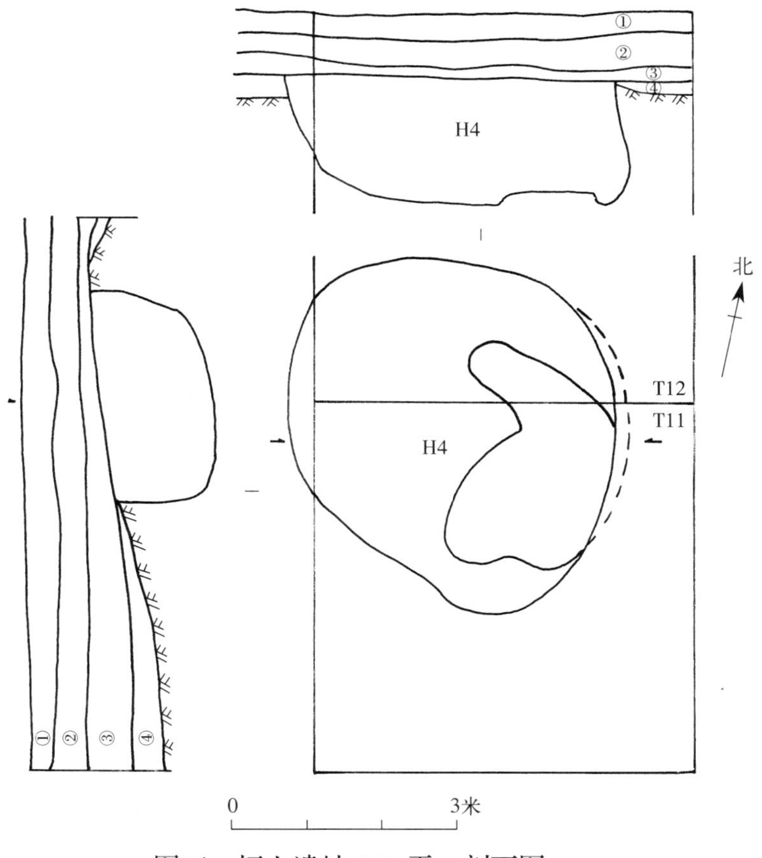

图三　坪上遗址T11平、剖面图

第②层：深灰色土，北浅南深，北部厚0.45米，南部厚约0.4米。比较坚硬，内含有少量陶片及元代黑瓷片等，属后期的填土。

第③层：灰黄色土，厚0.15～0.55米。比较硬，从底部或东壁剖面可以看出自北向南呈斜坡状，内含有少量的寺洼文化的夹砂灰或橙黄色陶片以及很少的仰韶文化中晚期陶片等。

第④层：黄色夹有灰色斑点的土层，厚0.35～0.5米。主要分布在T11的南部，较松软，也呈南北向斜坡状，而北部灰坑H4上没有第④层堆积，灰坑处于生土层中，第④层中含有极少量陶片等。

再下则为黄色生土。在该探方的北部第③层下发现一个大灰坑编号为H4，向北延伸到T12中。所以，同时对T12也进行了发掘，发掘的地层表明，其第③层以很薄的堆积覆盖在H4堆积之上，向北则呈坡状，厚0.15～0.25米。而第④层也呈南薄北厚的斜坡状但未覆盖到H4上，厚0.1～0.45米。

第三节　遗迹

该遗址发现的遗迹不多，仅有灰坑4个，根据地层和出土遗物可以划分为仰韶文化中期遗存和寺洼文化遗存等。又大多数探方②、③层为后期填土，出土物虽少，但仰韶文化、齐家文化、寺洼文化的陶片均有，故按不同的文化特征进行了划分归属，其中所出与H1、H4两个灰坑中所出的相同遗物等划归为仰韶文化时期，其他遗物如少量齐家文化的陶片以及寺洼文化的陶片等当划归于比其更晚的遗存。而所有探方第④、⑤层和灰坑H2中所出的大部分陶片属于寺洼文化时期，所以将它们划归于寺洼文化时期等。

一　仰韶文化中期

仅有灰坑2个，即H1、H4。

1.H1

灰坑位于T6第①层下，东西长约2、南北宽1.90、深0.75米（图四）。为不规整的椭圆形取土坑，坑的东部较深，西部较浅，坑底则呈圆形圜底状。坑内土色深灰，不太坚硬，内含有比较多的属仰韶文化中期晚段的绳纹、线纹、彩陶、素面等陶片以及少量鹿科动物兽骨，还有一块犀、象类大型动物的腰椎骨。

2.H4

灰坑位于T11西北部第③或④层下的黄色生土层中，南北长径4.8、东西短径4.3、深1.7～1.9米（图五；彩版一，2）。灰坑呈不规整的圆形，坑壁东部内弧，西壁略呈斜坡，南、北壁较直，坑底不太平整。坑内灰色土堆积，内含有大量的仰韶文化中期晚段陶片和重唇口与变异重唇口尖底瓶片、陶环、马鹿、麋鹿、猪等兽骨以及少量陶纺轮、陶刀、石器、骨器等，从陶片特征

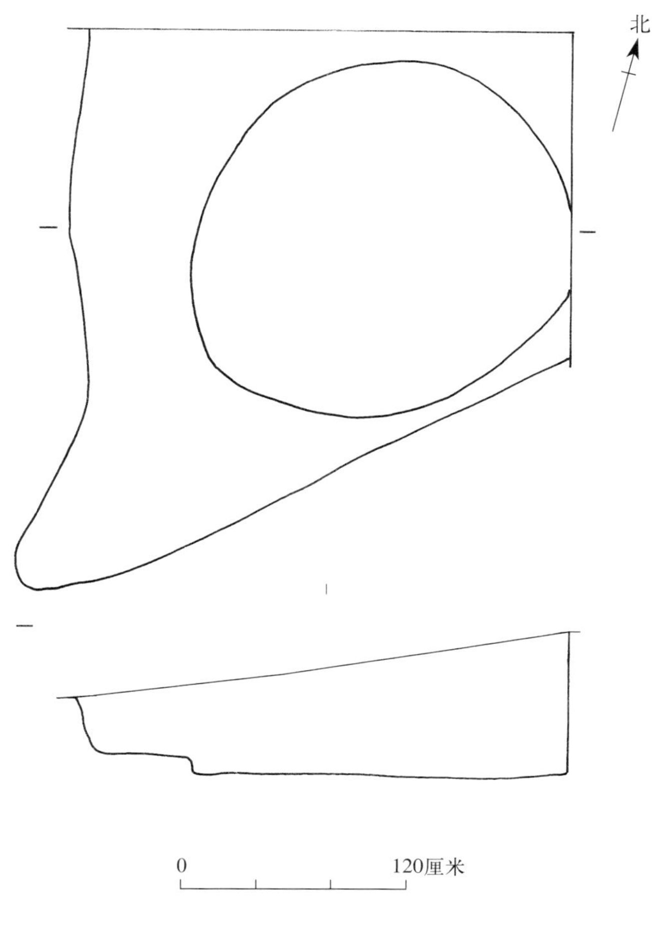

图四　坪上遗址 H1 平、剖面图

看属于庙底沟类型向仰韶晚期类型过渡的阶段，比较单纯，也可定为庙底沟类型晚段或大地湾四期早段。没有发现寺洼文化或类寺洼文化的陶片。

在 H4 中出土的小件和可复原器物分别有陶钵、陶铲、陶纺轮、陶刀、敲砸器、刮削器、石斧、石刀、陶束发器、陶环等。

二　寺洼文化及其他文化遗存

仅有灰坑 2 个，即 H2、H3。

1.H2

灰坑位于 T7 第④层下东部，是一长条形沟状坑，东西长 1.37、南北宽 0.77、深 0.3 米。内含有少量寺洼文化陶片、动物骨骼、烧土块等，属寺洼文化时期。

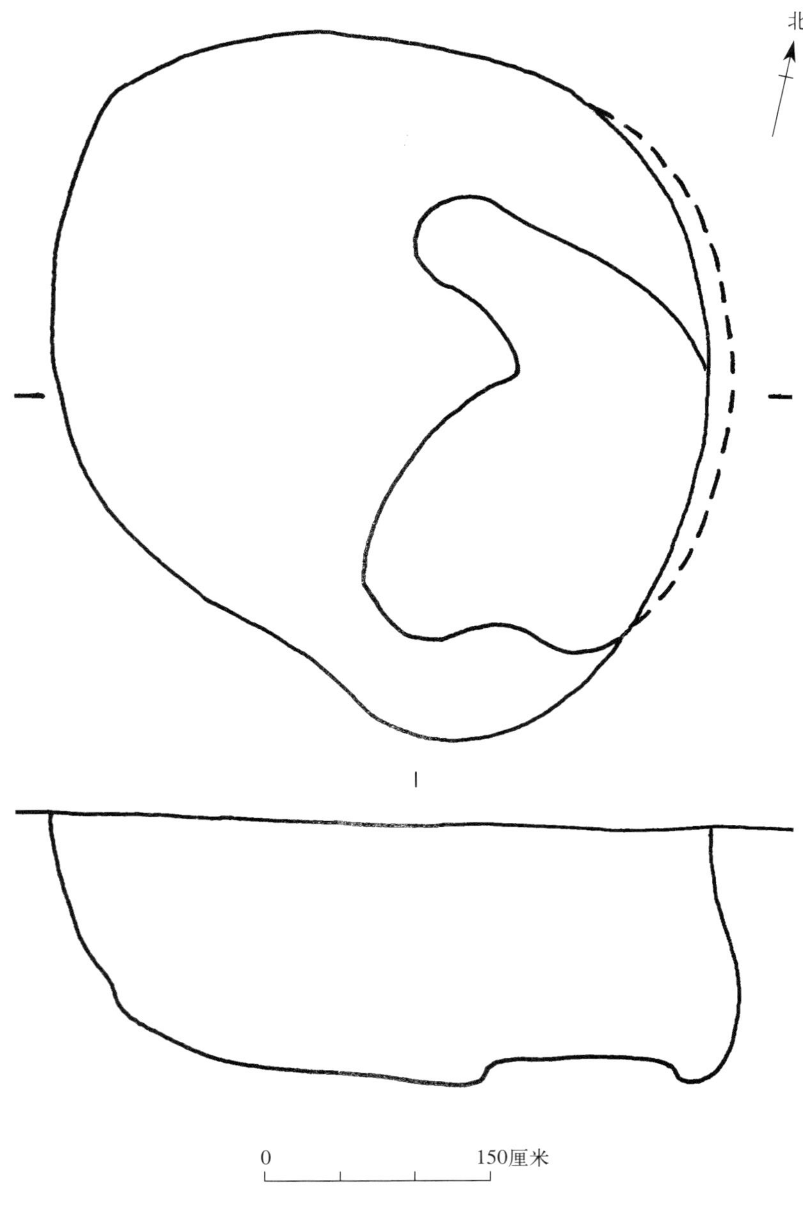

图五　坪上遗址 H4 平、剖面图

2.H3

灰坑位于 T9 第③层下西北部（图六），是一直径 0.98、深 0.41 米的圆形平底灰坑（窖穴），底部分南北有对称的两个直径 0.06、深 0.08 米的小柱洞，内堆积有厚 0.2 米的木炭块，未见其他遗物。可能是一处存放木炭的窖穴，从地层关系分析也当属于寺洼文化时期。

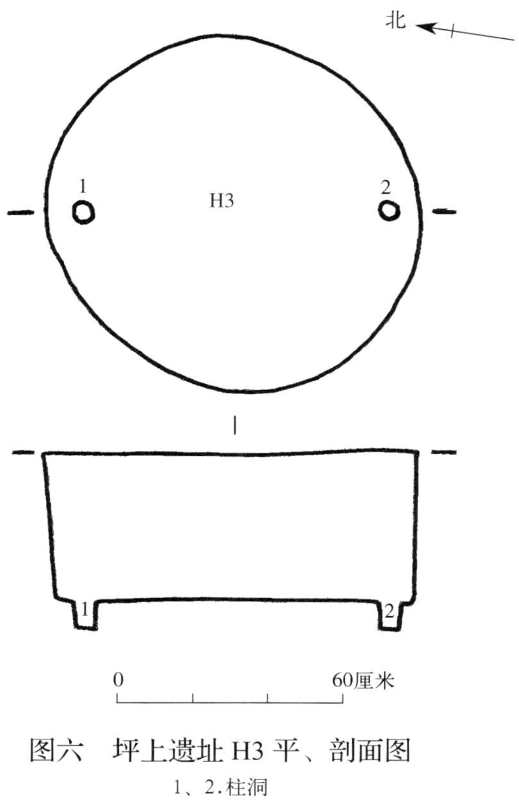

图六　坪上遗址 H3 平、剖面图
1、2.柱洞

第四节　遗物

该遗址出土遗物也不多，主要是发掘出的 H1、H4 两个属于仰韶文化中期遗存中的一些遗物和探方②、③层中所出与两个灰坑中所出的相同遗物等，划归为仰韶文化时期，共有大小器物 512 件，其中完整或可复原器 215 件。其他遗物如少量齐家文化陶片以及寺洼文化陶片等当划归于比其更晚的遗存。而探方④、⑤层和灰坑 H2 中所出的大部分陶片等则属于寺洼文化时期的遗物。所以，根据其出土遗物最晚的时代可以划归为寺洼文化时期，共有小件器物 8 件，其中完整器 7 件。

一　仰韶文化时期

（一）生活用器

坪上遗址遗存主要属仰韶文化中期遗存，生活用器主要是陶器，在使用过程中容易破碎，所以在遗址发掘中常会在地层和灰坑中发现大量的碎陶片，由于烧制的火候不同而产生出红色陶、橙黄色陶、褐红色陶和灰色陶等，按照陶色区分，则橙黄色陶居多，约为总数的 45.81%，灰陶次之，约占总数的 24.67%，再次为褐红色陶，约占总数的 19.81%，红色陶最少，约占总数的 9.72%。由于使用的范围不同而分为细泥陶、泥质陶、夹砂陶等，其中泥质陶居多，约占总数的55.48%，夹砂陶次之，约占总数的29.27%，而细泥陶则仅占总数的15.24%。可见这一时期红色陶和细泥陶明显减少，橙黄色陶和泥质陶明显增多。

坪上遗址所出彩陶片比较多，但花纹简单，比较多见的是圆点、垂弧纹（或垂帐纹）、网格纹，弧边三角纹（或弧边勾叶纹）为数不多，还见有少量的圆点菱形纹，常见于钵、盆、壶上。一般罐、缸类器物的表面多饰以斜绳纹和少量的附加堆纹，尖底瓶上多饰以线纹，素面陶也比较多。

主要器形有陶壶、罐、瓶、钵、盆、缸等，其中可复原器5件，余为残片。

1．陶罐

出土数量较多，但造型较简单，均为夹砂陶残片，多为橙黄色，褐红色和灰色较少。根据器物特征分三式。

Ⅰ式　标本H4：P10，夹砂橙黄色陶。侈口，圆唇，束颈，鼓腹，下部残。腹部饰近横向绳纹。残长13、宽8厘米（图七，1）。

Ⅱ式　标本H4：P12，夹砂红陶。近直口，平沿，圆唇，颈较高，鼓腹，下部残，口部可复原。颈部饰指甲纹，肩部以下饰斜绳纹。残片口径18、肩径25.0、残高7.5厘米（图七，2；彩版二，1）。

Ⅲ式　标本H4：P11，夹砂橙黄色陶。侈口微凹，平沿，圆唇，束颈，微鼓腹，下部残。颈部以下饰斜向绳纹。残长16、宽11厘米（图七，3）。

2．陶瓶

无复原器，仅有残片。比照仰韶文化的器物特征分为尖底瓶和平底瓶两型。

A型　尖底瓶。均为残片。多为细泥橙黄色陶，也有部分细泥红陶或灰陶。一般在颈下至底部饰以细线纹。根据瓶口部特征分两式。

Ⅰ式　重唇口。

标本H4：P21，细泥橙黄色陶。敛口，内有凹折形葫芦口残余，斜沿下平伸，双圆唇，颈部较细长，下部残。外唇上饰以压印竖道绳纹，口、颈部磨光。口径6、颈径7.2、残高5.4厘米左右（图七，4）。

Ⅱ式　重唇口。

标本H4：P22，细泥橙黄色陶。微敛口，斜弧沿有凹槽，双尖唇，颈部较高而粗大，颈上部附加有倒品字形三圆泥饼，下部残。口、颈部磨光。口径6、颈径8.7、残高8厘米左右（图七，5）。

另有尖底瓶底部残片，均较尖圆。

标本H4：P27，细泥橙黄色陶。上部微鼓，底部斜收呈尖圆底，内有明显的泥条盘筑痕迹，外饰斜细线纹。残高13厘米（图七，6）。

B型　平底瓶。为数不多，均为残片。多为细泥橙黄色陶，也有少量细泥红陶或灰陶。根据底部特征分两式。

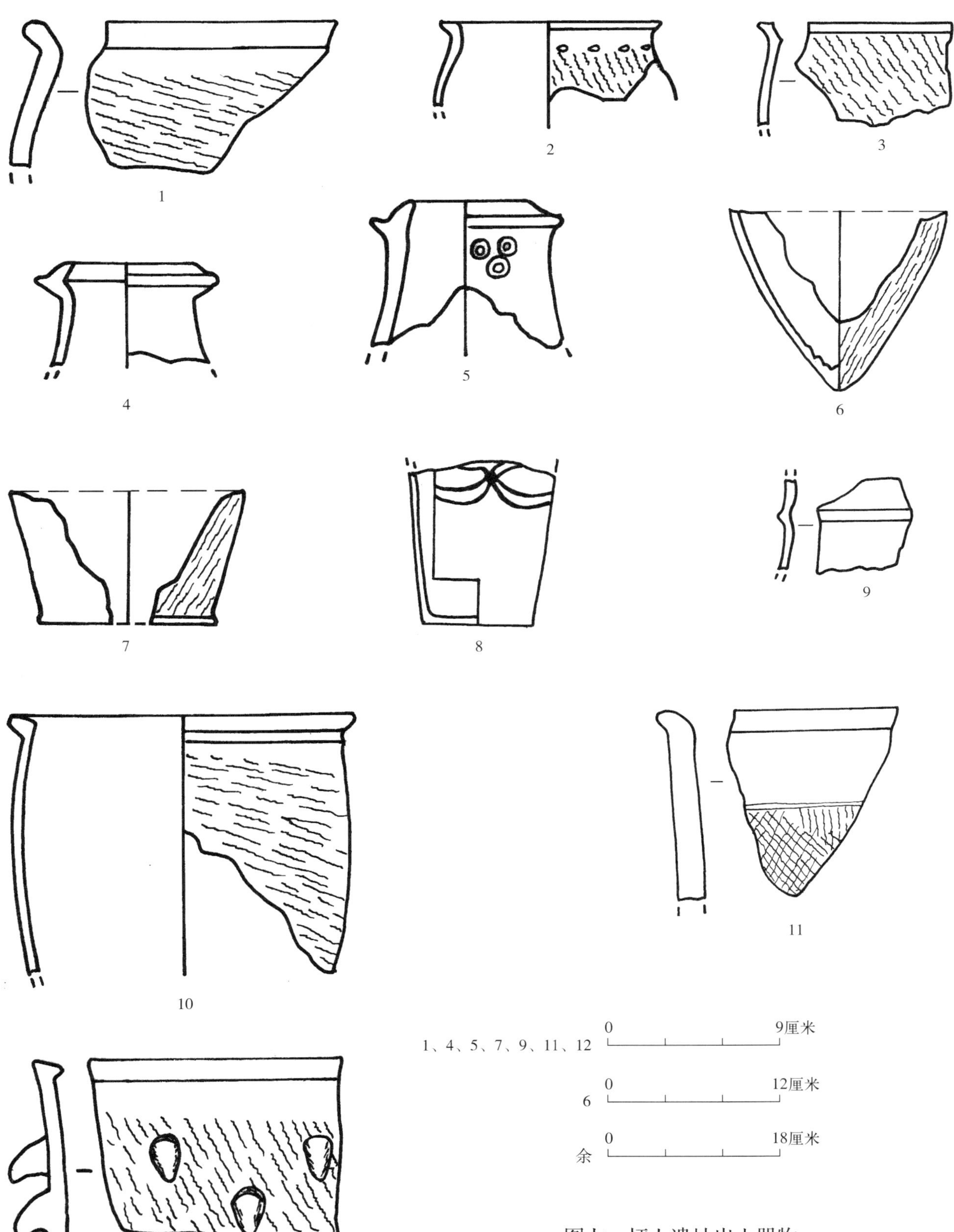

图七　坪上遗址出土器物

1～3. 陶罐H4：P10、P12、P11　4～9. 陶瓶H4：P21、P22、P27、P28、P2、P23　10～12. 陶缸H4：P17、P18、P19

Ⅰ式　标本 H4：P28，细泥橙黄色陶。斜直腹下微曲，平底。腹部饰以斜绳纹。底径 9、上部直径 12、残高 7 厘米（图七，7）。

Ⅱ式　标本 H4：P2，细泥灰陶。斜直腹，平底。上腹部一侧可以看到红彩的圆点和垂帐纹，另一侧则烧成深灰色而看不到花纹。上部直径 15、底径 11.5、残高 17.5 厘米（图七，8）。

另有 1 片残瓶口，标本 H4：P23，细泥红陶。口唇部残，颈部较高，颈中部有一道凸棱，下残。素面磨光。宽 5、残高 5 厘米（图七，9）。

3．陶钵

可复原 5 件，余为残片，均为细泥红陶或橙黄色陶。分三型。

A 型　敛口钵。可复原 2 件，余为残片。分三式。

Ⅰ式　仅残片。

标本 H4：P3，细泥红陶。敛口，圆唇，上腹圆鼓，下腹急收。上腹部饰以黑彩弧边三角纹和垂弧纹。残片长 13.5、宽 6.6 厘米（图八，1）。

Ⅱ式　可复原 1 件。

标本 H4：1，细泥红陶。敛口，圆唇内有凸棱，上腹圆鼓，下腹急收微曲，小平底微内凹。上腹部饰以黑彩弧边三角纹和垂帐纹。口径 26、底径 11、高 12.5 厘米（图八，2；彩版二，2）。

Ⅲ式　可复原 1 件。

标本 H4：2，细泥橙黄陶。敛口，尖唇内有凸棱，鼓肩，斜直腹下微曲，平底。素面磨光。口径 22、底径 12、高 13 厘米（图八，3；彩版二，3）。

B 型　直口钵。可复原 2 件，余为残片。分两式。

Ⅰ式　可复原 1 件。

标本 H4：4，细泥红陶。直口，尖唇，上腹较直，下腹圆弧急收，小平底不太明显。素面磨光。口径 16.5、底径 6.5、高 7.2 厘米（图八，4）。

Ⅱ式　可复原 1 件。

标本 H4：3，细泥红陶。直口，尖唇，上腹较直，下腹圆弧急收，小平底较明显。素面磨光。口径 19、底径 6.5、高 7.5 厘米。

标本 H4：P1，残片，细泥橙黄陶。直口，尖唇，上腹较直，下腹圆弧急收，底部残。上腹部饰以黑彩绘制的圆点、弧边三角勾叶和斜线条纹组成的三方连续图案。残片长 11.4、宽 5.8 厘米（图八，5）。

C 型　敞口钵。可复原 1 件，余为残片。

标本 H4：5，细泥红陶。敞口，尖唇，上腹较斜直，下腹圆弧急收，小底微内凹。素面磨光。口径 15、底径 5、高 6.5 厘米（图八，6）。

4．陶盆

无复原器，仅有残片，主要为细泥红陶或橙黄陶，也有少量夹砂陶。分两型。

A 型　宽平沿盆。均为残片。分三式。

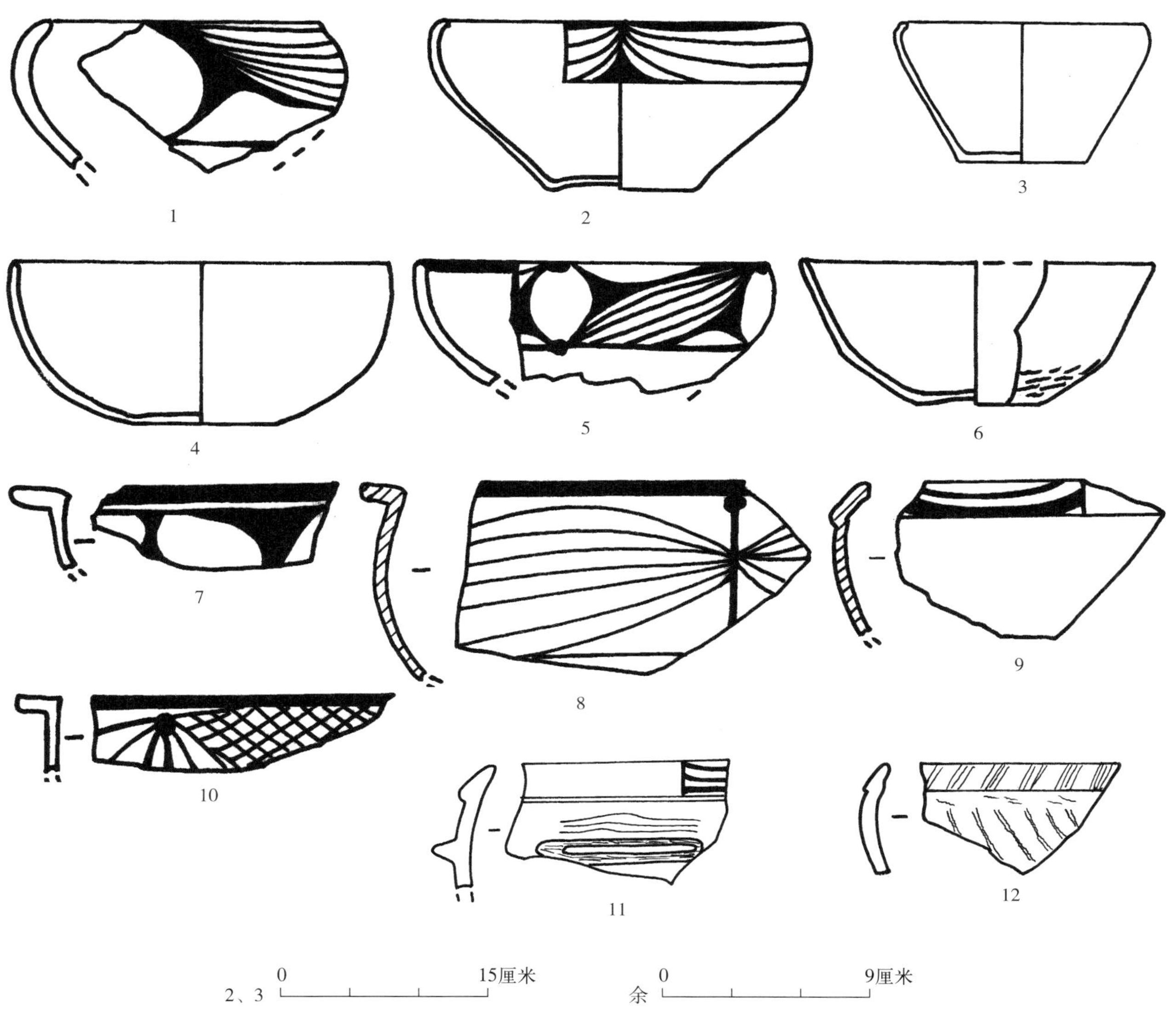

图八　坪上遗址出土器物

1～6. 陶钵H4∶P3、H4∶1、H4∶2、H4∶4、H4∶P1、H4∶5　7～12. 陶盆H4∶P4、H4∶P6、H4∶P8、H4∶P5、H4∶P15、H4∶P13

Ⅰ式　标本 H4∶P4，细泥红陶。微敛口，宽沿较平，圆唇，腹微鼓，下部残。口唇部饰以黑色彩带，上腹部饰圆点及弧边三角勾叶纹。残片长 10.5、宽 3.9 厘米（图八，7；彩版二，4）。

Ⅱ式　标本 H4∶P6，细泥橙黄色陶。敛口，宽沿较平，圆唇，腹微鼓，下部残。口唇部饰以黑色彩带，上腹部饰圆点和反射性条纹。残片长 15、宽 8.7 厘米（图八，8；彩版二，5）。

Ⅲ式　标本 H4∶P5，细泥红陶。直口，宽平沿，圆唇，上腹部较直，下部残。口唇部饰以黑色彩带，上腹部饰圆点和反射性条纹以及网格纹（又称晒网纹）。残片长 13、宽 3.5 厘米（图八，10）。

B 型　斜叠沿盆。均为残片。分三式。

Ⅰ式　标本 H4：P8，细泥红陶。敛口，斜叠沿较平直，尖唇内有凸棱，颈部有凹槽，腹壁斜收微鼓，下部残。口沿部饰以分段黑彩垂弧纹，腹部素面磨光。残片长 11.5、宽 7 厘米（图八，9）。

Ⅱ式　标本 H4：P15，细泥红陶。敛口，斜叠沿微弧，尖唇内有突线，颈部微收，上腹壁微鼓，下部残。口沿部饰以分段黑彩垂弧纹，上腹部附加有横条形鋬。残片长 9.8、宽 5.5 厘米（图八，11）。

Ⅲ式　标本 H4：P13，夹砂橙黄色陶。敛口，斜叠沿微弧，圆唇内下部有凸棱，颈部有凹槽，上腹壁较鼓，下腹斜收，下部残。口沿部饰以分段压印斜绳纹，腹部饰稀疏的斜绳纹。残片长 8.5、宽 5 厘米（图八，12）。

5. 陶缸

数量不多，所见残片均为泥质，多为橙黄色陶或灰陶。分三式。

Ⅰ式　标本 H4：P17，夹砂红陶。敛口，斜沿，方唇，直壁微鼓，上腹部饰斜绳纹，下部残缺。口径 36、残高 27.6 厘米（图七，10）。

Ⅱ式　标本 H4：P18，泥质橙黄色陶。侈口，圆唇，直壁，下残。颈部抹光，腹部饰交叉绳纹。残片长 10、宽 8.5 厘米（图七，11）。

Ⅲ式　标本 H4：P19，泥质橙黄色陶。敛口，斜沿，内外尖唇，直壁微内弧，下残。颈部抹光，腹部饰斜绳纹，外加倒品字形的三个下钩状乳丁。残片长 13、宽 9.9 厘米（图七，12；彩版二，6）。

（二）生产工具

共有 66 件，其中完整或可复原器 59 件。生产工具根据质地不同可分为陶器、石器、骨器等。根据形制用途又可分为陶铲、陶刀、陶纺轮、石斧、石刀、敲砸器、骨体嵌刃刀、骨镞等。

1. 陶铲

共 2 件，均较完整，泥质灰陶片打磨而成，造型相同。

标本 H4：6，泥质灰陶片打磨而成，呈长方形圆角，顶部剥落痕迹，下部一面磨出偏刃，素面。长 9.5、宽 5、厚 1 厘米（图九，1）。

2. 陶刀

共 8 件，其中有标本 T6②：1 为残断的Ⅱ式陶刀 1 件。分两式。

Ⅰ式　共 2 件，其中 1 件残。

标本 H4：24，泥质灰陶片打磨而成，整体呈长条形，上下边整齐，两侧边圆弧中部各有一缺口，下边有一面磨出的偏刃。素面。长 7.7、宽 3.5、厚 0.6 厘米（图九，2；彩版三，1 上）。

Ⅱ式　6 件，其中 5 件残。

标本 H4：23，细泥红陶尖底瓶片打磨而成，整体呈长条形，上下边整齐，两侧边圆弧，中部穿有一孔，下边有一面磨出的偏刃。表面残留有细线纹。长 7、宽 4.3、厚 0.5、孔径 0.6 厘米

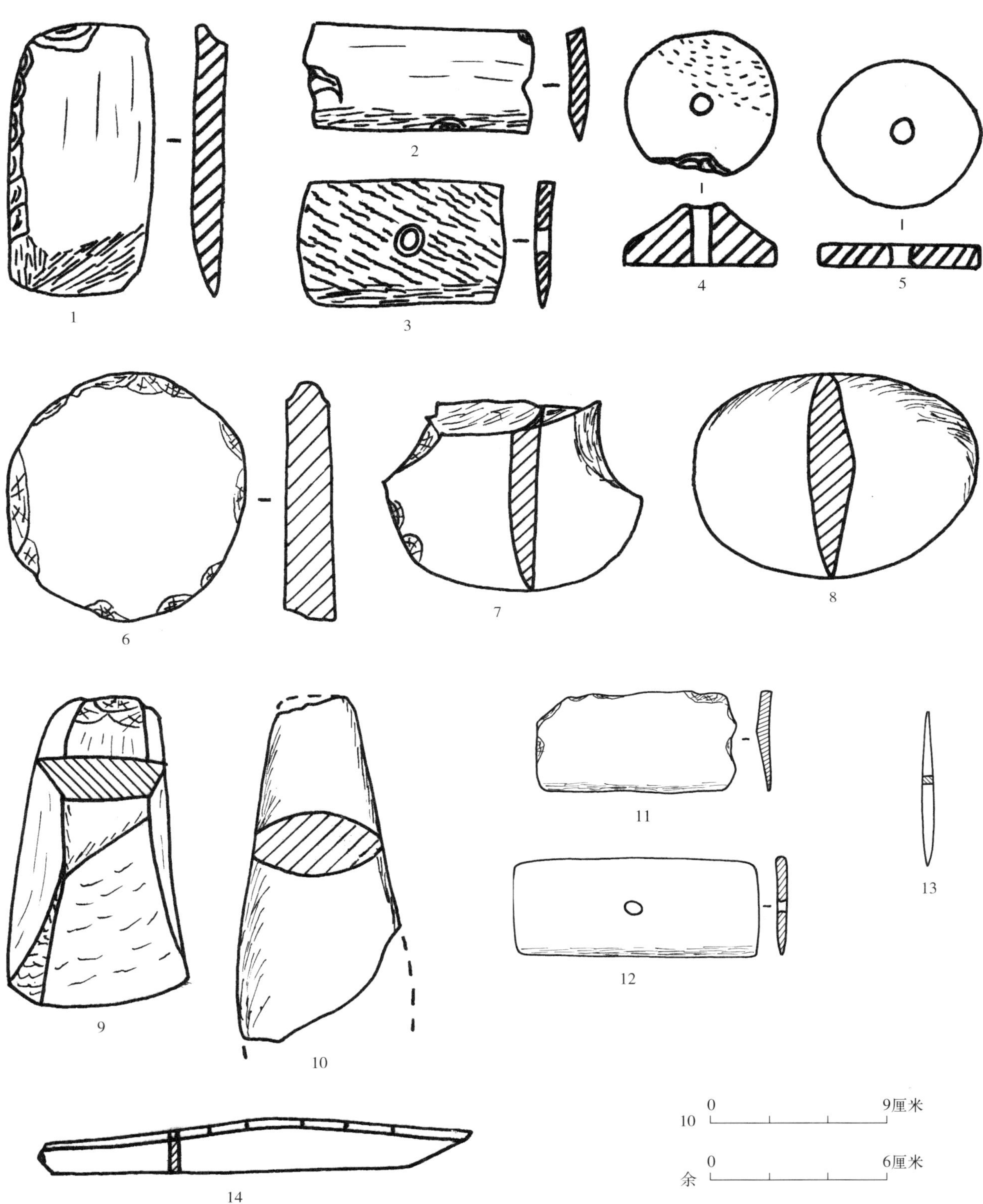

图九　坪上遗址出土器物

1. 陶铲H4∶6　2、3. 陶刀H4∶24、23　4、5. 陶纺轮H4∶7、10　6. 敲砸器H4∶71　7、8. 石刮削器H4∶68、66　9、10. 石斧H4∶64、66　11、12. 石刀H4∶32、39　13. 骨镞H4∶44　14. 骨体嵌刃刀H4∶43

（图九，3；彩版三，1下）。

3. 陶纺轮

共16件，其中有标本T6②：3为残破的Ⅱ式陶纺轮1件。多为泥质橙黄色陶，少数为黑灰陶，多为残半，分两式。

Ⅰ式　仅1件，较完整。

标本H4：7，泥质黑灰陶。整体近圆台形，中部高起，正中有一穿孔。素面磨光。顶径1、底径5.2、高2.2、孔径0.5厘米（图九，4）。

Ⅱ式　共15件，其中完整6件。

标本H4：10，泥质红陶。整体呈圆饼形，正中有一穿孔。素面磨光。直径5.6、厚0.8、孔径0.6厘米（图九，5）。

4. 敲砸器

共15件，造型基本一致，一周打击呈圆饼形，唯有大小、厚薄不同。

标本H4：71，米黄色砂质岩打制而成，一周打击呈圆饼形，两面比较平整。直径约8.6、厚1.6厘米（图九，6）。

标本H4：72，黄褐色砂质岩打制而成，一周打击呈圆饼形，两面比较平整。直径约8.5、厚1.8厘米。

5. 石刮削器

共7件，均较完整，为砾石打击剥落而成。分两式。

Ⅰ式　仅1件，斧形。

标本H4：68，灰色砂质砾岩打制而成，顶面不整齐，上部两侧各打去一角，下部呈宽圆弧刃，整体如斧状，正面为砾石自然面，背部为打击剥落面。长8.6、宽6.5、厚1厘米（图九，7）。

Ⅱ式　共6件，椭圆形。

标本H4：66，灰色砂质砾岩打制而成，整体呈椭圆形，上边圆弧较厚有打击点，两侧圆弧有刃，下部呈宽圆弧刃，正面为砾石自然面，背部为打击剥落面。长9.6、宽7、厚1.5厘米（图九，8）。

6. 石斧

共3件，其中有H1：1的Ⅰ式残石斧1件。分两式。

Ⅰ式　共2件，打制为主，稍加磨制。

标本H4：64，青灰色砂质岩打制而成，顶小而厚，刃宽而薄，由一面打成偏锋，另一面为自然面。顶宽3.5、刃宽6、高10.7、厚1.4厘米（图九，9）。

Ⅱ式　仅1件。

标本H4：66，青灰色砂质砾石制成，顶小下大，断面呈椭圆形，但刃部已残，下部略有磨痕。顶宽4.5、下部宽约9、残高18、厚3.3厘米（图九，10）。

7. 石刀

共13件，完整8件，根据造型特征分四式。

Ⅰ式　共5件，完整4件。打制长条形，两端有缺口。

标本H4：32，青灰色泥质页岩打磨而成，整体呈边缘不太整齐的长条形，上边有打击痕，两侧边各打出一个缺口，下边磨出中锋刃，表面比较平整。长6.8、宽3.5、厚0.5厘米（图九，11）。

Ⅱ式　共8件，完整4件。磨制长方形，中穿一孔。

标本H4：39，深红色砂质岩打磨而成，整体呈长方形，边缘整齐，表面磨光，中部穿有一孔，下边两面磨制出中锋刃。长8.2、宽3.4、厚0.3、孔径0.4厘米（图九，12）。

8. 骨镞

仅1件，完整。

标本H4：44，黄褐色骨片加工而成，近四棱锥形，仅尖锋部磨制，尾部劈出一段细铤。长5.4、宽0.4、厚0.3厘米（图九，13；彩版三，2下）。

9. 骨体嵌刃刀

仅1件，两端均残。

标本H4：43，动物跖骨骨片制成，呈弧背直刃的长条形，烤制成黑亮色，表面打磨光滑，近背部刻磨出一道对称的凹槽，背上切割出近等距离的5个凹槽形刻缺，下边正中切割出一道深而窄的凹槽，两端均有残缺。残长14.8、最宽处1.7、厚0.3、刃槽长12.5、槽宽0.1、槽深0.3厘米（图九，14；彩版三，2上）。

（三）装饰品

共441件，其中完整或可复原器150件。装饰品主要有陶束发器、陶环、人面陶塑、骨笄等。

1. 陶束发器

共42件，其中已复原3件，还有可复原25件，多为细泥灰陶或黑灰陶。根据造型分三式。

Ⅰ式　共6件，可复原4件。

标本H4：52，细泥浅灰陶。长条形双尖角扁平体圈成椭圆形，双尖处留有缺口，一尖残缺。外边两面磨成中锋，断面呈三角形。素面磨光。外径6～8、内径4～4.8、厚0.6厘米（图一〇，1；彩版三，3上右）。

Ⅱ式　共8件，可复原5件。

标本H4：50，细泥浅灰陶。长条形双尖角扁平体圈成椭圆形，双尖处留有缺口。外边正中切割出一条凹槽。素面磨光。外径6～8.8、内径3.6～5.4、厚0.4、槽深0.4厘米（图一〇，2；

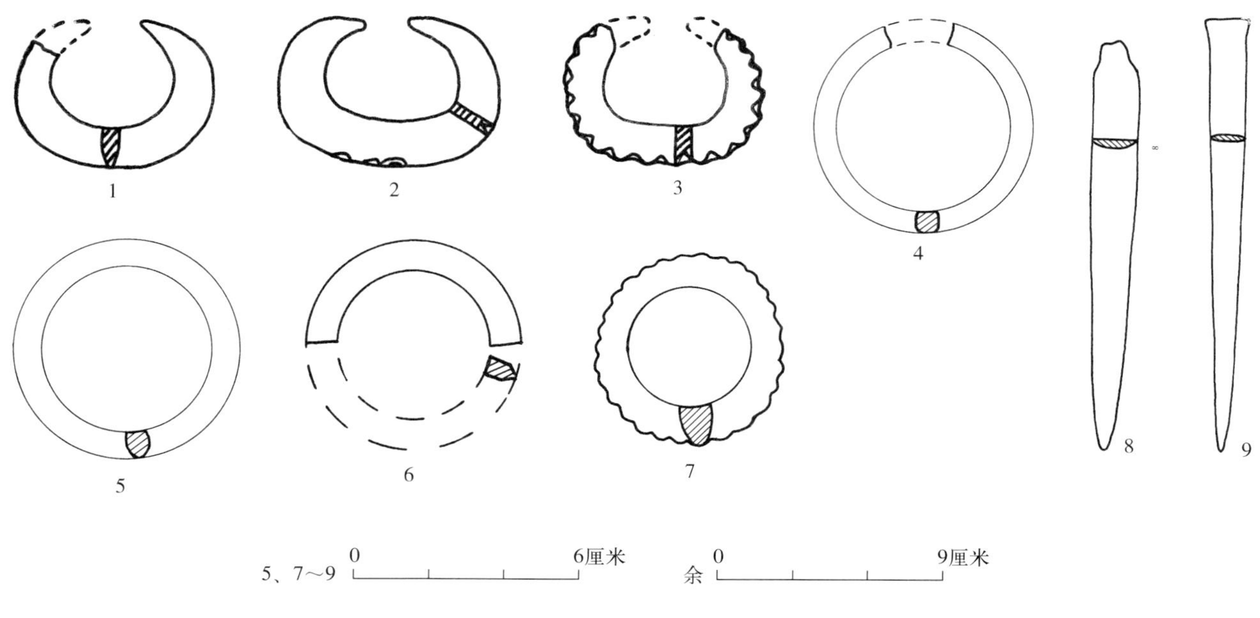

图一〇　坪上遗址出土器物

1～3. 陶束发器H4∶52、50、51　4～7. 陶环H4∶58、55、59、56　8、9. 骨笄H4∶47、49

彩版三，3 上左）。

Ⅲ式　共 28 件，可复原 19 件。均花边。

标本 H4∶51，细泥黑灰陶。长条形双尖角扁平体圈成椭圆形，双尖残缺。外边切割出锯齿状花边，并在花边正中切割出一条凹槽。外径 6 ～ 8、内径 3.8 ～ 4.8、厚 0.7、槽深 0.4 厘米（图一〇，3；彩版三，3 下左）。

2. 陶环

共 393 件，其中已修复 5 件，还有可复原 113 件。多为细泥灰陶或黑灰陶。根据断面及造型分四式。

Ⅰ式　四棱形（一边磨平）。49 件，可复原 18 件。

标本 H4∶58，细泥灰黄色陶。残存一半，可复原，三棱形泥条做成的圆圈，又将一面的部分磨平，使其断面呈单弧边的四角形，表面打磨光滑。外径 8.6、内径 6、厚 0.8 厘米（图一〇，4；彩版三，4 下右）。

Ⅱ式　三棱形。235 件，可复原 60 件，复原 3 件。

标本 H4∶55，细泥灰陶。复原，三棱形泥条做成的圆圈，断面呈圆角弧边三角形，表面打磨光滑。外径 6、内径 4.6、厚 0.6 厘米（图一〇，5；彩版三，4 上左）。

Ⅲ式　五棱形。104 件，可复原 34 件。

标本 H4∶59，细泥灰陶。残存一半，可复原，五棱形扁平泥条做成的圆圈，断面呈双长边的五角形，表面打磨光滑。外径 8.5、内径 6、厚 0.7 厘米（图一〇，6；彩版三，4 下左）。

Ⅳ式　三棱形花边。5 件，可复原 1 件，复原 1 件。

标本 H4：56，细泥黑灰陶。复原，三棱形泥条做成的圆圈，断面呈圆角弧边三角形，外边切割出锯齿状花边，表面打磨光滑。外径 5.2、内径 3.5、厚 0.8 厘米（图一〇，7；彩版三，4 上右）。

3. 骨笄

共 6 件，较完整 3 件。分三式。

Ⅰ式　尾部收进，仅 1 件，完整。

标本 H4：47，黄褐色，动物跖骨片打磨而成，整体呈单弧面扁平体，近长边三角形，头较窄尾略宽，尾部两边收进，通体打磨光滑。长 11.2、尾部宽 1.2、厚 0.2 厘米（图一〇，8）。

Ⅱ式　尾部宽出，共 5 件，较完整 2 件。

标本 H4：49，牙黄色，动物跖骨片打磨而成，整体呈扁平体长条形，尖部逐渐收进，尾部平齐略宽出，通体打磨光滑。长 11.8、尾部宽 1.1、厚 0.15 厘米（图一〇，9）。

二　寺洼文化时期

该遗址的寺洼文化遗存，主要出现于探方 T7 ～ T9 的第④、⑤层中，而且数量不多，又多为残破的碎片，根据用途有生活用器、生产工具、装饰品等。共有小件器物 8 件，均是按地层区分的，没有准确的对比依据。选择介绍如下：

（一）生活用器

主要为陶器，而出土的陶器碎片又比较少，基本没有可复原器，陶质均为夹砂陶，陶色多为黑灰色或灰色，约占总数的 87.64%；也有少量红褐色陶，约占总数的 7.87%；或橙黄色陶，约占总数的 4.49% 等。陶片可分辨出的器形主要是罐类，仅见有个别陶鬲足等。

陶罐

陶罐是寺洼文化的主要用器，根据残片的特征分两型。

A 型　侈口，高颈，数量较多。

标本 T7 ④: P3，夹砂红褐陶。侈口，颈较高，似圆鼓腹，下略曲，平底，腹部残。素面，内外见有涂抹的紫红色颜料，外表磨光。口径 12、底径 9、颈高 6、推测通高约 16.5 厘米（图一一，1）。

B 型　侈口，高颈双耳，数量较少。

标本 T7 ④: P1，夹砂黑皮褐陶。侈口，高颈，有桥形大颈耳，似圆鼓腹，下部残。素面磨光。口径约 12、颈高 6、颈径 10、残片通高 9.6 厘米（图一一，2；彩版四，1）。

另有一种夹砂陶罐的平底中部特意向内压成一个凹凸形器底，这样的底部残片已见有 4 片，其用意不明。

标本 T7 ④: P2，夹砂灰陶。斜腹，平底，底的中部向内压进一个凹窝，使得内部向上凸起。

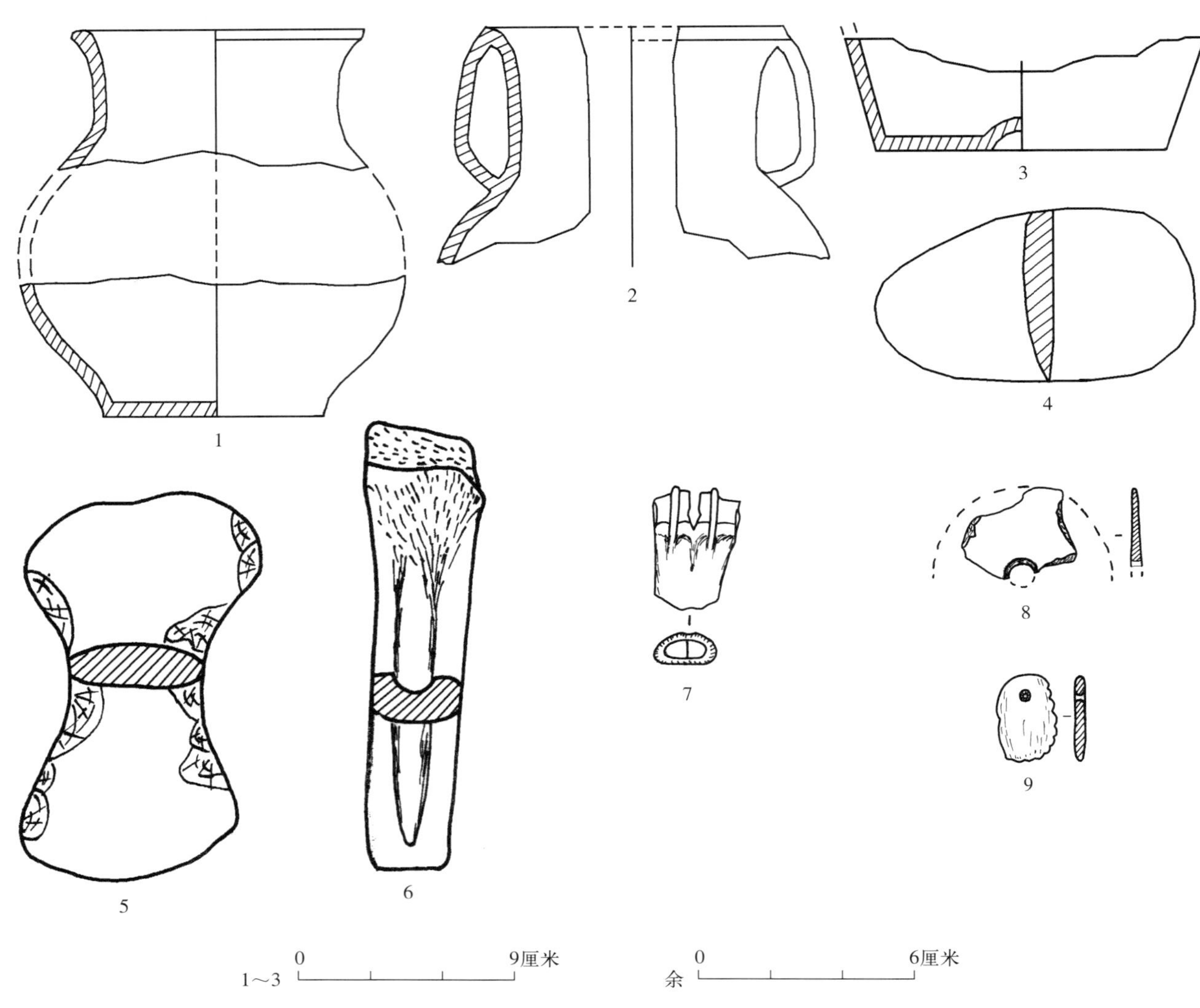

图一一　坪上遗址寺洼出土器物

1～3. 陶罐T7④：P3、P1、P2　4、5. 石刮削器T7④：4、T9⑤：2　6. 骨凿T7④：1　7. 加工骨料T9④：1　8. 玉佩饰T9⑤：3　9. 石坠T9⑤：1

素面，外表基本磨光。底径 12、残高 4.5 厘米（图一一，3）。

（二）生产工具及装饰品

主要为石质、骨质，共有 8 件，大部分较完整。

1. 石刮削器

共有 3 件，分两式。

Ⅰ式　2 件。

标本 T7 ④：4，青灰色砾石面打击剥落而成，整体呈鸭蛋形，背部圆弧，刃部呈圆弧状，正面略外弧，背面为打击剥落的自然平面。长 8.8、宽 5、厚 0.5 厘米（图一一，4）。

Ⅱ式　1件。

标本T9⑤：2，浅灰色砾石打击剥落的石片加工而成，整体呈扁平哑铃形，两端保留剥落自然圆弧刃，中部打击成细腰，周边比较整齐，正、背面打磨较平直（或可称网坠）。长11、刃宽6～6.5、腰宽3.6、厚1.2厘米（图一一，5）。

2．骨凿

仅1件。

标本T7④：1，牙黄色，动物跖骨劈磨而成，顶部为截平的骨干近端，凿体为磨平的骨干半爿，刃部向外侧磨成偏锋直刃。整体较光洁。长12.5、宽3.5、厚1.4厘米（图一一，6；彩版四，2左）。

3．加工骨料

共2件。

标本T9④：1，牙黄色，动物掌骨远端骨管的一部分，顶部为双分叉的骨滑车面，下边为锯切而成的内斜切割断面，可以看到中间骨腔的分隔。当为一种加工余料。长3.5、管径0.9～1.8厘米（图一一，7；彩版四，2右）。

4．玉佩饰

仅1件。

标本T9⑤：3，墨绿色蛇纹岩（假玉）打磨制成，残破较甚，不太规则，从残存部分看似为一圆饼形扁平体，正中有一穿孔，表面打磨光滑，半透明，当为一件佩饰品。残块长3.1、宽2.6、孔径0.7、推测整体直径约5厘米（图一一，8）。

5．石坠

仅1件。

标本T9⑤：1，灰绿色洮砚石打磨而成，整体呈长椭圆形扁平体，顶部略窄，弧边圆角，上部正中有一穿孔。一侧与下边刻成锯齿边，表面打磨光滑。长径2.5、宽径1.6、厚0.25、孔径0.1厘米（图一一，9；彩版四，3）。

第五节　结语

这次坪上遗址的发掘包含物最多的只有H1、H4两个灰坑，从其出土陶片特征分析，均属于仰韶文化中期晚段的遗存，内含有大量的仰韶文化中期陶片和重唇口与变异重唇口尖底瓶片、陶环和马鹿、麋鹿、猪等兽骨以及少量陶纺轮、陶刀、石器、骨器等，也见有少量属于仰韶文化晚期的平底瓶、斜沿泥质瓮等。从陶片的器物特征看绝大部分属于仰韶中期（庙底沟类型），抑或称作仰韶中期后段向仰韶晚期（大地湾四期）类型的过渡阶段，约距今5500年。文化内涵比较单纯，在陶片中没有发现混杂有齐家文化或寺洼文化的陶片，也可直接定为仰韶文化中期（庙底沟类型）晚段。H2 虽然出现于 T7 ④层下，但 T7 位于该发掘区的南端，从 T11 南部地层看属于大斜坡填土层之下，又同时内含有较多的寺洼文化陶片和少量齐家文化、仰韶文化陶片等，故而定为寺洼文化时期的遗存。H3 内仅出有木炭而未见陶片等，又处于灰黄色填土层之中，时代当属寺洼文化或更晚时期的遗存，约距今 2100 年。

从探方地层剖面看，T11 中的 H4 所在位置是保留下来的一块高地，向南是一个大斜坡，向北则又是一个小斜坡。故 T7 ～ T14 等探方中的第②、③层都是后期的填土层。而它们的第④、⑤层，则相当于 T11 中的第④层，其中除数量较多的褐色、黑灰色以及橙黄色的夹砂素面磨光的寺洼文化陶片外，同时还见混杂有极少量齐家文化的泥质红色或橙黄色竖篮纹陶片和仰韶文化中期晚段的泥质线纹、夹砂绳纹等碎陶片等，可见这两层堆积均是晚于仰韶文化和齐家文化的文化堆积层，当属于仰韶文化以后的一种文化层堆积或寺洼文化层。这些现象又从另一个侧面说明，此地当初也有齐家文化的人在活动，与此同时在此处西北相去 1 千米的陈旗乡王旗村就发掘出了百余座齐家文化的墓葬以及一些陶器等随葬物品，足以证明这一带的齐家文化的人们业已西越洮河居于仰韶文化人们的居住区内，但此处至今还未发现属于仰韶文化之后的常山文化遗存。另外在洮河上游的岷县县城东 8 千米处的茶阜镇一带还发现大量的仰韶文化晚期（石岭下类型）的文化遗存，同时也杂有少量的马家窑文化的盆、钵类陶片等，20 世纪 90 年代在武都宕昌大李家遗址也曾发掘出仰韶文化晚期（石岭下类型）与马家窑文化（马家窑类型）两种文化的混合堆积与灰坑。这又反映了仰韶文化中晚期也越过洮河踏入了马家窑文化分布区。看来洮河上游乃至武都宕昌一带，是仰韶文化与马家窑文化以及齐家文化的交会之地，也是两个文化圈的边界所在。

另外，在灰坑 H1、H4 中出土了比较多的兽骨，根据其特征可以初步辨认出的有马鹿、麋鹿、猪等动物骨骼（彩版四，4、5），可见在仰韶文化中期对动物的食用量还是很大的，当以种植与狩猎并举的一种生活形态。又有大量的经火烧烤变焦的动物骨骼碎块，可推想当时对动物肉食用方法主要是烧烤，煮食者次之。

此外，大量的马鹿、麋鹿等动物的存在或被猎食，表明当时的自然生态环境还是非常好的，山上还存在大片的森林和绿色植被。在 T6 ②层下灰坑 H1 的开口处还出土了一块大型动物的脊椎骨，可能还有象、犀类动物的存在（彩版四，6）。而到寺洼文化时期，也还有麋鹿的存在和被猎食，同时还见有山羊的骨骼，推测此时的山上森林面积已经逐步缩小或消失。

附记：在整理过程中参加陶片统计者有王永安、张晓荣等。另外，在这次几个遗址的转战发掘过程中，得到了岷县文物局张润平、刘虎林两位局长的通力支持和关心，以及维新乡政府的大力支持、坪上村书记的配合和协调，使我们得以顺利地完成了这次发掘任务，在此一并表示感谢！

照相：赵建龙
描图：赵　卓
执笔：赵建龙

贰　兰州市红古区下旋子遗址发掘报告

甘肃省文物考古研究所

第一节　概况

一　地理位置

红古区是甘肃省兰州市的西部远郊，因位于大通河入湟水的享堂峡以东狭长红古川而得名。红古区北有祁连山山脉南端的小土山环抱，永登县隔山相邻，南有湟水由西向东穿过，使其呈斜“山”字状，东西最长处53.7、南北最宽处24千米，总面积535.14平方千米，海拔1592～2462米。青海省民和回族土族自治县、甘肃省永靖县隔水相望，湟水即为这三县、区的分界。这里是古今内地通往青海、西藏的要道和锁咽，甘青铁路、甘青公路纵贯全境，乡村公路四通八达，今红古区政府所在地海石湾镇位于区境西部。下旋子古遗址和墓群就位于海石湾镇东10千米的下旋子村东侧的一块较高的二级台地上，东北依宗家台山，西南邻湟水约50米，兰（州）新（疆）

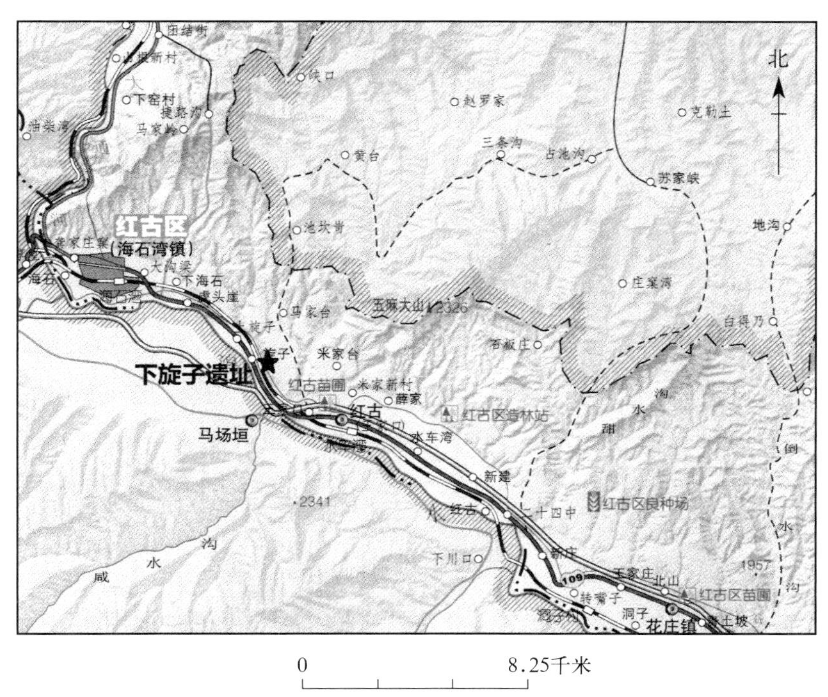

图一　兰州市红古区下旋子遗址地理位置示意图

铁路客运二线（高速）在此处与甘青铁路并行从遗址的南部斜向穿过，与安特生当年发现“马厂文化”的青海民和马厂垣遗址隔水相望。现存该遗址东西长约 90、南北宽约 40 米，基本呈长条形。东距甘肃兰州市约 100、东南至永靖县城 110 千米（图一）。

二 发现与发掘经过

2008 年，由于兰新铁路客运二线（高速）由此通过，甘肃省文物考古研究所和红古区文化体育局对该地段进行了实地调查，并发现了该遗址，从地面发现陶片分析属一处马家窑文化遗存。同年 5 月，由甘肃省文物考古研究所赵建龙带队、陈国科参加的发掘小组对该遗址的铁路占有段进行了抢救性发掘。

遗址面积约 3600 平方米，在铁路沿线开 5 米 ×5 米探方 10 个，15 ～ 60 米长探沟 4 条，发掘面积共 450 平方米（图二）。清理出灰坑 7 个，灶址 2 个，墓葬 4 座。除少量遗迹发现于探沟中外，大部分遗迹发现于中部探方（图三）。从出土遗物看，除 4 座墓葬为辛店文化的遗

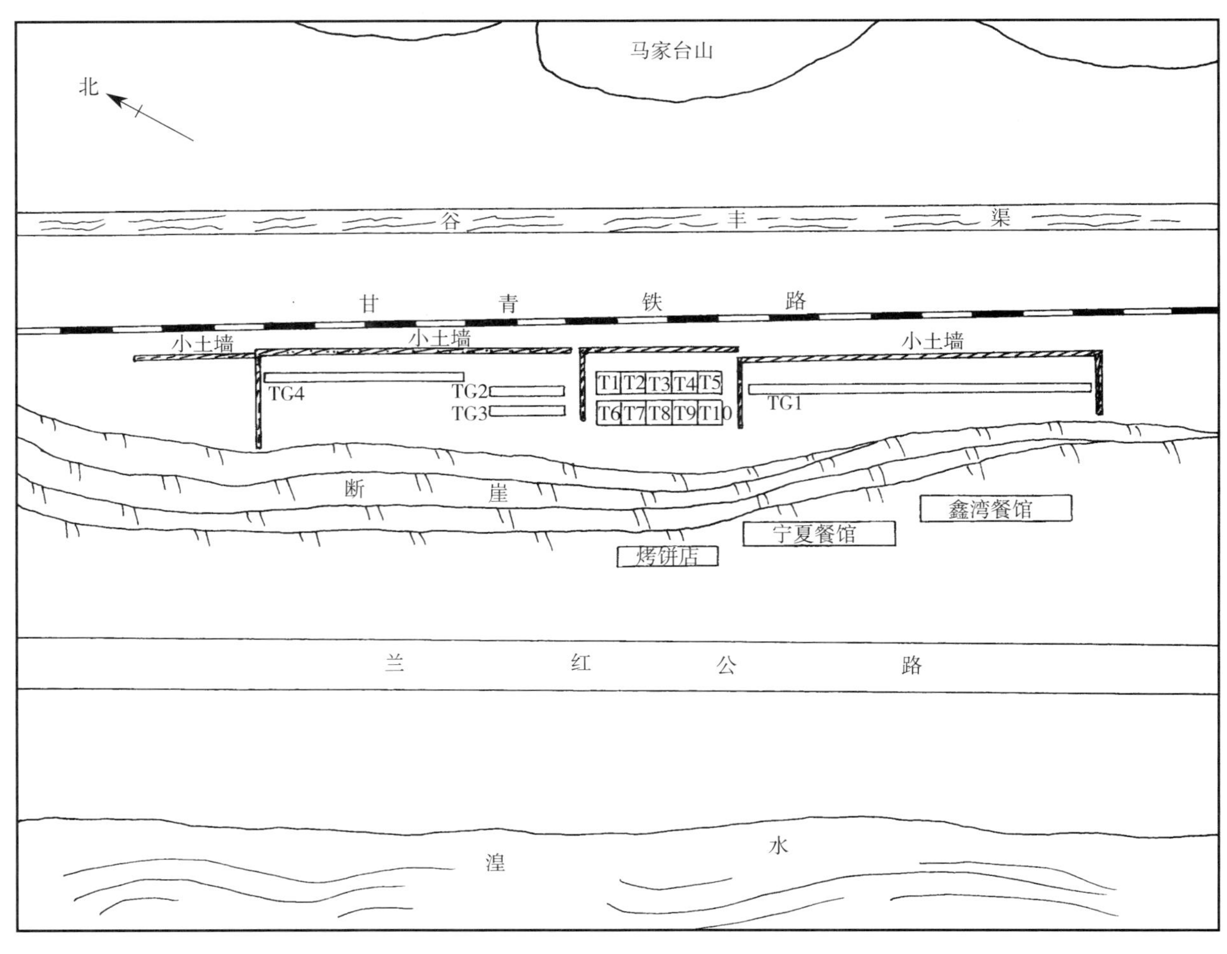

图二 下旋子遗址探方、探沟分布平面图

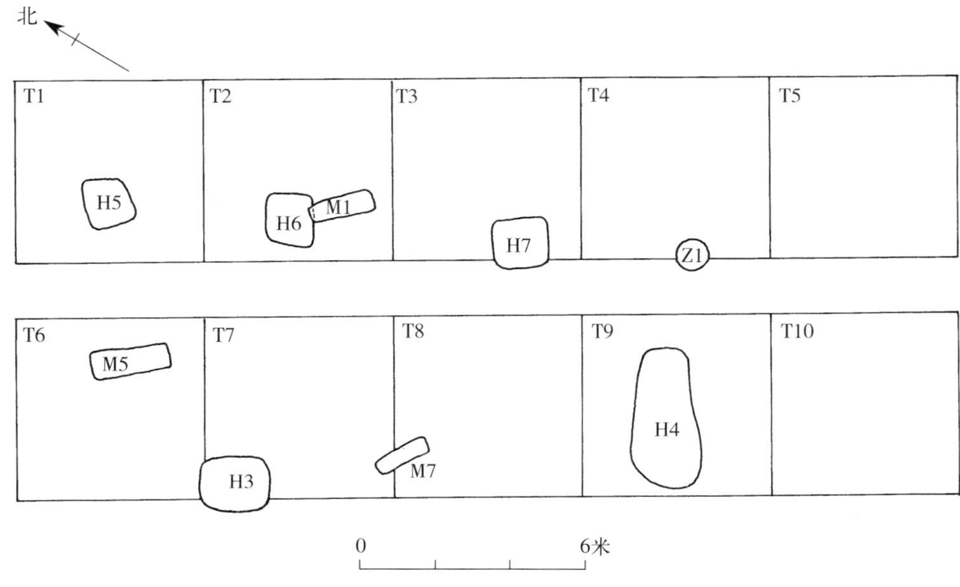

图三　下旋子遗址探方遗迹分布平面图

存外，其余均属马家窑文化马家窑类型的遗存。出土完整和可复原器物共20余件，其中大部分为生活用器的陶壶、罐、杯、盆、钵等，还有一些生产工具，如陶刀、陶纺轮、石刀、石斧、研磨器以及一些鹿骨、猪骨等。

在红古区政府、区文化体育局及博物馆等各级组织的大力支持和积极配合下，本次发掘工作比较顺利地完成了。在此将一并表示感谢！

第二节　地层堆积

由于该遗址的文化层堆积比较单纯，东、西两端土层比较薄，唯中部土层堆积比较厚，最深处可达1.6米，较浅处仅0.7米左右。东西两端还混杂有沙石等。

由于铁路走向及地理环境所限，所开探方和探沟都不是按正方向划定的，而是依照铁路走向区域设定的。探方与探沟的文化堆积层及其土质土色也相差不大，不同之处主要在探沟、探方的方向及土层的厚薄上。现举例介绍如下：

T8北壁、TG2东壁

T8位于发掘区的南部，第二排探方的正中，边长5、深1.6米，可分为3层。TG2位于发掘区的北部，即所开探方的北部，南北长15、东西宽1、深0.7米。与其南部的TG3并行，其文化层仅可分2层（图四）。

第①层：耕土层，厚0.35～0.90米。深灰色土，土质坚硬，含有碎石块和少量木炭颗粒等。

第②层（②a、②b）：灰黄色土层，厚0.20～0.25米。土质较软，有扰乱现象，土层中夹有很多碎石块和红烧土块等。大部分遗迹发现于该层下。

第③层：黄灰色土层，厚0.15～0.35米。土质较硬，也较纯净，再未发现遗迹。

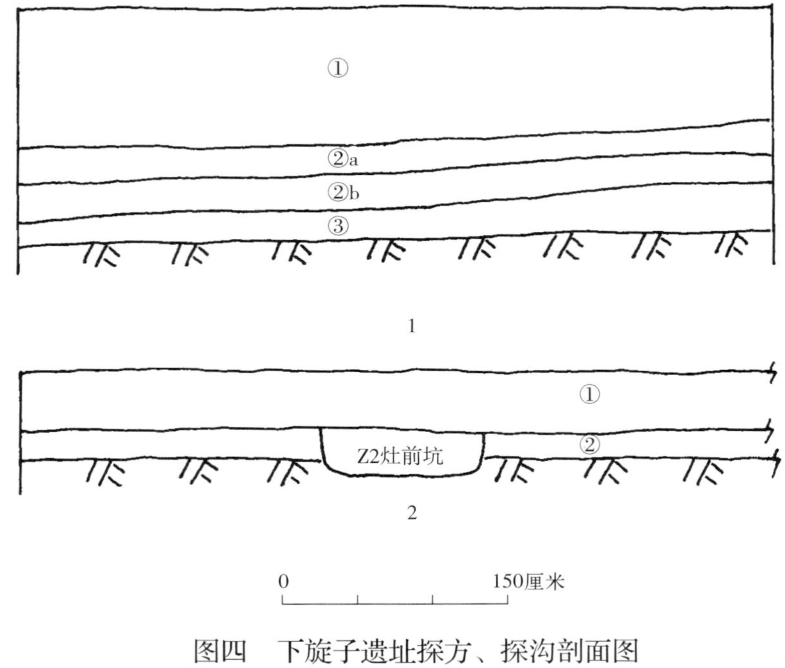

图四　下旋子遗址探方、探沟剖面图

1. T8北壁　2. TG2东壁

第三节　马家窑类型

一　遗迹

在下旋子遗址中共发现马家窑文化马家窑类型的灰坑7个，灶址2个，大部分出现在发掘区的中部（参见图三）。

（一）灰坑

灰坑主要分布于该遗址发掘区的中部，大体可分为圆形、方形和椭圆形三种。

1. 圆形灰坑

仅1个。

H1

为一圆形灰坑（图五），位于探沟TG1的北端，开口第②层下，位于黄土层中，打破H2。直壁，平底，比较规整。直径0.70～0.72、深0.42米。坑内填土浅灰色，比较松软。内含有少量马家窑类型的彩陶片及

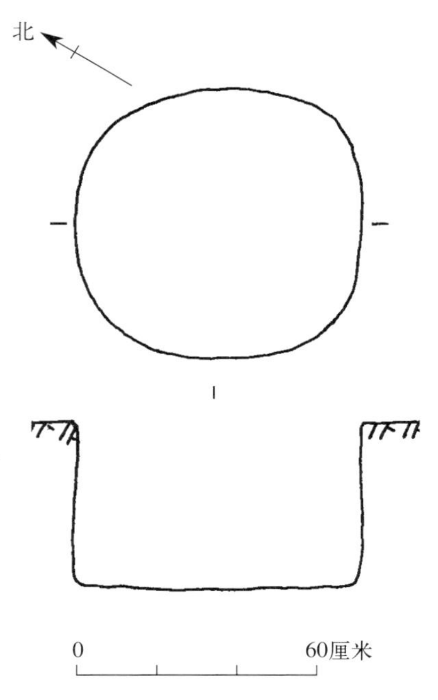

图五　下旋子遗址H1平、剖面图

石器等。

2. 方形灰坑

共 4 个。形状相近，大同小异。位于发掘区中部的探方 T1 ～ T3、T7 中，开口于第②层下，位于黄土层中。均口小底大呈袋状，周壁整齐，底部平坦。

H6

坑内填土浅灰色，比较松软。口径 1.35 ～ 1.35、底径 1.45 ～ 1.5、深 0.98 米（图六）。内含有少量马家窑类型的彩陶片及石器等。

3. 椭圆形灰坑

共 2 个。形状相近，大同小异。位于发掘区中部的探方 T9 和探沟 TG1 的北端，开口于第

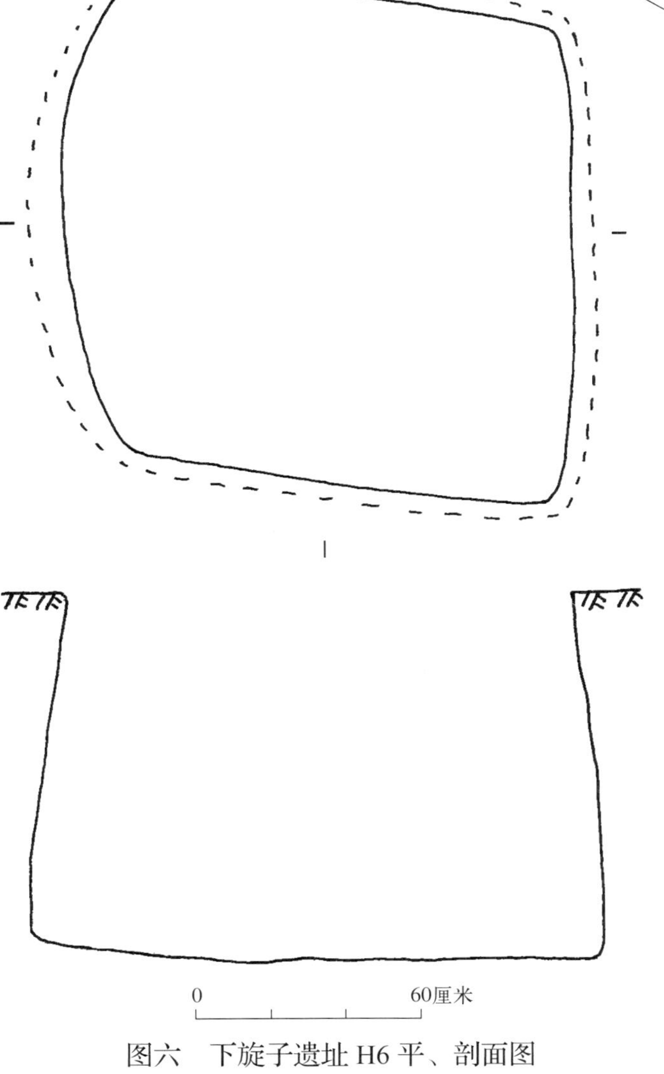

图六　下旋子遗址 H6 平、剖面图

②层下，位于黄土层中。均口大底小呈弧形坡壁，周壁不太整齐，底部不太平整。

H4

坑内填土浅灰色，比较松软。长径3.9、宽径1.29～1.88、深0.5米（彩版五，1）。内含有少量马家窑类型的彩陶片及石器、骨器等（表一～三）。

表一 H4陶质、陶色统计表

陶色 陶质	橙黄陶	红陶	褐陶	灰陶	合计	百分比%
泥质陶	1			1	2	1.26
细泥陶	107				107	67.3
夹砂陶	39		10	1	50	31.44
合计	147		10	2	159	
百分比%	92.45		6.29	1.26		100

表二 H4陶器器形、纹饰统计表

纹饰 器形	绳纹	附加堆纹	指甲纹	彩陶			素面	合计
				内彩	外彩	内外彩		
罐	7	10	2		1			20
盆				1		3	2	6
钵				6		5		11
壶					5			5
碗							1	1
其他	32			8	50	4	22	116
合计	39	10	2	15	56	12	25	159
百分比%	24.53	6.29	1.26	9.43	35.22	7.55	15.72	100

表三 H4陶器可辨器类统计表

器类 陶质	罐	盆	钵	壶	碗	杯	合计
夹砂陶	19						19
泥质陶	1（彩陶绳纹）				1		2
细泥陶		6	11	5			22
合计	20	6	11	5	1		43
百分比%	46.51	13.95	25.58	11.62	2.33		100

注：其中1件可复原的彩陶绳纹罐，上部为泥质下部为夹砂，上绘黑彩，下印绳纹，橙黄陶，比较特殊。

（二）灶址

仅发现 2 个，位于发掘区的中部探方 T4 和探沟 TG2 北端第②层下，没有发现房屋地面的残迹，仅见到灶底部的圆形火烧焦土硬面，且保存不太完整。保存较好的 Z2。

Z2

为青灰色圆形硬面（图七），周边有高起的红烧土边缘，东侧有缺口及一个椭圆形坑，坑壁呈坡状，似为一烧灶的操作坑。灶径 1.2、深 0.05、坑径 0.92 ～ 1.45、深 0.32 米。

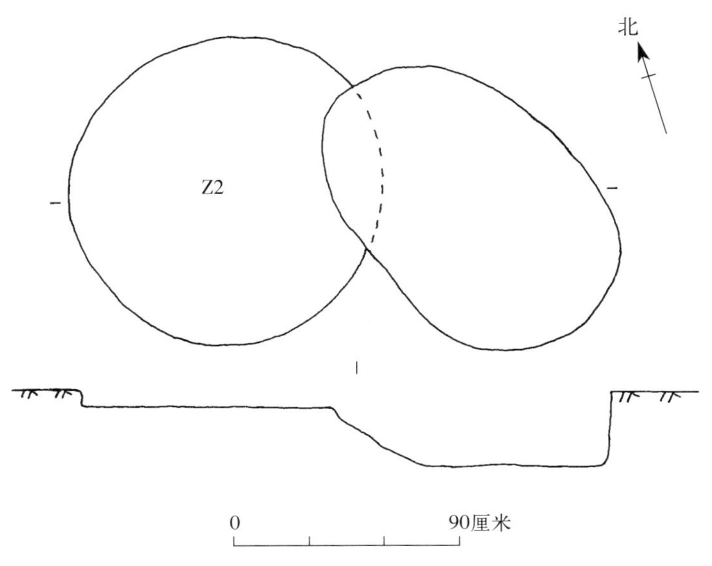

图七　下旋子遗址灶坑 Z2 平、剖面图

二　遗物

下旋子遗址发掘面积不大，出土马家窑类型的完整或可复原器物 20 余件，其余多是陶片或打制石器等。器形主要有陶盆、陶钵、陶碗、陶壶、陶瓮、陶罐、陶刀、陶环、石刀、石锛、石刮削器等。从陶片的器物特征上看大体可分为两个阶段。

1. 陶罐

分为泥质陶和夹砂陶两类，仅可复原 1 件泥质橙黄陶，夹砂陶均为残片。

泥质陶罐　复原 1 件。

标本 T4 ②: 3，泥质橙黄陶。侈口，外斜沿，圆唇，束颈，鼓肩，斜收腹，平底，肩部饰一周指印附加堆纹。口径 25、底径 12.5、高 30.6 厘米（图八，1；彩版六，1）。

夹砂陶罐　无复原器，均为残片。从造型看分宽沿、窄沿两型。

A 型　宽沿。分两式。

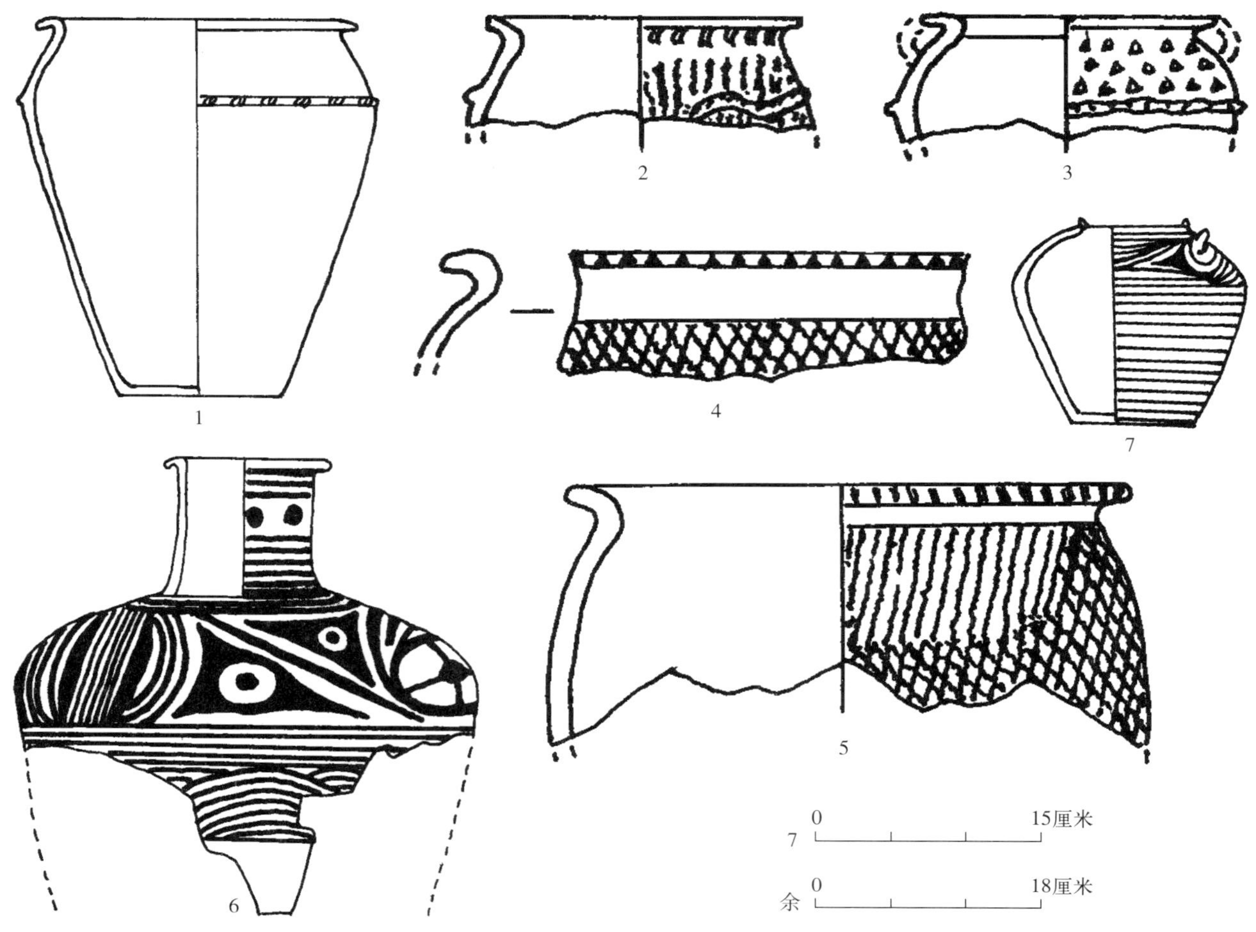

图八　下旋子遗址出土陶器

1～5. 陶罐T4②：3、T4②：P1、T4②：P2、T9②：P3、TG2②：P3　6. 陶壶T5③：P1　7. 陶瓮H6：3

Ⅰ式

标本 T4 ②：P1，灰褐陶。侈口，宽内斜沿，方唇，束颈，鼓腹，下部残。颈部饰一周指甲纹，肩腹部饰斜绳纹及附加堆纹。口径 24、腹径 26.6、残高 9.1 厘米（图八，2）。

Ⅱ式

标本 T4 ②：P2，灰褐陶。直口，宽平沿，圆唇，束颈，双颈耳残，鼓肩，下部残。肩部饰剔刺纹及附加堆纹带。口径 22.6、腹径 26、残高 9.8 厘米（图八，3）。

B 型　窄沿。分两式。

Ⅰ式

标本 T9 ②：P3，黄褐陶。侈口，圆卷沿，尖唇，束颈，鼓肩，残片。唇上饰一周指甲纹，肩部饰网格绳纹。片长约 32、宽 10.6 厘米（图八，4）。

Ⅱ式

标本 TG2 ②：P3，红褐陶。侈口，圆唇，束颈，鼓腹，下部残。唇上饰一周绳纹，肩腹部饰网格绳纹。口径 44.2、腹径 47.5、残高 21.5 厘米（图八，5）。

2. 陶壶

无可复原器。

标本T5③: P1，细泥红陶。直口，卷沿，圆唇，高颈，鼓肩，腹斜直，下部残。颈部饰黑彩平行线纹，肩部饰三角、圆点、平行线和重弧线纹。口径12、肩径36、残高37.8厘米（图八，6；彩版六，2）。

3. 陶盆

可复原1件，余为残片。均为细泥红陶，绘制有黑色花纹。

Ⅰ式　平弧沿。仅有残片。

标本H6 : P4，敛口，平弧沿，腹微鼓，沿饰方块圆点及斜线纹，腹部饰三线水浪纹，内彩饰弧线波浪及锯齿纹。复原口径31.8、残高10.6厘米（图九，1）。

标本TG2②: P2，微敛口，平弧沿，腹微鼓，沿饰三角块圆点及斜线纹，腹部饰三线水浪纹，内彩饰弧边三角圆点及波浪纹。复原口径28.8、残高6.7厘米（图九，2）。

Ⅱ式　圆卷沿。可复原1件。

标本H2 : 3，敛口，圆卷沿，腹微鼓，平底。沿饰斜方块圆点及斜线纹，腹部素面，内彩饰波浪纹及三线回勾水浪纹。口径28.1、底径11、高12厘米（图九，3；彩版六，3）。

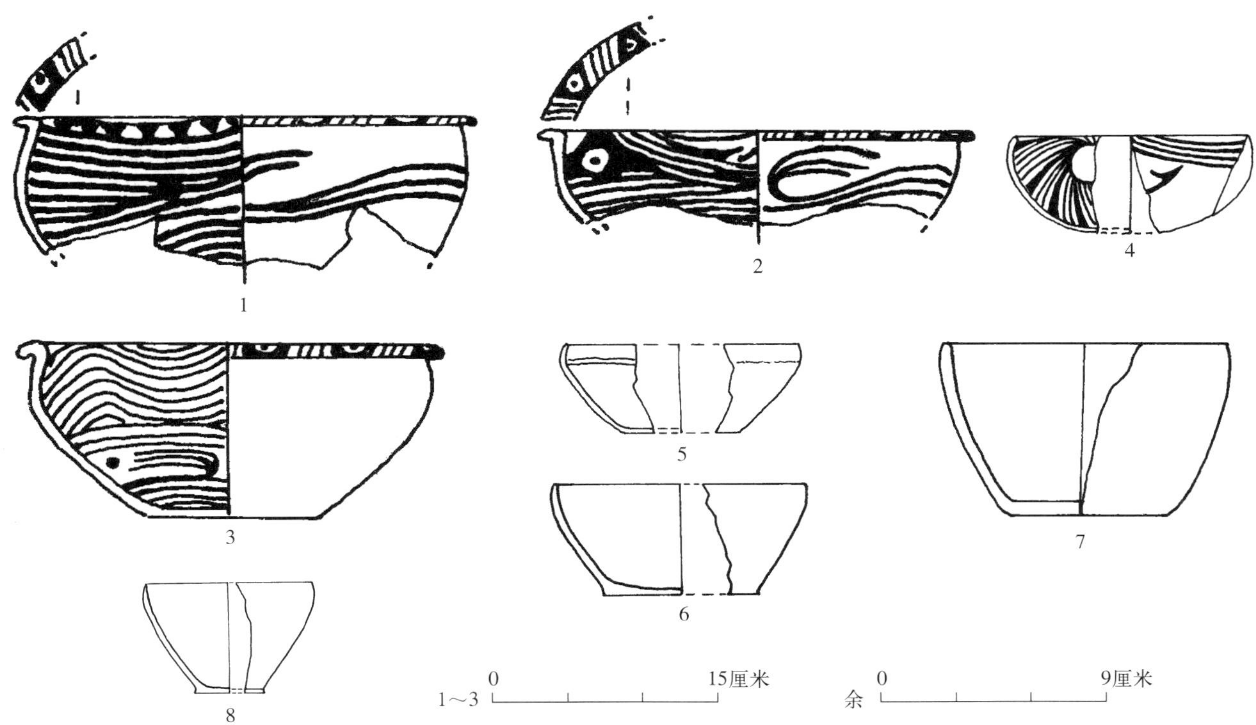

图九　下旋子遗址出土陶器

1～3. 陶盆H6 : P4、TG2② : P2、H2 : 3　4、5. 陶钵T5② : 1、T8② : 1　6、7. 陶碗T9③ : 1、T2② : 1　8. 陶杯T9② : 1

4．陶钵

可复原3件，余为残片。有细泥红陶和泥质橙黄陶，细泥红陶均绘制有黑色花纹，泥质橙黄陶则多为素面。分两式。

Ⅰ式　可复原1件。近平底，细泥红陶。

标本T5②：1，敛口，圆唇，鼓腹，近圜底，外腹部饰黑彩重垂弧线和弧形倒钩纹，内彩绘饰圆圈放射线弧旋纹。口径9.3、高4厘米（图九，4）。

Ⅱ式　可复原2件。平底，泥质橙黄陶。

标本T8②：1，敛口，圆唇，鼓肩，斜腹，平底。素面。口径9.3、底径4.5、高3.5厘米（图九，5）。

5．陶碗

可复原3件，均为泥质橙黄陶，素面。分两式。

Ⅰ式　可复原2件。

标本T9③：1，直口，尖唇，微曲腹，大平底。素面。口径9.5、底径6、高4.5厘米（图九，6）。

Ⅱ式　可复原1件。

标本T2②：1，直口，尖唇，腹斜收，大平底。素面。口径11、底径6.2、高7.2厘米（图九，7）。

6．陶杯

可复原1件。

标本T9②：1，泥质灰陶。直口，圆唇，腹斜收，平底。素面。口径6.5、底径2.8、高5.5厘米（图九，8）。

7．陶瓮

复原1件。

标本H6：3，细泥红陶。敛口，圆唇，鼓肩，腹斜直，小平底。肩部附加有四个对应的乳丁状鋬（其中一鋬残），肩部饰黑彩三角、圆圈、斜平行线纹，腹部饰多道环绕平行线纹。口径6.6、底径7.9、高13.9厘米（图八，7；彩版六，4）。

8．陶刀

完整1件，彩陶片打磨而成。

标本T4②：1，泥质红陶。弧背、弧刃，长条形，一端齐整，一端圆弧，中部钻一圆孔。正面残留有三条黑彩平行斜线纹。长8.9、宽3.6、厚0.5、孔径0.5厘米（图一〇，1；彩版七，1）。

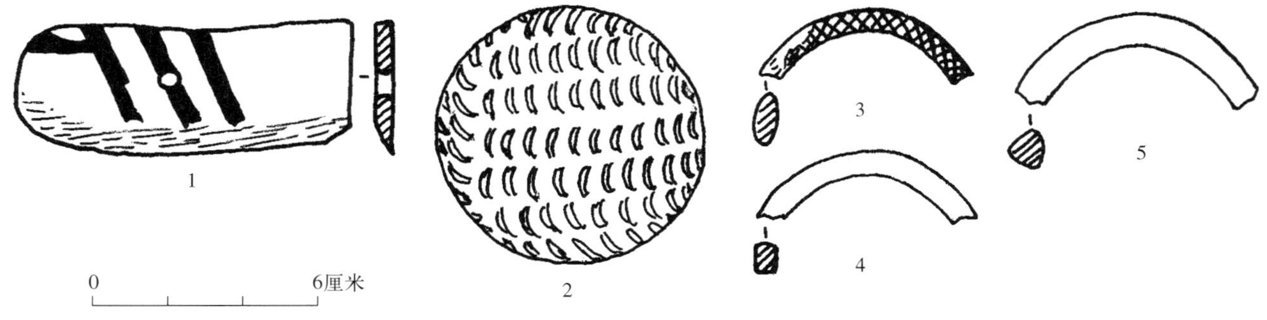

图一〇　下旋子遗址出土陶器

1. 陶刀T4②：1　2. 陶弹丸T5②：1　3～5. 陶环H6：2、T5②：3、T3②：5

9. 陶弹丸

1件。残，手捏而成。

标本T5②：1，泥质橙黄陶。圆球体，残破，表面满饰指甲纹。直径7.1厘米（图一〇，2）。

10. 陶环

数量较多，但都是残段，没有完整器。均为细泥陶，从其断面分三式。

Ⅰ式　断面呈椭圆形。

标本H6：2，细泥红陶制成，圆环状，表面黑彩绘制网格纹。直径6.2、断面直径0.7～1.5厘米（图一〇，3；彩版七，2）。

Ⅱ式　断面呈长方形。

标本T5②：3，细泥黑灰陶制成，圆环状，表面打磨光滑。素面。直径6.5、断面边长0.7～0.9厘米（图一〇，4）。

Ⅲ式　断面呈三角形。

标本T3②：5，细泥黑灰陶制成，圆环状，表面打磨光滑。素面。直径7.2、断面边长1厘米（图一〇，5）。

11. 石刮削器

共6件。均为青灰色砂岩打制成的叶片，较完整，多呈扇面状，少量为条状。

标本H4：1，打击成扇面状，背部较厚有打击点，刃部外弧较锋利，没有磨制痕迹。长6、宽4、最厚处1厘米（图一一，1）。

标本H1：2，打击成长条状，背部较厚有打击点，刃部外弧较锋利，没有磨制痕迹。长11.3、宽5.7、最厚处1.3厘米（图一一，2）。

12. 石锛

仅1件。

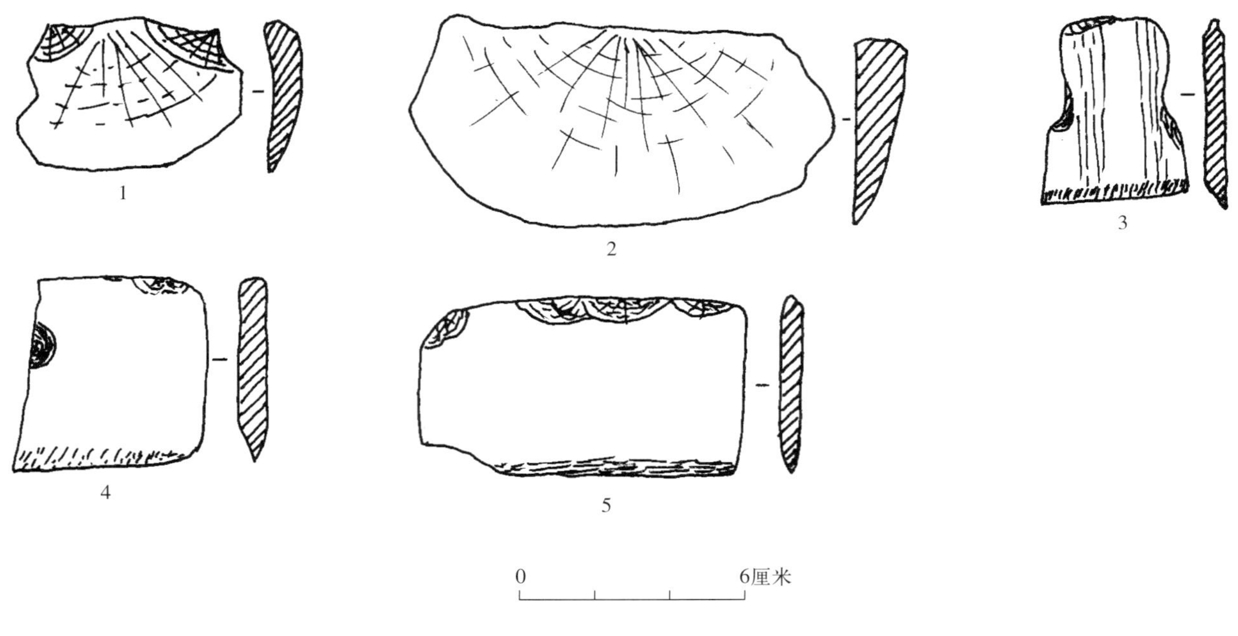

图一一　下旋子遗址出土石器

1、2. 石刮削器H4∶1、H1∶2　3. 石锛H6∶1　4、5. 石刀T3②∶1、T3②∶3

标本 H6∶1，灰蓝色大理石质打磨制成，整体呈梯形片状，斜直刃，偏锋，表面打磨很光滑，肩部有凹缺。长 5.3、宽 3 ～ 4、厚 0.6 厘米（图一一，3；彩版七，3）。

13. 石刀

共 3 件，完整者仅 1 件。均为石片打磨而成，长条形，多以打制为主。

标本 T3②∶1，青灰色砂质片岩打制而成，表面较平整，两端较整齐，弧背直刃，刃部经过打磨。长 8.8、宽 5、厚 0.6 厘米（图一一，5；彩版七，4）。

标本 T3②∶3，残段，青灰色砂质页岩打制而成，表面较平整，直边直刃，刃部经过打磨，残断中部有一个未钻透的圆窝。残长 5.1、宽 5.3、厚 0.7 厘米（图一一，5）。

第四节　辛店文化

一　遗迹

在该遗址中清理出辛店文化的墓葬 4 座，均为长方形竖穴土坑墓，墓口有覆盖木板的痕迹。墓坑长宽仅能容 1 人，头南足北，仰身直肢葬式，其中 1 座葬 1 成年女性，但没有随葬品。其他 3 座均为成年男性，也都有一组 3 件陶器随葬，分别置于两肩和足部（表四）。同时在探沟 TG1 中也发现残破的 2 件辛店文化陶壶，可能属墓葬破坏后的残留遗存。例如：

表四　红古下旋子遗址辛店文化墓葬登记表

单位	层位	尺寸（米）	出土器物	备注
M1	T2 ①下	1.76×0.5－0.3	无随葬器物。	长方形土坑
M5	T6 ①下	2.08×0.8－0.5	双耳壶Ⅰ式1件、双颈耳罐Ⅰ式1件、单耳罐Ⅰ式1件。	长方形土坑
M6	TG1 ①下	1.66×0.48－0.4	双耳壶Ⅱ式1件、双颈耳罐Ⅱ式1件、单耳罐Ⅱ式1件。	长方形土坑
M7	T8 ①下	1.4×0.4－0.4	双耳壶Ⅱ式1件、双颈耳罐Ⅱ式1件、单耳罐Ⅱ式1件。	长方形土坑

M5

长方形竖穴土坑墓，墓口有覆盖木板的黄木朽灰痕迹（图一二；彩版五，2）。墓坑内葬成年男性一具，头南足北，面向上，方向220°，仰身直肢葬式。随葬器物仅3件陶器。右肩上放置1件双腹耳彩陶罐，左肩上放置1件单耳彩陶杯，足左侧放置1件双腹耳彩陶壶。墓坑长2.08、宽0.8、深0.5米。

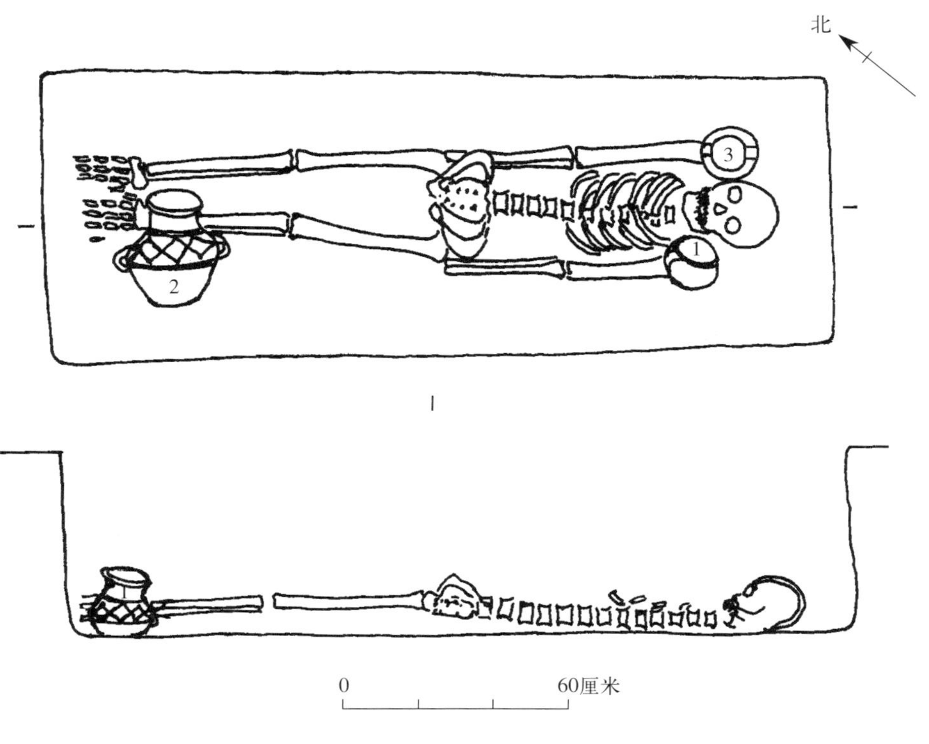

图一二　下旋子遗址辛店文化M5平、剖面图

1. 陶双耳壶　2. 陶双耳罐　3. 陶双耳杯

二　遗物

这次发现辛店文化墓葬中的随葬品仅为陶器，且每墓只有 3 件，3 座墓中共 9 件，加 TG1 中出 2 件，合计共 11 件。一般为双腹耳彩陶壶、双颈耳陶罐、单耳陶杯组成。从陶器特征看，分为早晚两段。

1. 陶双耳壶

共 4 件。均橙黄色夹细砂陶，高颈，双腹耳，表面抹光，绘有黑彩花纹。分两式。

Ⅰ式　1 件。

标本 M5：1，侈口，圆唇，高颈，溜肩，折腹，下弧收，圜底，肩腹部有对称桥形耳。口内饰斜平行线三角纹，颈部饰黑宽带及回形曲折纹，肩部饰交叉回旋双勾纹，下腹部饰竖向细绳纹，双耳饰平行线与“T”字形纹。口径 14.1、腹径 23.7、高 27.0 厘米（图一三，1；彩版七，5）。

Ⅱ式　3 件。

标本 M7：1，侈口，尖唇，高颈，耸肩，鼓腹，下斜收，小平底内凹，腹部有对称桥形耳。口内饰条带纹，颈部饰黑宽带及回形曲折纹，肩部饰连接多倒钩回旋双钩纹，下腹部与竖向细绳纹上饰竖向平行直线和波折线纹，双耳饰“Z”与“工”字形纹。口径 15.0、底径 5.2、高 33.1 厘米（图一三，2；彩版七，6）。

2. 陶双耳罐

共 4 件，均橙黄色夹细砂陶，高颈，双颈耳，表面饰绳纹或黑彩花纹。分两式。

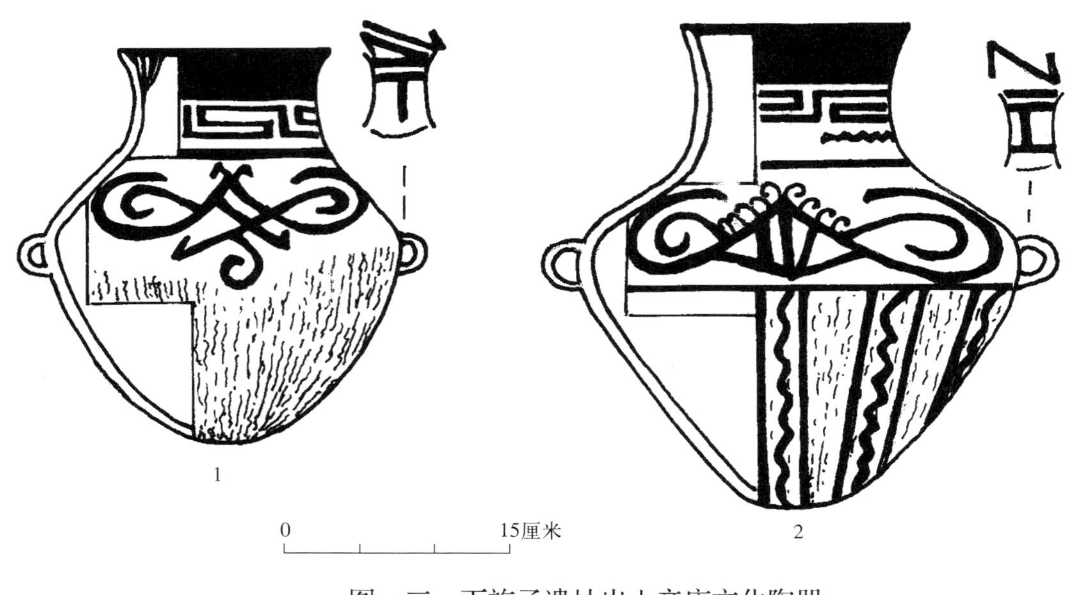

图一三　下旋子遗址出土辛店文化陶器

1、2. 陶双耳壶M5：1、M7：1

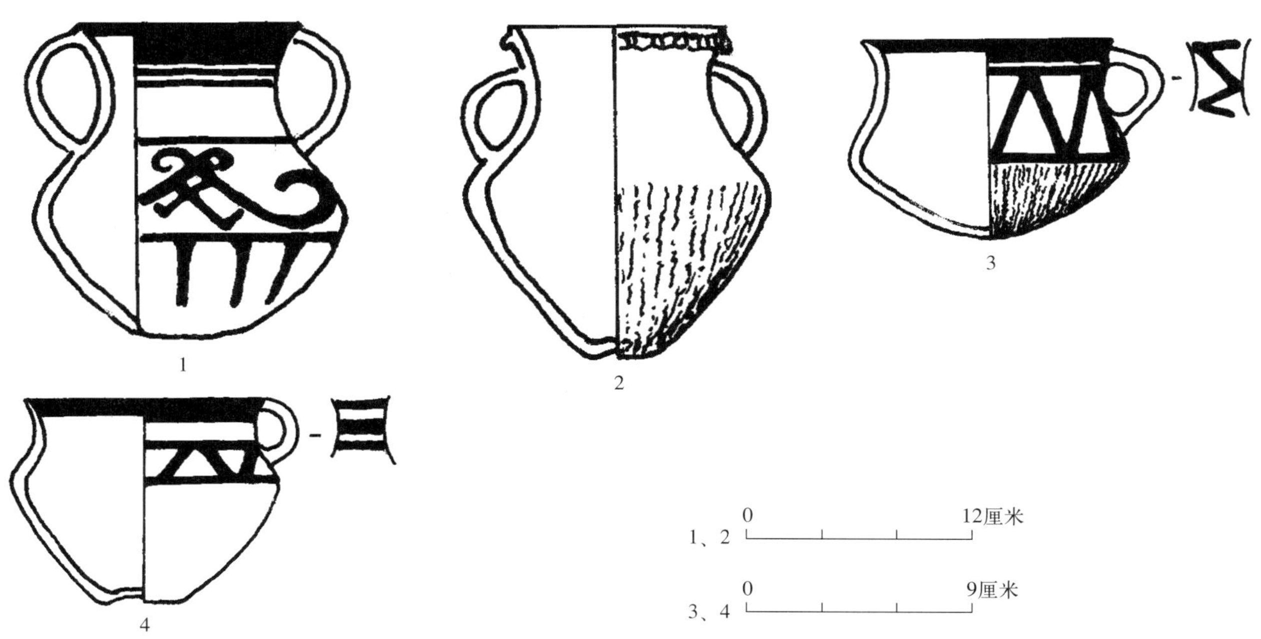

图一四　下旋子遗址出土辛店文化陶器

1、2. 陶双耳罐M5∶2、M7∶2　3、4. 陶单耳杯M5∶3、M7∶3

Ⅰ式　1件。

标本 M5∶2，侈口，尖唇，高颈，溜肩，鼓腹微折，下斜收，圜底，颈部有对称大环形耳。口内饰条带纹，颈部饰黑色宽、窄平行条带纹，肩部饰交叉双勾纹，下腹部饰竖向平行直线纹。口径 11.7、腹径 16.8、高 17.3 厘米（图一四，1；彩版八，1）。

Ⅱ式　3件。

标本 M7∶2，侈口，尖唇，高颈，折肩，腹下斜收，小平底内凹，颈部有对称环形耳。口部饰指压附加泥条纹，腹部饰竖向细绳纹。口径 11.3、底径 3、高 18.2 厘米（图一四，2；彩版八，2）。

3. 陶单耳杯

共 3 件。均橙黄色泥质陶，侈口，单颈耳，表面饰绳纹或黑彩花纹。分两式。

Ⅰ式　1件。

标本 M5∶3，侈口，束颈，鼓腹微折，圜底，颈部有一桥形耳。口内饰黑彩带，颈肩部饰平行条带与波折纹，下腹部饰细竖绳纹，耳上饰竖波折纹。口径 9.7、腹径 11.2、高 8.3 厘米（图一四，3；彩版八，3）。

Ⅱ式　2件。

标本 M7∶3，侈口，束颈，折肩，斜收腹，小平底内凹，颈部有一桥形耳。口内饰黑彩带，颈肩部饰平行条带与波折纹，耳上饰平行条带纹。口径 9.5、底径 3.2、高 8.5 厘米（图一四，4；彩版八，4）。

第五节　结语

该遗址发掘面积较小，属于马家窑文化马家窑类型较单纯的一类遗存，遗迹遗物除几座辛店文化墓葬外，均属于马家窑类型。它为我们进一步研究马家窑文化提供了不可多得的单纯性马家窑类型资料。而辛店文化的墓葬又反映出，不同地域辛店文化早中期不同的文化特征。所以，该遗址的发掘对马家窑文化和辛店文化有着非常重要的研究价值。

描图：赵　卓

执笔：赵建龙

叁　陇西县梅家嘴新石器遗址2011年发掘简报

甘肃省文物考古研究所

梅家嘴遗址位于甘肃省陇西县首阳镇南坡营村东南部约500米处的梅家嘴山之上，西北距首阳镇约2000米，自然地势西高东低（图一）。

2011年，为配合“兰（州）—成（都）”原油管线工程建设，甘肃省文物考古研究所对管线以东黑鹰沟，西至何家沟4440平方米范围进行了考古勘探。考古发掘依据地形、地势及管线的走向，采用5米×5米与10米×10米探方，完成发掘面积750平方米（彩版九，1）。共清理灰坑17个、窑址2座、房址2座。现简报如下。

由于该遗址发现所有遗迹单位均在耕土层下，地层堆积情况不做说明。

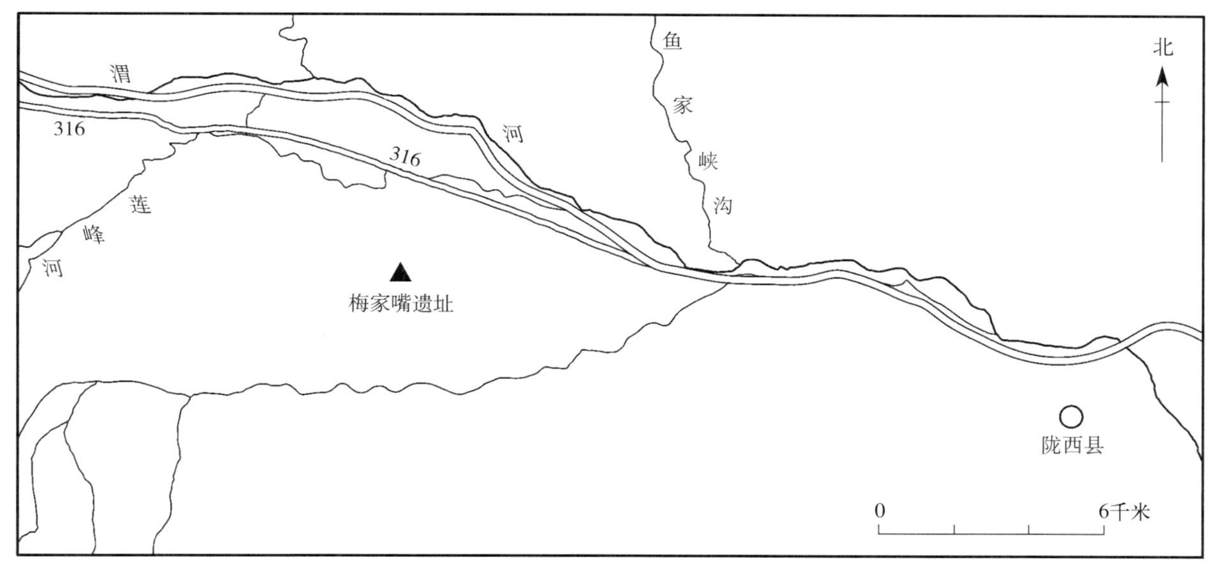

图一　陇西县梅家嘴新石器遗址地理位置示意图

第一节　遗迹

一　房址

清理2座，编号为F1、F2，二者东北至西南方向平行分布（图二）。结构为白灰面房址。

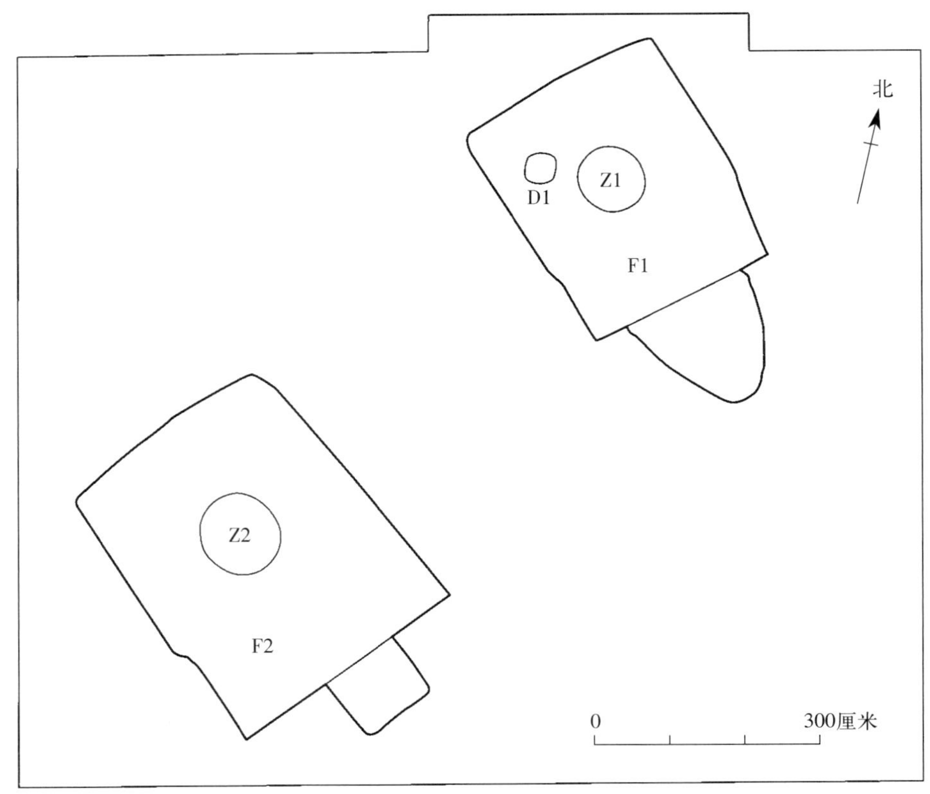

图二　梅家嘴遗址 F1、F2 平面图

F1

位于发掘区东侧，西南位置平行分布有 F2。平面形状大致呈“凸”字形，由居住面，墙壁、门道、灶坑（编号为 Z1）、柱洞（编号为 D1）构成。方向 130°（图三；彩版九，2）。

白灰居住面长约 3.55、宽 2.55 ～ 3.5 米。经解剖，剖面可分 6 层。第①层：白灰面，厚约 0.5 厘米；第②层：草拌泥，厚约 1 厘米；第③层：白灰面，厚约 0.5 厘米；第④层：草拌泥，厚约 1 厘米；第⑤层：垫土（净黄土），厚 10 厘米；第⑥层：垫土（灰褐色杂土），厚 8 厘米（彩版一〇，1）。墙壁遭破坏，残高 0.2 ～ 0.26 米，四壁内收 4 ～ 5 厘米，上涂抹白灰。

门道位于房址偏南位置，形状呈扇形，由南向北倾斜，底部不甚平整。Z1 位于房址中央，平面近圆形，口大底小，上口直径 0.86 ～ 0.97 米，深约 0.27 米。灶壁四周铺以白灰且以草拌泥衬底。底部先垫一层 4 ～ 6 厘米的灰褐色土，平整后，又垫一层较干净的黄褐色土，多次使用后，红烧土直径 0.4 ～ 0.5 米，厚 9 ～ 20 厘米，上残留部分草木灰，厚 2 ～ 4 厘米（彩版一〇，2）。D1 位于 Z1 西北，房址西壁侧，柱体呈圆锥状，口大底小，上口直径约 0.27、底约 0.08、深约 0.30 米，现残存部分木炭，似经火烧。柱洞周围经夯打，形成外圈，直径约 0.48、深约 0.4 米（彩版一〇，3）。室内填土堆积未能分层，为一次性回填。包含物内有陶片 55 片，陶质上分泥质和夹砂，其中夹砂占 45%；陶色上泥质以橙黄陶为主，夹砂以红褐陶居多，所饰纹饰有绳纹、竖向篮纹、附加堆纹等，可辨器形有罐。

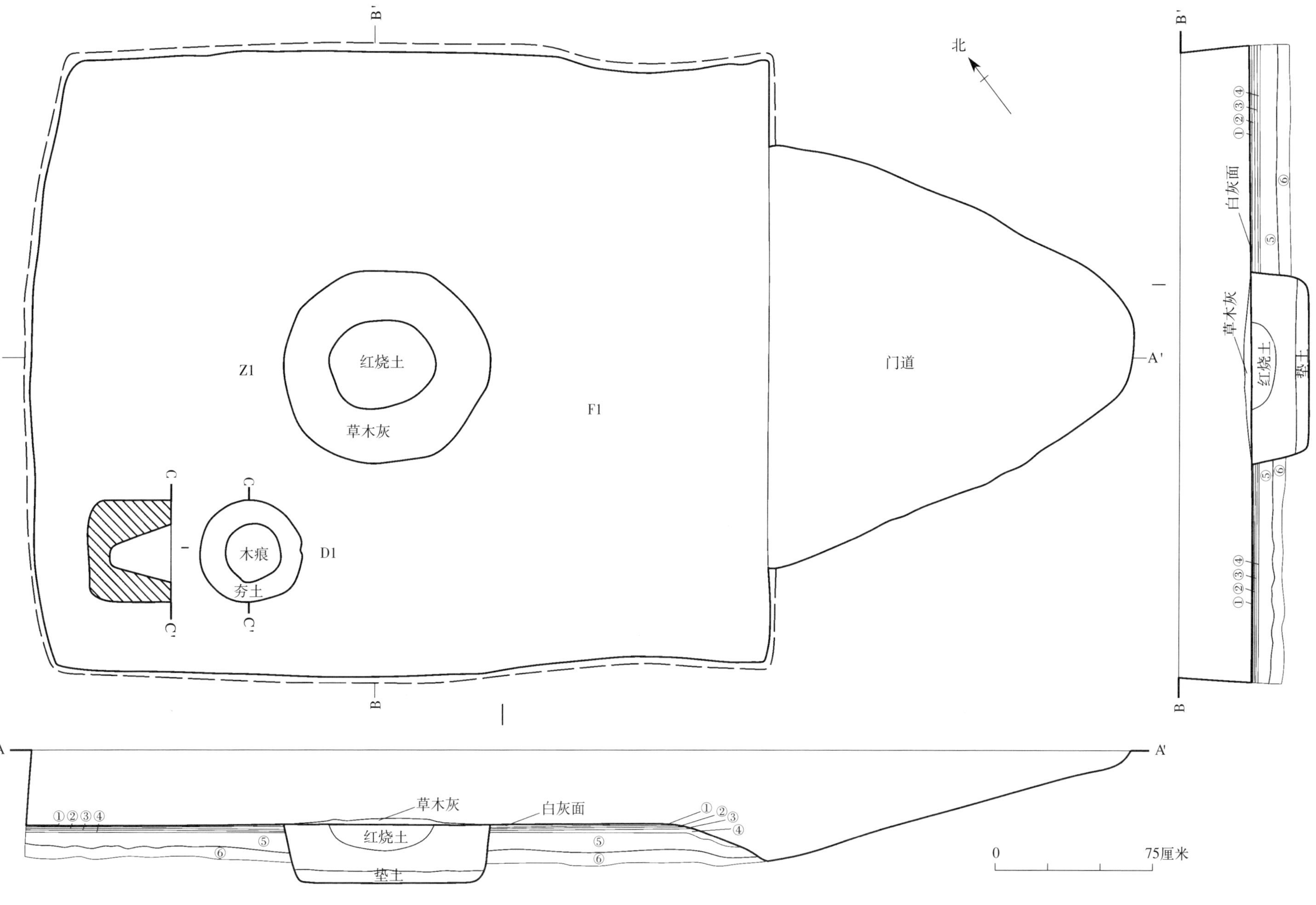

图三　梅家嘴遗址 F1 平、剖面图

二 窑址

清理2座，编号为Y1、Y2，南北向一线分布（彩版一一，1）。结构为竖穴式，窑室和火塘上下叠置。

Y2

位于发掘区东侧，H15范围内，南侧区域被Y1所叠压。由操作坑、窑门、火塘、窑箅、火眼、火道构成。方向130°（图四）。

操作坑位于窑址东南，平面近平行四边形，南北长约2.9、宽约3、深约2.1米。内填充黑色夹花土及淤积土，包含草木灰、木炭等，土质较硬。西南位置有环形台阶5级，通至操作坑底部，每级台阶宽0.25～1.08、高0.14～0.7米。窑门位于火塘东南，平面呈椭圆形，宽约0.56、高约0.4米，周缘有厚约0.1米的红烧土。火塘连接窑门与窑箅，经解剖，并非直接在生土之上掏挖而成，而是由活土及草拌泥内夹杂少许陶片堆砌形成。平面近圆形，直径1.26、内高1.04、外高1.22米。内壁红烧土厚8～10厘米，底部残留厚6～8厘米的灰烬。窑箅平面平整，有3个火眼，分布呈三角形。火眼1位于窑箅西侧，形状呈椭圆形，直径0.3～0.35米；火眼2位于窑箅东侧，为主火孔，周边红烧土厚5～10厘米，形状呈椭圆形，直径0.23～0.26米；火眼3位于窑箅南侧，形状呈椭圆形，直径0.2～0.28米。3个火眼之间均由宽6～8厘米的火道相连。窑室遭破坏，无存。窑内填土堆积可分2层，即浅黄色淤积土和一层厚8～10厘米的草木灰。包含物极少，仅在操作坑底部发现少量碎陶片。

三 灰坑

清理17个，根据平面形状可分近似圆形，类似圆角方形、长方形或梯形，其他形状三类。

（一）近似圆形

有H3、H5、H10、H11、H13。

H3

位于发掘区中心。平面近似圆形，口大底小，上端直径约2.48、距地表深约0.48米，下端直径约2.4、坑深1.28～1.32米（图五）。填土堆积分3层：第①层：土色为灰褐，土质疏松，厚0.3～0.5米。包含物有石球1件，陶片有432片。陶质以夹砂为主，占63%；陶色泥质以橙黄为主，夹砂以灰褐、红褐为主，另发现彩陶4片；纹饰夹砂以绳纹为主，泥质以素面为主，竖向篮纹、附加堆纹占一定比例；可辨器形有盆、罐。第②层：土色为黄褐，土质较第①层硬，厚约0.5米。包含物有石核1件，陶片有196片。陶质上以夹砂为主，占76%；陶色泥质以橙黄占大多数，夹砂以灰陶为主，红褐、灰褐也占一定比例，另发现彩陶5片；纹饰如上，新出

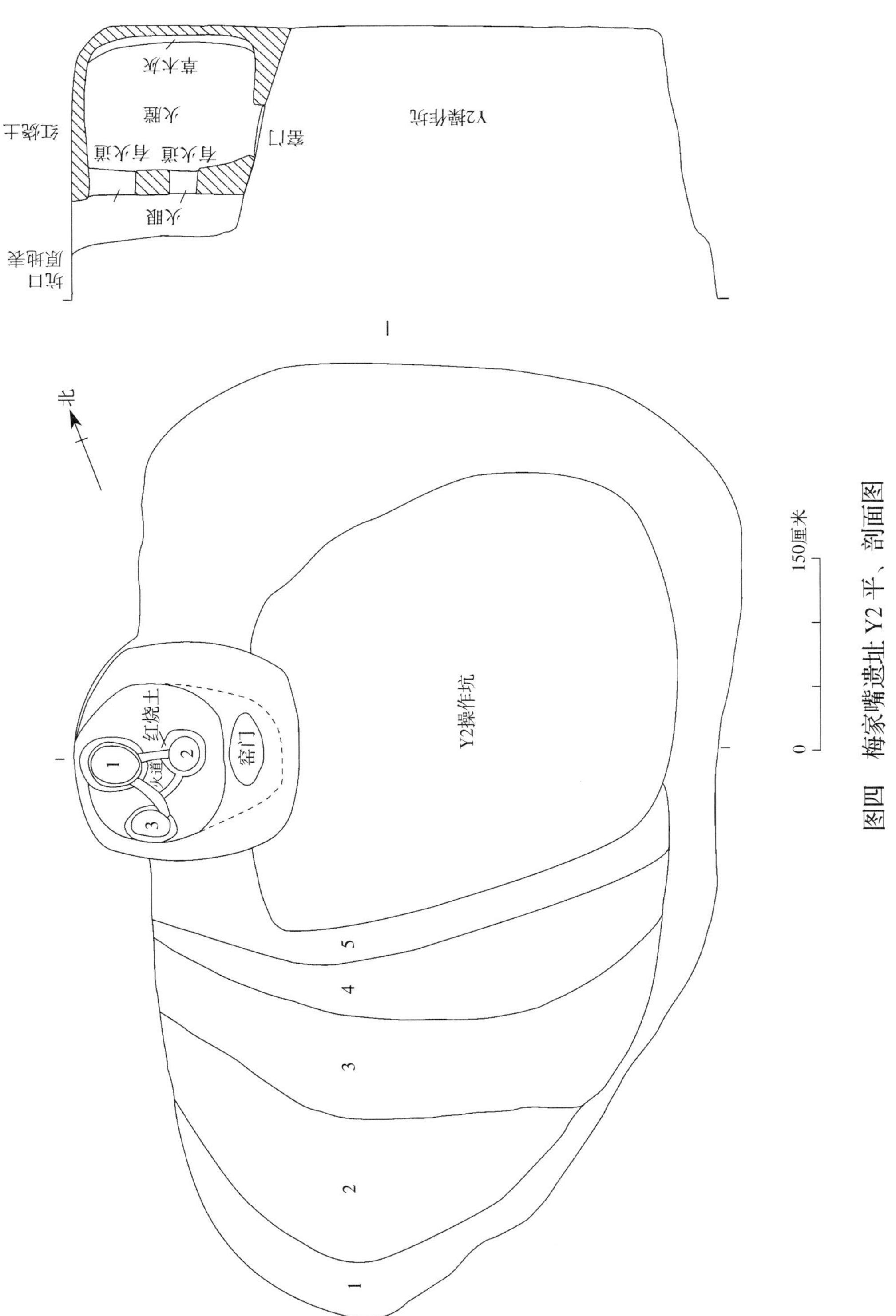

图四 梅家嘴遗址 Y2 平、剖面图

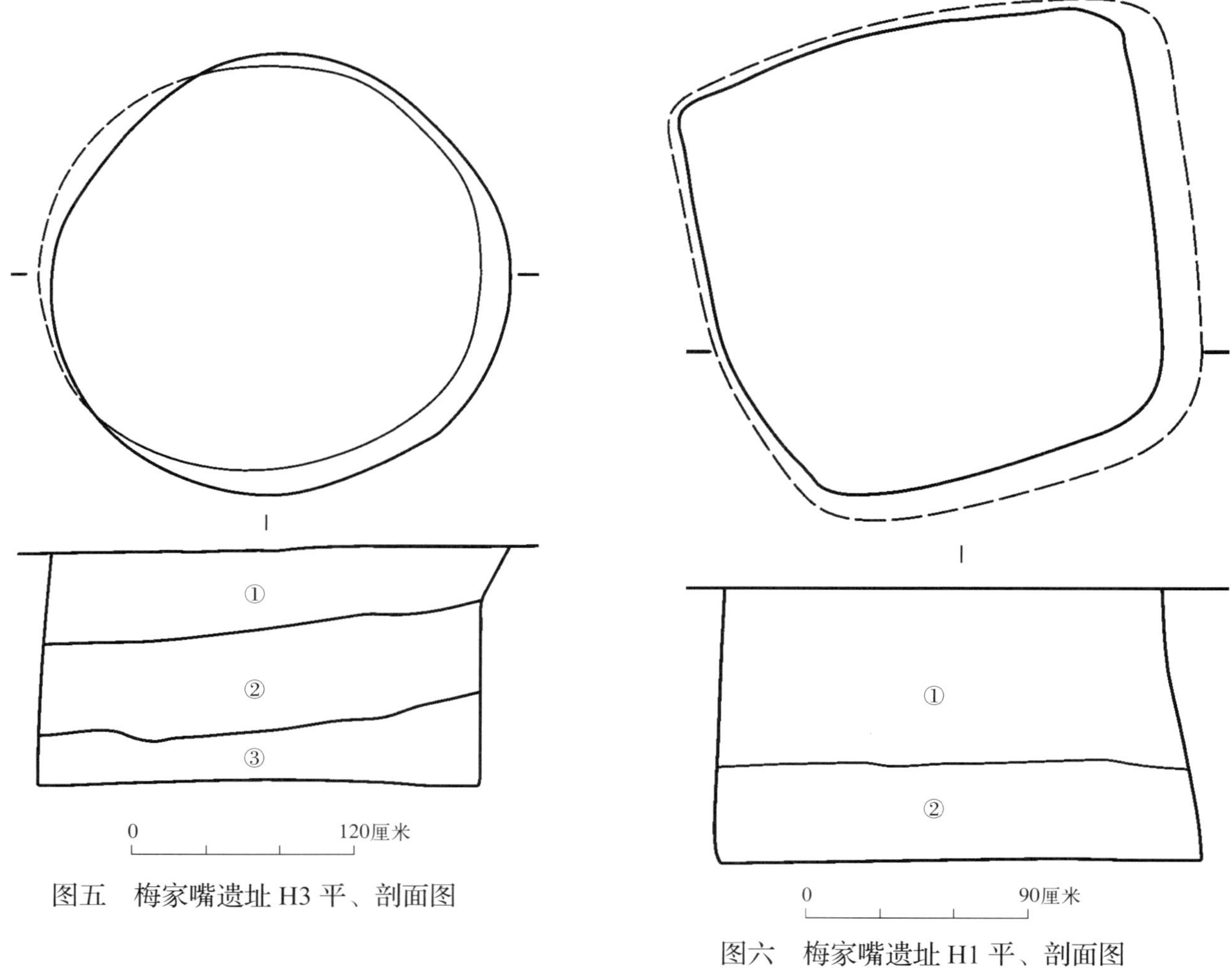

图五　梅家嘴遗址 H3 平、剖面图

图六　梅家嘴遗址 H1 平、剖面图

现方格网状篮纹；可辨器形有罐。第③层：土色发黄，土质较第②层硬，厚 0.18 ～ 0.52 米。包含物有陶片 51 片。陶质以夹砂为主，占 52%；陶色泥质以橙黄、红褐为主，夹砂以红褐为主，另发现彩陶 1 片；纹饰如第①层。出土器物可辨器形有罐、尊（彩版一一，2）。

（二）类似圆角方形、长方形或梯形坑

有 H1、H4、H6、H9、H12。

H1

位于发掘区中心。平面近似圆角方形袋状坑，坑边规整，底基本平整。口边长 1.4 ～ 1.8、距地表深 0.4 米，底边长约 2 米，坑底距坑口深 1.18 米（图六；彩版一一，3）。填土堆积分 2 层：第①层：土色灰中泛黄，夹杂少许木炭、红烧土块，土质疏松。包含物有石器、兽骨、陶片等，其中陶片 474 片。陶质以夹砂为主，占 69%，陶色泥质以红褐为主，夹砂以灰褐为主；纹饰泥质以素面为主，夹砂以绳纹为主；可辨器形有罐，小件石斧 2 件，陶环 1 件，蚌壳 1 枚。第②层：土色发黄，土质较第①层硬。包含物少，陶片共 26 片。夹砂占 70%，陶色泥质红褐、红陶各占

50%，夹砂全为红褐陶；纹饰泥质以篮纹为主，夹砂以绳纹为主；可辨器形有罐、盆。

（三）其他形状坑

有H2、H7、H8、H14、H15、H16、H17。

1.H2

位于发掘区东侧。平面整体形状呈“凸”字形，偏西北圆三角区域有两级台阶，由西北向东南倾斜，梯形区域口小底大，四壁斜直，近底部有踩踏迹象，坑底较平整。方向300°（图七；彩版一二，1）。坑口总长5.16、宽2.6～3米，坑底长2.8～3.3、宽2.78～2.96米，坑深0.36～1.28米。底部较平整，中部土色灰褐，平面略呈椭圆形，为H17。填土堆积土色灰中泛黄，土质疏松，内含草木灰及红烧土块，厚0.32～1.22米。包含物丰富，有石器、骨器、陶器，陶器有陶片488片。陶质分泥质和夹砂，其中夹砂占75%；陶色泥质以橙黄占绝对多数，夹砂以红褐占大宗；纹饰泥质以素面为主，夹砂以绳纹为主，其次有篮纹、附加堆纹等；可辨器形有罐。另外，发现少量彩陶片，可辨器形有盆。

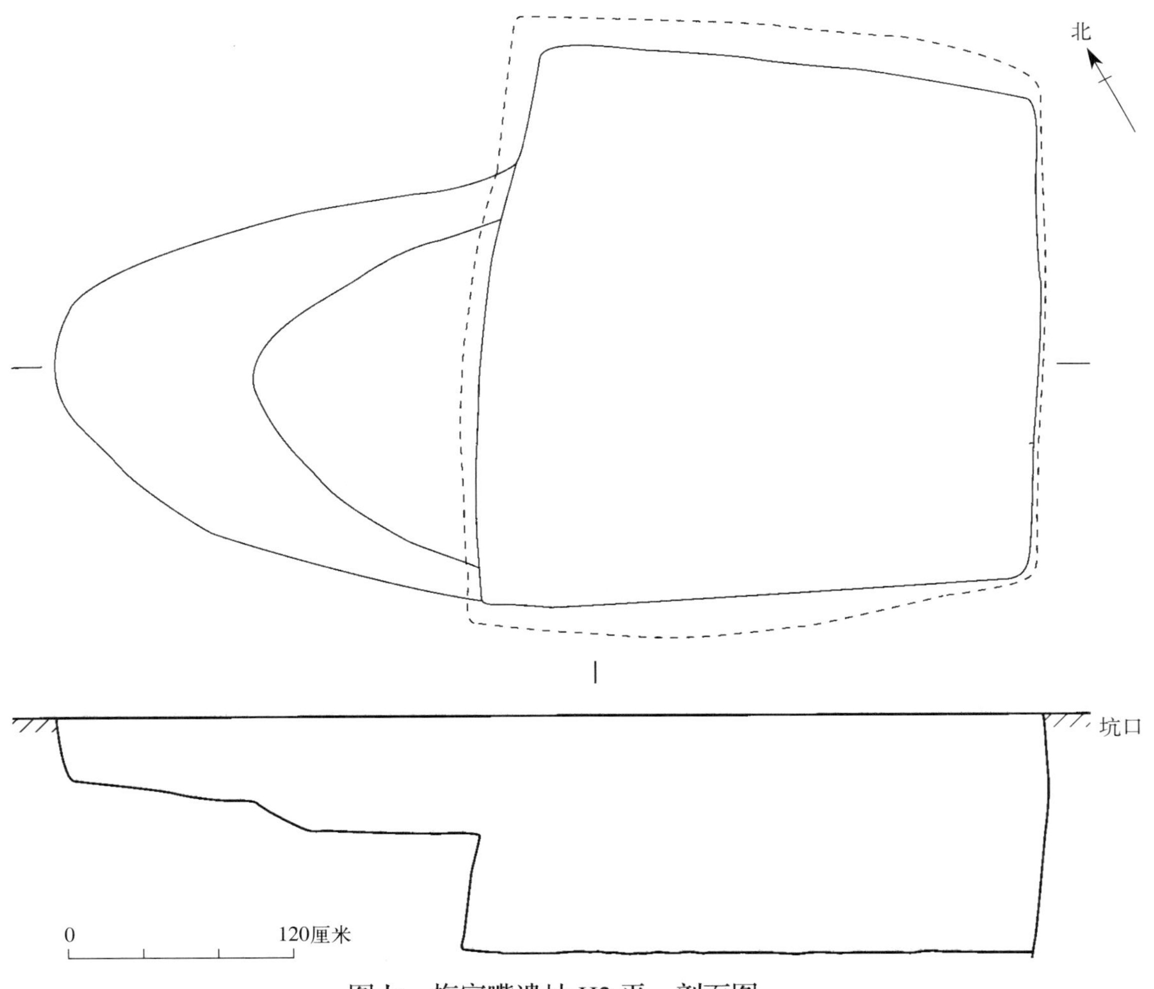

图七　梅家嘴遗址H2平、剖面图

2.H17

开口于H2下，平面大致呈椭圆形，偏南区域被一自然冲水坑（K1）所打破。壁较斜直，口底大致等同，坑底较平整。坑口、底长径约2.6、短径约2.28、残深0.44米（图八；彩版一二，2）。填土堆积为灰褐色，上层土质较硬，似人为踩踏，下层土质松软，内含木炭、草木灰及少量红烧土块。包含物较少，有石器、兽骨及少量陶片。其中陶片有69片，陶质分夹砂和泥质；陶色泥质以橙黄为主，夹砂以红褐为主，另发现少量彩陶（片）；纹饰泥质以素面为主，夹砂以绳纹为主；可辨器形有彩陶壶、彩陶钵、夹砂罐。

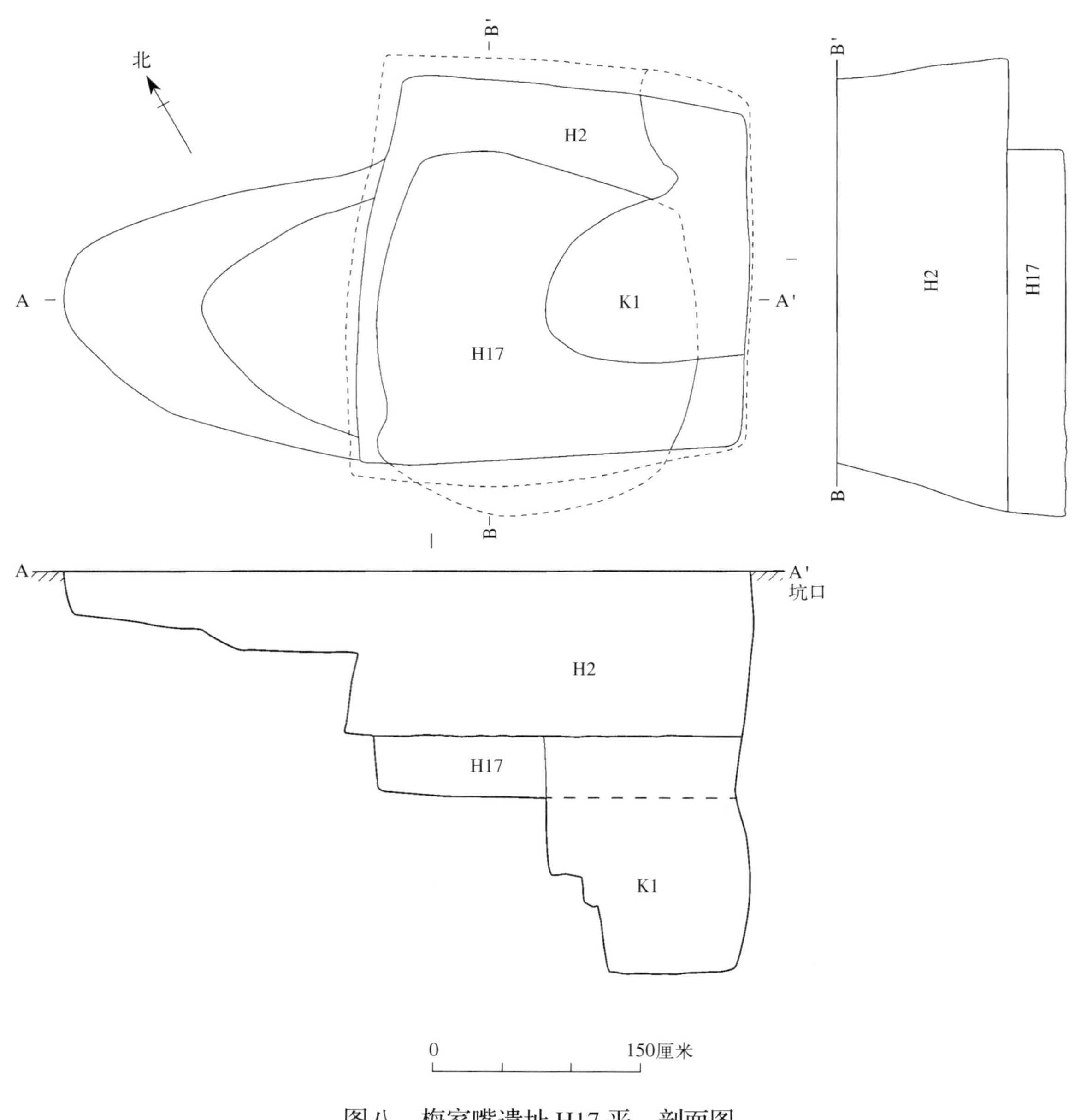

图八　梅家嘴遗址H17平、剖面图

第二节　遗物

本次发掘出土遗物分陶器、石器、骨器。

（一）陶器

陶器分泥质和夹砂两类，其中夹砂陶占多数，泥质陶中有少量彩陶，多为橙黄底或红褐底黑彩。陶色以橙黄、红褐、灰褐陶为主，发现少量红陶及灰陶。橙黄陶基本为泥质，红褐及灰褐多以夹砂陶居多。纹饰以绳纹、篮纹为主，附加堆纹、锥刺纹等有少量发现。篮纹多以泥质陶居多，绳纹基本为夹砂陶。可辨器形有陶罐、尊、盆、钵、瓮、瓶、器盖，小件器物有陶环、陶刀与陶纺轮。

1．陶罐

种类较多，根据器形分为带耳罐、高领深腹罐、小口罐与切盖罐四型。

A 型　带耳罐。根据口部大小可分大口罐与小口罐两亚型。

Aa 型　大口罐。均为口沿残片。

标本 H3 ①: 3，夹砂红褐陶。侈口，方唇，高领，溜肩，领、肩间附单耳，耳上端低于口沿，深腹。领部以下饰一周附加堆纹，耳面上饰竖向附加堆纹，肩腹部通体饰麻点状绳纹。器表残留有烟炱痕迹。口径 20、残高 16.5 厘米（图九，1）。

Ab 型　小口罐。可复原 2 件。

标本 H11 : 8，泥质橙黄陶。侈口，圆唇，高领，圆肩，领、腹间附双耳，耳上端低于口沿，圆鼓腹下垂，平底。素面。口径 8.6、底径 6.6、高 9.5 厘米（图九，2；彩版一四，1）。

标本 H7 ②: 4，口沿彩陶片。泥质橙黄陶。侈口，尖圆唇，束颈，圆肩，口、肩间附单耳，耳上端与口沿基本齐平。口沿内侧饰黑彩平行线纹，器表黑彩脱落较甚，耳面上饰黑彩平行横向短线纹。口径 9、残高 5 厘米（图九，3）。

B 型　高领深腹罐。可复原 2 件。

标本 H7 ②: 2，夹砂灰褐陶。侈口，圆唇，高领，溜肩，深腹，平底。领下通体饰麻点状绳纹。器表残留有烟炱痕迹。口径 21、底径 12、高 26.3 厘米（图九，4；彩版一四，2）。

标本 H7 ①: 3，夹砂灰褐陶。侈口，方唇，外沿加一周附加泥条，形成凸棱，高领，溜肩，深腹，平底。肩部饰一周附加堆纹，腹部通体饰麻点状绳纹。器表残留有烟炱痕迹。口径 18、底径 11.4、高 24.5 厘米（图九，5；彩版一四，3）。

C 型　小口罐。可复原 1 件。

标本 H1 ①: 5，泥质砖红陶。侈口，圆唇，高领，圆肩，腹部较鼓，下腹斜收至平底。素面。口径 10.1、底径 5、高 12.5 厘米（图九，6；彩版一四，4）。

标本 H7 ①: 2，口沿彩陶片。泥质橙黄陶。侈口，圆唇，斜直领，圆肩。口沿内侧饰黑彩锯齿纹、宽带纹与圆点纹组合，口沿外侧施一层紫红陶衣，颈部饰黑彩倒三角、黑彩宽带纹组合。口径 8、残高 3.9 厘米（图九，7）。

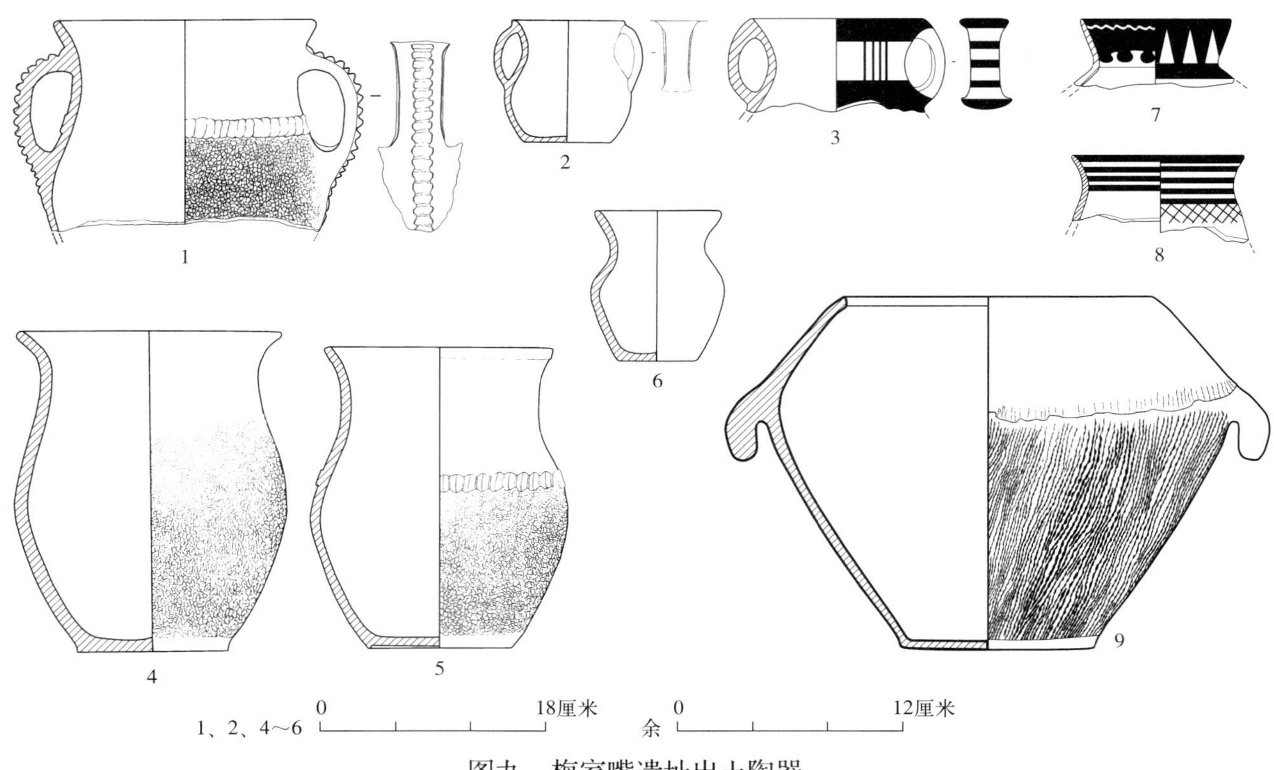

图九　梅家嘴遗址出土陶器

1～9. 陶罐H3①：3、H11：8、H7②：4、H7②：2、H7①：3、H1①：5、H7①：2、H8①：1、H12：1

标本 H8①：1，口沿彩陶片。泥质橙黄陶。侈口，圆唇，高领，溜肩。口沿外侧施一层紫红陶衣，口沿内外饰黑彩平行线纹，外彩平行线纹下饰交错网格纹。口径 9、残高 4.7 厘米（图一〇，8）。

D 型　切盖罐。可复原 1 件。

标本 H12：1，泥质砖红陶。敛口，方唇，圆肩，圆鼓腹，下腹斜收至平底。肩部有明显二次修补痕迹。腹部通体饰竖向绳纹，上腹部有两周轮制弦纹痕迹，形成弦断绳纹。口径 15.5、底径 9.8、高 18.6 厘米（图九，9；彩版一五，1）。

2. 彩陶瓶

1 件。

标本 H17：2，口、肩部残片。泥质橙黄陶。喇叭口，圆唇，高直领，宽圆肩。饰黑彩，口沿处饰弧三角，口沿下以平行条带纹、弧线三趾爪状纹及椭圆形黑点纹组成。口径 13.3、残高 15.5 厘米（图一〇，1；彩版一五，2）。

3. 陶尊

可复原 2 件，均为泥质橙黄陶。侈口，窄斜平沿，圆唇，高直领，折腹，平底。素面。

标本 H3①：2，口径 24.6、底径 10.6、高 15.5 厘米（图一〇，2；彩版一五，3）。

标本 H7①：1，口径 22、底径 11.2、高 15 厘米（图一〇，3）。

4. 陶盆

根据口沿特点，分两型。

A型　有沿侈（敛）口盆。均为口沿残片。

标本H2：5，泥质橙黄陶。敛口，宽平沿，方唇，腹部较斜直。口沿处饰黑彩三角纹饰。口径28、残高4.2厘米（图一〇，4；彩版一五，4）。

标本H2：4，泥质黄褐陶。侈口，斜平沿，厚方唇，腹部较斜直。素面。口径29、残高4.9厘米（图一〇，5）。

B型　无沿敞口盆。可复原1件。

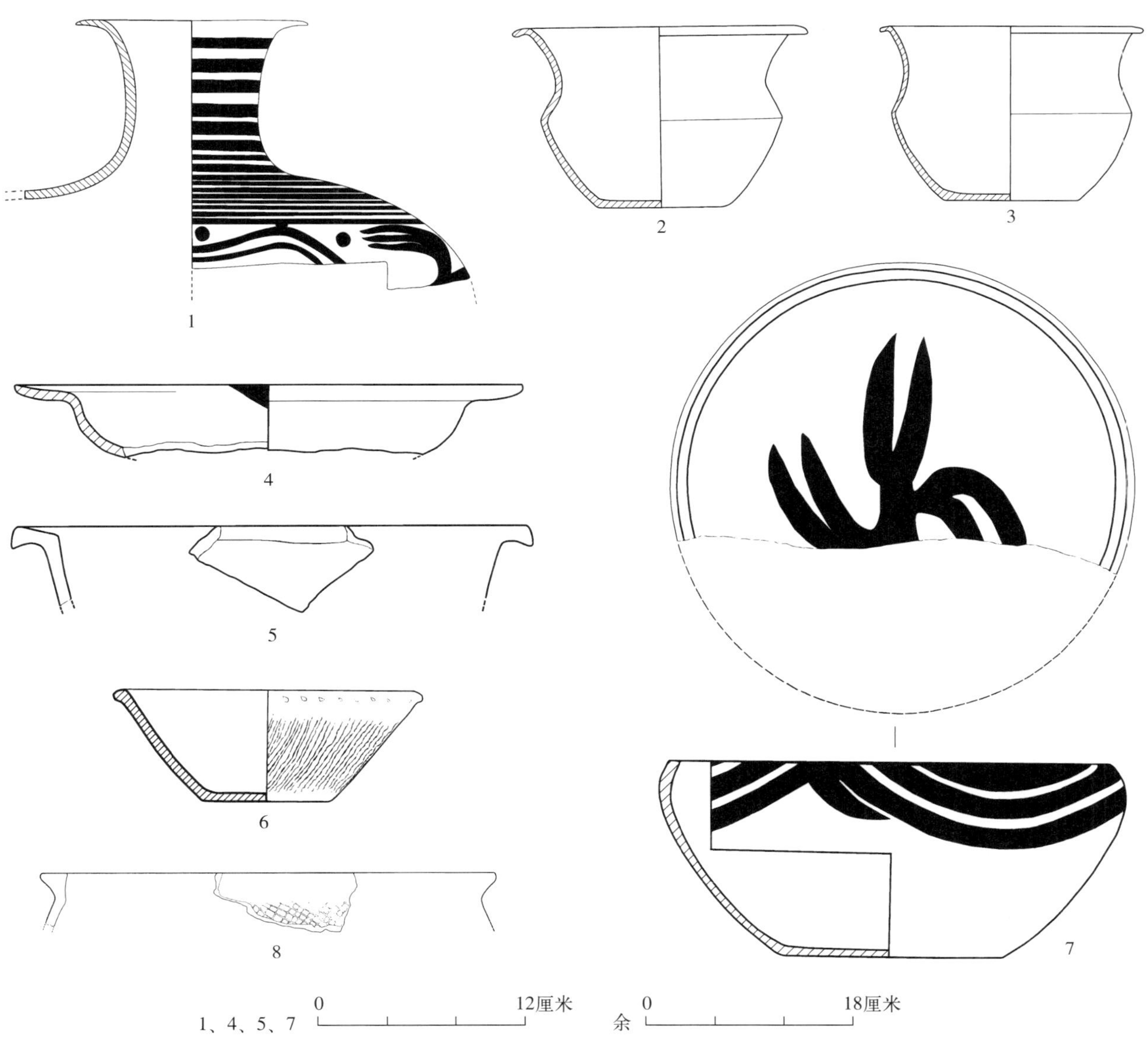

图一〇　梅家嘴遗址出土陶器

1. 彩陶瓶H17：2　2、3. 陶尊H3①：2、H7①：1　4～6. 陶盆H2：5、H2：4、H1②：1　7. 陶钵H17：1　8. 陶瓮H11：3

标本 H1 ②: 1，夹砂砖红陶。厚方唇，腹部较斜直，平底。口沿下饰一周戳刺纹，腹部通体饰斜向细绳纹。口径 27、底径 11、高 10 厘米（图一〇，6）。

5. 陶钵

可复原 1 件。

标本 H17 : 1，泥质橙黄陶。敛口，圆唇，腹部较深，平底。饰黑彩，外彩以三条弧线组成的重弧线图案，内彩饰蛙纹。口径 25、底径 12.4、高 11.5 厘米（图一〇，7；彩版一六，1、2）。

6. 陶瓮

口沿残片 1 件。

标本 H11 : 3，夹砂红褐陶。敛口，平沿，方唇。胎较厚，口沿下腹部通体饰交错网格纹。口径 38、残高 5 厘米（图一〇，8）。

7. 陶器盖

2 件。

标本 H4 ①: 6，已残。泥质红褐陶。器形整体呈覆碗状，矮捉手。通体饰交错绳纹。盖径 13、高 3.5 厘米（图一一，1）。

标本 H12 : 9，略残。泥质红褐陶。器形整体呈蘑菇状，底中空，一侧边缘穿一孔。素面。盖径 4.2、高 3.5 厘米（图一一，2）。

8. 彩陶片

17 片。

标本 H8 ②: 1，泥质橙黄陶。部分黑彩下施一层紫红陶衣，器表饰黑彩宽带波折纹（图一一，3；彩版一六，3 上左）。

标本 H12 : 13，泥质橙黄陶。外表施一层白色陶衣，上饰黑彩宽带纹、折线纹组合（图一一，4；彩版一六，3 下右）。

标本 H14 ②: 1，泥质橙黄陶。部分黑彩下施一层紫红陶衣，器表饰黑彩宽带纹、竖向短线纹组合（图一一，5；彩版一六，3 上右）。

标本 H3 ②: 2，泥质橙黄陶。器内饰黑彩窄带纹、波浪纹组合，器表饰横向、竖向平行线纹组合的几何纹饰（图一一，6；彩版一六，3 下左）。

9. 陶环

1 件。

标本 H1 ①: 3，残。泥质灰陶。复原看平面呈圆形，截面呈圆三角形。素面。残长 4.8、宽 1.1、厚 0 ～ 0.6 厘米（图一一，7；彩版一六，4）。

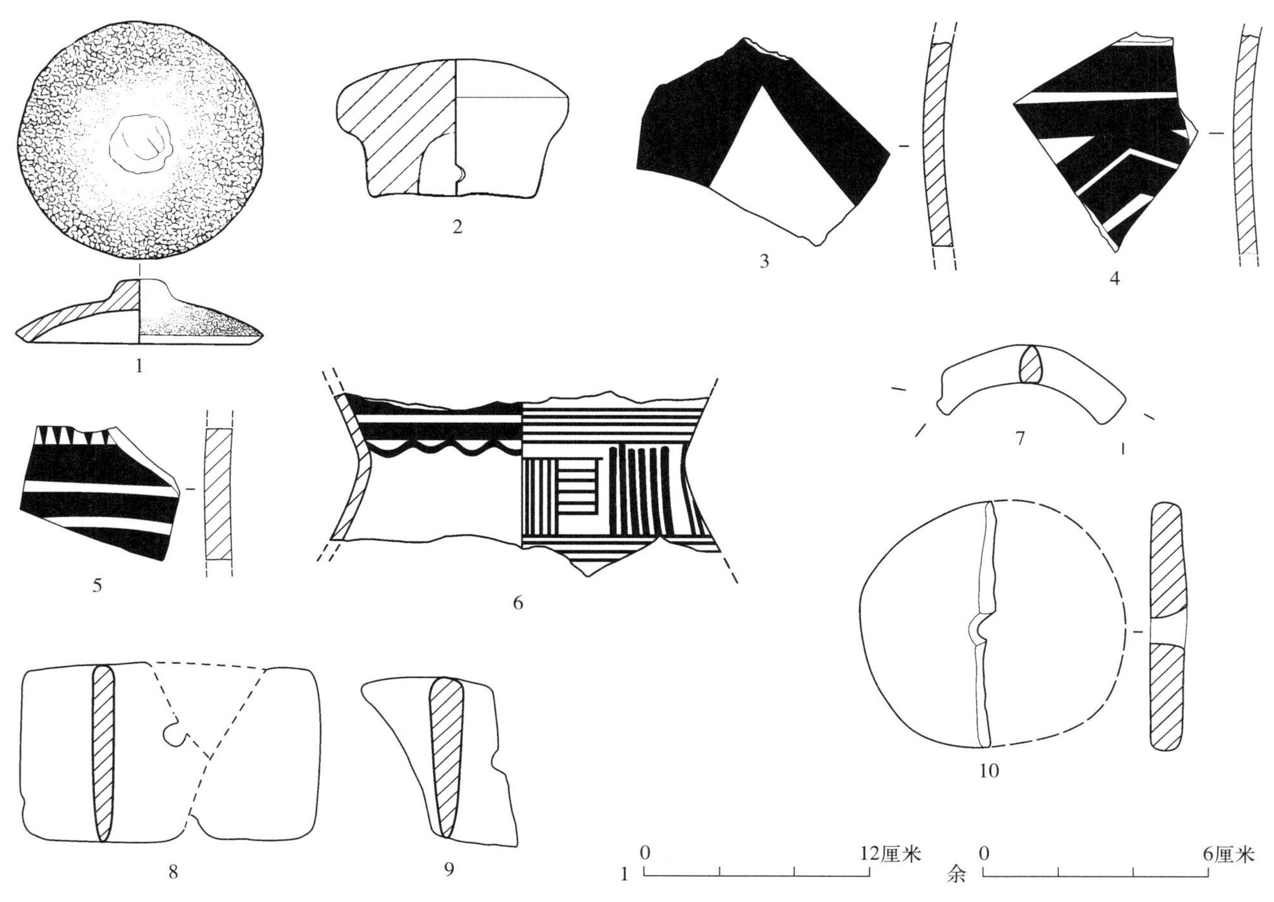

图一一　梅家嘴遗址出土陶器

1、2. 陶器盖H4①:6、H12:9　3～6. 彩陶片H8②:1、H12:13、H14②:1、H3②:2　7. 陶环H1①:3　8、9. 陶刀H12:14、H6:1　10. 陶纺轮T7①:1

10. 陶刀

3件。

标本H12:14，残。泥质灰陶。单直刃，双面磨制，器型中央有一孔，单面钻孔。素面。通长8、宽4.9、厚0.1～0.5厘米（图一一，8）。

标本H6:1，残。泥质砖红陶。单直刃，双面磨制，器型中央有一孔，单面钻孔。素面。残长3.5、宽4.3、厚0.2～0.8厘米（图一一，9）。

11. 陶纺轮

1件。

标本T7①:1，残。泥质砖红陶。复原看为圆形，两面平整，中穿一孔，单面穿孔。素面。直径6.9、孔径0.8～1.3、厚1.0厘米（图一一，10）。

（二）石器

21件。分石刮削器、尖状器、石核、石球、石铲、石锛、石斧、石镞、石刀。

1. 石刮削器

10件。

标本H3②：1，石质呈灰色。器形似桃形，阳面隆起，有剥离面及使用后的疤痕。最长处约9.6、最宽处8.1、厚2厘米（图一二，1；彩版一三，1）。

2. 尖状器

2件。

标本F1T：2，石质呈灰色。器形呈舌形，一面有脊，一面较平整，两端断裂。残长约6.2、宽1.5～3.3、厚0～1.1厘米（图一二，2）。

3. 石核

2件。

标本H2：2，石质暗灰色。器形呈不规则形，有剥离面。长约12.3、宽约7.9、厚5.5厘米（图一二，3）。

4. 石球

1件。

标本H3①：1，石质发白。器形截面呈不规则圆形，有明显使用过的痕迹。截面直径约7.5厘米（图一二，4；彩版一三，2）。

5. 石斧

2件。

标本H1①：1，石质灰色。器形截面呈梯形，刃较厚钝，两面磨制，手柄处断裂。残长约7、刃宽约1.8、厚2.5厘米（图九，5）。

6. 石锛

1件。

标本T9①：1，石质深紫色。器形截面呈梯形，加工工整，单直刃，一面磨制，刃上端阴面有一凹槽。上宽约2.6、下宽约3、长约4.2、厚0.9厘米（图一二，6；彩版一三，3）。

7. 石铲

1件。

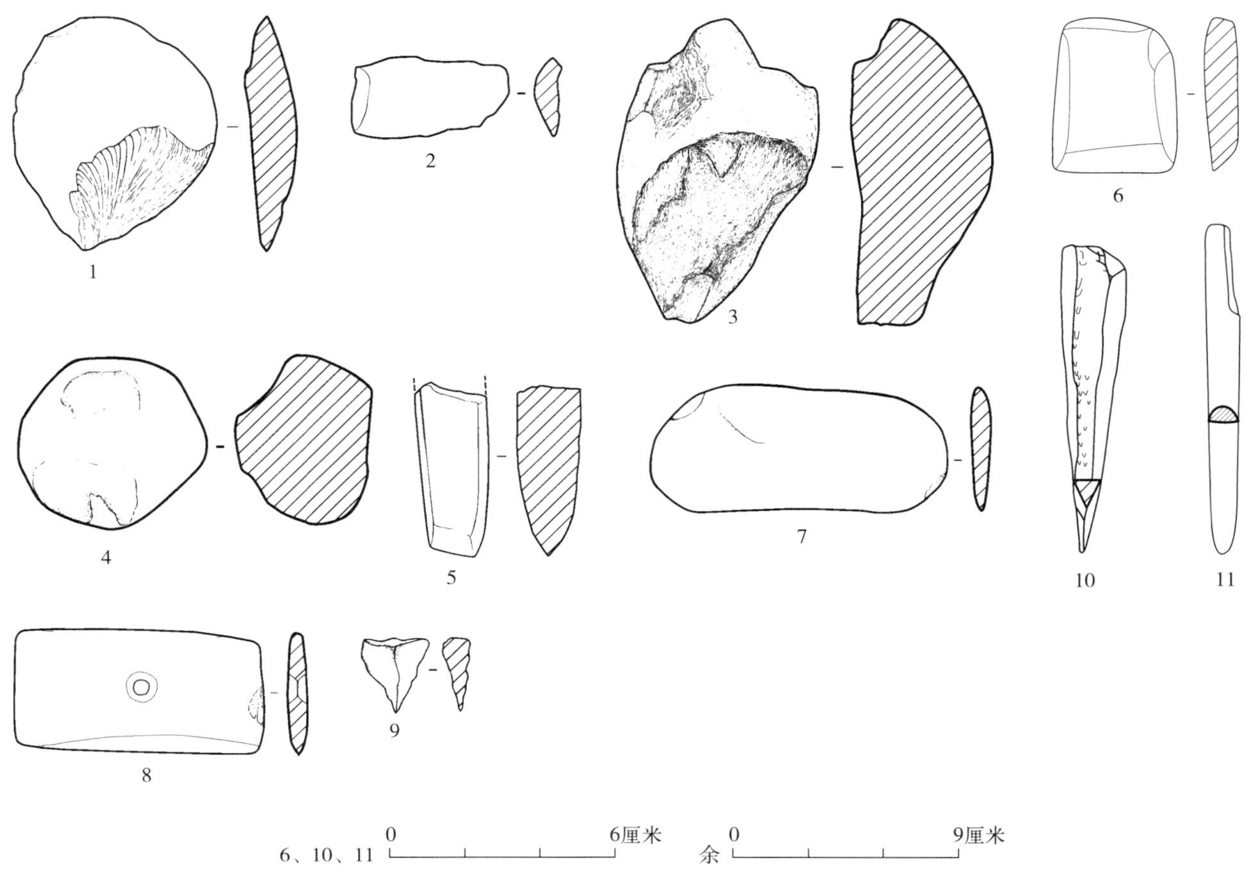

图一二　梅家嘴遗址出土石器、骨器

1. 石刮削器H3②：1　2. 尖状器F1T：2　3. 石核H2：2　4. 石球H3①：1　5. 石斧H1①：1　6. 石锛T9①：1　7. 石铲F1T：1　8. 石刀H7②：1　9. 石镞H11：1　10. 骨锥H7②：3　11. 骨笄H2：1

标本 F1T：1，石质呈暗灰色。器形似椭圆，两面平整。长径 11.7、短径 4.8 ～ 5.2、厚 0.8 厘米（图一二，7）。

8．石刀

1 件。

标本 H7②：1，石质紫色。器形呈长方形，单直刃，两面磨制，中有一孔，双面钻孔，背较厚钝。长约 9.9、宽 4.6 ～ 5、厚 0.8、孔径约 0.6 厘米（图一二，8；彩版一三，4）。

9．石镞

1 件。

标本 H11：1，石质深灰色。器形截面呈三角形，一面有脊，镞尖较尖锐。长约 3、宽约 2.6、厚 1 厘米（图一二，9）。

（三）骨器

2件。有骨锥、骨笄。

1. 骨锥

1件。

标本H7②：3，截面呈三角形。通长8.4、宽0.2～1.7、厚0.2～0.8厘米（图一二，10；彩版一三，5）。

2. 骨笄

1件。

标本H2：1，略残。条形，截面呈半圆形，器表光滑。通长8.9、宽0.8、厚0.4厘米（图一二，11；彩版一三，6）。

第三节 结语

根据遗迹单位之间叠压打破关系和器物组合及特点分析，遗存可分早晚两期。

早期遗存，以H17为代表，其开口叠压于H2之下。出土物彩陶钵（H17：1），敛口，圆唇，腹部较深，平底。外彩以三条弧线组成的重弧线图案（或称变体垂帐纹）最早在大地湾四期[1]可找到祖型，线条较细且均匀，发展到马家窑类型线条往往较粗且不甚匀称，如西坡屾遗址Ⅱ式彩陶钵[2]。彩陶瓶（H17：2），或称瓶式壶，喇叭口，沿面略向外翻，短颈，广圆肩，纹饰以平行的条带纹间隔弧线三趾爪状纹组成，此类器形及纹饰特点张忠培先生在东乡林家遗址中归到中期[3]。综上所述，梅家嘴遗址早期遗存属于马家窑类型，年代与东乡林家中期大致相当或偏早。

晚期遗存，是梅家嘴遗址主体文化遗存。遗迹单位有窑址、房址与灰坑。其中窑址尚未发现较原始的一类横穴式，均以较成熟的竖穴式形式出现。房址地面抹有白灰，房壁有弧度，从底往上内收，可能属于窑洞式房址结构。陶器组合以陶罐为大宗，兼有少量陶尊、盆、瓮等器物，尚未发现三足器。其中陶罐以高领夹砂深腹罐居多，也是师赵村七期遗存[4]中最常见的一类罐，带耳罐多泥质陶，小口，鼓腹，以矮胖见长。陶尊皆为侈口折腹平底尊，在师赵村七期遗存中将其归到B型。陶色以橙黄陶为主，红褐、砖红陶次之，另有极少量灰陶发现。纹饰以各种绳

[1] 甘肃省文物考古研究所：《秦安大地湾——新石器时代遗址发掘报告》，文物出版社，2006年。

[2] 严文明、张万仓：《雁儿湾和西坡屾》，《考古学文化论集3》，文物出版社，1993年。

[3] 张忠培、李伊萍：《关于马家窑文化的几个问题》，《庆祝苏秉琦考古五十五年论文集》，文物出版社，1989年。

[4] 中国社会科学院考古研究所：《师赵村与西山坪》，中国大百科全书出版社，1999年。

纹占主体，这其中最具典型的为蜂窝状绳纹，其次，纹饰有篮纹、附加堆纹等。文化内涵上属于师赵村、西山坪第七期遗存范畴，与宁夏隆德页河子龙山文化时期遗存[1]，宁夏隆德相沙塘北塬遗址[2]文化性质相类似，同属于齐家文化早期遗存。另外，齐家文化遗迹中多发现有数量不等的彩陶，以残片呈现，未有可复原者。可辨器形主要为罐，其特点为侈口，斜直领，整体较矮胖，纹饰有三角纹、细线纹、宽带纹等，文化类型上属于半山、马厂时期遗物。

梅家嘴遗址是渭河上游地区继武山傅家门[3]、天水师赵村与西山坪等遗址所发掘另一处新石器时代文化遗存。文化内涵上包括齐家文化和马家窑文化两类遗存，对于探索渭河上游地区二者关系提供了新的考古学资料。

领队：张俊民
发掘：张俊民　王永安　马兰英
绘图：马兰英　马　丽　康禹潇　孙　锋
执笔：王永安　孙　锋　康禹潇　马　丽

[1] 北京大学考古实习队、固原博物馆：《隆德页河子新石器时代遗址发掘报告》，《考古学研究（三）》，科学出版社，1997年。

[2] 宁夏文物考古研究所：《宁夏隆德沙塘北塬遗址2013年发掘简报》，《文博》2017年第6期；宁夏文物考古研究所、吉林大学边疆考古研究中心：《宁县隆德县沙塘北塬遗址2015年发掘简报》，《考古》2018年第5期。

[3] 中国社会科学院考古研究所甘青工作队：《甘肃武山傅家门史前文化遗址发掘简报》，《考古》1995年第4期。

肆　岷县维新乡卓坪遗址发掘简报

甘肃省文物考古研究所

第一节　概况

一　地理位置

甘肃省洮河流域的九甸峡水电工程是甘肃省十一五工程项目中的南水北调工程项目，即引调洮河上游之水东北向供给甘肃省干旱地区之一的定西市一带，以便解决当地的人口用水，并要灌溉那里数万亩良田。该工程自2006年正式动工以来，投入了大量的人力、物力、财力，迁移人口万余户（约8万人）。甘肃省文物考古研究所为配合这项工程在九甸峡水库蓄水淹没区的洮河上游一带进行了古遗址以及古文物的普查勘探并对一些重要遗址的进行抢救性发掘，比较重要的遗址有35处之多，2007年下半年开始对大坝附近的一些遗址进行了科学发掘和保护，2008年又组成了三个发掘小组分别对九甸峡库区洮河上游的一些淹没区的古遗址进行抢救性的考古发掘。

九甸峡水电工程的水库大坝就位于洮河中上游的临潭、卓尼两县界处，属陇南山区，东去卓尼县城50、西去临潭县城60、北至临洮县城100多、南到定西地区的岷县60千米。水库淹没区长达40余平方千米，海拔高度在2180～2250米。该地区虽说山大沟深，但雨水充沛，气候温润，十分适宜人类生活，所以，在远古时代的就有人们在这一带生存和繁衍。现见最早的就有距今6000年左右的仰韶文化庙底沟类型时期的人们在这一带生存，继而有仰韶文化晚期的（石岭下类型）分布，同时又有马家窑文化遗存交相呼应。之后有齐家文化、寺洼文化以及西汉墓葬和元、明、清等遗存。

二　发掘经过

2008年7～9月，为配合洮河中上游的九甸峡水库建设以及其蓄水工程，我们又对岷县、临潭、卓尼三县界洮河上游的一些古遗址进行了抢救性的科学发掘。卓坪遗址发掘由甘肃省文物考古研究所副研究员赵建龙领队，有甘肃省文物考古研究所王永安、陕西省溧阳市张晓荣组成的发掘小组，主要对属于岷县维新乡的卓坪村遗址进行重点复查与发掘。

卓坪遗址位于维新乡南约4千米处，原（清代）该处建有东西两座堡子，分别称作卓坪（前寨）和后寨（属卓坪村），即今之卓坪 1、2 两遗址的所在，均位于洮河西岸卓坪村的东北部一～三级台地上。卓坪 1 遗址位于卓坪村北公路以西的一块黄土台上，属第二三级台地，文化分布面积约 25 万平方米，地理坐标为北纬 34° 39′ 71″，东经 103° 55′ 15″，海拔 2243 米。而卓坪 2 遗址则位于公路以东，后寨北，洮河上游向西的一个拐弯处，属第一级台地，文化分布面积约 2 万平方米，地理坐标为北纬 34° 38′ 95″，东经 103° 54′ 85″，海拔 2231 米。东南到岷县县城约 40 千米。我们这次主要是对坪上村和卓坪村 2 遗址（包括后寨堡子）进行了抢救性发掘。由于在 2008 年 3 月份经陕西勘探队探出卓坪 2（后寨堡子）有 5 个灰坑，9 月份我们前去发掘，得到了土地主人的拒绝，经协商无果，我们从断崖暴露的灰坑堆积及其陶片特征分析，得知该处当属寺洼文化的遗存，由于谈判不成，我们也就暂作放弃。但在卓坪村靠北部的山坡断崖上（卓坪 1 遗址）分布有大量的仰韶中晚期的陶片，三级台地上还见有齐家文化的红色竖篮纹陶片等遗存，当地农民在该台地上取土时曾挖出过大量属于寺洼文化的墓葬及随葬品陶罐等。故而我们又转向卓坪遗址进行调查勘探和试掘（图一）。

卓坪遗址位于维新乡东南 4 千米处的洮河西岸的二三级台地上，即卓坪村东北部的公路边上。当地原为一明清时期的堡子所在地，根据调查和当地群众挖出的陶器等情况来看，其二级台地上多为仰韶文化中晚期的遗存，而三级台地上则多为齐家文化与寺洼文化的遗存。我们经过调查和勘探在卓坪村东公路以西的一块较高的台地西南部断崖上发现有一个仰韶文化的灰坑，所以，选择了该台地进行科学性布方试掘。该台地约 80 米见方即 6400 平方米，高出下级地面

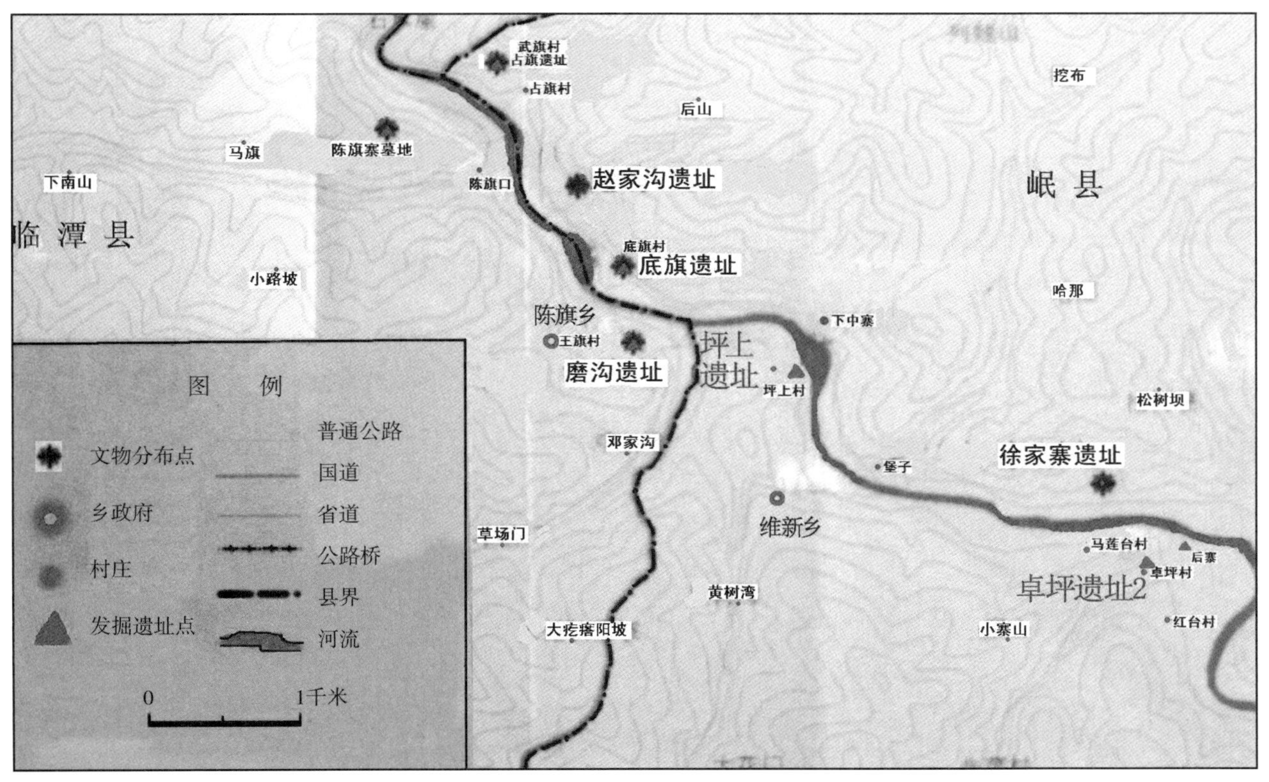

图一　岷县维新乡卓坪遗址地理位置示意图

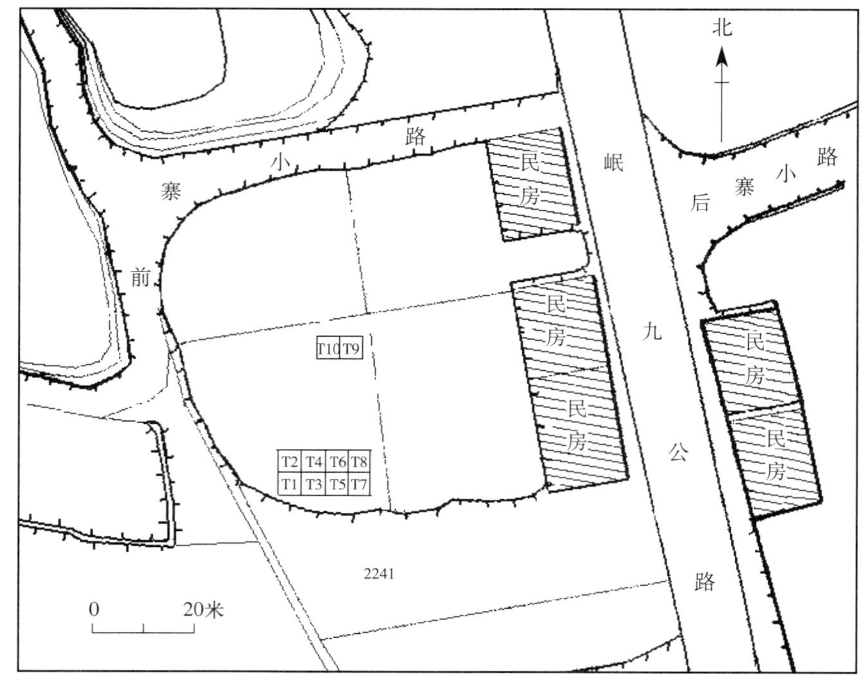

图二　卓坪遗址发掘区平面分布图

约2米许，东距公路20米，海拔高度2243米。根据自然环境和地理位置，我们在台地的西南部和中部分别排列分布了10个5米×5米探方，其中T3、T4未作发掘，共发掘面积200平方米（图二；彩版一七，1）。

第二节　地层堆积

该台地的文化堆积层不太厚，厚0.7～1米。经过试掘发现，所开探方仅在T1、T2两探方中出现了一个长条形灰坑H1，其余探方均未发现古代遗迹，深度也均在0.5～0.8米。除上层（第①层）0.2～0.3米的黄灰色耕土层外，既是第②层0.15～0.25米厚的灰黄色扰土层，内含有少量碎陶片和极少量清代的青花瓷片等。再下则为第③层，浅黄色土中夹杂着一些灰色斑块，土质也较致密。唯T1、T2中出有H1，现以T1北壁为例作介绍（图三）。

探方T1的北壁中部出土有仰韶文化中期灰坑H1，以此壁为例。

第①层：农耕层，厚0.15～0.29米。黄灰色土，比较松软，除了一些植物根系，不见任何文化遗物。

第②层：扰土层，厚0.15～0.24米。灰黄色，质地比较致密，内含有少量碎陶片以及极少量的清代瓷片等。该层下的中部发现一个灰坑，即灰坑H1，打破第③层，中部灰坑深0.3米。

第③层：浅黄色土中夹杂着一些灰色斑块，厚0.35～0.40米。土质也较致密。

第③层以下为较纯净的土黄色生土层。

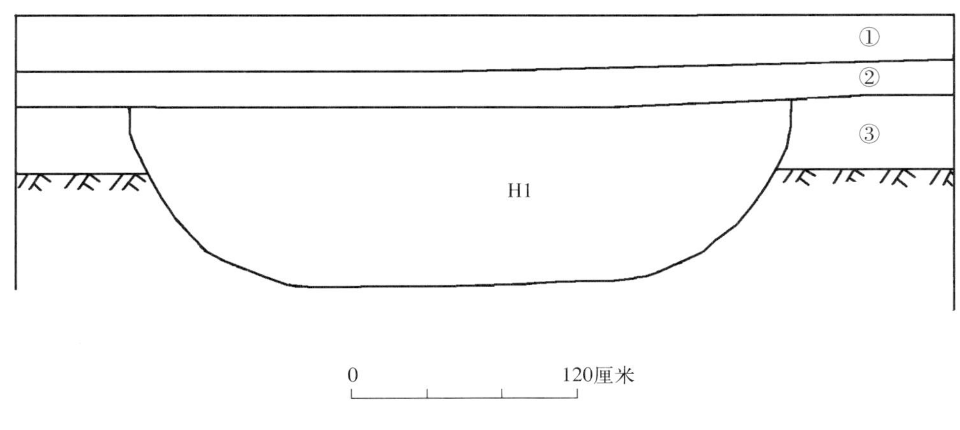

图三　卓坪遗址 T1 北壁剖面图

第三节　遗迹

该遗址的试掘中遗迹仅见灰坑 H1 一个，位于遗址西南部的 T1、T2 两探方中间第②层下，从其中的包含物及陶片特征看是属于仰韶文化晚期偏早的灰坑。

H1

呈长椭圆形灰坑，南北残长 8.58、东西宽 3.68、深 0.15 ～ 0.5 米（图四；彩版一七，2）。南北向跨越两个探方，方向正南北，为一个北浅南深的长条形，南端由于断崖而残，即原调查时发现的遗址西南部的断崖灰坑。灰坑的边缘比较整齐，底部近圆弧，由北向南呈斜坡状，处于黄色生土层中，比较平整。出土的小件和可复原器物有陶钵、陶刀、陶纺轮、石斧、石刀、石刮削器等。

第四节　遗物

卓坪遗址的第②层扰土层中所出陶片较少，遗物主要出土于灰坑 H1 中，但数量不多，以夹砂橙黄色陶、夹砂褐色陶、夹砂灰陶、夹砂红陶、泥质橙黄色陶等为主。

陶器纹饰也较简单，一般夹砂陶多饰以斜绳纹和少量附加堆纹，细泥陶钵、盆、壶的残片上见有一些垂弧纹（垂帐纹）、圆圈网格纹，在一壶残片上还见到斜线条上加绘锯齿纹（石岭下类型），和一钵底部残片上绘有内彩圆圈与网格纹。但出陶土片的数量远不及坪上遗址的多，可见彩陶文化开始衰落。

经初步整理可以看出器形的有：陶钵、陶盆、陶瓶、陶壶、陶罐、陶刀、陶纺轮、陶环、石刀、石斧、石刮削器等，可分为生活用器、生产工具及装饰品等。

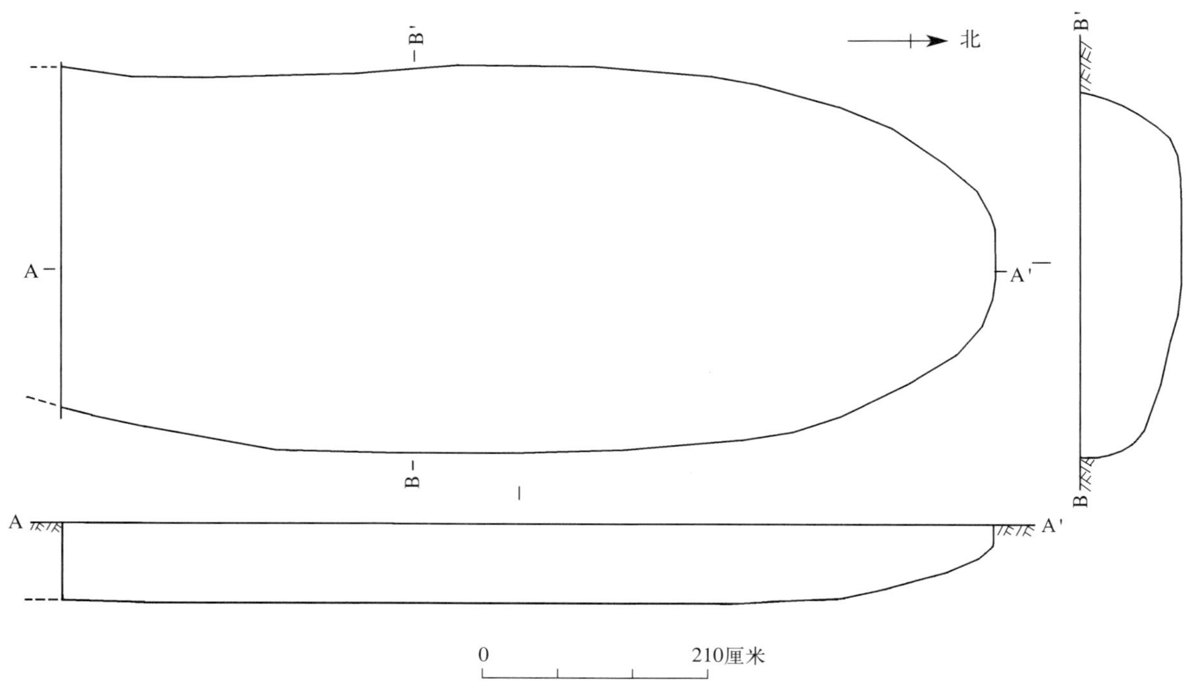

图四　卓坪遗址 H1 平、剖面图

（一）生活用器

1. 陶壶

无复原器，为数不多，均为残片。

标本 H1：P7，为彩陶壶上腹残片，细泥橙黄陶。鼓肩斜腹，黑彩绘制弧边三角的网格纹和斜线条锯齿纹。残片长 14.8、残宽 13 厘米（图五，1）。

2. 陶罐

无复原器，均为残片。数量较多，多为夹砂橙黄陶和褐红陶，分三式。

Ⅰ式　标本 H1：P17，夹砂橙黄陶。侈口，弧沿，方唇，束颈，鼓腹，下部残。腹部饰以斜绳纹，上有斜向指甲纹附加泥条。残片长 9、宽 7 厘米（图五，2）。

Ⅱ式　标本 H1：P20，夹砂橙黄色陶。侈口内凹，平沿，花边方唇，颈较明显，鼓腹，下部残。腹部饰以斜绳纹，口唇上有指甲压出一周花边纹。残片长 14、宽 8 厘米（图五，3；彩版一八，1 上）。

Ⅲ式　标本 H1：P21，夹砂橙黄色陶。侈口内凹，外斜沿，尖唇，颈较明显，鼓腹，下部残。腹部饰以网状绳纹。残片长 12、宽 7.5 厘米（图五，4；彩版一八，1 下）。

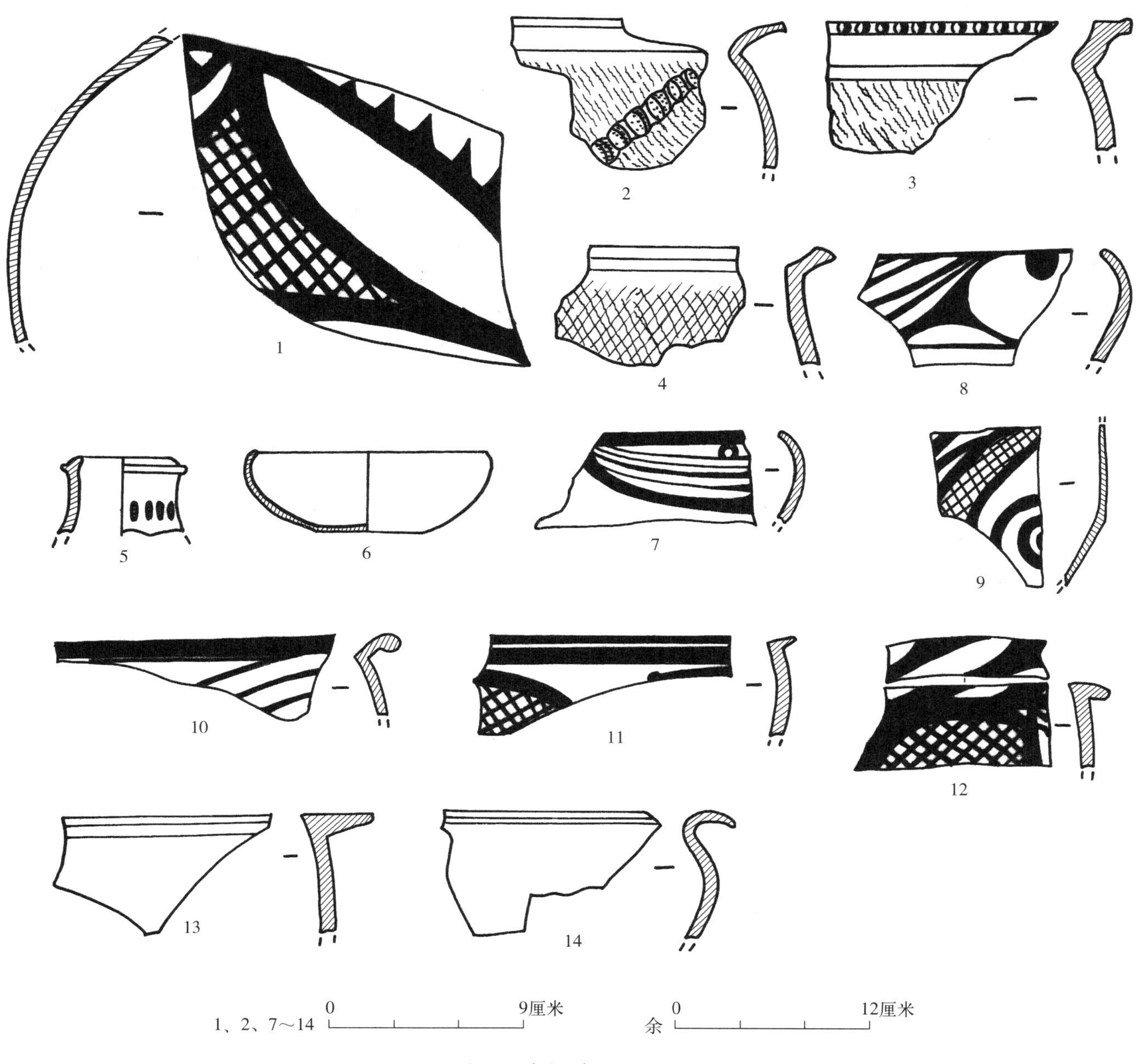

图五　卓坪遗址出土陶器

1. 陶壶H1：P7　2～4. 陶罐H1：P17、P20、P21　5. 陶瓶H1：P10　6～9. 陶钵H1：1、P1、P2、P3　10～12. 细泥陶盆H1：P4、P5、P6　13、14. 泥质陶盆H1：P11、P12

3. 陶瓶

无复原器，均为残片。造型大体相似，均为变体重唇口尖底瓶残片。

标本 H1：P10，细泥橙黄色陶。敛口，内、外圆唇，斜弧沿上略有凹槽，口内略凹，颈较高。颈部以上磨光，颈下部有一周压印竖条布纹。复原口径 5、唇径 7.8、颈径 8、残高 4.8 厘米（图五，5）。

4. 陶钵

多为残片，均为敛口，可复原 1 件。

标本 H1∶1，可复原，细泥橙黄色陶。敛口，圆唇，上腹圆鼓，下腹急收，浅腹，小平底。素面磨光。口径 14.5、底径 6.5、高 5 厘米（图五，6）。

标本 H1∶P1，残片，细泥橙黄色陶。敛口，方唇，上腹圆鼓，下部残。外表饰以黑彩垂弧纹，边缘有一个穿孔。残长 10、残宽 4.4、孔径 0.4 厘米（图五，7；彩版一八，2 中）。

标本 H1∶P2，残片，细泥橙黄色陶。敛口，圆唇，上腹圆鼓，下部残。表面饰黑彩弧边三角、斜线条和圆点等构成的图案。残长 10、残宽 5.4 厘米（图五，8；彩版一八，2 上）。

标本 H1∶P3，内彩钵底残片，细泥橙黄色陶。小平底，腹壁上斜，内壁黑彩绘制同心圆和弧边网格纹。残片长 7.5、宽 5 厘米（图五，9；彩版一八，2 下）。

陶盆　无复原器，均为残片。花样较多，分细泥和泥质两类。

5. 细泥陶盆

多为彩陶，分三式。

Ⅰ式　侈口，卷沿。

标本 H1∶P4，橙黄色陶。侈口，卷沿，圆唇，束颈，鼓腹，下残。口唇饰黑彩带，腹饰垂弧纹。残长 13、残宽 4 厘米（图五，10；彩版一八，3 上）。

Ⅱ式　敛口斜平沿。

标本 H1∶P5，橙黄色陶。敛口，斜平沿，方唇，鼓腹，下残。口唇饰黑彩带，腹饰圆点、圆圈网格纹。残长 11.8、残宽 4.8 厘米（图五，11；彩版一八，3 中）。

Ⅲ式　敛口，外斜弧沿。

标本 H1∶P6，橙黄色陶。敛口，外斜弧沿，圆唇，腹微鼓，下残。口沿饰黑彩弧边三角纹，口唇饰彩带，腹饰圆圈网格纹。残长 9、残宽 4 厘米（图五，12；彩版一八，3 下）。

6. 泥质陶盆

多为素面，分两式。

Ⅰ式　宽平沿。

标本 H1∶P11，泥质灰陶。敛口，宽平沿，圆唇，腹微鼓，下残。素面磨光。残长 10、残宽 5.5 厘米（图五，13）。

Ⅱ式　圆卷沿。

标本 H1∶P12，泥质灰陶。敛口，圆卷沿，圆唇，上腹圆鼓，下腹斜收，下残。素面磨光。残长 10、残宽 6 厘米（图五，14）。

（二）生产工具及装饰品

1. 陶刀

共5件，可复原3件。均为细泥陶片打磨而成，长条形，中部有一穿孔，均为残段。

标本H1：2，细泥橙黄色陶片打磨而成，残半，边缘较整齐，中部穿一孔，刃部两面磨成中锋。残长2.3、宽4.6、厚0.5厘米（图六，1；彩版一八，4下左）。

2. 陶纺轮

共2件，均可复原。为泥质橙黄色陶，造型一致。

标本H1：8，残半。整体呈圆饼形。素面抹平，中穿一孔。直径5.8、厚1.1、孔径0.8厘米（图六，2；彩版一八，4上）。

3. 石刮削器

仅1件，完整。

标本H1：13，橙黄色砂质岩打制而成，椭圆形，边缘圆弧，正面为自然砾石圆弧面，背面为打击面，刃部较锋利。长6.0、宽4.0、厚0.5厘米（图六，3）。

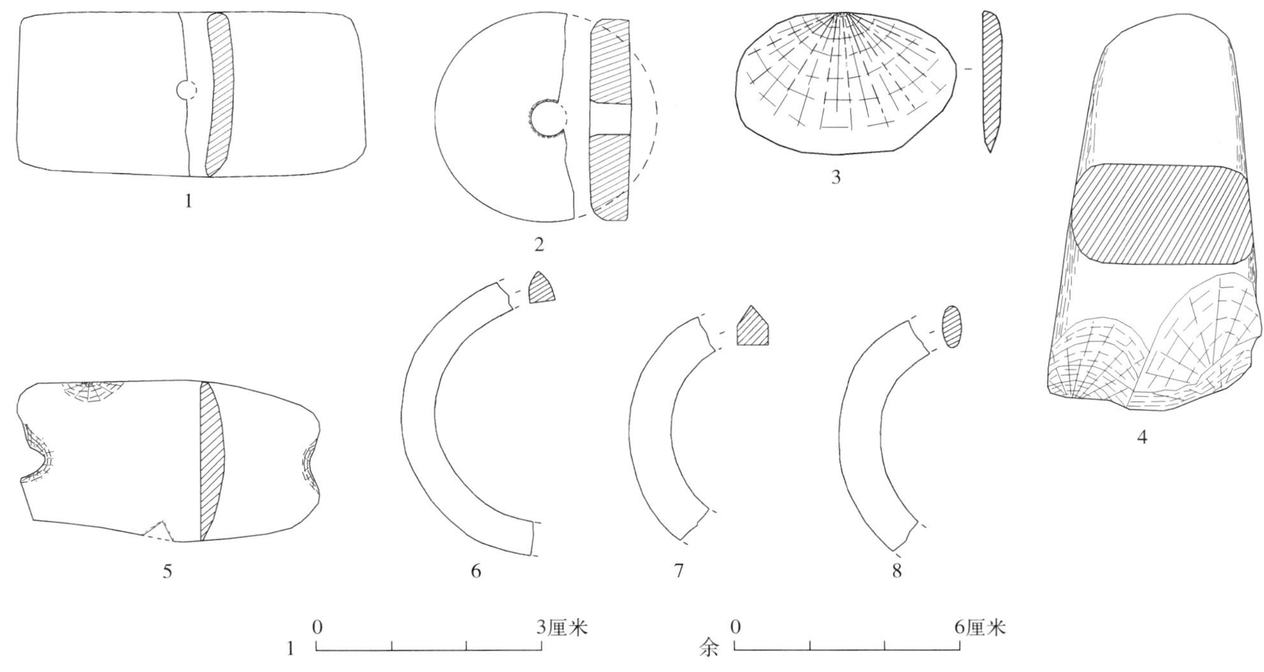

图六　卓坪遗址出土陶器、石器

1. 陶刀H1：2　2. 陶纺轮H1：8　3. 石刮削器H1：13　4. 石斧H1：9　5. 石刀H1：11　6～8. 陶环H1：20-1～-3

4. 石斧

仅 1 件，刃部残，可复原。

标本 H1：9，青灰色砂质岩琢磨而成，整体近梯形圆角，断面呈圆角长方形，表面粗磨，边缘有琢痕，刃部残。残长 10.8、中宽 4.9、厚 2.7 厘米（图六，4）。

5. 石刀

共 3 件，完整或可复原 2 件。

标本 H1：11，灰色砂质岩打制而成，圆角长条形，边缘圆弧，正面为自然砾石圆弧面，背面为打击面，刃部较锋利，两端打出两个圆弧形缺口。长 8、宽 4.4、厚 0.6 厘米（图六，5；彩版一八，4 下右）。

6. 陶环

共 114 件，可复原 25 件。其中橙黄色陶 5 件，余为细泥灰陶。分三式。

Ⅰ式　三棱形。共 93 件，可复原 20 件。

标本 H1：20–1，泥质灰陶。残段，整体为三棱泥条制成圆环形。素面磨光。外径约 8.8、内径约 6.8、厚 0.7 厘米（图六，6）。

Ⅱ式　五棱形。共 11 件，均为残段。

标本 H1：20–2，泥质灰陶。残段，整体为五棱泥条制成圆环形。素面磨光。残长 6、宽 1.2、厚 0.8 厘米（图六，7）。

Ⅲ式　扁平形。共 10 件，可复原 5 件。

标本 H1：20–3，泥质灰陶。残段，整体为扁平形泥条制成圆环形，断面近长椭圆形。素面磨光。残长 6.2、宽 1.1、厚 0.4 厘米（图六，8）。

第五节　结语

这次调查、勘探和发掘的结果表明，卓坪 2（后寨）遗址区主要为寺洼文化遗存。卓坪 1（卓坪村）遗址则是二级台地主要为仰韶文化中期后段或仰韶文化晚期偏早的文化遗存，三四级台地上有寺洼文化的墓葬以及齐家文化的陶片等遗存和遗物。可见山坡上有比仰韶文化更晚期的文化遗存。

这次试掘的村东区台地当属仰韶文化晚期偏早的文化分布区。发现唯一的灰坑 H1 中的陶片等，均属于仰韶文化晚期（石岭下类型）的初期阶段。略比坪上村遗址的仰韶文化略晚，陶片中多有类似石岭下类型绘有变体蛙纹的彩陶壶残片、宽圆卷沿灰陶盆残片、口唇内无凸棱的敛口钵以及绘有内彩的小平底钵残片等。但也有许多陶片特征还保留着仰韶文化中期（庙底沟类型）的文化特征，如变异的重唇口尖底瓶残片、平沿，高颈有内凹的夹砂罐口残片等都与坪上遗址所出同类器物有相同之处也有一些明显的差异，仰韶文化晚期的特征明显要比坪上遗址突出。当属于同一时期的文化略微偏晚的一类遗存。可初步定为仰韶文化晚期（石岭下类型）偏早的一类遗存。

这次抢救性发掘的卓坪遗址等文化内涵表明，洮河中上游的西岸二级台地上分布有较多的属于仰韶文化中、晚期的文化遗存。同时也分布有齐家文化的遗存，还见有比此更晚的寺洼文化的遗存等。而根据卓坪遗址的调查情况看，寺洼文化的遗址在一级台地上，墓葬则主要发现于第三级台地上。似乎仰韶文化的中晚期阶段的居民已经由西汉水流域扩展到了洮河上游的西岸一带，之后又被齐家文化的居民所占据，而到了二千多年前，又变成了寺洼文化人们的居住区。可见此地在古代也为一处多次变更的必争之地。犹如近代宋元时期该地多为羌人的居住区，而明清时期又被汉民族所占据一样。

附记：在整理过程中参加陶片统计者有王永安、张晓荣等。另外，本次几个遗址的发掘得到了当地岷县文物局张润平、刘虎林二位局长的通力支持和关怀，以及维新乡政府、卓坪村刘书记的协调和配合，使我们得以顺利地完成了这次发掘任务。在此一并表示感谢！

照相：赵建龙
描图：赵　卓
执笔：赵建龙

伍　陇西县梁家坪遗址汉墓 M1 发掘简报

甘肃省文物考古研究所

梁家坪遗址位于甘肃省陇西县首阳镇菜子坪村东北约 1 千米处，渭河南岸一级台地上，渭河支流莲峰河从遗址北侧而过（图一）。据第三次文物普查资料，该遗址分布面积约 6 万平方米，是新石器—青铜时代遗存，现为省级文物保护单位。

2011 年，为配合“兰（州）—成（都）”原油管线工程建设，甘肃省文物考古研究所对管线涉及约 14400 平方米的范围内进行了考古勘探，发现汉墓 1 座（编号为 M1）。甘肃省文物考古研究所随后进行了抢救性清理。现简报如下。

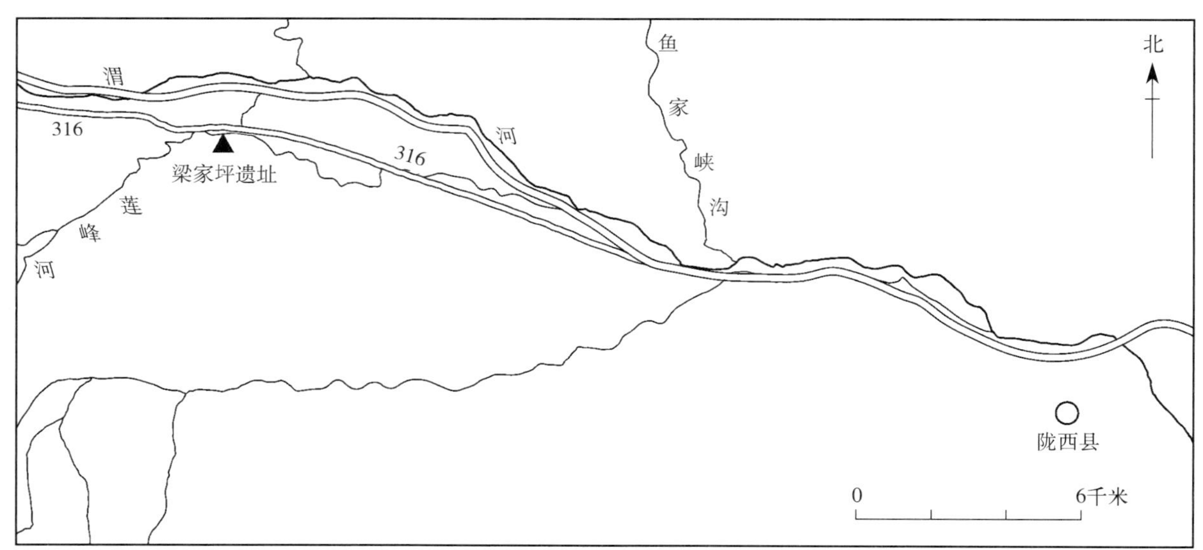

图一　陇西县梁家坪遗址地理位置示意图

一　墓葬形制

M1 为砖室墓，被盗。由墓道、墓门、甬道、墓室四部分构成（图二；彩版一九，1）。

墓道位于墓室东侧，方向 105°。平面呈梯形，斜坡状，水平东西长约 9.16、宽 1 ～ 1.3、深 0 ～ 3.40 米。内填花土与少量残砖，土质疏松，底有一层踩踏硬面。

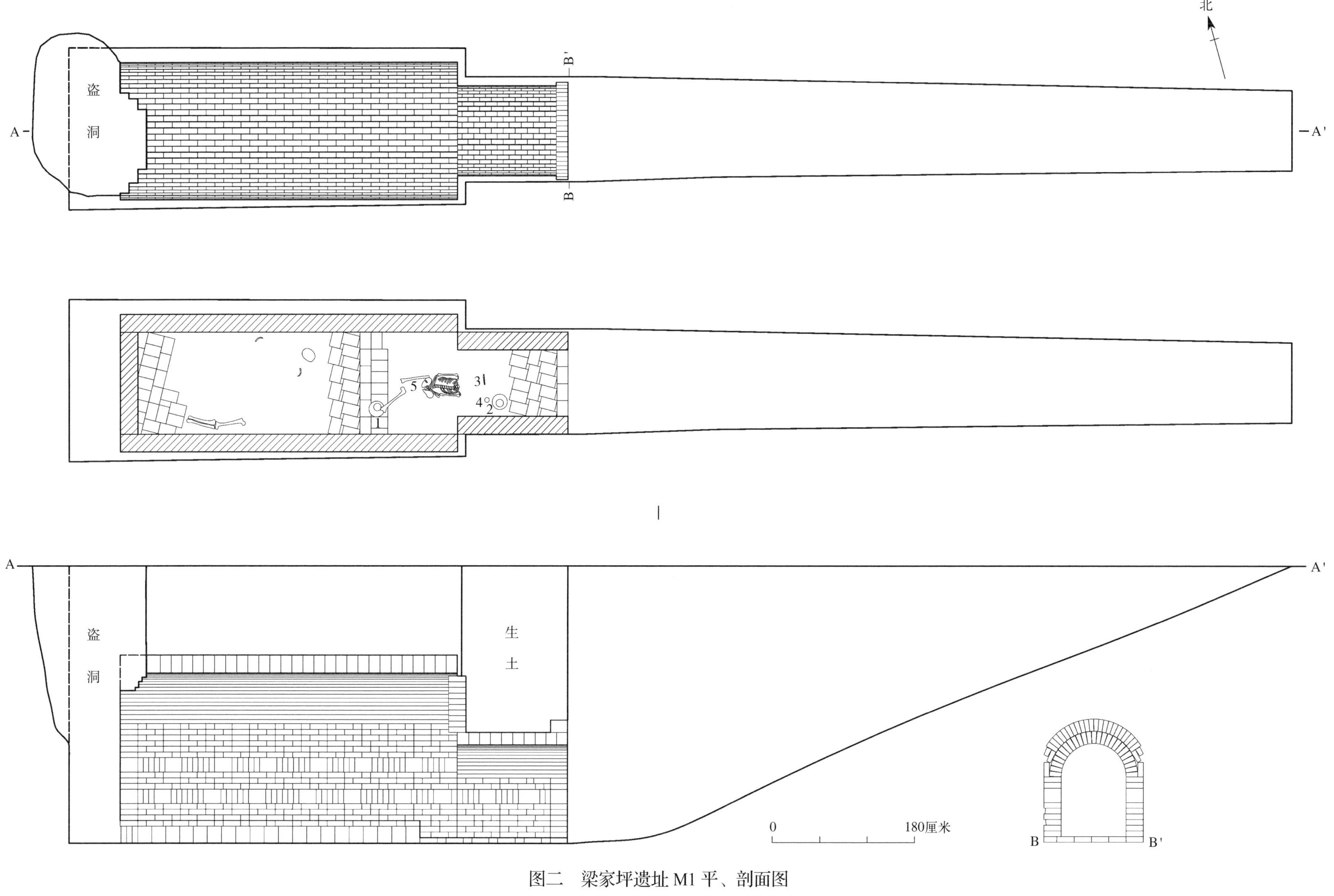

图二　梁家坪遗址 M1 平、剖面图

1、2. 陶罐　3. 铜钗　4. 铜镜　5. “U” 形银饰件

墓门宽 0.8、内高 1.14 米，拱形顶，上砌两层券。门两侧用青砖从下到上顺砌六层平砖一层竖砖，约 0.74 米处起券。封门以青砖堵之，底部先平铺一层，上以斜向立砖组成“人”字形结构，顶部为盗洞所扰。

甬道连接墓门与墓室，平面呈长方形，上部经解剖为生土，构筑方法是掏洞筑券。进深 1.4、宽 0.82 米。两壁用青砖从下至上先以六层平砖错缝平砌，上以顺砌立砖 5 ～ 7 块中间隔 1 块横砌立砖。0.78 米处起券，以楔形砖错缝平铺构筑单券，券顶上为照墙，从下至上先顺砌立砖一层，上顺砌平砖三至八层。砖的规格为长约 34、宽约 23、厚约 6 厘米。甬道底铺以整砖和半砖，铺法似“人”字形。墓室为竖穴土坑，内筑砖券。

墓室大致呈东西向长方形，东西进深约 5、宽 1.94 ～ 2 米。砖室内进深 4.05、内宽 1.26、内高 2.1 米。其两壁砌筑方法同于甬道，券顶用一般砖和楔形砖错缝构筑单券。棺床位于墓室以西，长约 3.6、宽 1.26、高 0.3 米。为两层砖所砌，其中下层用残砖竖砌，上层青砖平铺，铺法似“人”字形。

由于该墓被盗，墓室内填充大量淤土。发掘过程在淤土中发现零乱骨骼及少量朽木。初步鉴定人骨个体为 3 具，性别为 1 成年男性、2 成年女性。随葬品发现陶罐 2 件，铜钗 1 件，铜镜 1 件，“U”形银饰 1 件，出土原位置多被扰乱。

二 随葬品

1. 陶罐

2 件。

标本 M1 : 1，泥质黄陶。侈口，窄平沿，圆唇，领部较高，圆肩，圆鼓腹，下腹斜收至平底。肩腹部附双耳，已残，肩腹部饰三周凹弦纹。口径 10.1、底径 13、高 20.4 厘米（图三，1）。

标本 M1 : 2，泥质灰陶。侈口，窄平沿，方唇，束颈，宽肩近平，鼓腹，下腹斜收至平底。肩部饰竖向绳纹，多抹光，肩腹部饰一周竖向戳刺纹，腹近底部饰竖向细绳纹。口径 8、底径 13.2、高 14.7 厘米（图三，2；彩版一九，2）。

2. 铜镜

1 件。

标本 M1 : 4，夔纹镜。圆形，镜面微凸，圆纽，斜缘。纽两侧有二夔纹，似凤，外有两周弦纹，弦纹外饰一周短线纹。纽上下以直线隔开独立单元，内有铭文“位至三公”。直径 8.6、纽径 1.8、纽高 0.66 厘米（图三，4；彩版一九，3）。

3. 铜钗

1 件。

标本 M1 : 3，钗分两股呈“U”形，其中一股近钗头处略向内弯曲，钗头尖锐，截面呈圆形。

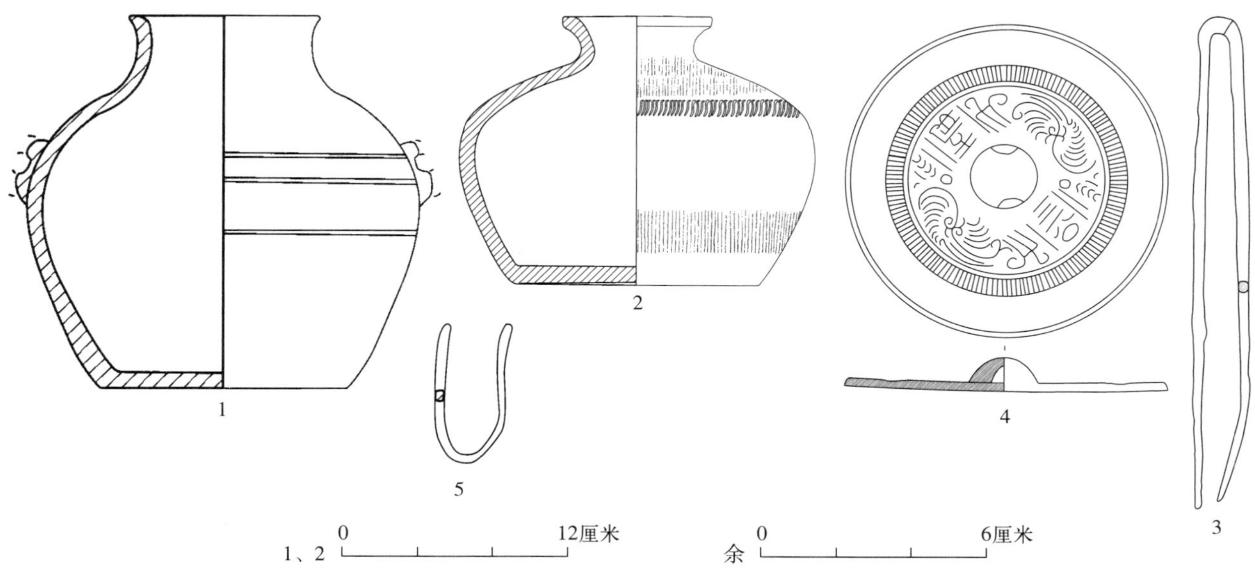

图三　梁家坪遗址M1出土器物

1、2. 陶罐M1：1、2　3. 铜钗M1：3　4. 铜镜M1：4　5. "U"形银饰件M1：5

长13.5、截面径0.3厘米（图三，3）。

4．"U"形银饰件

1件。

标本M1：5，器形整体呈"U"形，钩头厚钝，截面呈长方形。长3.7厘米（图三，5）。

三　结语

西安南郊东汉晚期墓葬出土1件"位至三公"双夔镜[1]，与梁家坪汉墓所出铜镜纹饰、器形相似，结合墓葬形制特点分析，推断该墓年代大致在东汉晚期至魏晋时期。

领队：张俊民

发掘：张俊民　王永安　马兰英

绘图：孙　锋　马　丽　康禹潇

执笔：王永安　马　丽　康禹潇

[1]　陕西省考古研究所配合基建考古队：《陕西长安县206基建工地汉、晋墓清理简报》，《考古与文物》1989年第5期。

陆　陇西县南坡营遗址两座汉墓发掘简报

甘肃省文物考古研究所

南坡营遗址位于甘肃省陇西县首阳镇南坡营村西南约400米处，渭河南岸二级台地上（图一；彩版二〇）。据第三次文物普查资料，该遗址分布面积约50万平方米，是新石器—青铜时代遗存。

2011年，为配合“兰（州）—成（都）”原油管线工程建设，甘肃省文物考古研究所对管线涉及约16000平方米的范围进行了考古勘探，发现墓葬3座。甘肃省文物考古研究所进行了抢救性清理。除M1无随葬品时代性质不明外，现就另2座汉墓简报如下。

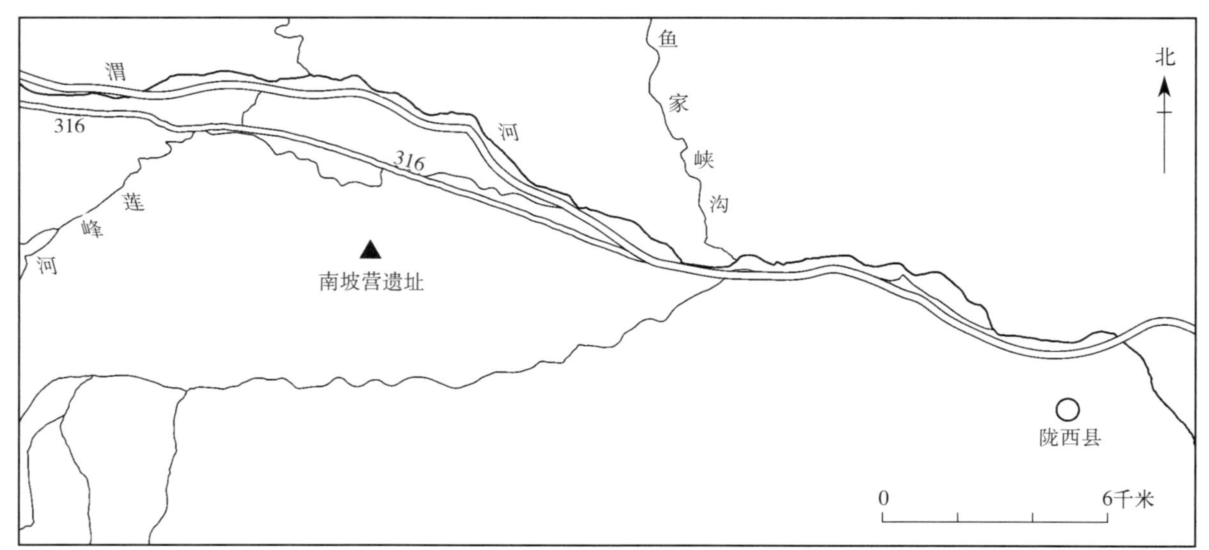

图一　陇西县南坡营遗址地理位置示意图

一　墓葬形制

2座墓葬均为带斜坡墓道单室木椁墓，呈南北向分布（图二；彩版二一，1）。

1.M2

位于发掘区M1东北。开口于②层下，打破生土（图三；彩版二一，2）。平面呈“甲”字形，东西向，由墓道和墓室两部分构成。

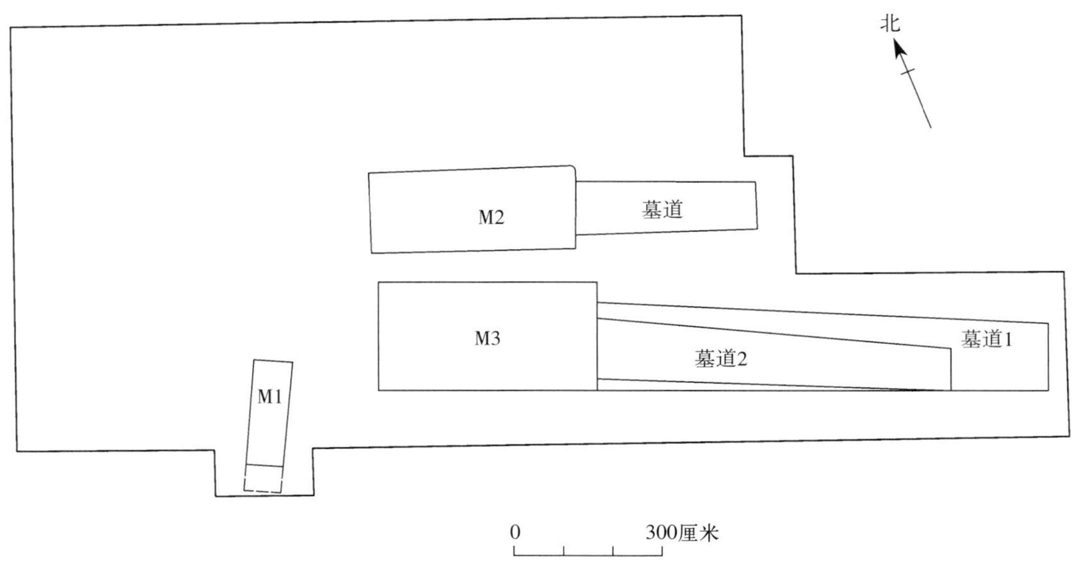

图二　南坡营遗址 M2、M3 分布平面图

墓道位于墓室东侧，方向 105°。平面大致呈长方形，斜坡状，东西水平长约 4.2、宽 0.90 ～ 1.08、底距地表深 0.7 ～ 1.46 米。内填花土，土质疏松。

墓室位于墓道西侧，平面为长方形竖穴土圹，东西长 3.84、宽 1.68、高 1.39 米。圹内置井椁，低于墓道开口。上有盖板，质地为松木，南北向横铺 13 块，木板长约 1.34、宽 0.12 ～ 0.32 米，部分衔接处以铁钉加以铆接。椁室中部坍塌，东西长 3.2、宽 1、高约 0.52 米。内一木棺，置于椁室中部偏西，已腐朽，从板痕来看，平面呈梯形，上宽 0.5、下宽 0.34、长 1.84 米。棺内有人骨一具，保存完整，仰身直肢葬，头向东，面朝上。性别年龄初步鉴定为一成年男性。

墓主人头端散落 1 柿蒂形棺饰，木棺东侧放置陶罐 2 件，陶灶 1 组（灶面上置釜、甑、盆、罐组合，近后壁烟孔处放置一壶形器，以作烟囱）、帽钉 1 件、铜钱 1 枚。

2.M3

位于发掘区 M2 以南，被盗。开口于②层下，打破生土（图四）。平面呈刀把形，东西向，由墓道和墓室两部分构成。

墓道位于墓室东侧，方向 110°。平面呈梯形，斜坡状。墓道先后两次使用，后期墓道经改制，短而窄。早期墓道（墓道 1）长 9.3、宽 1.44 ～ 1.88、坡长 9.45、墓道深 0 ～ 1.9 米，晚期墓道（墓道 2）长 7.3、宽 0.9 ～ 1.3、深 0.3 ～ 2.3 米。内填花土，土质疏松。

墓室位于墓道西侧，平面为长方形竖穴土圹，东西长 4.5、宽 2.3、墓室深 2.8 米。室内置井椁，低于墓道开口。上有盖板，质地为松木，南北向横铺 12 块，其中每块木板宽 0.15 ～ 0.35、间距 0.04 ～ 0.1 米。椁室中部发现一近似长方形盗洞。

椁室内未见葬具，填土中仅见头骨 3 具，性别初步鉴定为 1 成年男性，2 成年女性。随葬品仅在填土里发现，有 1 件残破陶罐、1 件耳珰、1 枚铜钱。

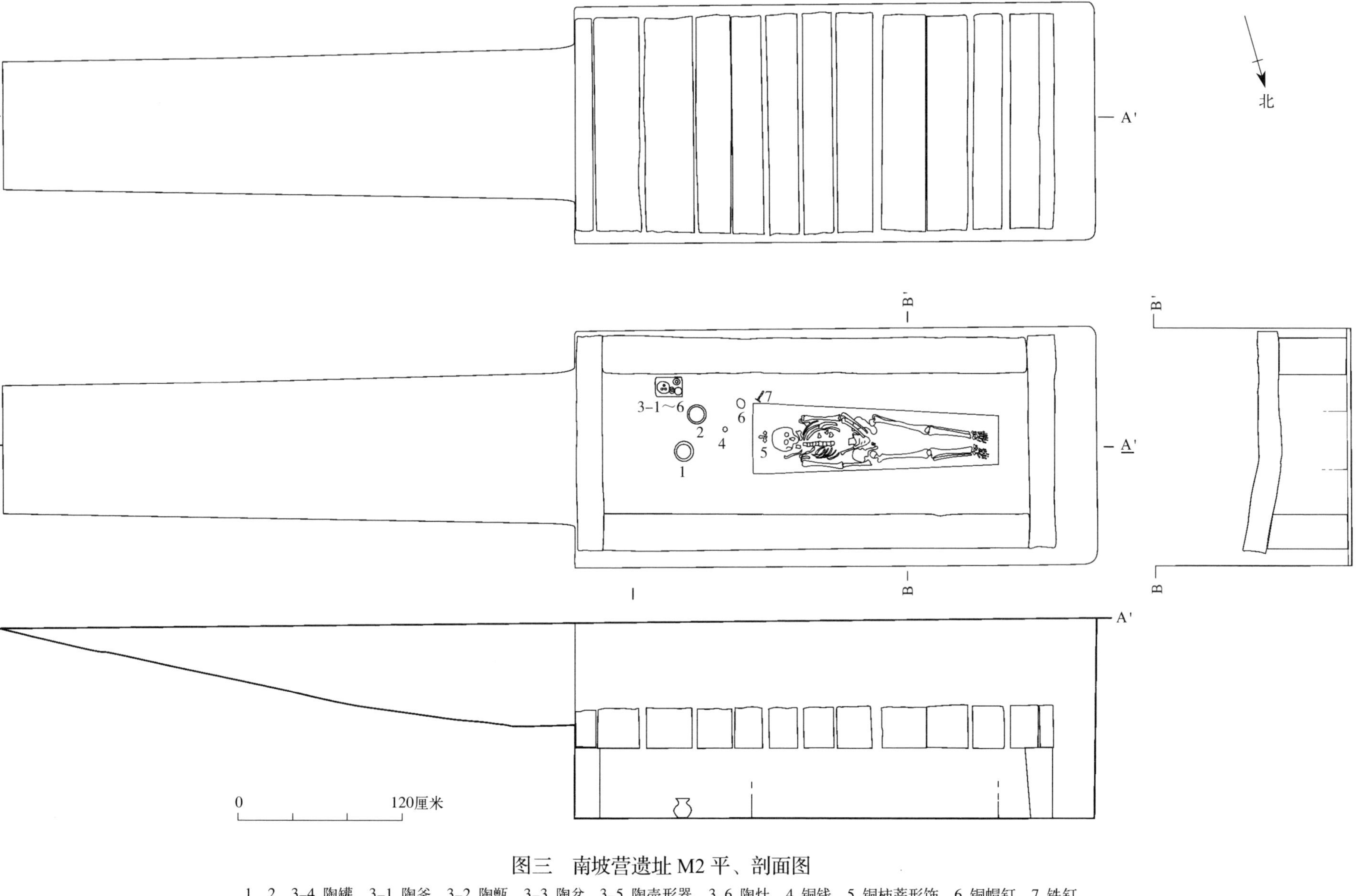

图三　南坡营遗址 M2 平、剖面图

1、2、3-4. 陶罐　3-1. 陶釜　3-2. 陶甑　3-3. 陶盆　3-5. 陶壶形器　3-6. 陶灶　4. 铜钱　5. 铜柿蒂形饰　6. 铜帽钉　7. 铁钉

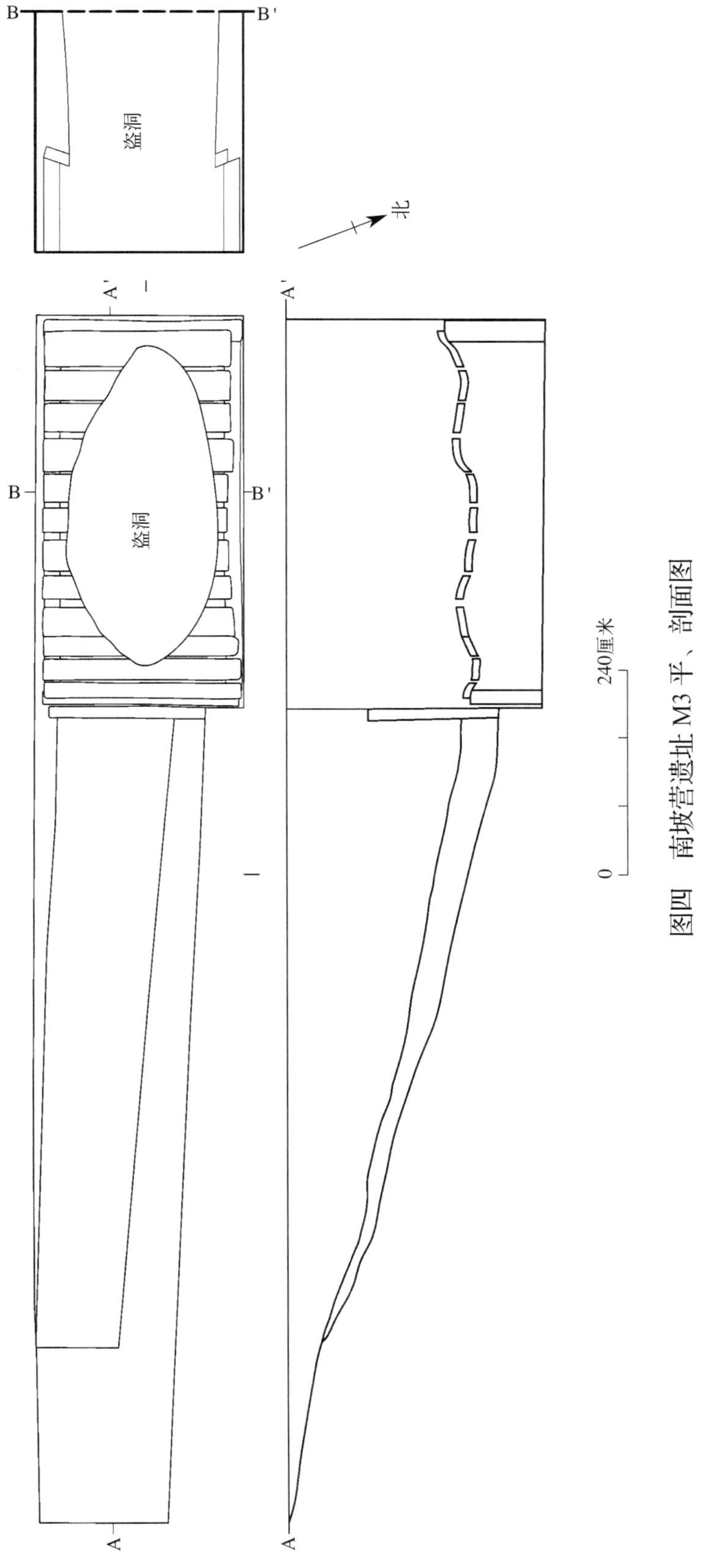

图四　南坡营遗址M3平、剖面图

二　随葬品

1. 陶罐

4件。

标本M2：1，泥质灰陶。侈口，方唇，束颈，圆肩，上腹部圆鼓，下腹斜收至平底。素面。口径8.5、最大腹径13.0、底径7、高13.1厘米（图五，1；彩版二二，1）。

标本M2：2，泥质灰陶。侈口，方唇，束颈，圆肩，上腹部圆鼓，下腹斜收至平底。素面。口径9.2、最大腹径12.1、底径7.6、高12.8厘米（图五，2；彩版二二，2）。

标本M3：3，泥质灰陶。侈口，平沿，圆唇，束颈，圆肩，上腹部较鼓，下腹斜收至平底。肩腹部饰竖向、斜向细绳纹间断弦纹组合。口径12.1、最大腹径21.5、底径11、高26厘米（图五，3；彩版二二，3）。

标本M2：3-4，泥质灰陶。近直口，凹沿，束颈，圆肩，上腹部圆鼓，下腹斜收至平底。素面。近底部有竖向刮削痕迹。口径2.6、底径1.9、高4.1厘米（图五，7）。

陶灶组合　1套6件（彩版二二，4）。

2. 陶釜

1件。

标本M2：3-1，泥质灰陶。侈口，方唇，矮领，折肩，腹部斜收至底，底略向内凹。素面。腹近底部有竖向刮削痕迹。口径5、底径3、高4厘米（图五，4）。

3. 陶甑

1件。

标本M2：3-2，泥质灰陶。盆形甑，侈口，平沿，尖圆唇，腹部较深，斜收至平底，底有三小孔。素面。腹近底部有竖向刮削痕迹。口径6.8、底径2.6、高4.7厘米（图五，5）。

4. 陶盆

1件。

标本M2：3-3，泥质灰陶。侈口，斜平沿，尖圆唇，腹部较深，斜收至底，底略向内凹。腹中部有轮制弦纹痕迹，近底部有竖向刮削痕迹。口径7.0、底径2.7、高3.6厘米（图五，6）。

5. 陶壶形器

1件。

标本M2：3-5，泥质灰陶。直口，方唇，矮领，圆折肩，上腹部较鼓，下腹部斜直，腹中有一凸棱，底中空。肩腹部饰戳划纹，组成“八”字形。口径3.0、底径2.6、高4.6厘米（图五，8）。

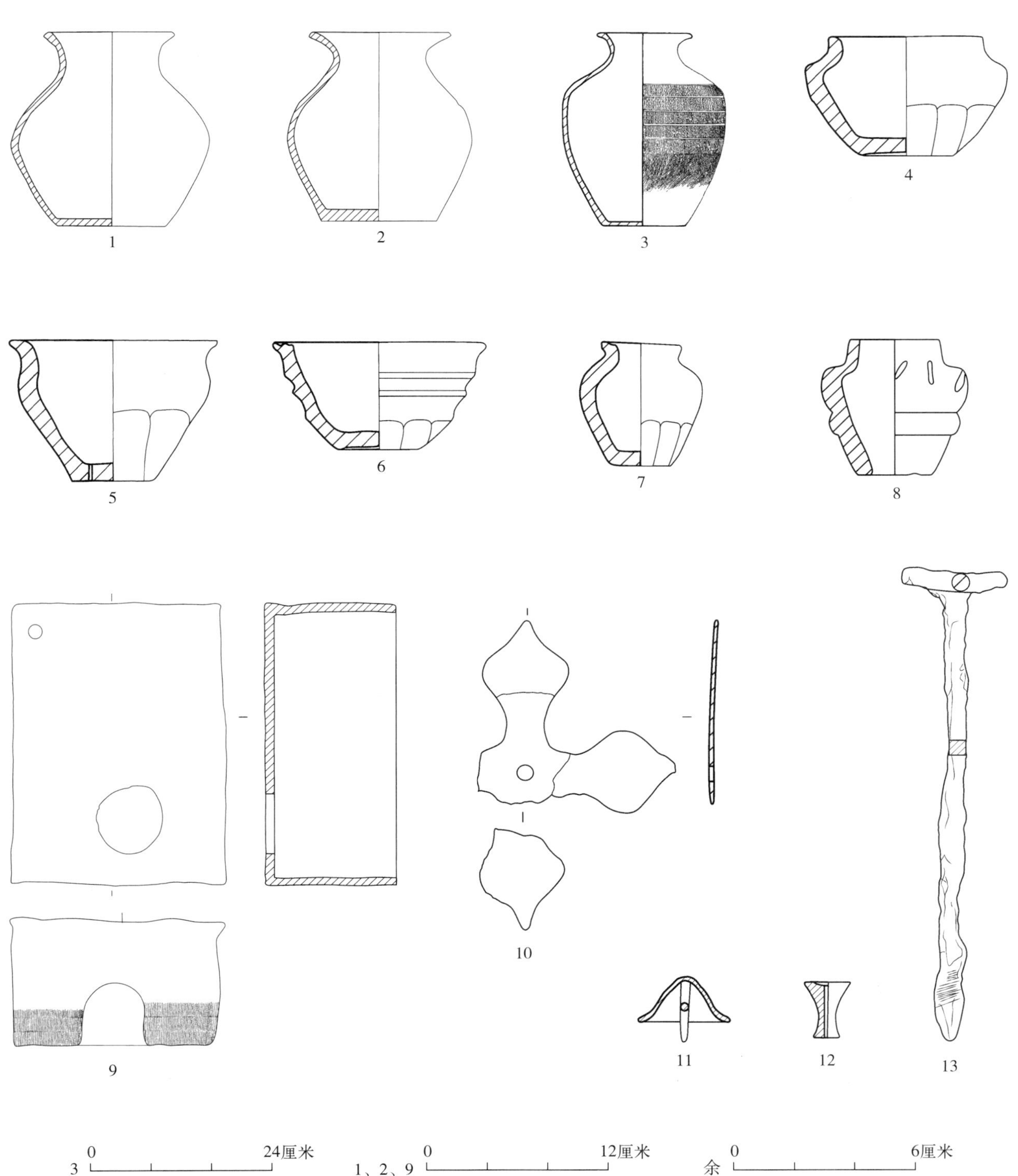

图五　南坡营遗址 M2、M3 出土器物

1～3、7. 陶罐M2∶1、2、M3∶3、M2∶3-4　4. 陶釜M2∶3-1　5. 陶甑M2∶3-2　6. 陶盆M2∶3-3　8. 陶壶形器M2∶3-5　9. 陶灶M2∶3-6　10. 铜柿蒂形饰M2∶5　11. 铜帽钉M2∶6　12. 琉璃耳珰M3∶2　13. 铁钉M2∶7

6．陶灶

1件。

标本M2：3-6，泥质灰陶。灶呈长方体，底中空，前壁有拱形灶门，灶面较平整，有一火眼，呈圆形，近后壁一侧有圆形烟孔。灶壁通体饰斜向细绳纹，上部抹光。灶面长19.2、宽14.1、灶体高8.4、火眼孔径4.5、烟孔径0.9厘米（图五，9；彩版二二，5）。

7．铜柿蒂形饰

1件。

标本M2：5，系用铜薄片制成，已残，中穿一孔，为插帽钉之用。残长6.4、厚0.2厘米（图五，10）。

8．铜帽钉

1件。

标本M2：6，器型似帽，内有乳丁。通高2.2、帽径3.1、乳丁长2厘米（图五，11）。

9．铜钱

2枚　有实用钱和冥钱之分。

标本M2：4，五铢，锈蚀较严重。径2.7、穿边0.9、肉厚0.2厘米。

标本M3：1，冥钱，小且薄，锈蚀严重。直径2.1、穿边0.5、肉厚0.1厘米。

10．铁钉

2件。其中1件残。

标本M2：7，整体呈“T”形，钉帽截面呈圆形，钉身长且扁圆，尖较厚钝，锈蚀较严重。长15.6、钉帽径3.4厘米（图五，13）。

11．琉璃耳珰

1件。

标本M3：2，略残。器形似哑铃状，中竖向穿孔，一端较大，一端较小，中束腰。通长1.8、一端直径1.4、另一端直径0.8、腰径0.5厘米（图五，12；彩版二二，6）。

三　结语

南坡营遗址2座汉墓为带斜坡墓道土坑竖穴木椁墓。葬式上出现同穴合葬现象。在中原地区，西汉昭、宣（西汉中晚期）时期，夫妇同穴而葬已逐渐代替异穴合葬之风。从汉墓分期标型器——

陶灶形制特点来看，平面形状呈长方形，素面，一个火眼等特征，其主要流行于西汉中期以后。综上简述，2座墓葬年代大致在西汉中后期。

领队：张俊民
发掘：张俊民　王永安　马兰英
绘图：孙　锋　康禹潇　马　丽
执笔：王永安　马　丽　康禹潇

柒　玉门市白土梁汉晋墓2010年发掘报告

甘肃省文物考古研究所

为配合兰新铁路第二线双线工程（甘肃酒泉段）建设，2010年7月22日至8月15日，甘肃省文物考古研究所对工程沿线涉及该墓地的墓葬进行了抢救性发掘，共清理墓葬18座，出土陶器、铜器、铁器、铅器、骨器、木器、漆器及珠子等各类材质的器物共计146件（组）（部分漆木器仅存痕迹，未提取，实际提取器物120件（组））。现将发掘情况报告如下。

第一节　历史沿革及地理位置

玉门市位于河西走廊中部，东邻嘉峪关，西接瓜州，南面为肃北蒙古族自治县、肃南裕固族自治县，北面为肃北蒙古族自治县的马鬃山地区，玉门市南为祁连山地，北为马鬃山区，为南北两山之间的走廊地带，处于丝绸之路要冲。

夏商时《禹贡》记其为西戎地，秦时属乌孙、月氏，西汉初匈奴破月氏，为昆邪王、休屠王据。汉元狩二年（公元前121年），昆邪王杀休屠王，并率众降汉，汉置酒泉郡，河西始归西汉版图。西汉政府在今玉门市境内置玉门、天依、池头、乾齐、冥安等县，隶酒泉郡。新莽时，改玉门为辅平亭，改乾齐县为测虏；东汉时设玉门县、延寿县，隶酒泉郡，设沙头县、乾齐县，隶敦煌郡。曹魏依东汉建制。晋元康五年（295年），玉门县分置骍马、会稽二县，隶酒泉郡，会稽、沙头隶晋昌郡，乾齐隶酒泉郡。西凉初改会稽县为会稽郡，领玉门、延寿、乾齐、骍马、沙头、新乡；北魏熙平元年（516年），设玉门郡，领玉门、延寿二县。西魏时置玉门、会稽两郡，隶瓜州；北周时废玉门、会稽二郡，设会稽县，隶瓜州。隋开皇九年（589年），改会稽县为玉门县，隶敦煌郡；唐贞观年间，先废玉门县，后重置。开元十五年（727年），改玉门县为玉门军。天宝时，复置玉门县，属肃州。广德二年（764年）为吐蕃所据。大中五年（851年），玉门复归唐朝，仍隶肃州。五代属张氏、曹氏归义军辖地。宋景祐三年（1036年），始属西夏。元时先后隶肃州路、沙州路。明洪武年间，设赤金站，后为蒙古所据。嘉靖三年，为吐鲁番占据。清康熙年间置靖逆卫。乾隆二十四年，合靖逆、赤金二卫为玉门县，初隶安西府，既隶安西直隶州。

白土梁墓地位于玉门市清泉乡白土梁村东侧，骟马河西岸，兰新铁路、国道312线东西横穿该墓群，面积约1平方千米（图一）。

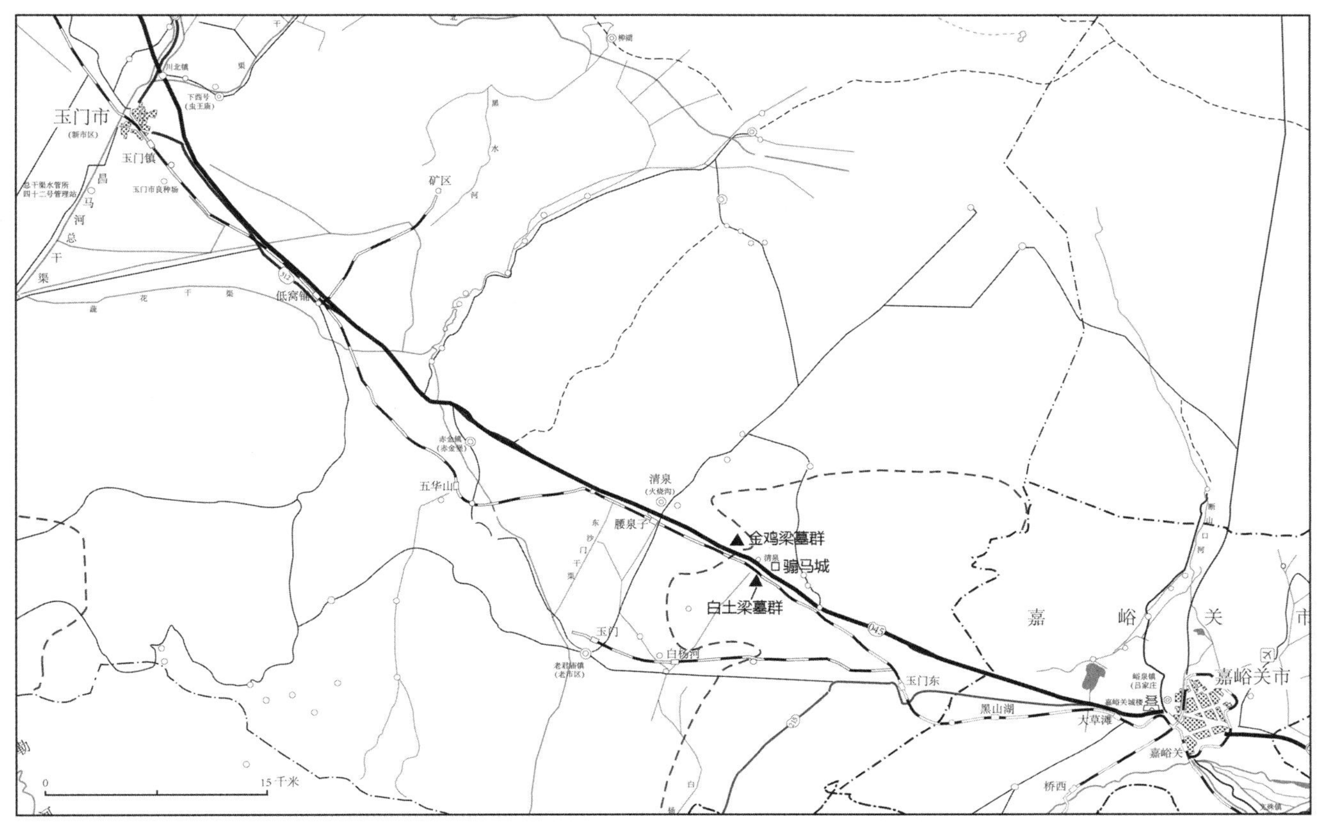

图一　玉门市白土梁汉晋墓地理位置示意图[1]

第二节　发掘经过

1956年为配合兰新铁路建设项目，甘肃省文物工作队对该墓地进行了首次发掘，清理了史前遗址及数座石板墓，出土骟马类型陶罐数件及铜器等。

1994年为配合兰新铁路复线建设项目，甘肃省文物考古研究所第二次对该墓地进行了发掘。

2003年7月为配合“西气东输”管道工程建设项目，甘肃省文物考古研究所对工程沿线涉及该墓地的墓葬进行了抢救性发掘，发掘点位于白土梁村二组东北部约1千米处的白土梁台地上，共清理墓葬9座，其中土洞墓3座（包括偏洞室墓1座），竖穴土坑墓2座，石板墓4座（原报告为石板洞室墓），墓葬年代为东汉晚期至魏晋时期[2]。

2005年4～6月，为配合嘉安高速公路（嘉峪关—安西）项目建设，甘肃省文物考古研究所对公路施工范围内涉及的墓葬进行了抢救性清理，共清理墓葬28座。墓葬形制有土洞墓、竖

[1]　地图采自国家文物局主编：《中国文物地图集——甘肃分册（上册）》，测绘出版社，2011年，第66、67页，略修改。

[2]　甘肃省文物考古研究所：《甘肃玉门白土良汉晋墓发掘简报》，《考古与文物》2006年第1期。

穴土坑墓、石板墓和砖室墓，墓葬时代为东汉晚期至魏晋十六国时期[1]。

此次发掘区域位于白土梁村三组东侧东西相邻的两个台地上，中心地理坐标为北纬39°54′42.59″，东经97°45′36.11″，海拔1815米。东西两台地高差1米左右，中间以灌溉水渠相隔，将发掘区分为东西两区，其中东侧台地为第Ⅰ发掘区，地势相对较低，原为一片堆放和晾晒粮食的谷场，地面平整，地表为经碾压、踩踏的坚硬土层，厚0.15米，其下为浅黄褐色土层，即第②层土，土质较疏松，厚0.25～0.6米；西侧台地为第Ⅱ发掘区，较第Ⅰ发掘区高约1米，地表亦较平整，原为农田，表土为浅灰褐色耕土层，土质疏松，厚约0.4米。第②层为浅黄褐色土层，土质较疏松，厚0.6～0.8米。第Ⅰ、Ⅱ区共清理墓葬18座，墓葬均开口于第②层下。为发掘及记录方便，墓葬进行了统一编号，编号为2010JYBM1～2010JYBM18（以下简称M1～M18），其中第Ⅰ发掘区共清理墓葬11座，编号为M1～M9、M17和M18，第Ⅱ区清理墓葬7座，编号M10～M16。墓葬多为南北向分布，少数为东西向，局部墓葬分布较密集，方向一致。18座墓葬中竖穴土坑木椁墓15座，带斜坡墓道的竖穴石板墓3座（图二；彩版二三、二四）。

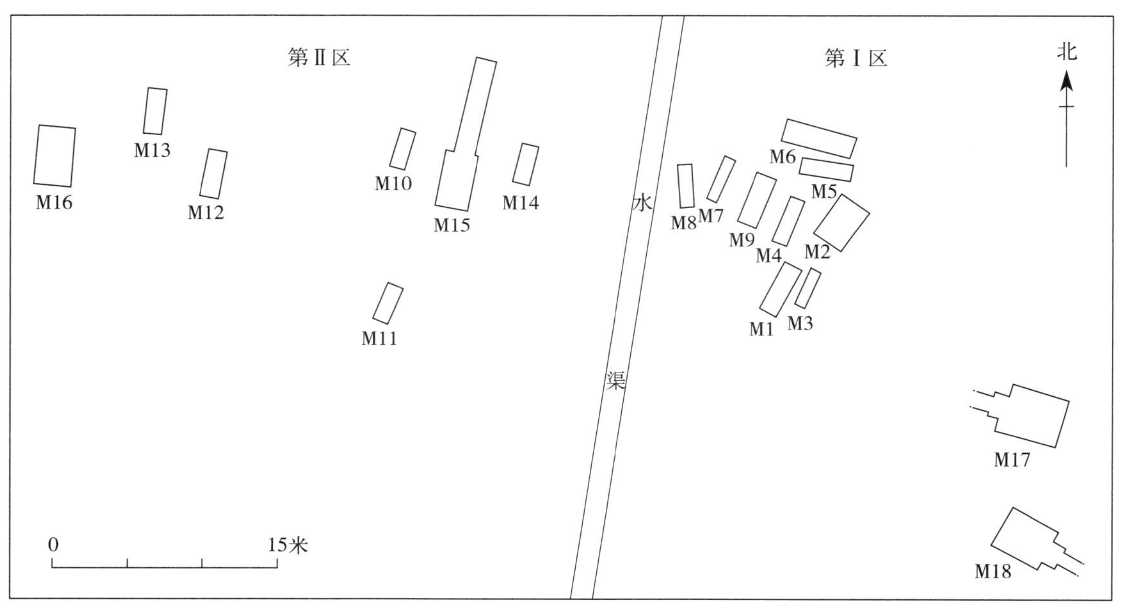

图二　白土梁汉晋墓地2010年发掘区墓葬分布图

第三节　竖穴土坑木椁墓

共计15座，M1～M14及M16，墓葬皆为长方形竖穴土坑，部分墓葬带生土二层台。墓葬上端遭破坏，封土情况不详。保存较好者于墓坑口或近底处用木板拼合建造椁室，木椁侧板

[1] 甘肃省文物考古研究所：《玉门白土梁汉晋墓2005年发掘简报》，见本书。

多紧贴墓壁，上端或二层台上搭条形木板或圆木进行封盖。木椁椁木多已腐朽，仅存痕迹。木椁内一般放置木棺，单人葬为一椁一棺，双人葬一椁两棺。其中单人葬墓13座，双人合葬墓2座。

一　M1

位于第Ⅰ发掘区中部偏南侧，东邻M3，北邻M4。

（一）墓葬形制

墓葬上端遭破坏，现存开口距地表深约0.4米，平面呈长方形，墓向30°（图三）。墓坑南北长3.6、东西宽1.26、墓底距开口1.1米。墓内填土为较松散沙石土。墓葬西北被一略呈扇形的现代扰坑打破，坑口南北长1.3、东西宽0.9、深约0.55米。坑内含有近现代残砖、铁渣、铝丝等杂物。

（二）葬式葬具

M1为一棺一椁。椁木紧贴墓壁，已朽，从木痕判断，椁木由木板拼接而成，南北长约3.6、东西宽1.21～1.26、残高约0.6米。椁盖由东西向木板拼接，宽约1.3米。北、南侧板及东侧头挡板为横向木板拼接，西侧尾挡板为竖立的条木板拼接，底由横向木板平铺拼接而成。条木

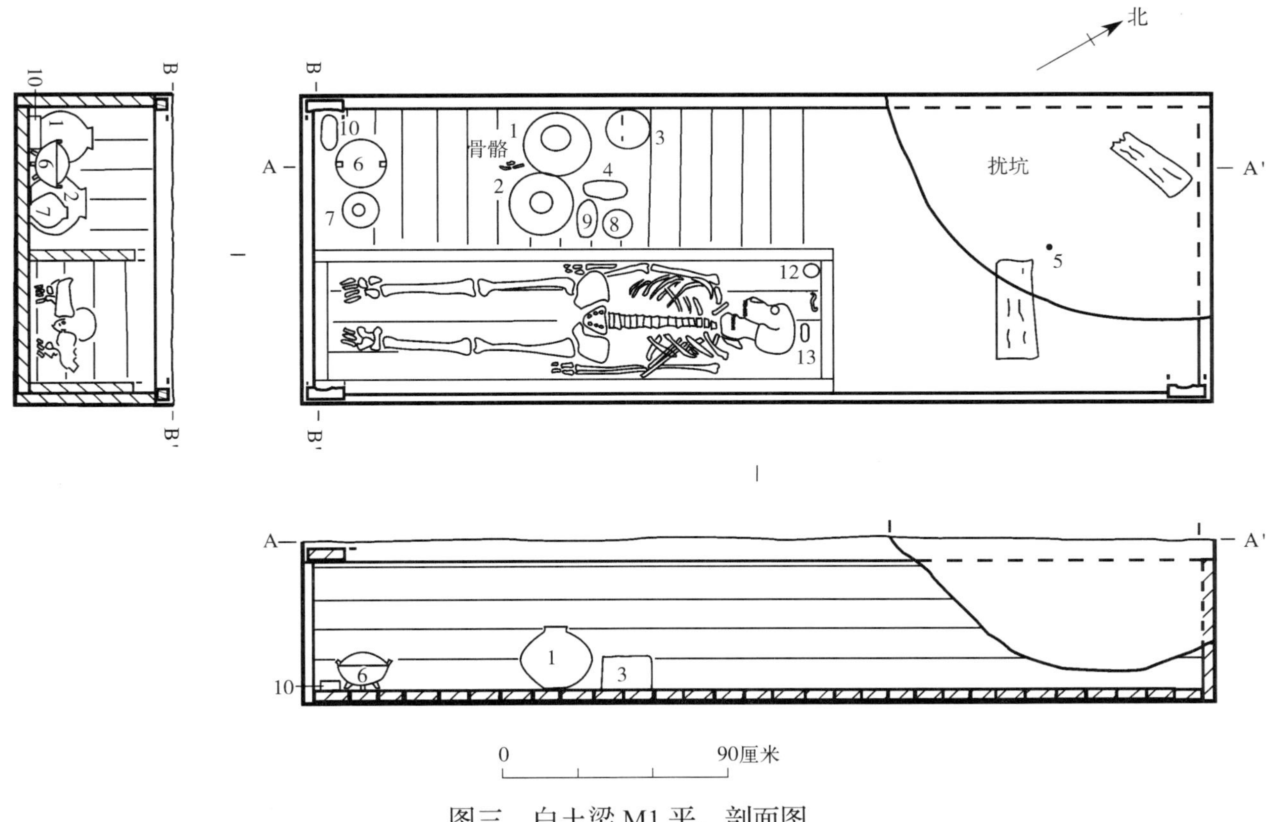

图三　白土梁M1平、剖面图

1、2、7. 陶罐　3、8. 漆樽　4、9. 漆耳杯　5. 铅盖弓帽　6. 铜鼎　10. 漆盒　11. 铜带钩　12. 漆奁　13. 粉扑（？）

板宽均约 12、厚约 5 厘米。

木棺置于椁内东南部，南北长 2.04、东西宽 0.6、残高 0.49 米，盖板已塌陷朽烂，形制不明，四壁为横向木板，宽约 12、厚约 5 厘米。底板为南北向木板，宽约 12、厚约 5 厘米。棺内见有成年人骨一具，骨骼保存较好，肋骨略有散乱，头北脚南，仰身直肢葬。头骨已散，面向西（彩版二五，1）。

（三）随葬品

随葬品大多置于椁内西南侧，即木棺西部，有陶罐、铜鼎及漆樽、盒、耳杯等，另在椁东侧随葬有一铅质盖弓帽。棺内人头骨东侧随葬有铜带钩、漆奁和粉扑（？）。

1. 陶罐

3 件。

标本 M1：1，泥质灰陶，轮制。微敛口，平沿，方唇，束颈，圆肩，上腹圆鼓，下腹近斜直内收，平底。上腹部有不连续的凹弦纹，下腹有刮削痕迹。口径 18.9、腹径 31.5、底径 20.6、通高 25.5 厘米（图四，1；彩版二六，1）。

标本 M1：2，泥质灰陶，轮制。形制与标本 M1：1 相同，器体略小。肩部有凹弦纹两道，腹部正中饰一道不规则的戳印纹（图四，2），下腹有刮削痕迹。口径 15.8、腹径 26.5、底径 16、通高 22.7 厘米（图四，3；彩版二六，2）。

标本 M1：7，泥质黑灰陶，轮制。口残，束颈，鼓肩，上腹圆鼓，下腹近斜直内收，小平底。颈部有一组对穿的钻孔，孔径 0.4 厘米。肩部刻划两周细凹弦纹，上腹部饰有四道较宽的凹弦纹，下腹有刮削痕，底部留有明显的轮制线切痕迹。罐腹径 14、底径 6.8、残高 14.5 厘米（图四，4；彩版二六，3）。

2. 铜鼎

1 件。

标本 M1：6，鼎圆形，带盖。盖为圆凸形，盖面近边缘处附有三环形纽，纽环顶饰有圆乳突状支钉。鼎为敛口，子母口微残，略变形，弧腹，圜底。口外对称侧附一组方形板状双耳，顶部外侈。腹近中铸一周凸弦纹，圜形腹下附三马蹄形足。下腹部有一层较厚的烟炱。鼎盖径 16 ～ 17.4、高 4.6 厘米，鼎身口径 13.3 ～ 15、腹径 18.8、高 14.5、鼎通高 15.5 厘米（图四，5；彩版二六，4）。

3. 铜带钩

1 件。

标本 M1：11，整体弯曲呈“S”形，头端较细，曲颈回首，身端微宽，身下铸一圆形柱纽。钩身与钩纽之间锈蚀断裂。钩通长 11、高 2.1、柱纽高 0.7、纽径 1.1 厘米（图四，6；彩版二六，5）。

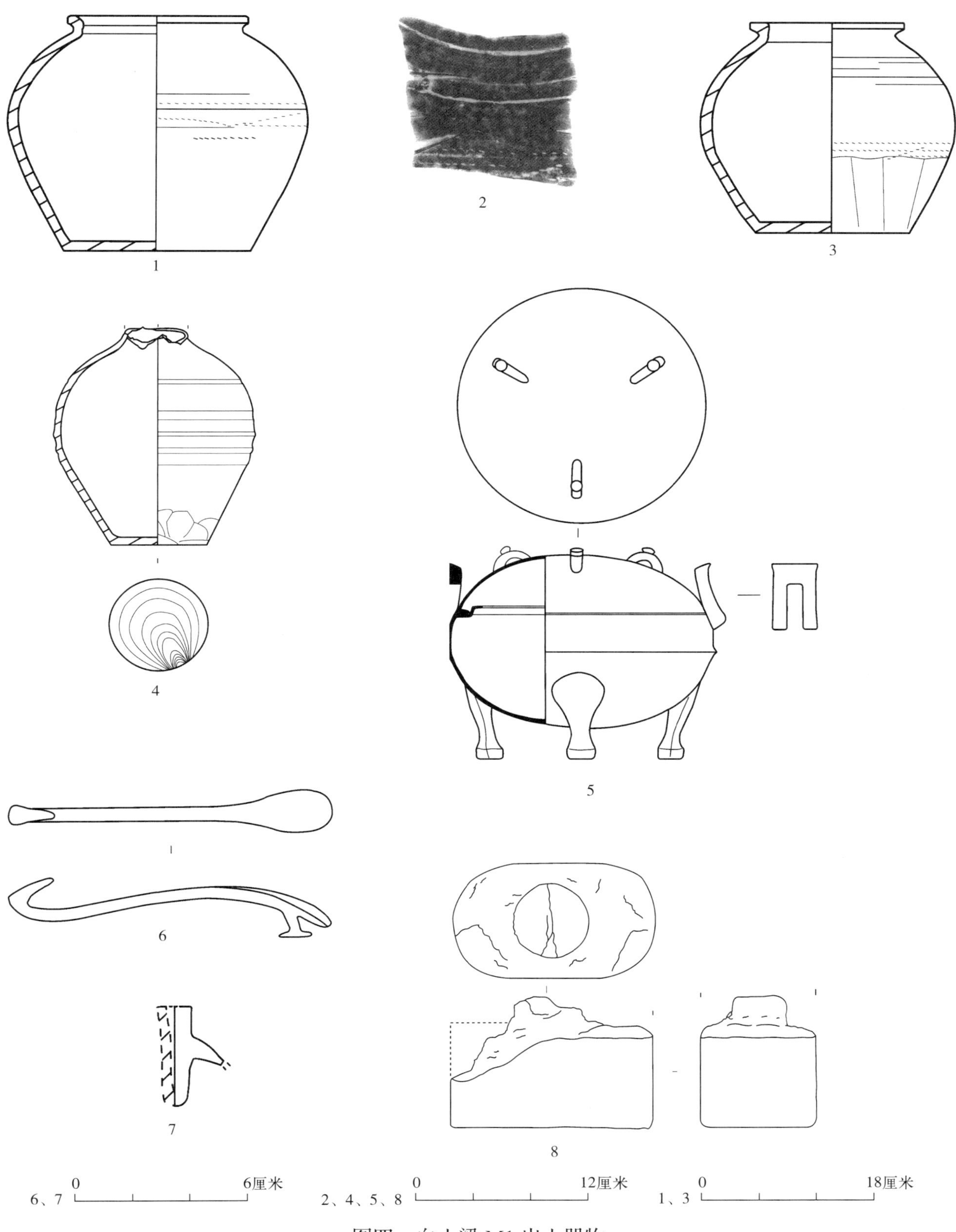

图四　白土梁M1出土器物

1、3、4. 陶罐M1∶1、2、7　2. 弦纹、戳印纹M1∶2　5. 铜鼎M1∶6　6. 铜带钩M1∶11　7. 铅盖弓帽M1∶5　8. 漆盒M1∶10

4. 铅盖弓帽

1件。

标本M1：5，铅质，锈残。整体呈銎口微粗，末端略细的筒形，中部一侧有一向上弯曲的蚤，蚤尖端微残。銎口端径0.6、末端径0.5、通长3.6厘米（图四，7；彩版二六，6）。

5. 漆盒

1件。

标本M1：10，腐朽严重，仅存漆皮残块及痕迹，椭圆形。长14、宽8、残高4厘米（图四，8）。

6. 漆奁

1件。

标本M1：12，腐朽严重，仅存漆皮及痕迹。直径约8、残高6厘米。

7. 漆樽

2件。

标本M1：3，已腐朽严重，仅存土模及红色漆皮残片。器身大致呈圆筒形。口径约20、高约14厘米。

标本M1：8，腐朽严重，仅存漆皮残块，从形状看，大致呈圆形。直径约12、残高10厘米。

8. 漆耳杯

2件。

标本M1：4，已腐朽严重，仅存土模及红色漆皮残片。杯口呈椭圆形。长约14、宽8.5、残高6厘米。

标本M1：9，腐朽严重，仅存漆皮残块及土模，从痕迹判断，整体呈椭圆形。长约14.5、宽7、残高8厘米。

9. 粉扑（？）

1件。

标本M1：13，位于棺室北部，人骨头顶部。由残存红色丝织物及块状朱砂组成，可能为化妆用品（彩版二六，7）。

10. 动物骨骼

另外在标本M1：1和M1：2之间发现有堆积的动物骨骼，经鉴定有猪一整头，幼年，不超过4个月。鸡至少3个个体。另有少量绵羊骨骼。

二　M2

位于第Ⅰ发掘区中部偏东侧，北邻M5，西邻M4，南邻M3。

（一）墓葬形制

该墓为长方形竖穴土坑木椁墓，墓葬上部已遭破坏，现存墓圹开口平面呈长方形，长3.1、宽2.1、距地表深0.4米（图五）。墓葬壁面竖直，墓坑内填五花土，土质疏松，夹杂有少量沙砾。墓底平整，底距墓坑开口深0.44米。

（二）葬式葬具

墓坑内东西并列置葬具，为一椁一棺，两者间距约0.18米。东侧为一棺，棺木多已腐朽，从残存痕迹看，木棺平面呈长方形，长2.02、宽0.72、残高0.36米，棺板厚4～6厘米，棺板之间的拼合结构不详。棺内葬女性人骨一具，保存较好，头北脚南，面朝上，仰身直肢；西侧为一木椁，椁木多已腐朽，从残存痕迹看，平面大致呈长方形，其左侧板及南侧尾挡板紧贴墓壁，

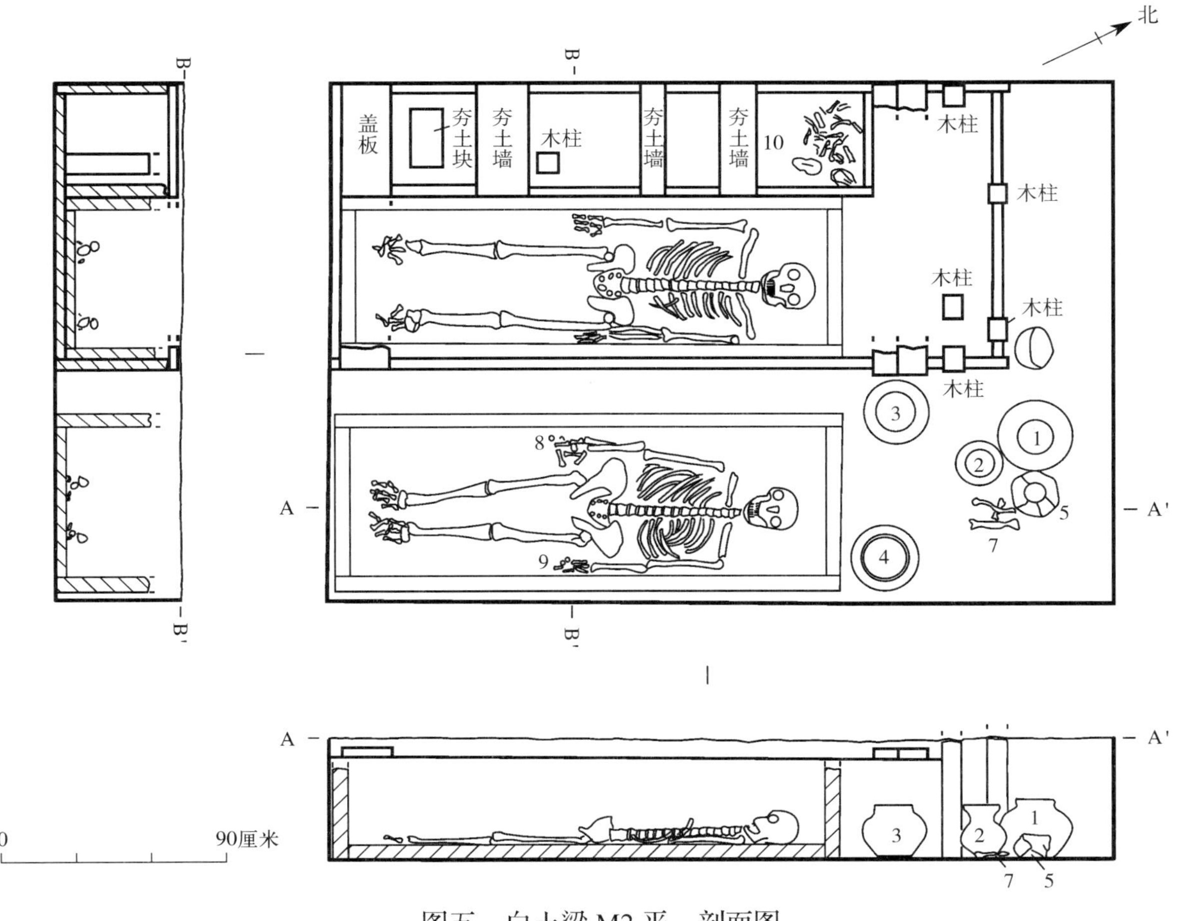

图五　白土梁M2平、剖面图
1～6. 陶罐　7、10. 动物骨骼　8、9. 五铢铜钱

平面大致呈长方形，南北长 2.66、东西宽 1.16、残高 0.44 米，椁板厚约 4 厘米。木椁北端现存有五根边长 8 厘米左右的方形木柱痕，木柱由墓底一直伸向开口处，用途不明。木椁上东西向横搭木板一层以为椁盖。木板长约 1.16、宽 0.1 ～ 0.22 米，厚约 6 厘米。木椁内靠东侧放木棺一具，木棺长 1.98、宽 0.66、残高 0.32 米，棺板厚 4 ～ 6 厘米，棺板之间采用榫卯套合。棺内葬人骨一具，保存较好，为一男性，头北脚南，面朝上，仰身直肢。木棺西侧有四个长方形的小边箱，边箱间用夯土墙分隔。边箱长 0.22 ～ 0.44、宽 0.38、深约 0.32 米，其中最北端的边箱内放置小猪 2 具、鸡 1 只，骨骼保存皆较完整（彩版二七，2）。次北侧边箱较小，无随葬品。最南端边箱底部放置一长方形夯土块，夯土块长 24、宽 12 厘米。次南侧边箱东南角立有一残长 8 厘米的方形木柱，用途不明。另四边箱内侧与木棺之间用竖立的木板分隔，木板厚 4 厘米（彩版二七，1）。

（三）随葬品

随葬品有陶器和铜钱，其中陶器皆为陶罐（彩版二八，1），置于女棺北侧。铜钱共 12 枚，左、右手各 6 枚，均为五铢钱。

1. 陶罐

6 件。

标本 M2∶1，泥质灰陶，外施黑衣，轮制。侈口，平沿微外斜，方唇，束颈，圆肩，上腹圆鼓，下腹斜收，平底。肩下通体饰竖向绳纹，器表因陶质疏松，脱落严重。口径 14.7 ～ 17、颈径 16、颈厚 1、腹径 29、腹厚 0.7、底径 19.3、通高 25.4 厘米（图六，1；彩版二九，1）。

标本 M2∶2，泥质灰陶，外施黑衣，轮制。侈口，尖唇，唇外侧凸出成三角形，短颈，溜肩，上腹圆鼓，下腹弧收，小平底。腹部饰六道凹弦纹，局部制作时被抹平，痕迹不明显。下腹及底部饰横向绳纹（图六，2）。口径 12 ～ 12.7、颈径 9.5、腹径 22.1、底径 7、底厚 0.9、通高 25.5 厘米（图六，3；彩版二九，2）。

标本 M2∶3，泥质灰陶，轮制。微侈口，圆唇，束颈，圆肩，上腹圆鼓，下腹弧收，平底。下腹部及底部饰较密集的绳纹（图六，4）。口径 15 ～ 16.6、颈径 15.7、腹径 27、底径 12、底厚 1、通高 24 厘米（图六，5；彩版二九，3）。

标本 M2∶4，泥质灰陶，外施黑衣，轮制。近直口，平沿微外卷，尖唇，矮领，斜肩，上腹外鼓，下腹近斜直内收，平底。腹部饰较密集的斜向绳纹，中间被六道弦纹隔断（图六，6）。口径 13.6 ～ 17.2、颈径 15、颈厚 0.8、腹径 27.6、腹壁厚 0.6、底径 15.8、通高 21.6 厘米（图六，7；彩版二九，4）。

标本 M2∶5，近半残。夹砂红陶，陶质较疏松，轮制。侈口，方唇，束颈，溜肩，微鼓腹，平底。肩以下通体绳纹，腹、底上有一层烟炱。口径 14.8、腹径 18.4、腹壁厚 1.1、底径 9.7、通高 18 厘米（图六，8；彩版二九，5）。

标本 M2∶6，残存近半。夹砂灰陶，陶质较坚硬，手捏制，制作粗糙。敛口，方唇，微束颈，溜肩，圆腹，圜底。肩上黏附一柄形把，下腹部有一层烟炱。口径 8.2 ～ 9、腹径 12.8、腹壁厚

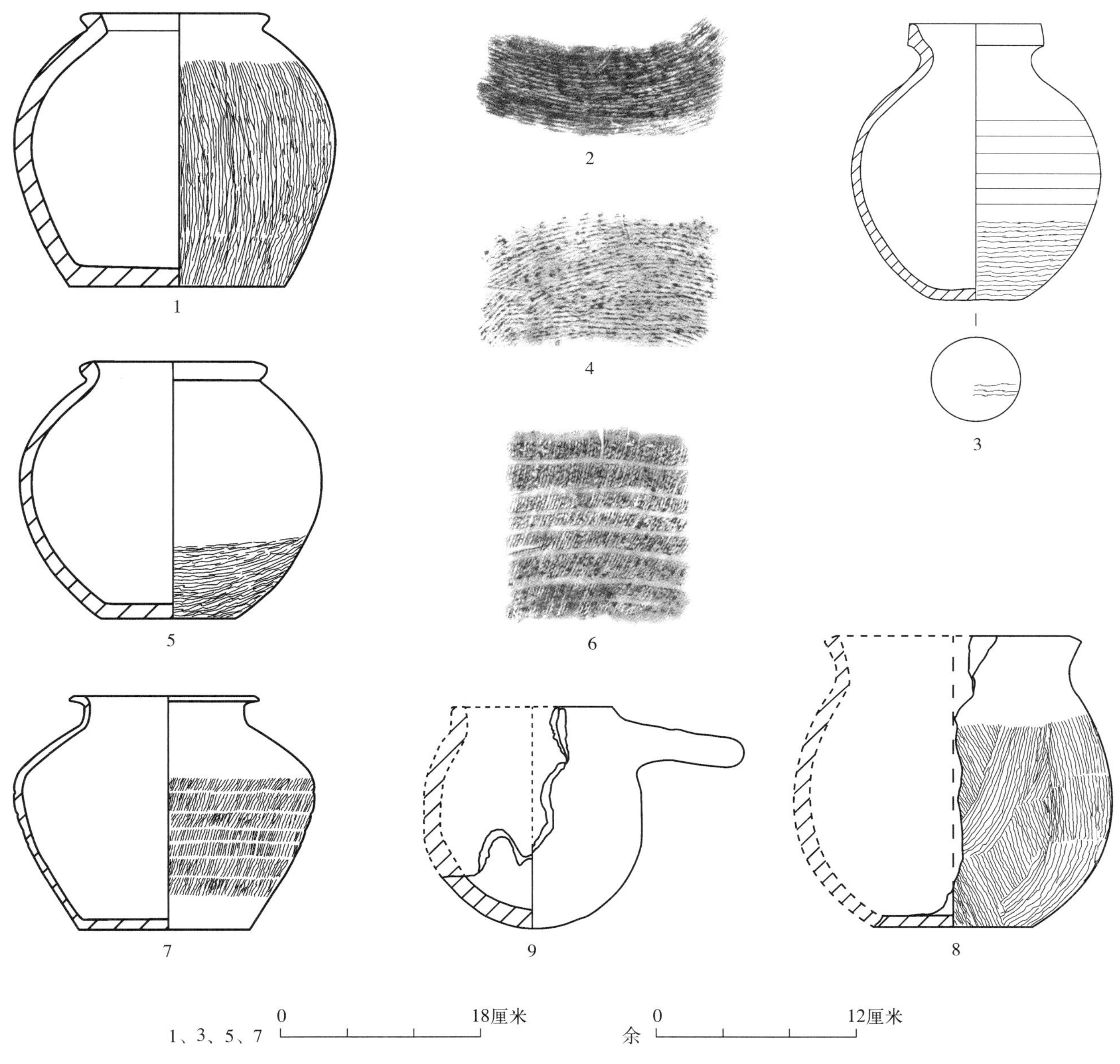

图六　白土梁 M2 出土陶器

1、3、5、7～9. 陶罐M2 : 1、2、3、4、5、6　2、4. 绳纹拓片M2 : 2、3　6. 弦断绳纹拓片M2 : 4

1、通高 13.8 厘米（图六，9；彩版二九，6）。

2. 五铢铜钱

12 枚。

标本 M2 : 8，6 枚，位于东侧棺木内人骨的右手处。均范铸，保存完整。圆形方穿，穿左右篆书“五铢”二字。面有周郭无内郭，背肉好有内外郭（彩版二八，2）。

标本 M2 : 8-1，字迹较清晰，“五”字交笔近直，“铢”字“金”字头呈三角形，下部四点较短，“朱”字上部方折，下部圆折，“金”字下端较“朱”字瘦长。钱正面穿上有一横郭记号。郭径 2.6、

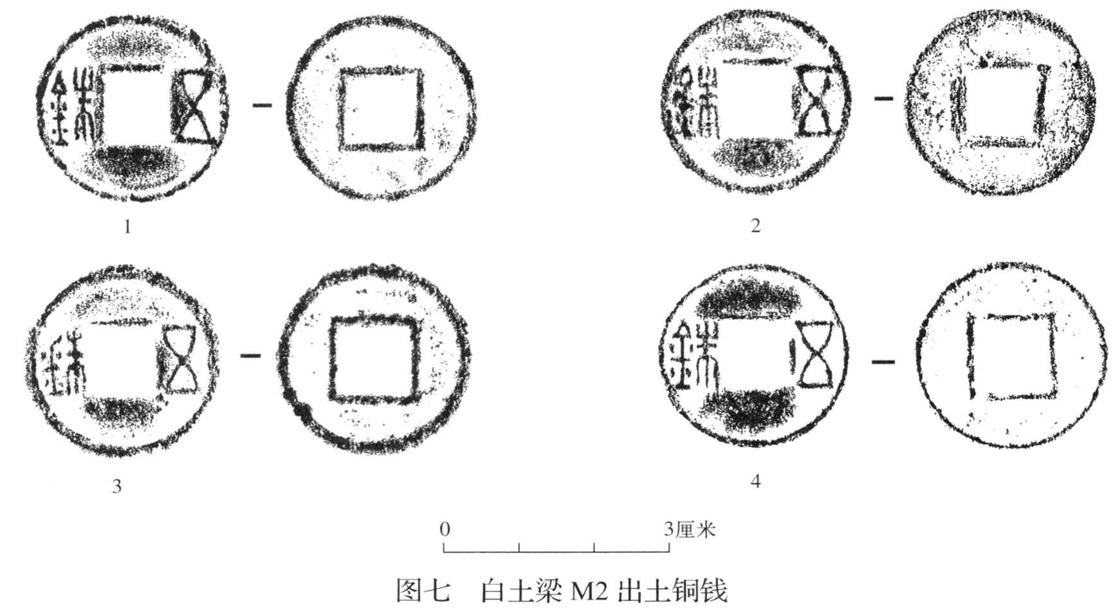

图七　白土梁 M2 出土铜钱

1～4. 五铢铜钱M2：8-1～4

钱径 2.4、穿宽 1.0、郭宽 0.1 ～ 0.15、郭厚 0.2、肉厚 0.1 厘米，重 4.2 克（图七，1）。

标本 M2：8-2，字迹较清晰，“五”字交笔弯曲，“铢”字“金”字头呈大三角形，下部四点较短，“朱”字上部方折，下部圆折。钱正面穿上有一横郭记号。郭径 2.5、钱径 2.3、穿宽 1.0、郭宽 0.1 ～ 0.15、郭厚 0.2、肉厚 0.1 厘米，重 4.6 克（图七，2）。

标本 M2：8-3，字迹较清晰，“五”字交笔弯曲，“铢”字下部四点较长，“朱”字上、下部均圆折。郭径 2.6、钱径 2.2、穿宽 0.9、郭宽 0.15 ～ 0.2、郭厚 0.2、肉厚 0.1 厘米，重 3.6 克（图七，3）。

标本 M2：8-4 形制大小及特征与 M2：8-2 相同，重 4.3 克（图七，4）。

标本 M2：8-5、6，大小及字体特征与 M2：8-2 相同，正面穿上无横郭记号。标本 M2：8-5，重 5.3 克。标本 M2：8-6，重 4.0 克。

标本 M2：9，6 枚，位于东侧棺木内人骨的左手处。均范铸，保存较好，圆形方穿，穿左右篆书“五铢”二字。面有周郭，背肉好有内外郭（彩版二八，3）。

标本 M2：9-1，字迹较清晰，“五”字交笔略弯曲，“铢”字“金”字头呈小三角形，下部四点较长，“朱”字上、下部均圆折，下端较“金”字略短。钱正面穿上有一横郭记号。郭径 2.5、钱径 2.3、穿宽 1.0、郭宽 0.1 ～ 0.15、郭厚 0.2、肉厚 0.1 厘米，重 4 克（图八，1）。

标本 M2：9-2，字迹较清晰，“五”字交笔近直，“铢”字“金”字头呈大三角形，下部四点较长，“朱”字上、下部均圆折。钱正面穿上有一横郭记号。郭径 2.5、钱径 2.3、穿宽 1.0、郭宽 0.15、郭厚 0.2、肉厚 0.1 厘米，重 3.6 克（图八，2）。

标本 M2：9-3，字迹较清晰，“五”字交笔略弯曲，“铢”字“金”字头呈小三角形，下部四点较短，“朱”字上、下部均方折，“朱”字下端较“金”长。钱正面穿上有一横郭记号，

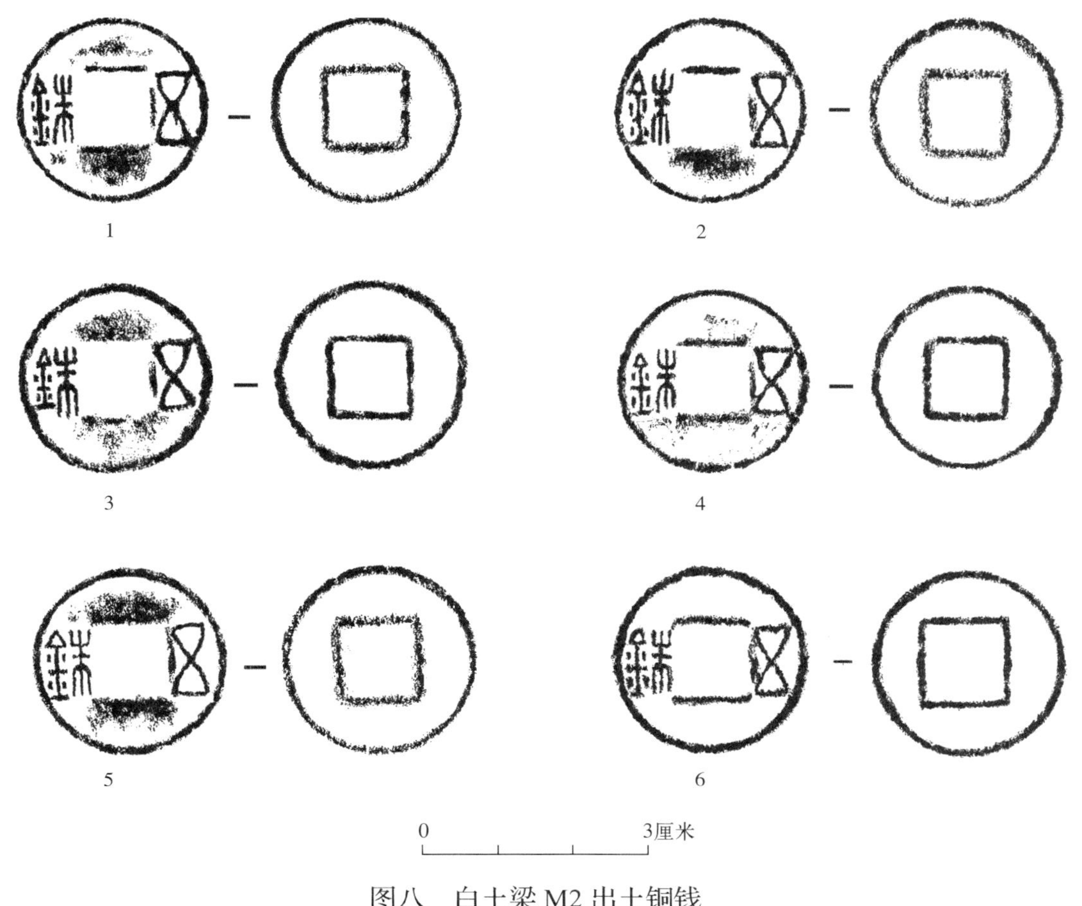

图八　白土梁M2出土铜钱
1～6. 五铢铜钱M2：9-1～6

下有一半星记号。郭径2.6、钱径2.2、穿宽0.9、郭宽0.2、郭厚0.2、肉厚0.1厘米，重4.2克（图八，3）。

标本M2：9-4，字迹较清晰，“五”字交笔近直，“铢”字“金”字头呈小三角形，下部四点较长，“朱”字上、下部均圆折，上端较“金”字高，下端较“金”字短，钱正面穿上、下各有一横郭记号，重3.8克（图八，4）。

标本M2：9-5，大小、钱文特征与M2：9-1相同，正面穿边无郭，重3.8克（图八，5）。

标本M2：9-6，大小、钱文特征与M2：9-1相同，正面穿上、下各有一横郭记号，重3.3克（图八，6）。

3. 动物骨骼

标本M2：7，经鉴定为狗和猪的骨骼，其中狗骨为部分左前肢和部分右后肢。猪为一幼年个体。

标本M2：10，经鉴定为鸡和猪。其中鸡1只，雌性；猪两头，皆近整只，一头年龄4～6个月。另一头为幼年，不超过4个月。

三　M3

M3 位于第Ⅰ发掘区中部偏东，西邻 M1，北邻 M2。

（一）墓葬形制

该墓为长方形竖穴土坑墓，方向 28°（图九）。墓葬开口南北长 2.8、东西宽 0.68、距地表约 0.4 米，墓壁竖直，坑底平整，底距开口深约 0.51 米。墓坑内填土为松散的花土，含细沙及较多的小砾石。

（二）葬式葬具

竖穴土圹内偏南置一棺，棺木已朽，仅存痕迹，平面大致呈长方形，南北长 2.06、东西宽 0.62、残高 0.3 米，其中南侧尾部挡板厚约 6、左右侧板厚约 4、棺底厚约 4 厘米。棺内骨骼极为散乱，为同一成年个体，应为二次葬（彩版三〇，1）。

（三）随葬品

该墓出土 4 件随葬品，均置于墓室北部，即棺北侧的土圹之中，有陶罐 2 件，漆盒和漆樽各 1 件（彩版三〇，2）。

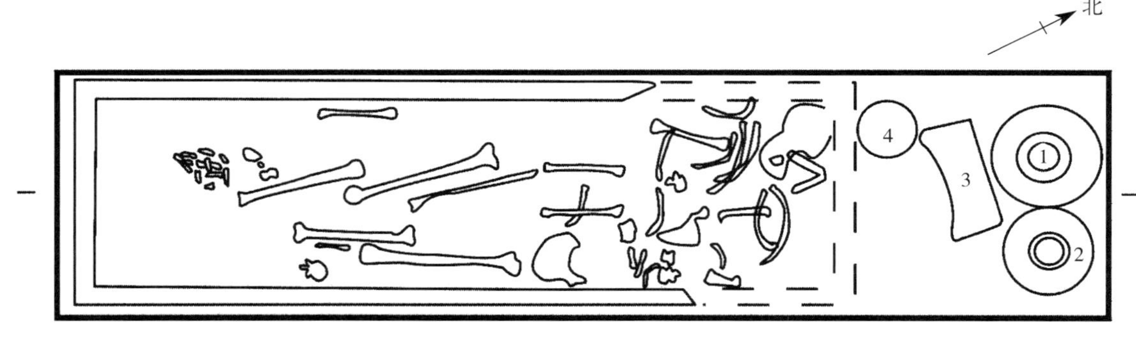

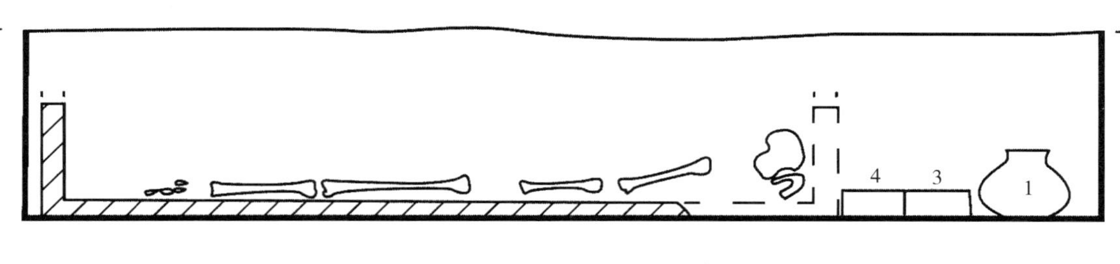

图九　白土梁 M3 平、剖面图

1、2. 陶罐　3. 漆盒　4. 漆樽

1. 陶罐

2件。

标本M3∶1，泥质灰陶，外施黑衣，陶质较坚硬，轮制。侈口，方唇，外沿微卷，束颈，溜肩，圆鼓腹，平底。器表肩部经磨光处理，显黑亮，腹部满饰纵向细绳纹，上腹部间饰有四圈横向细凹弦纹，间距较窄，下腹部饰三圈横向细凹弦纹，间距较宽。口径17.7、颈径15.6、颈壁厚0.8、腹径24.8、腹壁厚0.7、底径15.5、通高19.5厘米（图一〇，1、2；彩版三一，1）。

标本M3∶2，泥质灰陶，外施黑衣，轮制。口残，短颈，溜肩，上腹圆鼓，下腹弧收，小平底。颈下侧有一穿孔。腹部饰有两圈不连续的戳印纹，下腹部、底饰斜向绳纹。颈径11、腹径20.8、底径6.2、壁厚1、残高22.7厘米（图一〇，3、4；彩版三一，2）。

2. 漆盒

1件。

标本M3∶3，朽残，仅存残漆皮，黑底漆上红漆线勾绘卷云纹图案，从漆皮及痕迹看平面呈长方形。长约32、宽12、残高7厘米（彩版三一，3、4）。

3. 漆樽

1件。

标本M3∶4，朽残，仅存残漆皮及痕迹，大致呈圆形，直径16、残高6厘米。

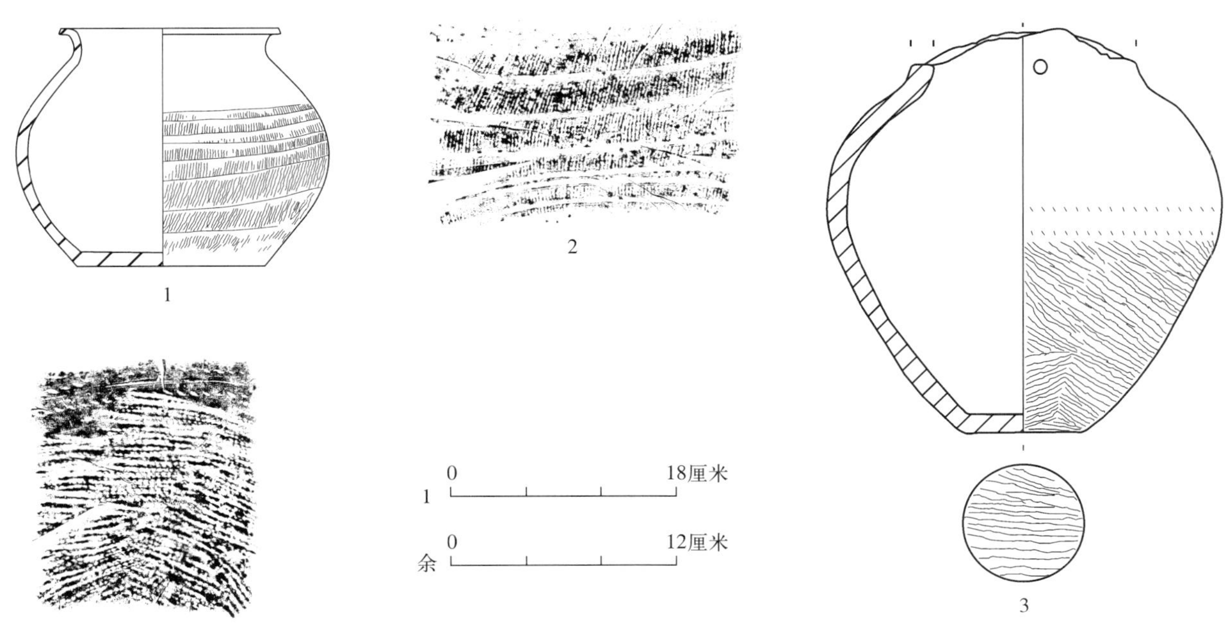

图一〇　白土梁M3出土陶罐

1、2. 陶罐与罐腹纹饰拓片M3∶1　3、4. 陶罐与罐腹纹饰拓片M3∶2

四　M4

M4 位于第Ⅰ发掘区中部偏北，东邻 M9，南邻 M1，北邻 M5。

（一）墓葬形制

M4 为长方形竖穴土坑木椁墓，方向 24°（图一一）。墓圹开口南北长 3.36、东西宽 0.95、距地表深约 0.72 米。该墓于开口处东西两侧留有二层台，台宽均 0.1 米。二层台上东西向搭有长条形木板，木板长约 0.95、宽约 0.1 米，厚约 4 厘米。坑壁竖直，底较平整，墓底距开口约 0.7 米。墓坑内填土为松散的花土，含较多的细沙及小砾石。

（二）葬式葬具

二层台下紧贴土圹四壁均见有朽木痕迹，应为木椁痕迹，椁木南北长 3.36、宽 0.75、残高 0.64 米，未见有椁底痕，椁木之间的拼合结构不详。椁内底部偏南置木棺一具，棺木已朽，平面大致呈长方形，南北长 2.18、东西宽 0.7、残高 0.28 米。据朽痕及残存木块看，棺盖板、挡板及底板木均由厚约 4、宽约 10 厘米的木板拼合而成，侧板则由厚约 6、宽约 12 厘米的木板拼合。棺内见成人骨骼一具，仰身直肢葬，头北脚南，面向上。骨骼保存较好，肋骨和下肢骨略有散乱（彩版三二，1）。

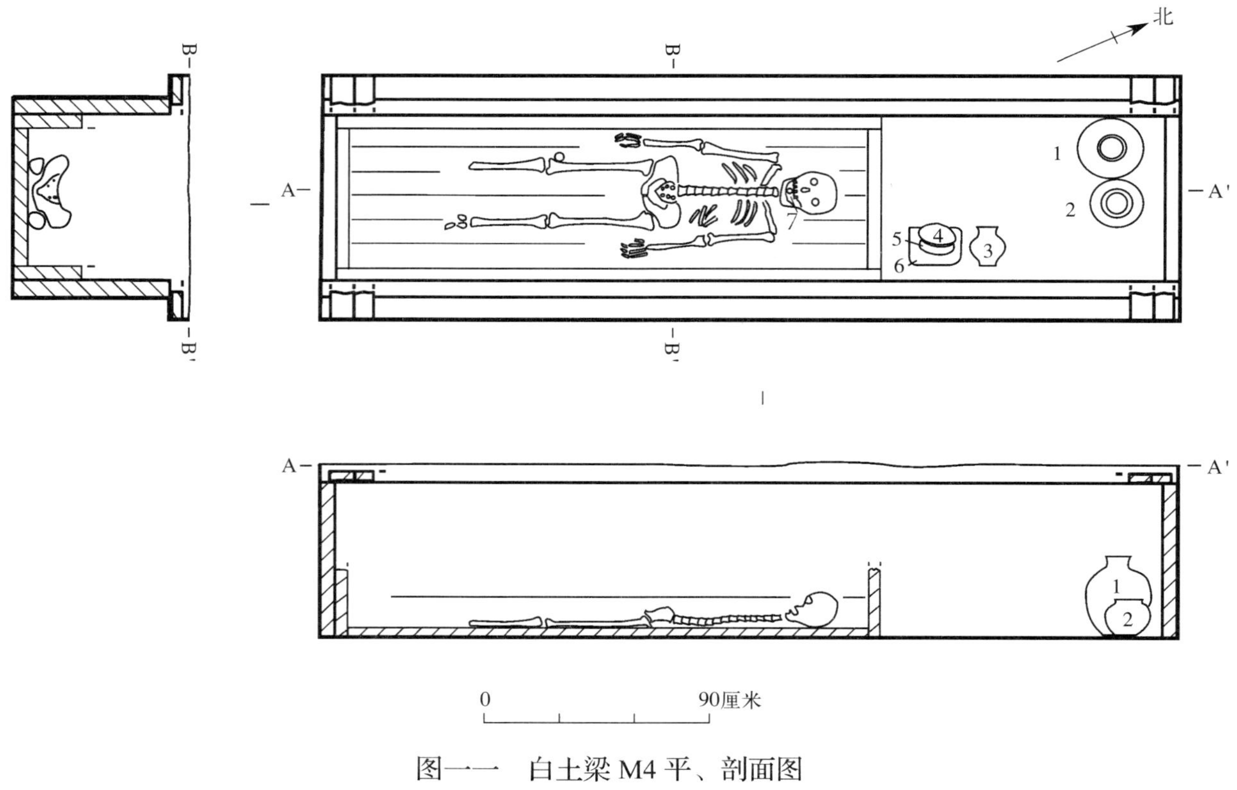

图一一　白土梁 M4 平、剖面图

1、2. 陶罐　3. 陶壶　4. 陶甑　5. 陶釜　6. 陶灶　7. 五铢铜钱

（三）随葬品

该墓随葬品大部分放置于椁内棺木北部，有陶罐、壶和灶具（彩版三二，2）。另外墓主口内置铜钱2枚。

1．陶壶

1件。

标本M4∶3，泥质灰陶，轮制。敞口，平沿微外斜，尖唇，长颈微束，圆肩，上腹圆鼓，下腹弧收明显，束腰假圈足底。颈、腹部有数圈轮制时形成的不连续的凹弦纹或凸棱，下腹部有刮削痕。口径7.5～8.6、颈径5.8、颈壁厚0.8、腹径13.5、腹壁厚1.2、底径6.5、通高16厘米（图一二，1）。

2．陶罐

2件。

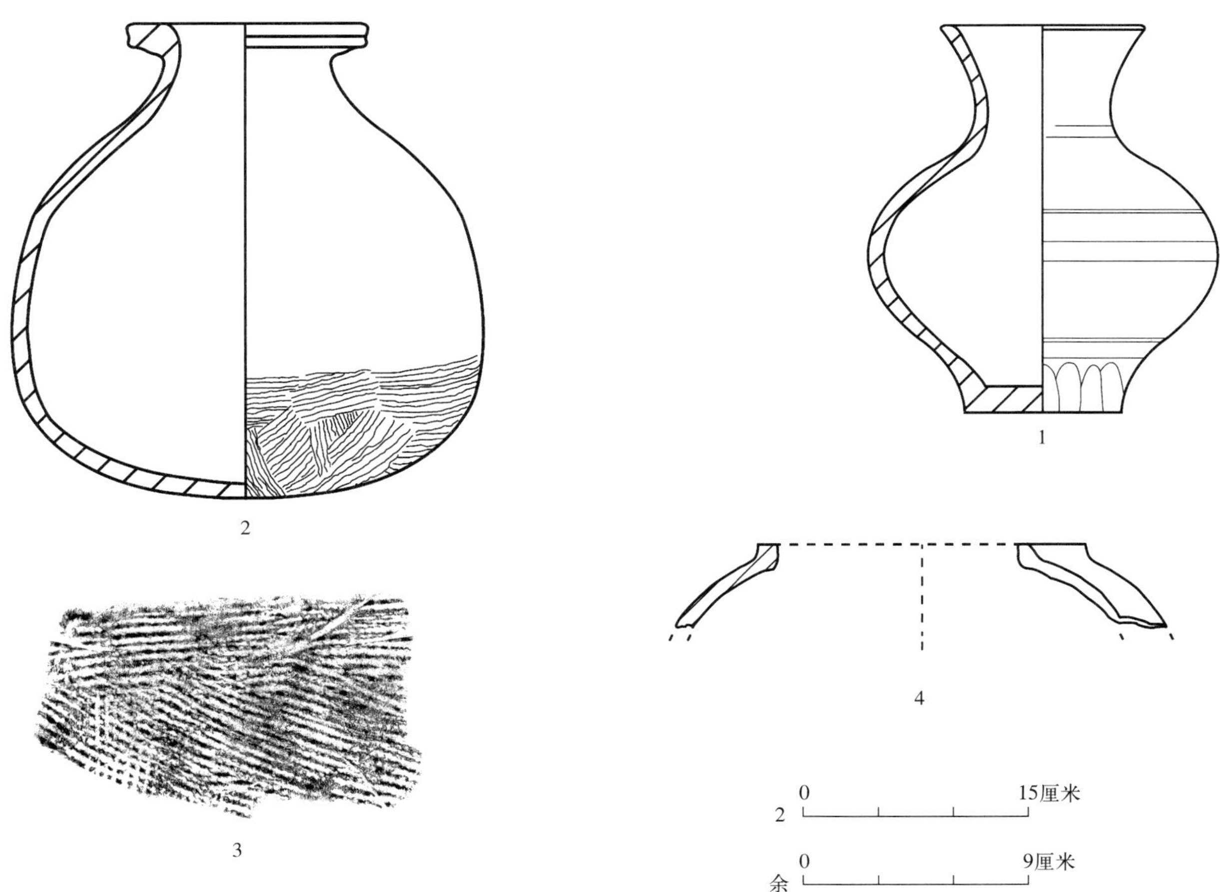

图一二　白土梁M4出土陶器

1. 陶壶M4∶3　2、4. 陶罐M4∶1、2　3. 陶罐M4∶1纹饰拓片

标本 M4∶1，泥质灰陶，轮制。侈口，平沿，方唇，唇微外卷，矮领，溜肩，下腹圆鼓，圜底。陶质较疏松，表层多有剥落，下腹通底饰平斜交错的粗绳纹。口径 12 ～ 16.2、颈径 12、腹径 30.7、壁厚 0.8、通高 32.6 厘米（图一二，2、3）。

标本 M4∶2，夹砂灰黑陶，陶质疏松。罐体残毁严重，破为碎片，不可复原。从残存口沿看，近直口，方唇，束颈。口径 13.2、残高 3.5 厘米（图一二，4）。

3. 陶甑

1 件。

标本 M4∶4，泥质灰陶，陶质较疏松，表层局部剥落，轮制。敞口，平沿微外斜，尖唇，腹近斜直内收，平底，底部有 5 个箅孔。下腹部有刮削痕。口径 13 ～ 14.5、腹壁厚 0.9、底径 5、通高 7.4 厘米（图一三，1）。

4. 陶釜

1 件。

标本 M4∶5，位于陶甑（M4∶4）下方，至于陶灶（M4∶6）火眼上。泥质灰陶，陶质较疏松，表层局部剥落，轮制。敛口，平沿内斜，圆肩，上腹外鼓，下腹近直折收，平底。下腹部有明

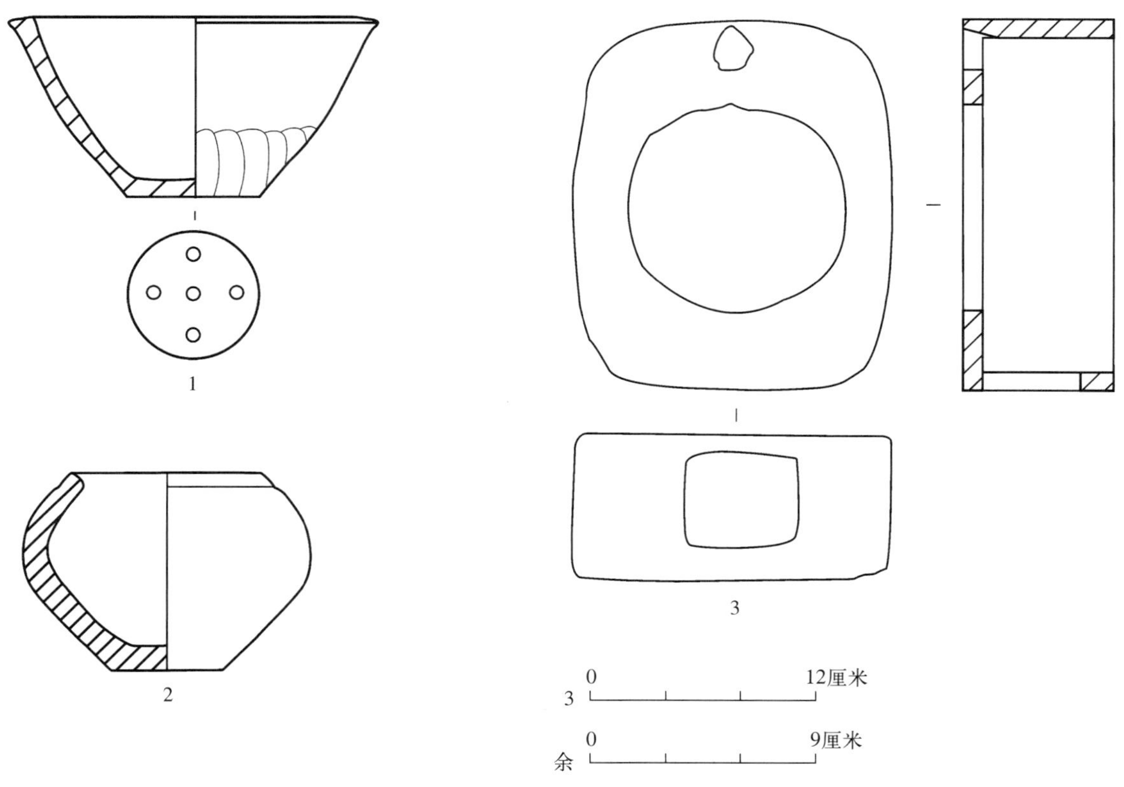

图一三　白土梁 M4 出土陶器

1. 陶甑M4∶4　2. 陶釜M4∶5　3. 陶灶M4∶6

显的刮削痕。口径 6.5 ～ 7.9、腹径 11.4、腹厚 1、底径 4.5、通高 8 厘米（图一三，2）。

5. 陶灶

1 件。

标本 M4：6，泥质灰陶。灶壁、灶面分别手制后黏接而成。平面呈圆角长方形，灶面中间上有圆形灶口火眼，火眼后有一圆形烟孔，灶前壁正中有一长方形火门。灶前后长 20.3、左右宽 17、高 8、灶口径 11.5、烟孔径 2、火门高 5.2、宽 5.8、灶壁厚 1 厘米（图一三，3）。

6. 五铢铜钱

标本 M4：7，2 枚，均范铸，保存较好，形制、大小皆相同。圆形方穿，穿左右篆书“五铢”二字。面有周郭，背肉好有内外郭（彩版三二，3）。

标本 M4：7-1，字迹较模糊，“五”字交笔略弯曲，“铢”字“金”字头呈小三角形，下部四点较短，“朱”字上、下部均圆折，下端较“金”字略短。钱正面穿上有一横郭记号，穿下有一半星记号。郭径 2.55、钱径 2.35、穿宽 1.0、郭宽 0.1、郭厚 0.2、肉厚 0.1 厘米，重 3 克（图一四，1）。

标本 M4：7-2，钱文字体与 M4：7-1 相同，钱正面穿上有一横郭记号。郭径 2.5、钱径 2.3、穿宽 0.9、郭宽 0.1、郭厚 0.2、肉厚 0.1 厘米，重 4.3 克（图一四，2）。

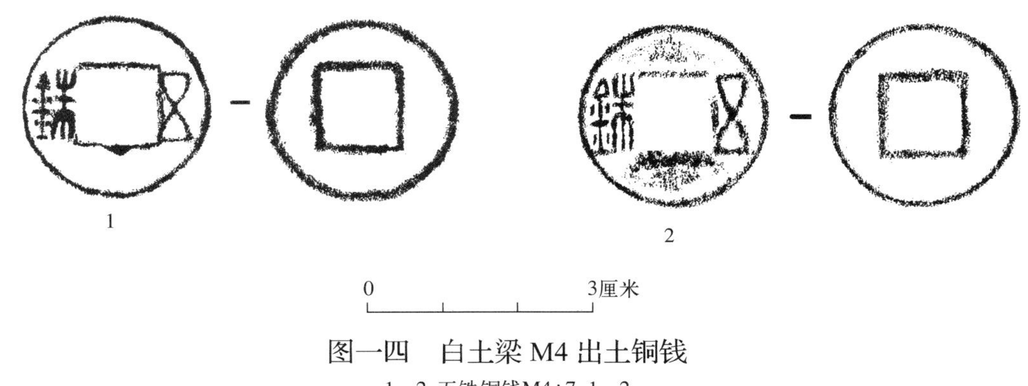

图一四　白土梁 M4 出土铜钱

1、2. 五铢铜钱M4：7-1、2

五　M5

M5 位于第 I 发掘区北部，北距 M6 约 0.5 米，南邻 M2、M4。

（一）墓葬形制

该墓为一长方形竖穴土坑木椁墓，方向 98°（图一五）。墓葬开口处已遭破坏，现存开口东西长 3.25、南北宽 1.1、距地表深约 0.45 米。墓坑壁面竖直，墓底平整，底距墓坑开口深 0.72 米。墓坑现存开口横铺有木板一层。从现残存木板看，木板多宽 12 ～ 16、厚约 4 厘米。墓坑内填

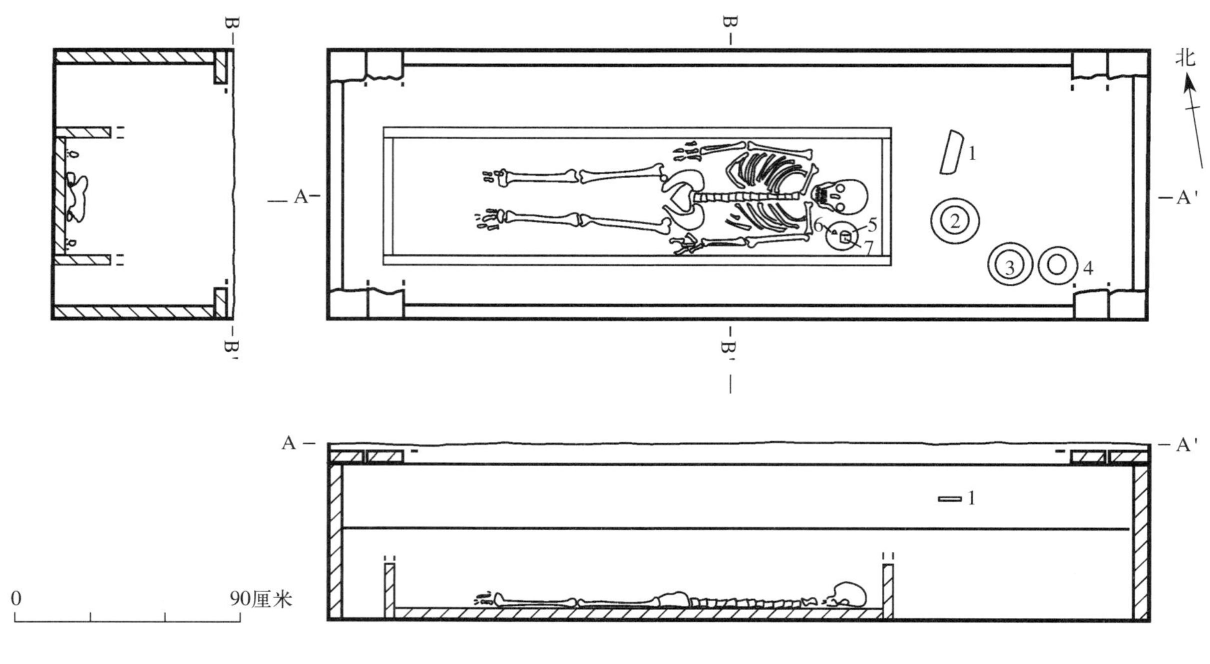

图一五　白土梁M5平、剖面图

1. 铁锸　2～4. 陶罐　5. 漆奁　6. 木梳　7. 骨耳珰

五花土，呈黄黑色，夹杂有少量砾石和炭烬，土质较疏松。

（二）葬式葬具

墓坑内为一棺一椁，椁木紧贴墓壁，腐朽严重，仅存痕迹及少量残块，东西长约3.20、宽约1.1、残高约0.68米，其中前后椁挡为竖立的木板拼合，左右侧板均由两块横向木板上下拼合而成，木板宽32～36、厚约4厘米。未见有椁底板痕迹。椁内偏西东西向顺置木棺一具，棺木多已腐朽，仅辨其形。平面呈长方形，东西长约2、南北宽0.55、残高0.26米，棺板厚约4厘米，棺木结构及木板之间的拼合结构不详。棺内葬人骨一具，仰身直肢，头向东，面朝上，保存较好（彩版三三，1左）。

（三）随葬品

该墓出土随葬品有铁锸1件，陶罐3件，漆奁、木梳及耳珰各1件。其中铁锸置于墓坑填土上端（极有可能放置于木盖板之上，因木板腐朽坍塌下陷至填土上部），陶罐皆置于椁内墓棺东侧，漆奁置于棺内墓主头骨左侧，已腐朽，仅辨其形。在提取漆皮标本时，于奁内发现残木梳及骨耳珰各1件。

1. 陶罐

3件。

标本M5：2，泥质灰陶，施黑衣，轮制。侈口，平沿，方唇，束颈，鼓肩，扁圆腹，大平底。腹部有三圈不规整的戳印纹，下腹部有刮削痕。口径 10.5 ～ 11.7、颈径 11.3、颈壁厚 0.8、腹径 18.2、腹壁厚 1、底径 12.4、通高 14.5 厘米（图一六，1、2；彩版三三，2）。

标本 M5：3，泥质灰陶，施黑衣。侈口，方唇，束颈，溜肩，上腹外鼓，下腹近斜直内收，大平底。肩及上腹部有制作时形成的凹凸相间的弦纹，腹部最大径处饰有一道不连续的戳印纹，下腹部有明显的刮削痕迹。口径 11.2 ～ 12.3、颈径 12、颈壁厚 1、腹径 20、腹壁厚 0.8、底径 13.2、通高 15 厘米（图一六，3；彩版三三，3）。

标本 M5：4，泥质灰陶，施黑衣，轮制。侈口，平沿外折，口缘呈三角状，直领较长，鼓肩，上腹圆鼓，下腹近斜直折收，平底。陶质较疏松，器表局部剥落，下腹部有刮削痕。口径 9.5 ～ 10.6、颈径 8.2、颈壁厚 0.7、腹径 15.8、腹壁厚 0.8、底径 9.7、通高 16.5 厘米（图一六，4；彩版三三，4）。

2. 铁锸

1 件。

标本 M5：1，位于墓葬填土中，锈蚀较严重，微残。大致呈方形，刃较宽，銎口为窄长条状，断面呈楔形。锸宽 18.4、高 6、銎口长 16.8、宽 0.8、壁厚 0.3 ～ 0.8 厘米（图一六，5；彩版三三，5）。

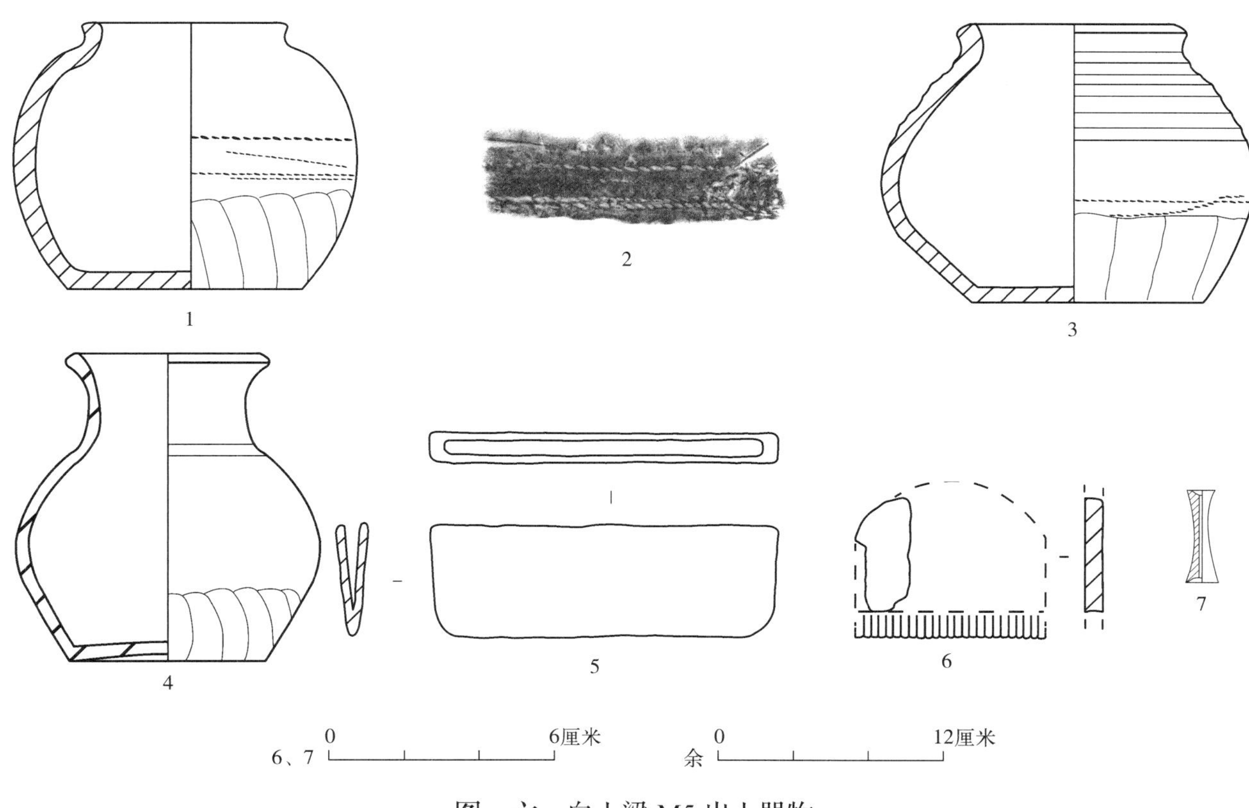

图一六 白土梁 M5 出土器物

1、3、4. 陶罐M5：2、3、4 2.陶罐M5：2纹饰拓片 5. 铁锸M5：1 6. 木梳M5：6 7. 骨耳珰M5：7

3．漆奁

标本M5：5，多已腐朽，仅存红漆器残片及土模，从漆皮残片看，为黑底漆上用红彩线勾绘图案，见有弦纹及卷云纹。漆奁大致呈圆筒状。直径约12、残高4厘米（彩版三三，6）。

4．木梳

1件。

标本M5：6，置于漆奁（M5：5）内，已残，大致可辨器形，呈弓背的方形，梳齿已残断。残高2.9、宽1.4、厚0.5厘米（图一六，6）。

5．骨耳珰

1件。

标本M5：7，置于漆奁（M5：5）内。大致为亚腰的管状，两端均呈喇叭形，一端较大，一端略小。通长2.5、一端直径0.7、一端直径0.9、中间0.5厘米（图一六，7）。

六 M6

M6位于第Ⅰ发掘区北部，南邻M5，与M5仅隔1米。

（一）墓葬形制

该墓为长方形竖穴土坑木椁墓，方向108°（图一七）。墓圹开口平面东西长3.67、南北宽1.52、距现地表深0.66米。墓壁竖直，在距开口约0.44米处坑壁四周留有生土二层台，其中东二层台面宽0.24、南二层台面宽0.15、西二层台面宽0.24、北二层台面宽0.3米。墓底平整，东西长3.21、南北宽1.1、距开口深0.84米。墓内填土为松散的花土，含较多的细沙、小砾石。

（二）葬式葬具

该墓为一棺一椁墓，木椁东西长3.21、南北宽1.08、残高0.5米，椁有盖板、左右侧板及两端挡板而无底板。盖板架于生土二层台上，由宽10～12、厚约3厘米条木板拼合二层。四周侧板厚4～6厘米，其中左右侧板为宽约12厘米的横向木板上下拼合而成，前后挡板由竖立的木板拼合而成。椁室西侧顺置有一木棺，棺木已朽，从残存痕迹看，木棺东西长2.16、南北宽0.94、残高0.35米，其中棺盖板厚约4、侧板及挡板厚约6厘米，侧板为宽约10厘米的横向木板拼合而成，底板由厚约4、宽约10厘米的东西向木板构成。棺内葬有人骨一具，仰身直肢葬，头东脚西，面向上，骨骼保存较好。人骨下铺有一层厚1～2厘米的草木灰（彩版三三，1右）。

（三）随葬品

随葬品主要为陶器和铜器，陶器皆为陶罐，共4件，均置于椁室内棺木东侧；铜器有铜镜

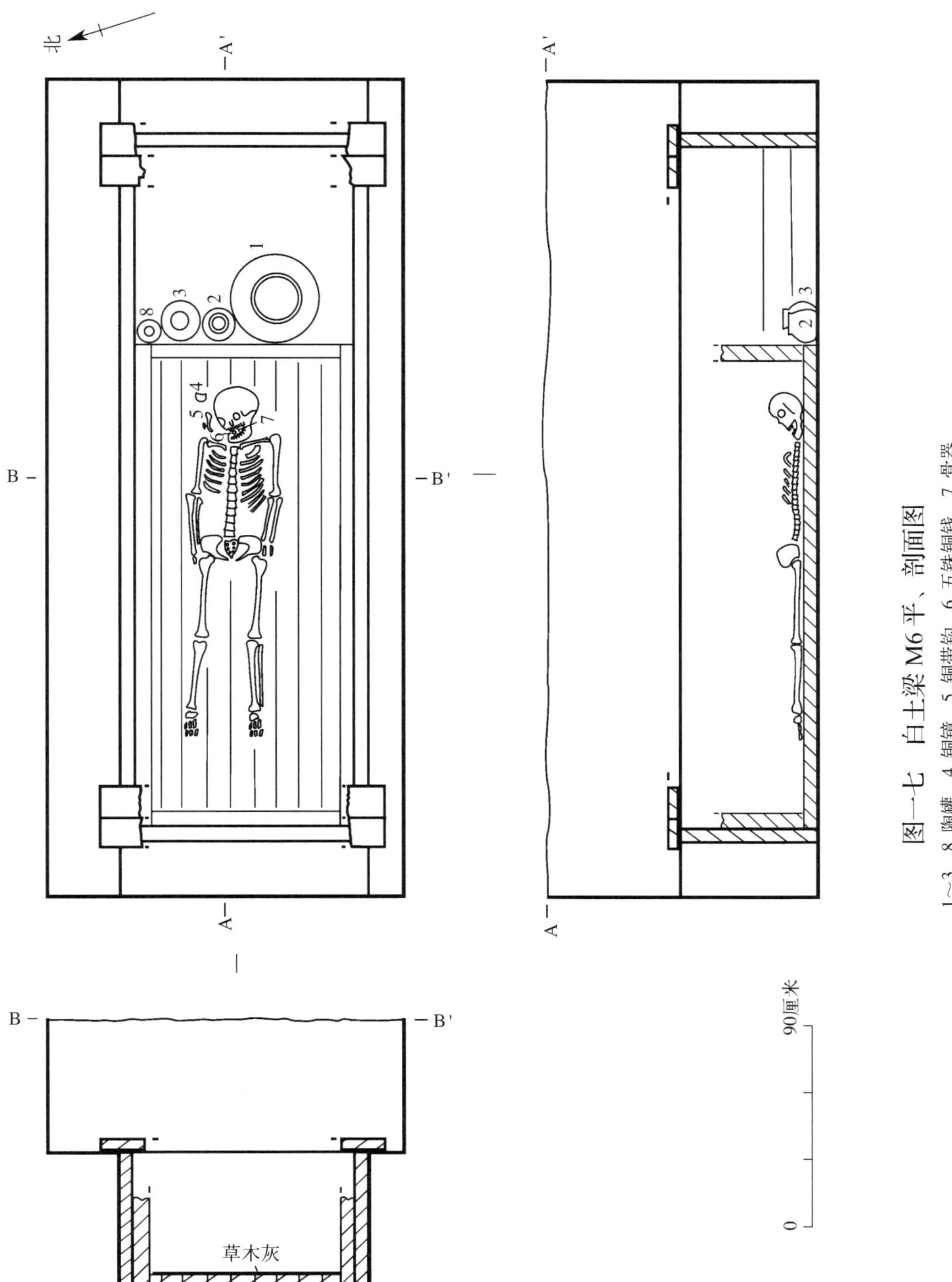

图一七　白土梁M6平、剖面图
1～3、8. 陶罐　4. 铜镜　5. 铜带钩　6. 五铢铜钱　7. 骨器

和铜带钩，置于棺内墓主头骨北侧。另在墓主口中发现有铜钱 2 枚、贝状骨器 1 件。

1. 陶罐

4 件。

标本 M6：1，泥质灰陶，施黑衣，轮制。口微侈，平沿微外斜，唇外侧成三角缘状，束颈，圆肩，上腹圆鼓，下腹斜收，平底。肩、腹部饰有数道轮制时形成的磨光暗弦纹，下腹部通体磨光。口径 20.8 ～ 23.2、颈径 22.5、颈壁厚 1、腹径 38.4、腹壁厚 0.6、底径 23.4、通高 33.8 厘米（图一八，1；彩版三四，1）。

标本 M6：2，泥质灰陶，施黑衣，轮制。直口，平沿，尖唇，矮颈，圆肩，上腹圆鼓，下腹近斜直内收，大平底。领、肩相接处轮制形成一道凸棱，肩、腹部有明显的轮制痕迹，腹部

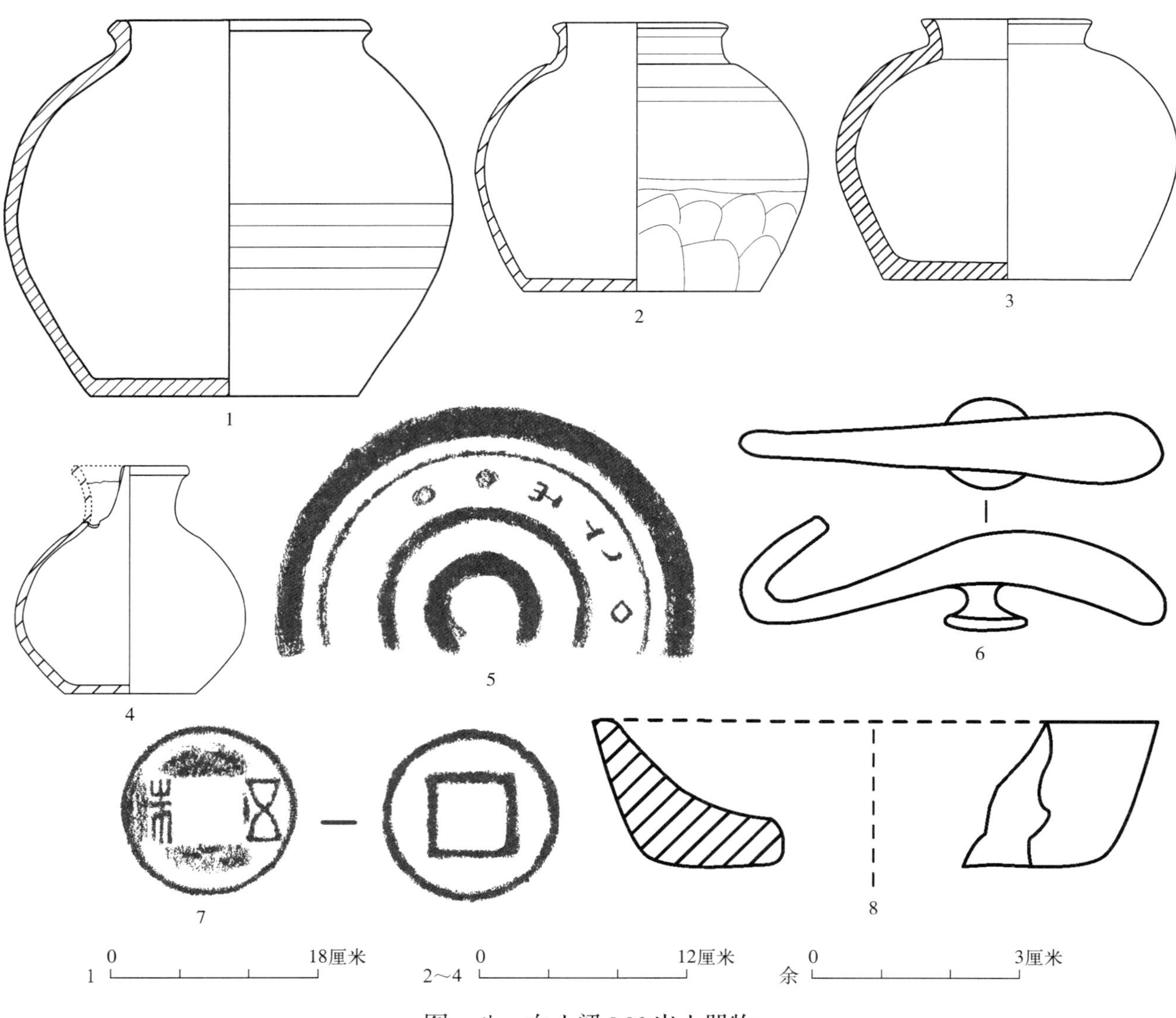

图一八　白土梁 M6 出土器物

1～4. 陶罐M6：1～3、8　5. 铜镜M6：4　6. 铜带钩M6：5　7. 五铢铜钱M6：6–1　8. 骨口琀M6：7

近最大径处刻划一道不规整的凹弦纹，下腹部有刮削修整痕迹。口径8.2～10、颈径9、腹径19.3、壁厚0.6、底径14.3、通高16厘米（图一八，2；彩版三四，2）。

标本M6：3，泥质灰陶，轮制。侈口，平沿，尖唇，束颈，圆肩，上腹圆鼓，下腹斜收，平底。腹部饰一周不规整的凹弦纹。口径8.5～9.8、颈径8.8、颈壁厚0.5、腹径19.8、腹壁厚1.3、底径14、通高15.6厘米（图一八，3；彩版三四，3）。

标本M6：8，泥质灰陶，施黑衣，轮制。喇叭形口，口部分残，圆唇，细长颈，溜肩，上腹圆鼓，下腹近斜直折收，平底。口径6.8、颈径4.7、颈壁厚0.5、腹径12.9、腹壁厚0.7、底径7.3、通高13.5厘米（图一八，4；彩版三四，4）。

2. 铜镜

1件。

标本M6：4，圆形，残留过半，镜体小而轻薄。正面微凸，锈蚀较严重。背面正中有凸起的半圆纽，圆形纽座，宽素平缘。纽上有半圆形对穿孔，圆形纽座外原应有均匀地伸出相间分布的四组单线和四组三线短线纹（即光焰纹），现仅各残存两组。光焰纹外为一周宽凸棱纹，再外至镜缘处为一周较细的凸弦纹，弦纹外饰较密集的斜向短线纹，以示光焰。宽凸棱纹与带密集短斜线的弦纹之间残存有变篆体“□日之光”铭文，铭文“日”与“之”之间、“光”后均铸有一“❖”形符号。从镜体特征及铭文来看，该镜应为日光镜。镜面径6.2、背径6、纽高0.7、纽径1.1、缘宽0.4、缘厚0.2、肉厚0.1厘米，重22.7克（图一八，5；彩版三四，5）。

3. 铜带钩

1件。

标本M6：5，保存较好，整体弯曲呈“S”形，似一曲颈回首的鹅，头端较细，身端较宽，身下铸一圆形柱纽。钩通长6、高1.5、柱纽高0.7、纽径1.1～1.2厘米（图一八，6；彩版三四，6）。

4. 五铢铜钱

标本M6：6，2枚，均范铸。圆形方穿，穿左右篆书“五铢”二字。面有周郭，背肉好有内外郭。

标本M6：6-1，保存完整，字迹较清晰，“五”字交笔略弯曲，“铢”字“金”字头呈小三角形，下部四点较短，“朱”字上部方折，下部圆折。钱正面穿下有一半星记号。郭径2.5、钱径2.3、穿宽1.0、郭宽0.1、郭厚0.2、肉厚0.1厘米，重3克（图一八，7）。

标本M6：6-2，残，形制、大小及钱文特征与M6：6-1相同，钱正面穿下无一半星记号。

5. 骨口琀

1件。

标本 M6：7, 位于墓主口中。大致呈贝状。残长 2.8 厘米（图一八，8；彩版三四，7）。

七　M7

M7 位于第Ⅰ发掘区北部偏西侧，西距 M8 约 1 米，东邻 M9，与 M9 方向一致，间距 1.5 米。

（一）墓葬形制

该墓为长方形竖穴土坑木椁墓，方向 25°（图一九）。墓葬开口南北长 3.24、东西宽 0.74、距地表深 0.5 米。墓开口西北角被一沙沟破坏。墓壁竖直，墓底较平整，底距开口 0.45 米。墓坑填土为细砂土，土质较疏松，夹杂有较多的砾石。

（二）葬式葬具

该墓为一棺一椁墓，木椁平面呈长方形，其中东、西、南侧紧贴墓壁，木板横向拼合，东、西侧板皆由两块木板上下拼接而成，前、后挡板为竖立的木板拼合，椁上横铺一层木板或圆木棒用以封盖，其中北侧为 3 段长 72、直径约 15 厘米的圆木棒，圆木之间有 7 ～ 12 厘米宽的间隙，南部木板较窄，宽 7 ～ 10 厘米，部分木板间用直径约 7 厘米的圆木棒填补，木板和圆木棒共计约 21 块（段）（彩版三五，1）。

椁内南部南北向顺置木棺一具，保存较差，多已腐朽，仅存痕迹。棺木平面大致呈长方形，长约 2.08、宽 0.54、残高 0.32 米，棺侧板厚 4 厘米。棺板之间的拼合结构不详。木棺内葬人骨一具，保存较好，头朝北，面向西，仰身直肢，双手置于盆骨处（彩版三五，2）。

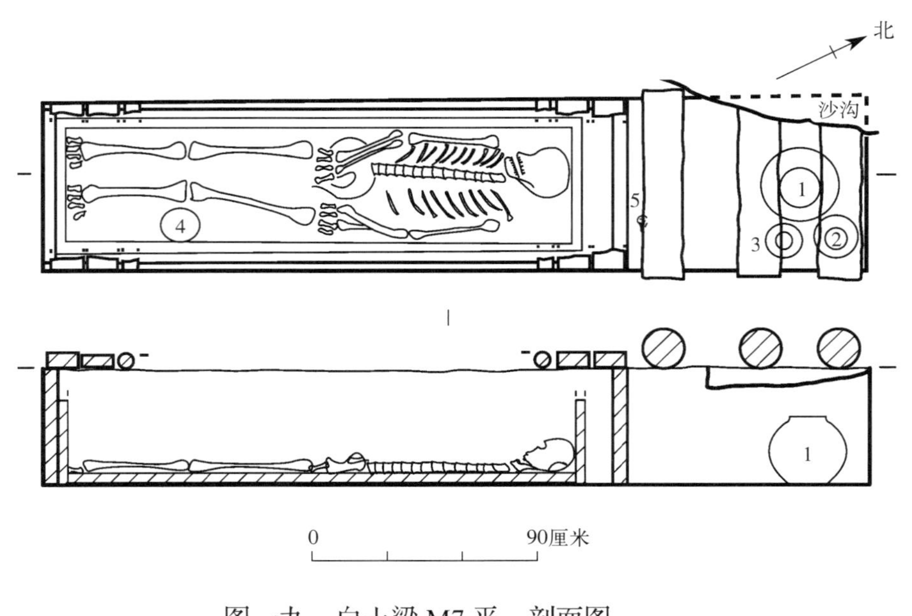

图一九　白土梁 M7 平、剖面图

1～3. 陶罐　4. 漆器盖　5. 动物头骨

（三）随葬品

随葬器物共4件，其中陶罐3件，置于椁内木棺北侧，漆盖1件，置于墓主小腿骨东侧，保存较好。另外，在椁北端椁木盖板痕下（原可能置于椁盖板上端，因木朽下陷所致）随葬动物骨骼。

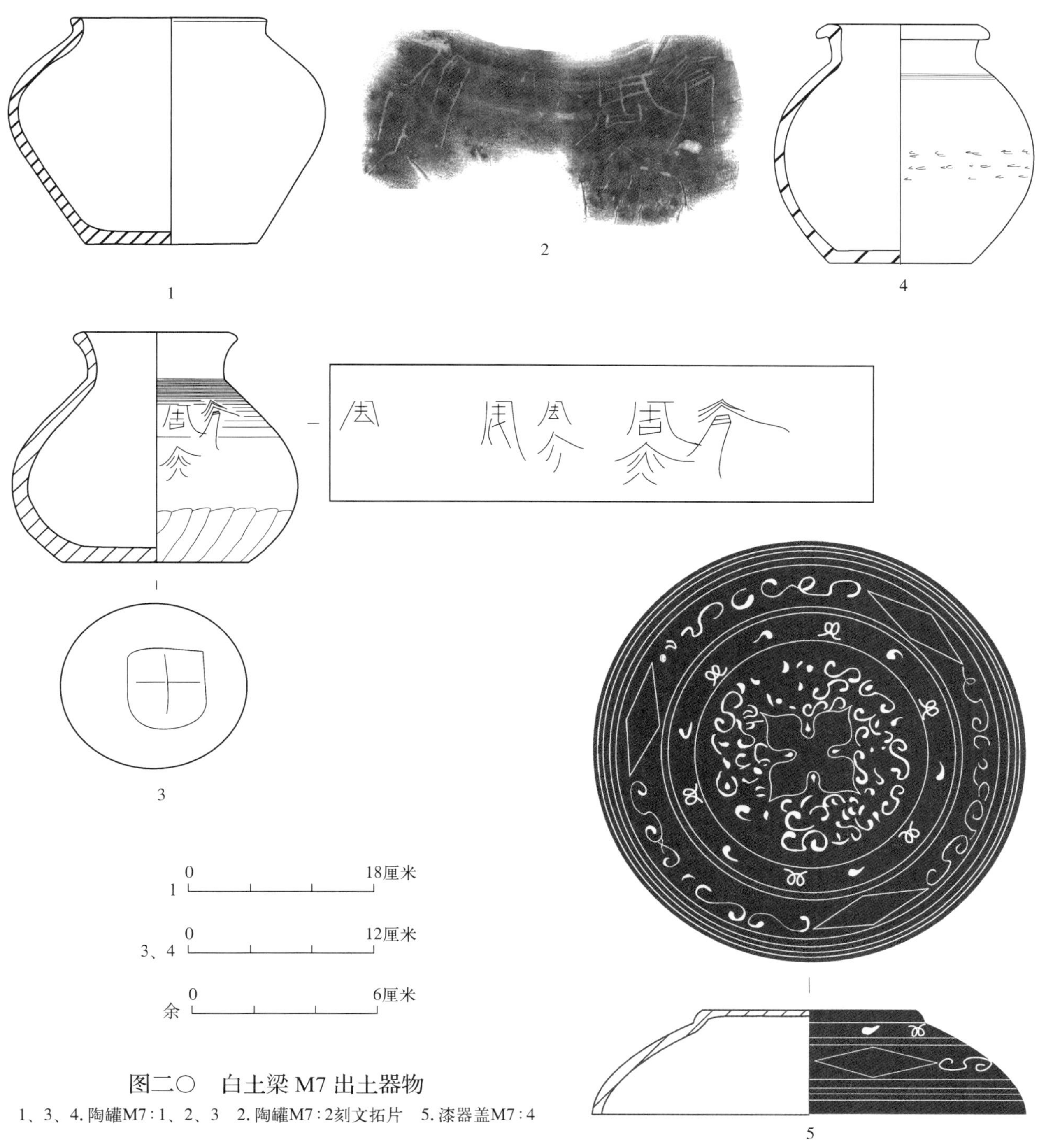

图二〇　白土梁M7出土器物

1、3、4. 陶罐M7：1、2、3　2. 陶罐M7：2刻文拓片　5. 漆器盖M7：4

1. 陶罐

3件。

标本M7：1，泥质灰陶，施黑衣，轮制。微侈口，平沿，方唇，束颈，弧肩，上腹外鼓，下腹近斜直内收，平底。腹部饰有数道较浅的弦纹。口径17～18.8、颈径18.5、颈壁厚1、腹径30.5、腹壁厚0.8、底径16.7、通高22.8厘米（图二〇，1；彩版三六，1）。

标本M7：2，泥质灰陶，施黑衣，轮制。口微侈，平沿，尖唇，束颈，溜肩，蒜头形腹，平底。肩、上腹部有明显的轮制痕迹，肩部刻划有篆体文字，依次为“周”“周”“周□”“周□”“周□肴”其中“□”应为反复书写“肴”的上半部分（图二〇，2；彩版三六，2）。下腹有刮削痕迹。底部中间刻划一较大的“田”字。口径6.8～8.8、颈径7.2、颈壁厚0.4、腹径18.4、腹壁厚1、底径12.2、通高15.6厘米（图二〇，3；彩版三六，3）。

标本M7：3，泥质灰陶，轮制。直口，卷沿，短颈，圆肩，上腹圆鼓，下腹斜收，平底。腹部最大径处饰3圈戳印纹。口径8.2～10.8、颈径9、腹径16.8、壁厚0.6、底径9.2、通高16厘米（图二〇，4；彩版三六，4）。

2. 漆器盖

1件。

标本M7：4，胎体已朽，但漆皮保存较好，大致可辨器形。圆形，弧顶。通体髹黑漆，用红彩线条勾绘花纹图案，其中盖面正中勾绘一组柿蒂纹，柿蒂纹外勾绘云气纹，盖腹部等距勾绘三周弦纹，弦纹带间填饰云气纹。盖径约14、底径7厘米（图二〇，5；彩版三五，3）。

3. 动物骨骼

标本M7：5，保存较好，猪的头及下颌骨，猪个体年龄4～6个月。

八 M8

M8位于第Ⅰ发掘区北部西端，西邻水渠，东距M7约1米。

（一）墓葬形制

该墓为长方形竖穴土坑木椁墓，方向358°（图二一）。墓坑开口平面呈长方形，南北长3、东西宽1.20、开口距地表深约0.4米。墓坑壁面竖直，墓底平整，底距开口深0.62米。墓坑内填五花土，土质疏松，夹杂有少量砾石。

（二）葬式葬具

该墓为一棺一椁墓，木椁平面呈长方形，其中东、西、南侧紧贴墓壁，南北长2.18、宽约1.20、残高约0.66米，东、西侧板皆由三块木板上下拼接而成，前、后挡板为竖立的木板拼合，椁上

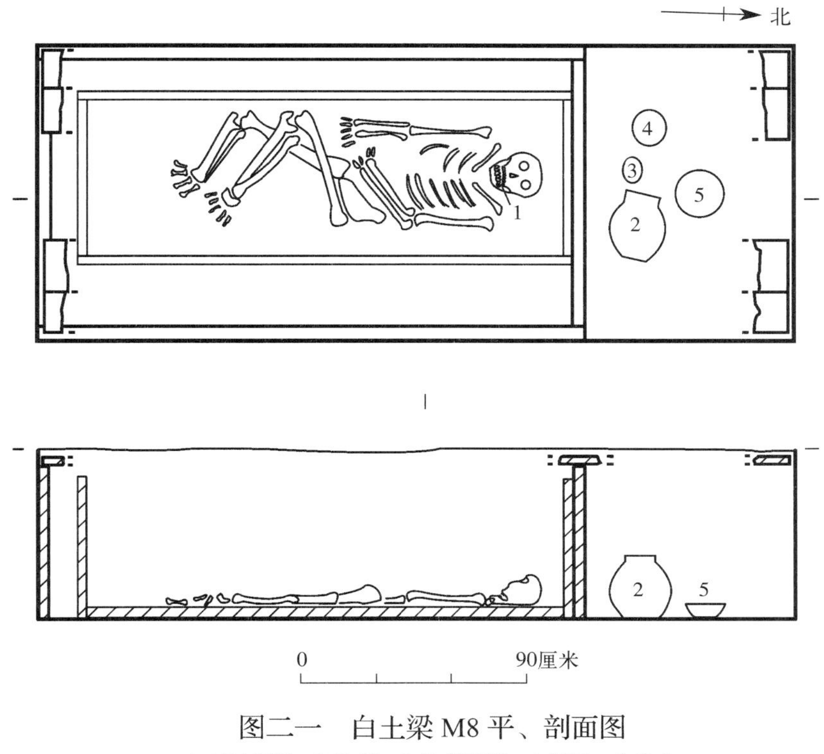

图二一　白土梁M8平、剖面图

1. 五铢铜钱　2. 陶罐　3. 陶单耳罐　4. 漆器　5. 陶盆

铺一层木板用以封盖，木板多已腐朽，从仅存的痕迹看，木板纵向平铺，宽12～18、厚约4厘米。椁内偏南侧南北向顺置一木棺，棺木多已腐朽，部分地方仅存痕迹。从残存的木板及痕迹看，木棺平面呈长方形，长1.96、宽0.73米，棺板厚4～5厘米。棺板之间的拼合结构不详。

棺内葬人骨一具，保存较好。头朝北，面朝上，仰身屈肢，其中左手置于盆骨上，两腿向右弯曲（彩版三七，1）。

（三）随葬品

墓内随葬品多置于椁内木棺北侧，有陶罐、陶盆及漆器（彩版三六，5）。其中陶罐2件，置于木棺北侧，陶盆及漆器各1件，置于陶罐西侧附近。五铢铜钱2枚，置于墓主口中。

1. 陶罐

1件。

标本M8：2，夹砂灰陶，施黑衣，轮制。侈口，平沿外斜，尖唇，短颈，溜肩，上腹圆鼓，下腹近斜直内收，平底。肩、腹各饰一道凹弦纹。口径10.3～13、颈径8.3、颈壁厚0.6、腹径23.4、腹壁厚0.7～0.8、底径12.3、通高25.6厘米（图二二，1）。

2. 陶单耳罐

1件。

标本M8：3，夹砂灰陶，轮制。侈口，圆唇，束颈，溜肩，上腹圆鼓，下腹内收，小平底。

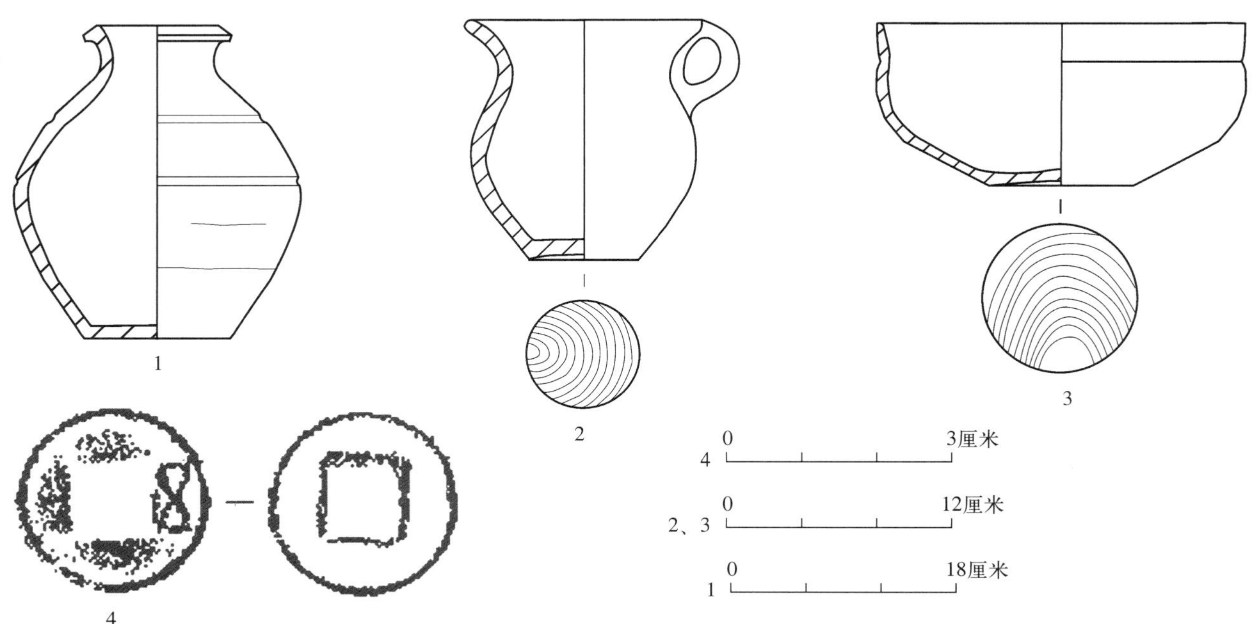

图二二　白土梁M8出土器物

1. 陶罐M8∶2　2. 陶单耳罐M8∶3　3. 陶盆M8∶5　4. 五铢铜钱M8∶1-1

颈至口处一侧黏附一环形耳。器底及下腹部有烟炱。口径12.2、颈径9.3、腹径12.3、壁厚0.6、底径6.4、通高13.4厘米（图二二，2）。

3. 陶盆

1件。

标本M8∶5，夹砂灰陶，施黑衣，轮制。微侈口，圆唇，上腹微弧，下腹短而斜直，平底微凹。口至腹部间饰一道凹弦纹，下腹部有刮削痕。口径19.2、腹径19.6、壁厚0.6、底径8.5、通高8.8厘米（图二二，3）。

4. 五铢铜钱

标本M8∶1，2枚。均范铸。圆形方穿，穿左右篆书“五铢”二字。面有周郭，背肉好有内外郭。

标本M8∶1-1，保存完整，“五”字交笔较直，“铢”字模糊，“金”字下部四点较长，“朱”字上、下部均圆折。郭径2.5、钱径2.3、穿宽0.95、郭宽0.1、郭厚0.15、肉厚0.1厘米，重2.8克（图二二，4）。

标本M8∶1-2，残。“五”字交笔弯曲，末端与上下两横近垂直，“铢”字“金”字头呈小三角形，下部四点较短，“朱”字上部方折，下部圆折。郭径2.6、钱径2.2、穿宽1、郭宽0.2、郭厚0.15、肉厚0.1厘米，残重2.8克。

5．漆器

标本M8：4，已朽，仅存漆皮及痕迹。圆形，直径约14、残高4厘米。黑底红彩，从漆皮及痕迹判断，应为盖或碟类器物。

九　M9

M9位于第Ⅰ发掘区北部偏中，东邻M4，西邻M7。

（一）墓葬形制

该墓为长方形竖穴土坑木椁墓，方向22°（图二三）。开口平面呈长方形，南北长3.5、东西宽1.4、距地表深0.45米。墓壁竖直，壁面不甚光滑，在距开口0.34米处，其东、西两壁各留有宽0.3米左右的二层台，墓底较平整，底距墓葬开口深0.96米。墓坑内填五花土，土质疏松，夹杂有少量的砾石和木炭颗粒。

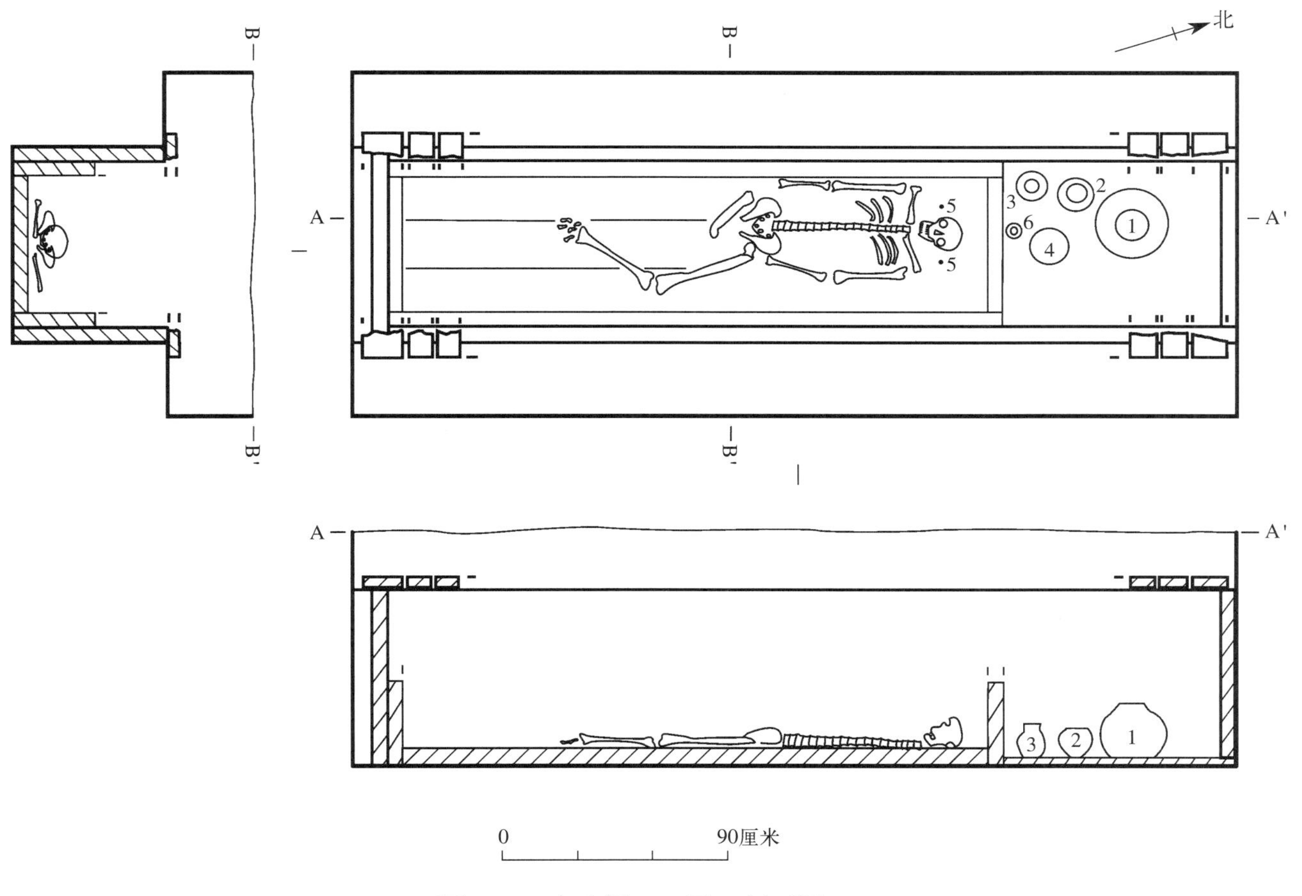

图二三　白土梁M9平、剖面图

1～3、6.陶罐　4.漆器　5.串珠（绿松石珠、肉红石髓珠）

（二）葬式葬具

墓坑内紧贴墓壁南北向顺置木椁一具，保存较差，椁木板多已腐朽，从残存痕迹看，木椁平面呈长方形，南北长3.42、东西宽0.8、残高0.6～0.8米，椁木板厚约6厘米。木椁大致由左、右侧板、前后挡板及底、盖板组成。因木椁腐朽严重，椁板之间具体拼合结构不详。从残存木板的痕迹看，左、右侧板及底板均由两块长木板拼合而成，后挡板由两块短横木板上下拼合而成，前挡木痕保存较差，情况不明。木椁顶部至二层台处，其上横铺有一层木板以为椁盖，木板多已腐朽塌陷，从残存情况看，其长均0.92、宽0.1～0.2米，厚约4厘米。盖板间部分存有较宽的缝隙。

木椁内偏南侧南北向顺置木棺一具，棺木已朽，从残存木块及痕迹看，木棺平面呈长方形，南北长约2.43、东西宽约0.66、残高0.35米。木棺内葬人骨一具，保存较差，人头朝北，面向上，葬式仰身屈肢，其双手置于盆骨处，左腿骨向左侧弯曲，右腿骨胫骨缺失（彩版三七，2）。

（三）随葬品

内随葬有陶器、漆器和珠饰，其中陶器皆为陶罐（彩版三八，1），共4件，大小不一；圆形漆器1件，已腐朽，仅存痕迹。均置于椁内木棺北侧。另外，在木棺内人头骨两侧出土串珠各1颗，左侧为绿松石珠，右侧为肉红石髓珠。

1. 陶罐

4件。

标本M9∶1，泥质灰陶，施黑衣，轮制。直口，平沿，方唇，圆肩，上腹鼓，下腹内收，平底。肩至腹部饰五道暗弦纹，下腹有刮削痕。口径15～17、颈径17.5、颈壁厚1、腹径29.3、腹壁厚0.5、底径18.6、通高22.7厘米（图二四，1）。

标本M9∶2，夹砂红陶，口、底部因陶质疏松微残，手制。敛口，尖唇，溜肩，上腹圆鼓，下腹斜收，平底，底内凹。腹部最大径处对称附两鋬，底、腹部有一层烟炱。口径9～9.7、颈径9.8、颈壁厚0.3、腹径14.5、腹壁厚0.9～1.5、底径8.7、高14.5厘米（图二四，2）。

标本M9∶3，夹砂灰陶，施黑衣，轮制。侈口，圆唇，束颈，斜肩，上腹鼓，下腹斜直，平底。肩、腹部有轮制形成的数道暗弦纹。口径9.5、颈径6.8、颈壁厚0.5、腹径14.8、腹壁厚0.7、底径10、通高16厘米（图二四，3）。

标本M9∶6，泥质灰陶，施黑衣，陶质较疏松，器表黑衣层多已剥落，轮制。器形很小，敛口，圆唇，斜肩，上腹圆鼓，下腹弧收，平底。肩部饰垂帐状戳印联珠纹。口径1.9～2.5、腹径6.8、腹厚0.5、底径5.3、高4厘米（图二四，4）。

2. 串珠

标本M9∶5，共2颗（彩版三八，2）。

标本M9∶5-1，绿松石珠，呈管形。直径0.5、穿宽0.2、高0.4厘米（图二四，5；彩版

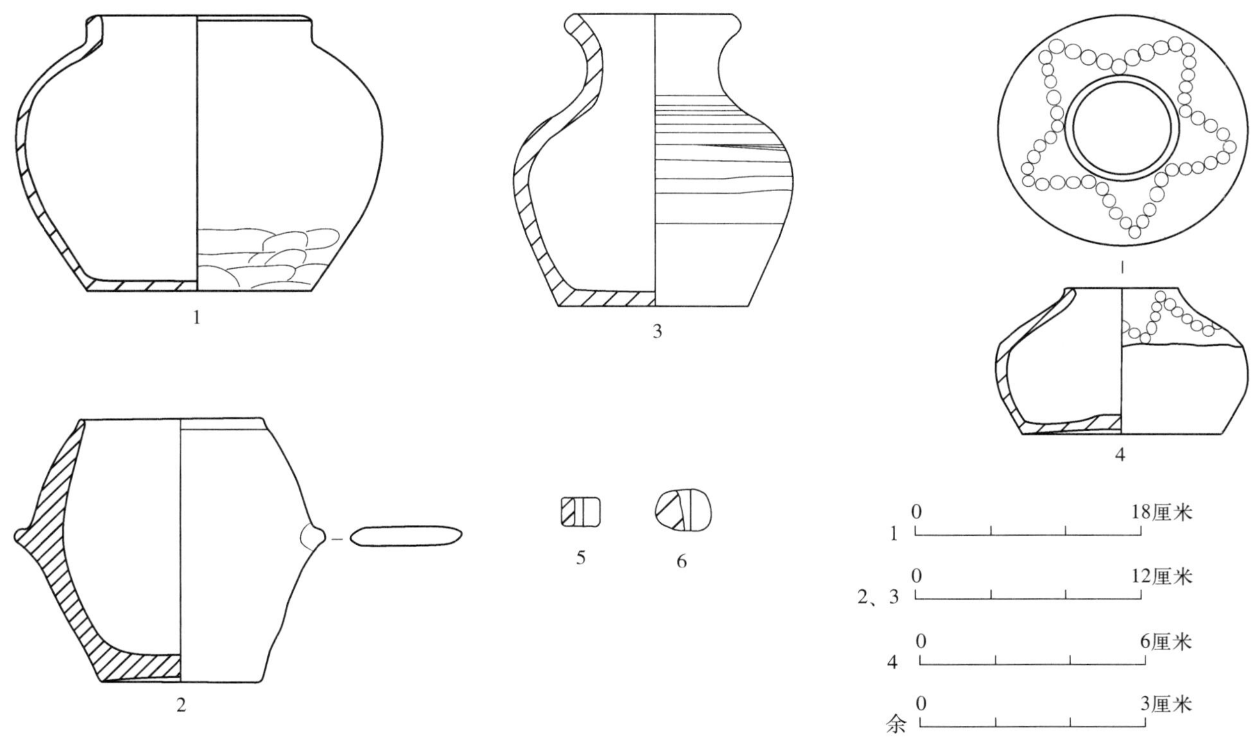

图二四 白土梁M9出土器物

1～4. 陶罐M9∶1～3、6 5. 绿松石珠M9∶5-1 6. 肉红石髓珠M9∶5-2

三八，2左）。

标本M9∶5-2，肉红石髓珠，扁圆形，中有一穿孔。直径0.7、穿宽0.1～0.2、高0.5厘米（图二四，6；彩版三八，2右）。

3. 漆器

标本M9∶4，朽残，仅存漆皮，黑底漆上涂一层红漆，从痕迹看呈圆形，直径约20厘米，应为案或碟类器物。

一〇 M10

M10位于第Ⅱ发掘区北部偏东，东邻M15，南为M11，与M14、M15方向大体一致、距离较近，成排分布。

（一）墓葬形制

M10为长方形竖穴土坑墓，方向15°（图二五；彩版三九，1）。墓圹开口平面呈长方形，南北长2.8、东西宽0.94、开口距地表深约1米。墓壁较直，南、东、西侧壁上留有生土二层台，其中南侧二层台距开口0.2米处，东、西两侧二层台位于距开口0.68米处，皆较为规整，宽均为0.1

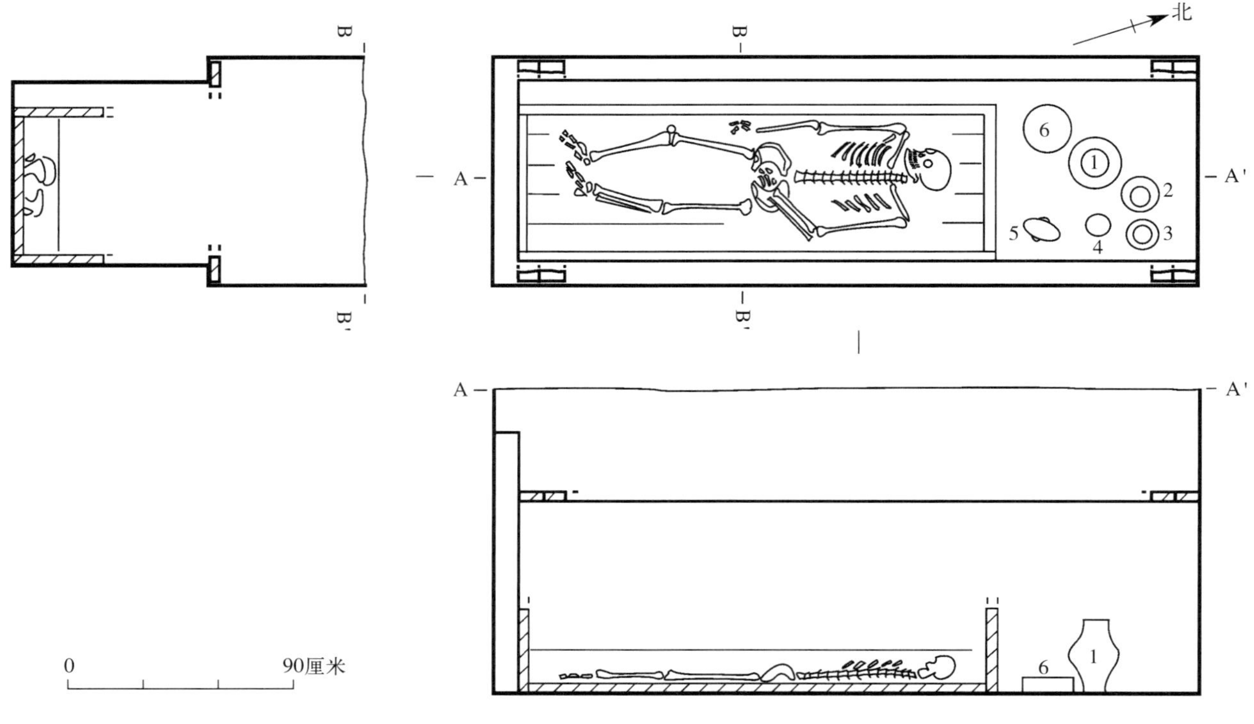

图二五　白土梁 M10 平、剖面图

1～3. 陶罐　4. 陶碗　5. 漆耳杯　6. 漆樽

米。东、西二层台面上横铺一层木板，从朽痕看，木板宽 9 ～ 12、厚 3 ～ 4 厘米。墓底较平整，底距开口深 1.24 米。墓坑内填土为松散的花土，含沙、小石子。

（二）葬式葬具

二层台下土圹内靠南侧顺置一木棺，棺上局部见有白色席纹痕迹（彩版三九，2），从席痕判断，棺木下葬时，其上应覆盖一层草席。从棺痕看，木棺平面呈长方形，南北长 1.9、东西宽 0.64、残高 0.36 米。棺盖板及四周侧板均为厚 4、宽 14 厘米左右的木板拼合而成，棺底板由厚约 4、宽约 12 厘米的木板拼合而成。因腐朽严重，棺木板之间的拼合结构已不详。

棺内见有人骨一具，保存较好，仰身直肢，头北脚南，面向西，右手置于盆骨上，左下肢略弯曲。

（三）随葬品

随葬品均置于木棺北侧，主要为陶器和漆器（彩版三八，3）。

1．陶罐

3 件。

标本 M10：1，泥质灰陶，施黑衣，轮制。侈口，尖唇，口缘断面呈三角状，微束颈，溜肩，鼓腹，小平底。下腹部饰粗绳纹。口径 11.5 ～ 12.7、颈径 9.8、腹径 20.4、厚 1、底径 8.3、通高 26.5 厘米（图二六，1）。

标本 M10：2，泥质灰陶，轮制。微侈口，平沿，方唇，束颈，弧肩，上腹圆鼓，下腹弧收，平底。颈部两侧各有 1 个小穿孔。口径 7.4 ～ 8.9、颈径 9、腹径 15.6、腹壁厚 0.6、底径 6.8、通高 15.5 厘米（图二六，2）。

标本 M10：3，泥质灰陶，施黑衣，轮制。侈口，斜沿，圆唇，短颈微束，溜肩，上腹圆鼓，下腹近斜直内收，平底。底部有明显的轮制线切痕迹。口径 10.3 ～ 11.5、腹径 17、壁厚 0.7、底径 10、底厚 1.3、通高 17.8 厘米（图二六，4）。

2. 陶碗

1 件。

标本 M10：4，泥质灰陶，轮制。微敛口，平沿，腹斜收，平底。腹部有两道轮制时形成的凸弦纹。口径 10.2 ～ 11.2、底径 6.3、通高 4.9 厘米（图二六，3）。

3. 漆樽

标本 M10：6，已朽，仅存残片及部分土模。呈圆筒形。直径约 18、残高 6 厘米（彩版三九，3）。

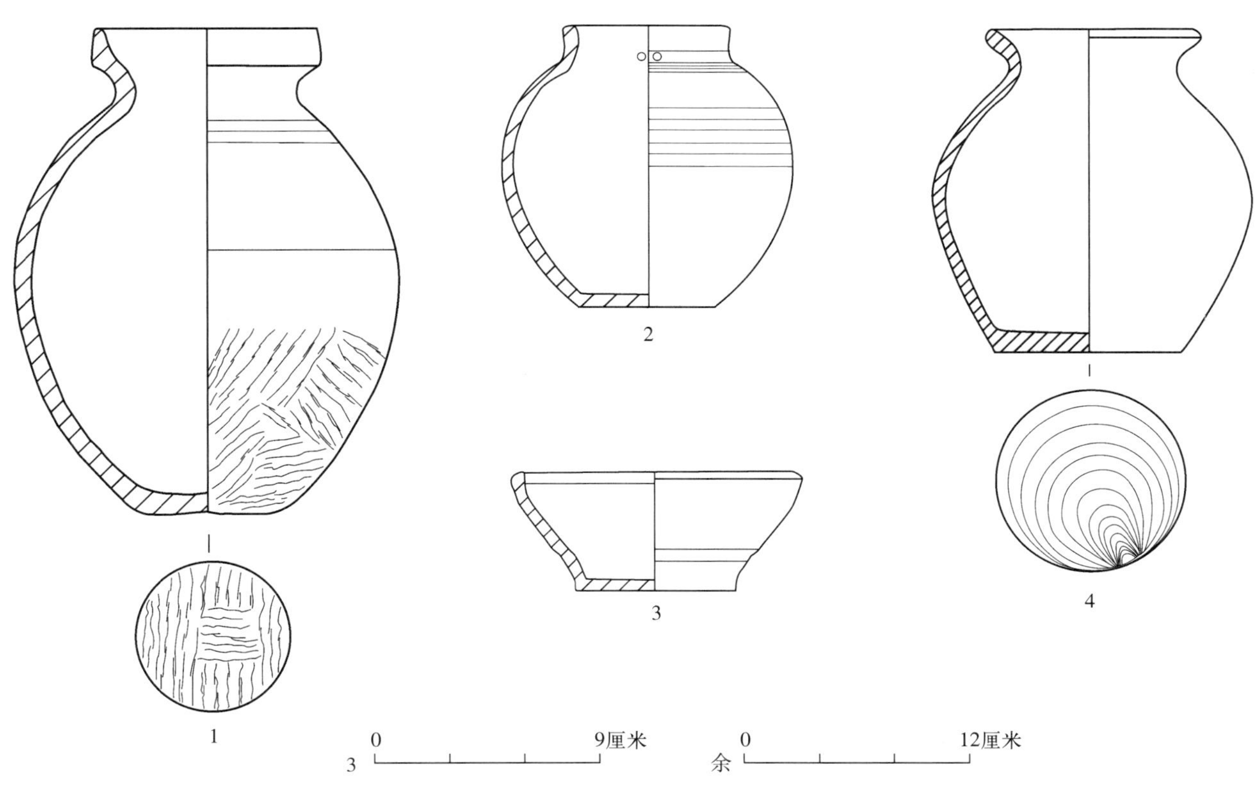

图二六 白土梁 M10 出土陶器

1、2、4. 陶罐M10：1、2、3 3. 陶碗M10：4

4. 漆耳杯

标本 M10∶5，已朽，仅存残片及部分土模。可辨器形。杯口平面呈椭圆形，两侧带耳。根据漆皮及土模长约 13、宽约 10、高约 4 厘米。

一一 M11

M11 位于第Ⅱ发掘区南部偏东，北距 M15 约 7 米。

（一）墓葬形制

该墓为竖穴土坑墓，方向 22°（图二七）。墓坑开口平面呈长方形，南北长 2.6、东西宽 1.1、距地表深约 0.7 米。墓壁上部竖直，东西壁在距坑口 0.62 米处各有一生土二层台，台面均宽 0.20 米。二层台上横铺一层木板，木板宽 9 ～ 12、厚约 4 厘米。南、北壁在距坑口 0.62 米处以下开始逐渐向外斜，直至墓底。该墓底平整，平面呈长方形，南北长 3.1、东西宽 0.7 米，距开口深 1.38 米。墓坑内填五花土，土质疏松，夹杂有少量砾石。

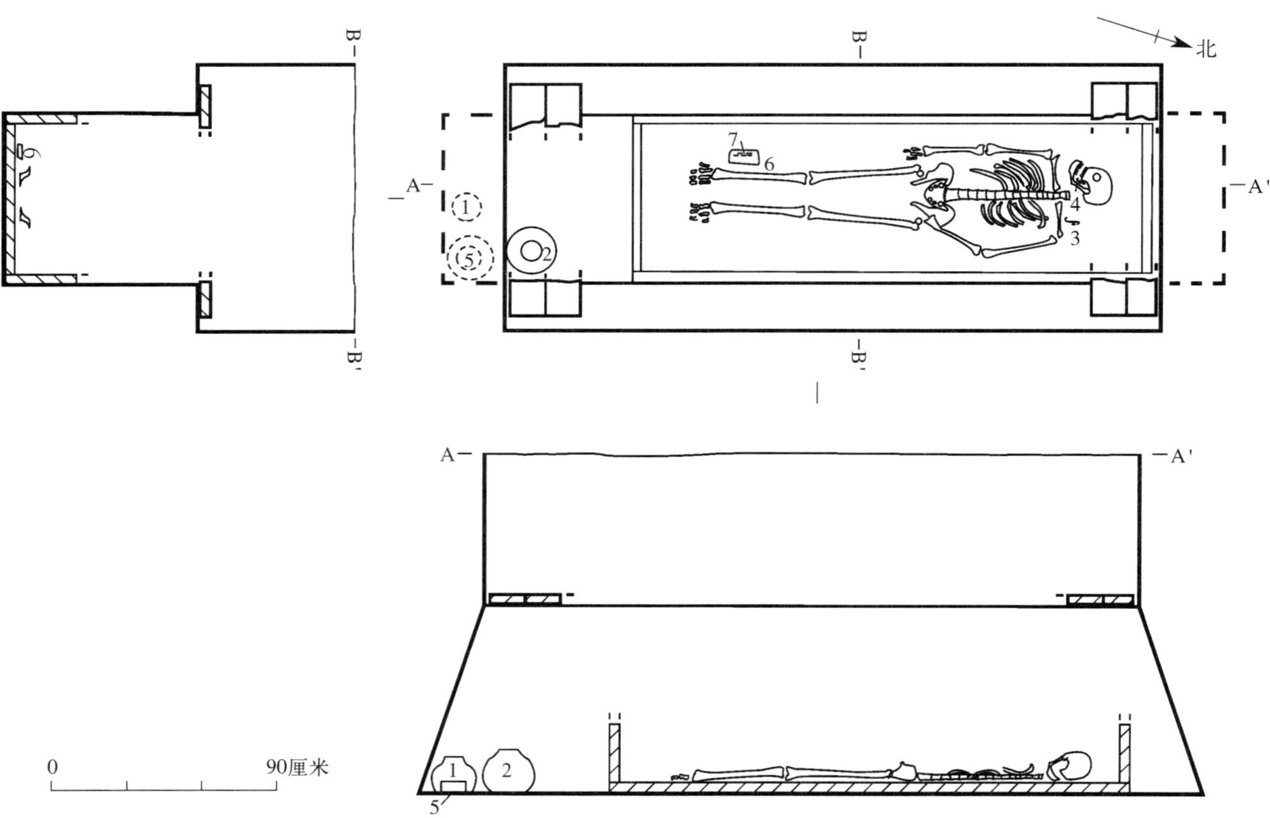

图二七 白土梁 M11 平、剖面图

1、2. 陶壶 3、4. 铜带钩 5. 漆樽 6. 漆盒 7. 铅条

（二）葬式葬具

墓坑内南北向顺置一木棺，棺木多已腐朽，部分地方已坍塌，从痕迹判断，其平面呈长方形，长2.1、宽0.7、残高0.3米。棺木板厚均约4厘米，棺木板及各部分的拼合方式及结构不详。

棺内见有人骨一具，保存较好。墓主仰身直肢，头朝北，面向西，左手置于盆骨处（彩版四〇，1）。

（三）随葬品

该墓随葬有陶器、铜器、漆器等，其中陶器有2件，皆为陶壶，圆形漆器1件，均置于墓棺南部，即墓主脚下方。铜器有带钩2件，一件置于墓主口中，另一件置于墓主左肩胛骨上侧。另外在墓主左小腿（胫骨）左侧出土长方形漆盒1件，漆盒内装长2～6、宽0.4～0.7厘米的铅条十数根，皆锈蚀残断，用途不明。

1. 陶壶

2件。

标本M11：1，泥质灰陶，轮制，制作规整。侈口，平沿外折，束颈，溜肩，上腹圆鼓，下腹内收，圈足外撇。口径11.2～11.6、颈径9.2、颈壁厚0.7、腹径16.3、腹壁厚0.7、底径8.8～13.1、通高22厘米（图二八，1；彩版四一，1）。

标本M11：2，泥质灰陶，轮制。形制与M11：1近同，制作较粗糙，器体略变形。口径12～12.5、颈径9.8、腹径18.2、厚0.7、底径12.5、通高22.7厘米（图二八，2；彩版四一，2）。

2. 铜带钩

2件。

标本M11：3，置于墓主左肩处。整体呈“S”形，钩端较细，折回内收，纽端较宽，背铸一圆形纽柱。高1.7、长6.4厘米（图二八，3；彩版四一，3）。

标本M11：4，置于墓主口中。整体呈曲颈回首的鹅形，钩首端较细长，钩身较短宽，身下铸有一圆形柱纽。高2.3、长3厘米（图二八，5；彩版四一，4）。

3. 铅条

标本M11：7，置于漆盒（M11：6）内，十多段，多已锈残，均呈细薄条状，用途不明。残长3～5.2、厚0.15厘米（图二八，4；彩版四一，5）。

4. 漆盒

1件。

标本M11：6，已朽，仅存残漆片及痕迹。器形呈长方形，黑底红彩。长约12、宽6厘米（彩版四〇，2）。

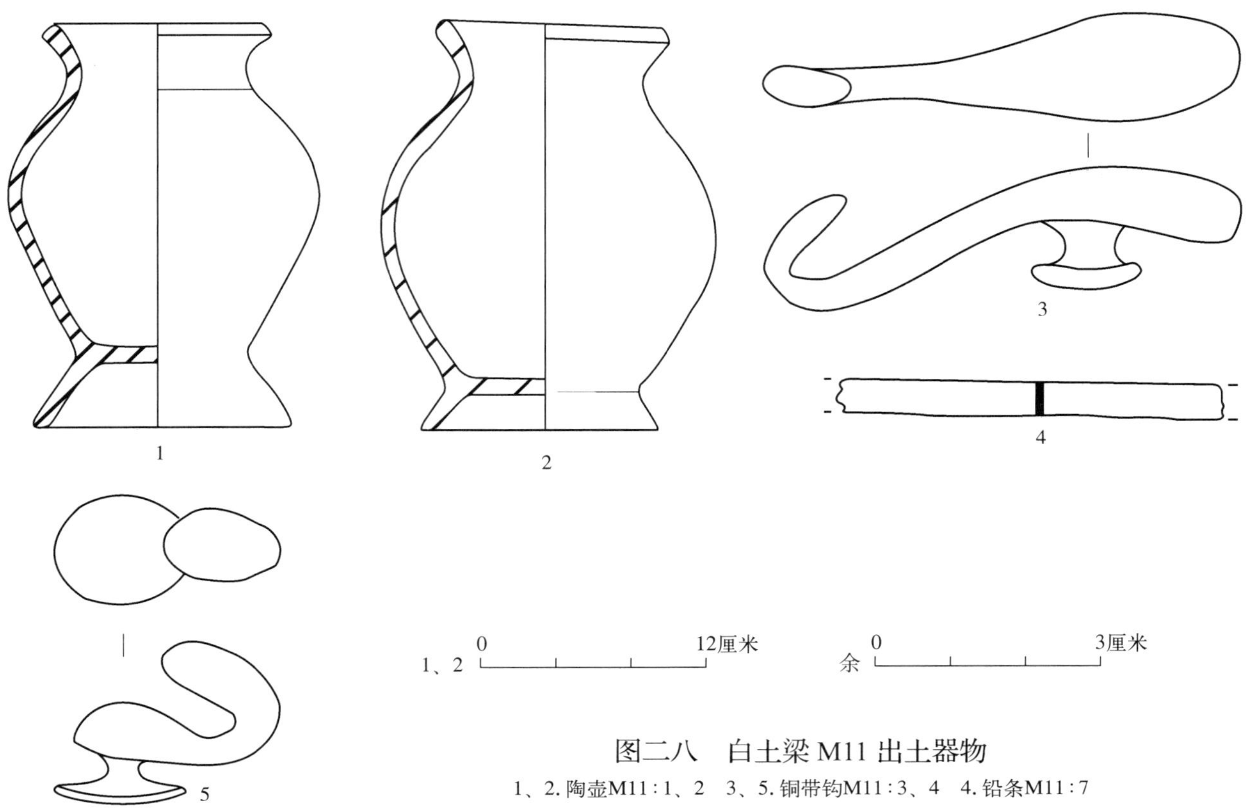

图二八 白土梁M11出土器物

1、2. 陶壶M11∶1、2 3、5. 铜带钩M11∶3、4 4. 铅条M11∶7

5. 漆樽

标本M11∶5，已朽，仅存残漆片及部分土模。器形呈圆筒形，带盖，盖纽圆形。从漆皮看及残存痕迹看，该器通体髹黑漆，盖面及腹部用红彩线条勾绘图案，见有弦纹及卷云纹等。盖纽直径约6、樽口径约12、残高8厘米（彩版四〇，3）。

一二 M12

M12位于第Ⅱ发掘区北部偏西，西北距M13约3米。

（一）墓葬形制

该墓为长方形竖穴土坑墓，方向10°（图二九；彩版四二，1）。墓坑开口长3.3、宽1.2、距地表深约0.8米。墓壁面竖直，东西壁在距坑口0.7米处各有一生土二层台，其中西壁二层台面宽0.2米，东壁二层台宽0.16米。台面上有木板痕迹，从墓坑内的横向铺的木板痕迹看，台面上横铺木板一层，木板宽12～30厘米，其中北侧的木板相对较宽。墓底较平整，长3.3、宽0.84、距开口深1.76米。墓坑内填五花土，土质疏松，夹杂有较多的砾石和少量木炭颗粒。

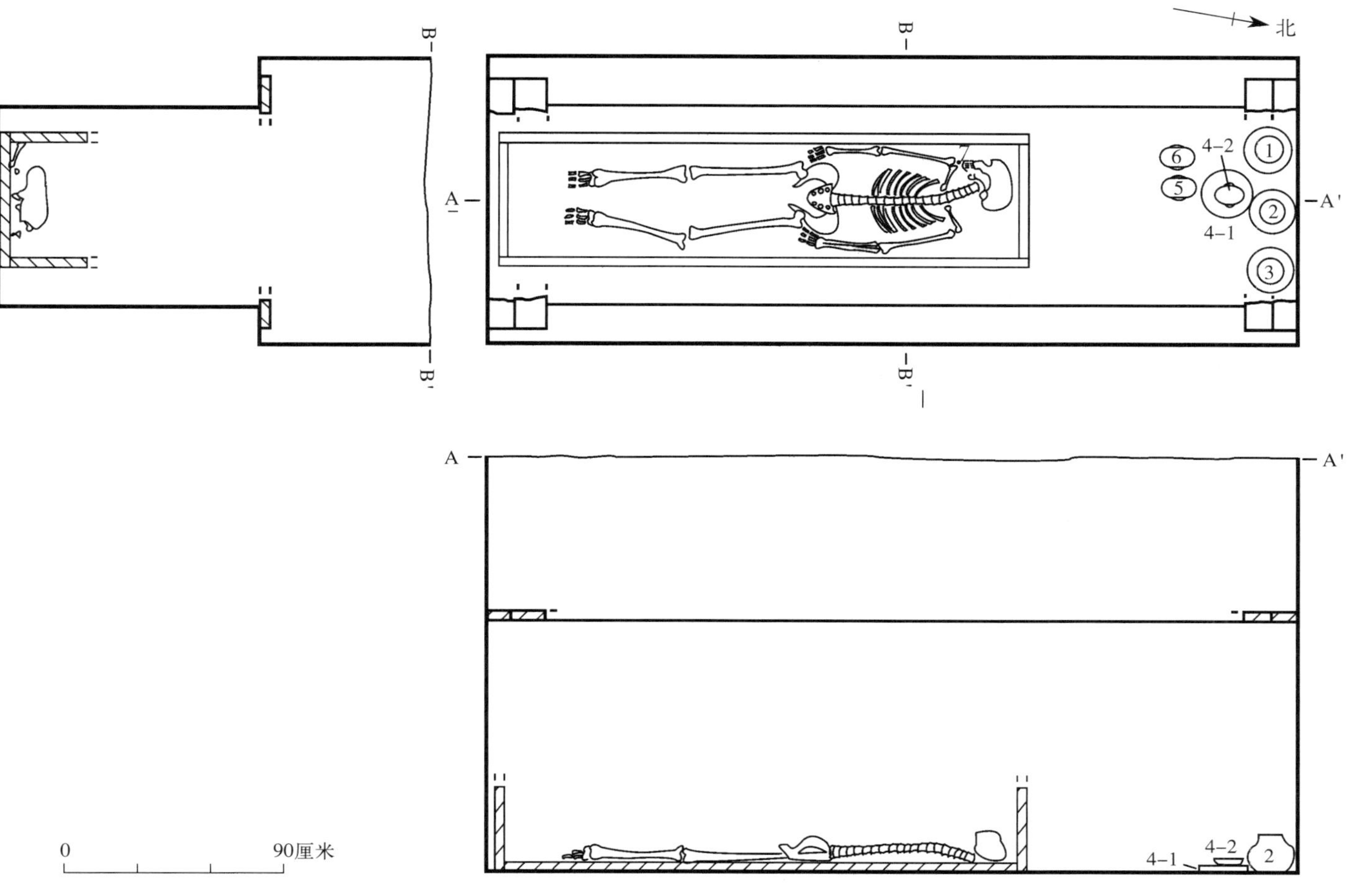

图二九　白土梁M12平、剖面图
1～3. 陶罐　4-1. 漆案　4-2、5、6. 漆耳杯　7. 五铢铜钱

（二）葬式葬具

墓坑内南北向顺置一木棺，棺木多已腐朽，部分地方仅存棺木痕，从残木及朽痕看，木棺平面形状呈长方形，长2.16、宽0.76、残高0.4米，棺木厚约4厘米，木棺板之间的具体拼合结构不详。

棺内葬人骨一具，保存较好。墓主仰身直肢，头朝北，面向西，左手置于盆骨处（彩版四二，1）。

（三）随葬品

墓内随葬主要为陶器和漆器（彩版四二，2），均置于木棺北侧，其中陶器3件，皆为陶罐（彩版四二，3）。漆器4件，有漆案1件，编号M12：4-1，案上放置漆耳杯1件，编号M12：4-2，皆保存较差。案南侧放置漆耳杯2件，分别为M12：5和M12：6，保存较好，耳杯腹内颜色鲜红。另墓主口中含五铢铜钱2枚。

1. 陶罐

3 件。

标本 M12：1，泥质灰褐陶，陶质较疏松，外施黑衣，轮制。近直口，平沿，方唇，短颈，鼓肩，上腹圆鼓，下腹斜收，平底。肩部陶质疏松有脱落，下腹有刮削痕迹。器体制作较粗糙，不甚规整，器表凹凸相间的轮制痕迹较明显。口径 11 ～ 12.3、颈径 12.2、腹径 19.9、腹壁厚 0.7、底径 9、通高 15.8 厘米（图三〇，1）。

标本 M12：2，泥质灰褐陶，轮制。形制与 M12：1 相同。下腹有刮削痕，制作粗糙。底部因轮制形成较明显的线切痕迹，一侧近边沿处刻划一隶体“美”字。口径 10 ～ 11.8、颈径 11.8、腹径 20、厚 0.8、底径 11、通高 16.0 厘米（图三〇，2）。

标本 M12：3，泥质灰褐陶，轮制。形制与 M12：1 相同。腹部、底因陶质较疏松部分脱落。下腹有刮削痕。口径 9.6 ～ 11、颈径 11、腹径 18.6、腹壁厚 0.6、底径 12、通高 16.3 厘米（图三〇，3）。

2. 五铢铜钱

标本 M12：7，2 枚（彩版四二，4）。

标本 M12：7-1，保存完整，字迹较清晰，“五”字交笔略弯曲，“铢”字“金”字头呈小三角形，下部四点较短，“朱”字上、下部均圆折。钱正面穿上有一横郭记号。郭径 2.5、钱

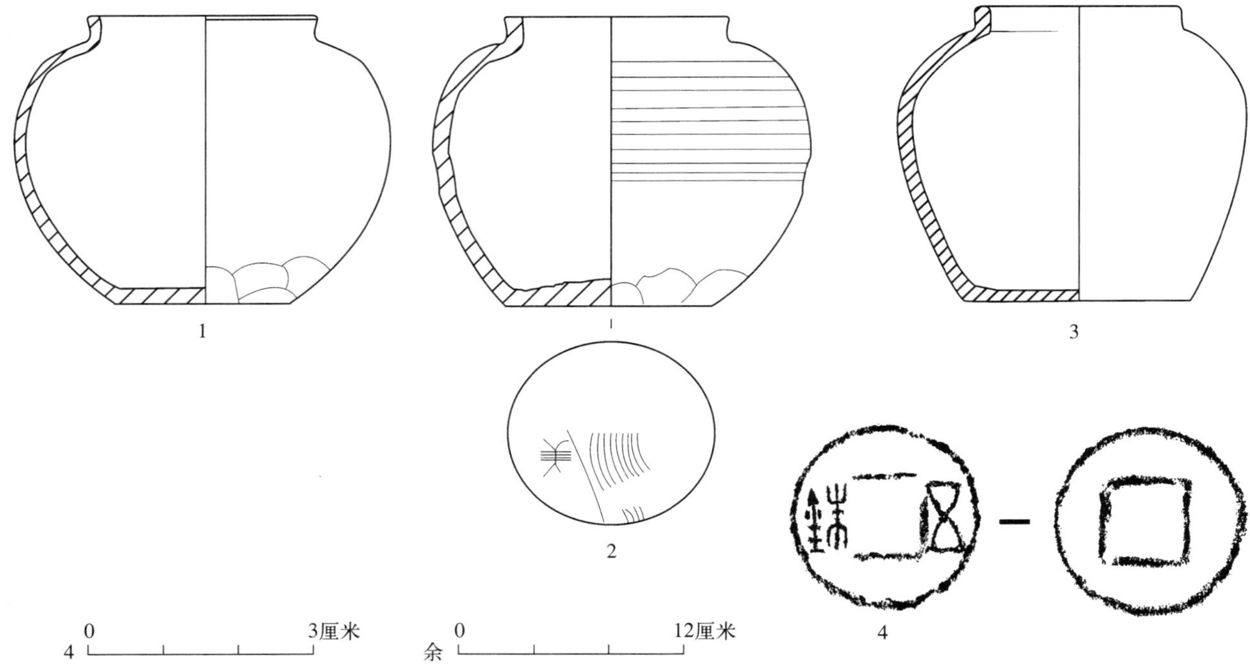

图三〇 白土梁 M12 出土器物

1～3. 陶罐M12：1～3 4. 五铢铜钱M12：7-1

径2.3、穿宽1.0、郭宽0.15、郭厚0.2、肉厚0.1厘米，重3.1克（图三〇，4）。

标本M12：7-2，形制、大小及钱文特征与M12：7-1相同，钱正面穿下无记号。重2.8克。

3．漆案

1件。

标本M12：4-1，胎体已朽，仅存黑色漆皮，形状保存较好。案面呈圆形，直径约22厘米。

4．漆耳杯

3件。

标本M12：4-2，置于M12：4-1上，胎体已朽，仅存红色漆皮，漆色鲜艳，形状大致可辨。杯口呈椭圆形，带耳。长约12、宽7厘米。

标本M12：5，胎体已朽，仅存鲜红色漆皮，形状大致可辨。杯身呈椭圆形，内壁红底漆上局部用黑漆线绘有折线、重环等图案，图案较随意。杯口长15、宽10、残高3厘米。

标本M12：6，胎体已朽，仅存红色漆皮。形制和大小与M12：5相同。

一三　M13

M13位于第Ⅱ发掘区西北，东邻M12，西邻M16。

（一）墓葬形制

该墓为长方形竖穴土坑墓，方向4°（图三一）。墓葬开口平面呈长方形，南北长3.2、南端宽1.24、北端宽1.16米，开口距地表深约1米。墓壁竖直，东、西壁上距开口0.76米处各有一生土二层台，其中南端台面宽0.22、北端台面宽0.18米。西侧二层台上残存有横铺的木板痕迹。墓底平整，底距开口墓深1.5米。墓坑内填土为松散的花土，含沙、小石子。

（二）葬式葬具

该墓二层台下土圹内靠南侧南北向顺置一木棺，从朽痕看，木棺平面呈长方形，南北长2.08、东西宽0.76、残高0.34米。棺木朽残，结构不明。盖板厚约4厘米，由宽约10厘米的木板拼合而成。四周侧板厚约4厘米，其中左、右侧板由宽约10厘米的纵向长木板拼成。前、后挡板由宽约13厘米的横向木板拼成。棺底板厚约4厘米，由宽约10厘米的纵向木板构成。

棺内见有人骨一具，仰身直肢葬，头朝北，面向西，左手置于盆骨上，骨骼保存较差（彩版四三，1）。

（三）随葬品

随葬品均置于木棺北侧，主要为陶器和漆器（彩版四三，2）。

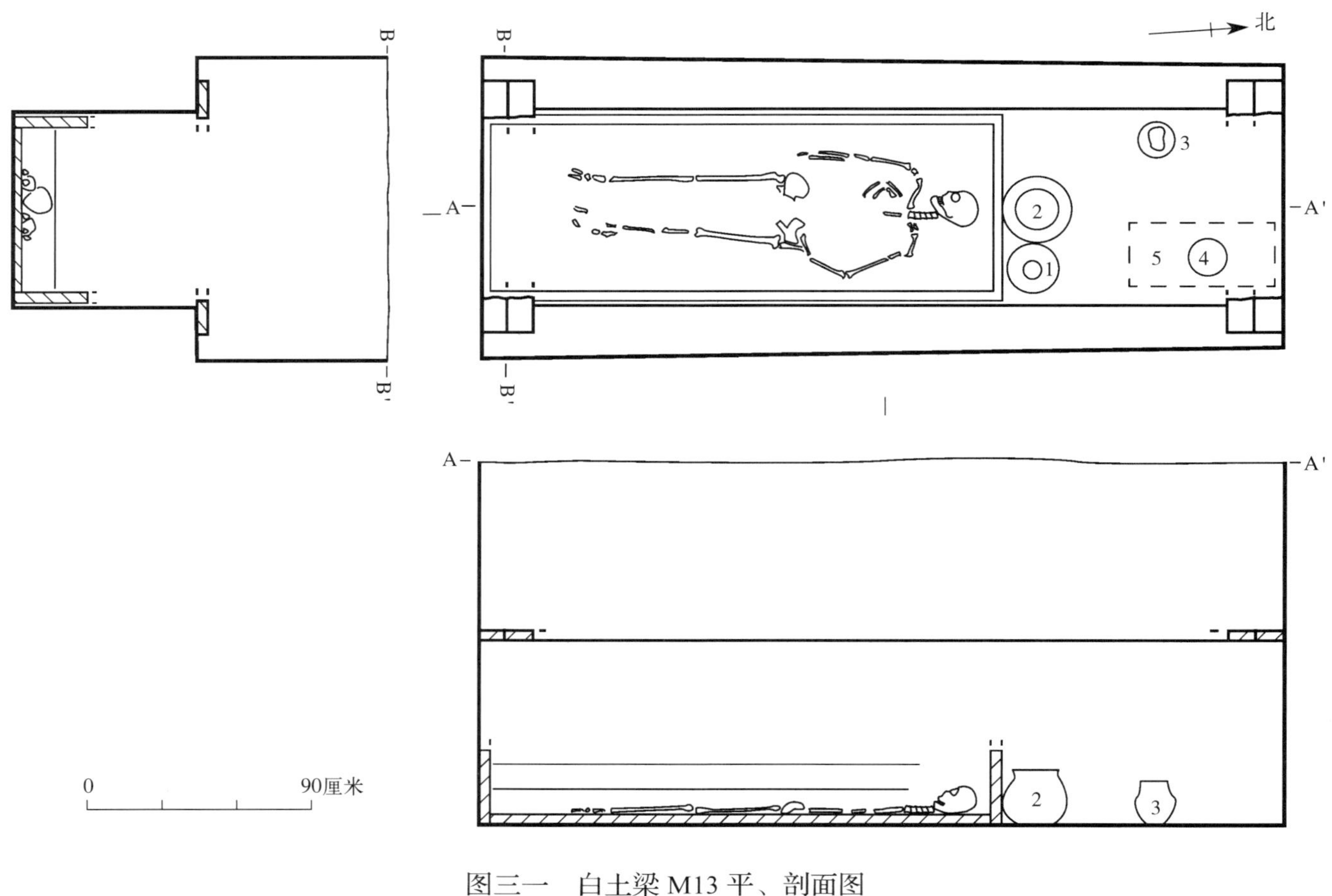

图三一　白土梁 M13 平、剖面图

1～3. 陶罐　4. 漆樽　5. 木案

1. 陶罐

3 件。

标本 M13：1，泥质灰陶，施黑衣，轮制。侈口，圆唇，束颈，溜肩，上腹圆鼓，下腹弧收，平底，底略内凹。口径 11 ～ 12、颈径 10.4、腹径 18.0、腹壁厚 0.6、底径 11.2、通高 19 厘米（图三二，2；彩版四三，3）。

标本 M13：2，泥质灰陶，施黑衣，轮制。直口，宽平沿，方唇，短颈微束，广肩，上腹外鼓，下腹近斜直内收，平底。下腹、底部饰交错绳纹，底边缘处凿有一小孔。口径 13 ～ 17、颈径 15.7、腹径 27.2、厚 1、底径 10.8、通高 21.6 厘米（图三二，1）。

标本 M13：3，泥质灰陶，施黑衣，轮制。形制与 M13：1 相同，口部变形较严重，近呈椭圆形。口径 9.0 ～ 9.4、颈径 11.4、腹径 16.8、腹壁厚 0.6、底径 9.2、通高 19 厘米（图三二，3；彩版四三，4）。

2. 木案

1 件。

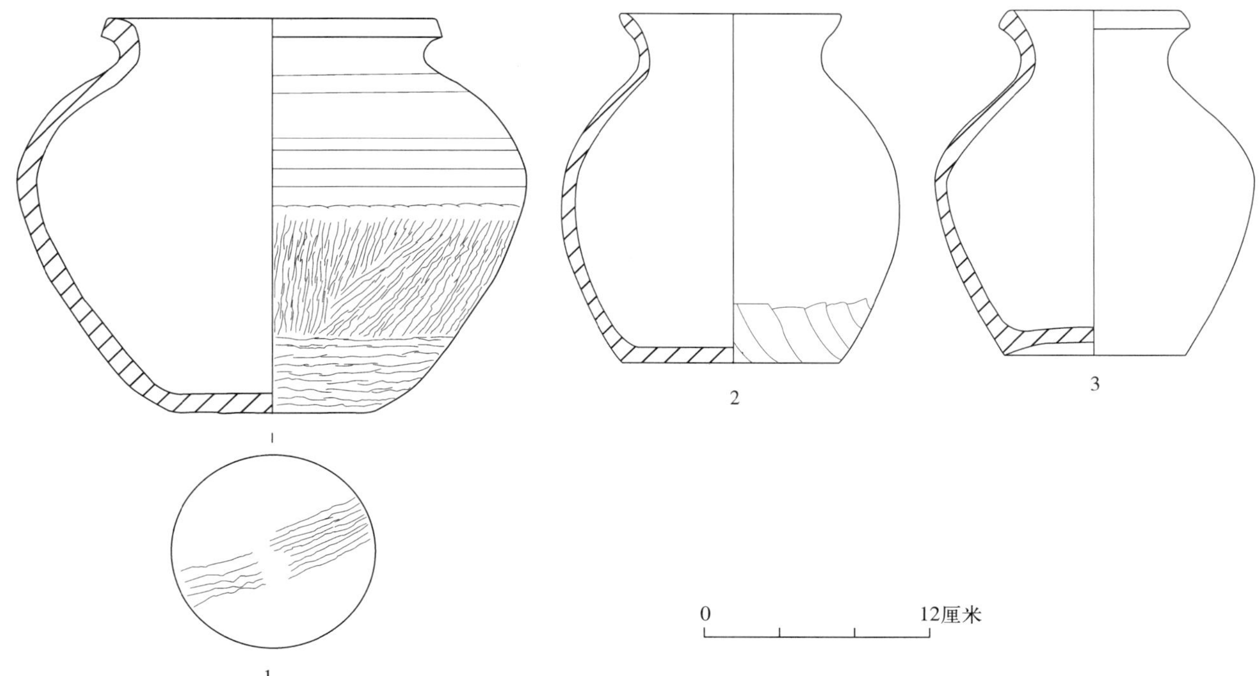

图三二　白土梁M13出土器物

1～3. 陶罐M13：2、1、3

标本M13：5，木质已朽，仅存部分痕迹。案面呈长方形，长约48、宽26厘米。

3. 漆樽

1件。

标本M13：4，置于木案（M13：5）上，胎体已朽，仅存漆皮，黑底红彩。器体大致呈圆形。直径约16、残高4厘米。

4. 絮状物

在标本M13：3北侧发现一种絮状物，块状，较厚实，应为织物。

一四　M14

M14位于第Ⅱ发掘区北部东端，西邻M15。

（一）墓葬形制

该墓为长方形竖穴土坑墓，方向13°（图三三）。墓葬开口南北长2.74、东西宽1.1、距地表深约1米。墓壁垂直，东、西壁在距开口0.46米处各有一生土二层台，其中东壁二层台宽0.2、西壁二层台宽0.18米。二层台面及与其略低的坑内填土中见有横铺的木板痕迹，木板

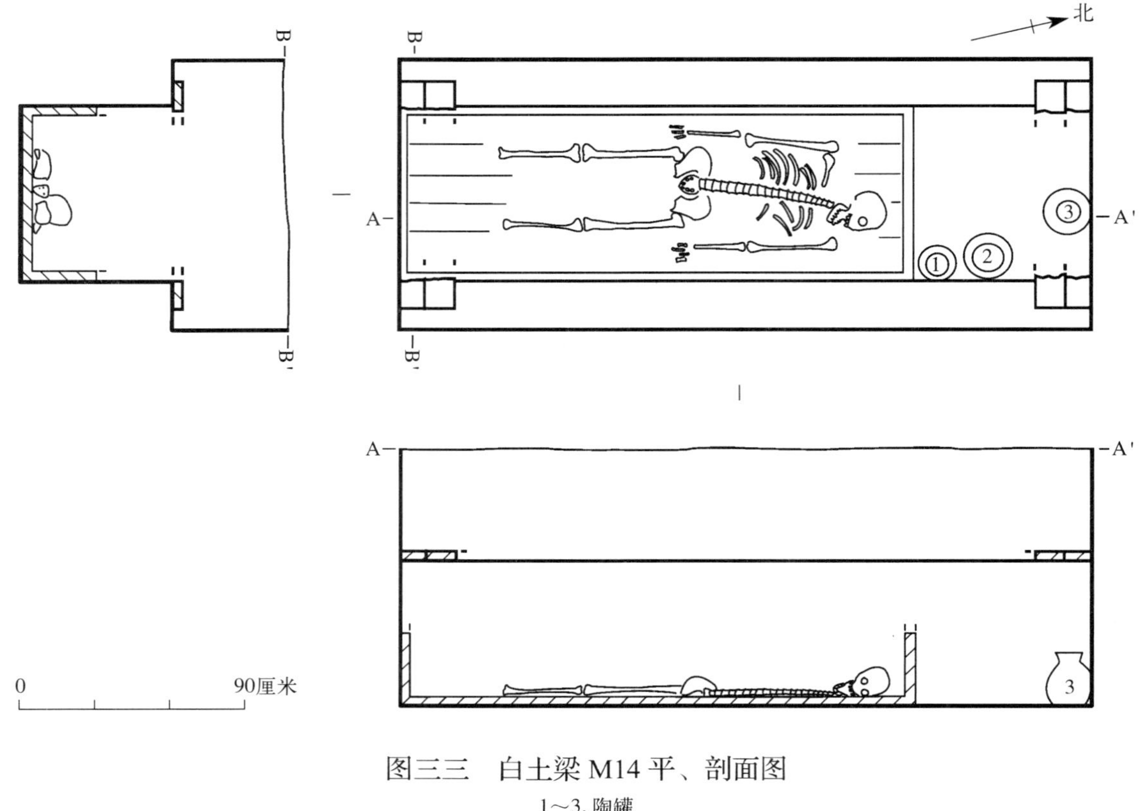

图三三　白土梁 M14 平、剖面图
1～3. 陶罐

宽 8 ～ 12、厚约 4 厘米。墓底较平整，距开口深 1.06 米。墓坑内填土为松散的花土，含沙、小石子等。

（二）葬式葬具

二层台下土圹内靠南侧顺置一木棺，从棺木痕迹看，木棺平面呈长方形，南北长 2.02、东西宽 0.72、残高 0.34 米。盖板厚约 4 厘米，其中北侧挡板由宽 8 ～ 10 厘米的木板拼成，棺底板厚约 4 厘米，由宽约 12 厘米的长条形木板拼合而成。

棺内见有人骨骼一具，仰身直肢，上身略向东弯曲，头朝北，面向东，骨骼保存较好（彩版四四，1）。

（三）随葬品

随葬品置于木棺北侧，有 3 件陶罐（彩版四四，2、3）。

陶罐

3 件。

标本 M14 : 1，泥质灰陶，施黑衣，轮制。侈口，圆唇，束颈，溜肩，微鼓腹，大平底。口径 9.5 ～ 10.3、颈径 8.5、腹径 16.8、腹壁厚 0.8、底径 13.3、通高 18 厘米（图三四，1）。

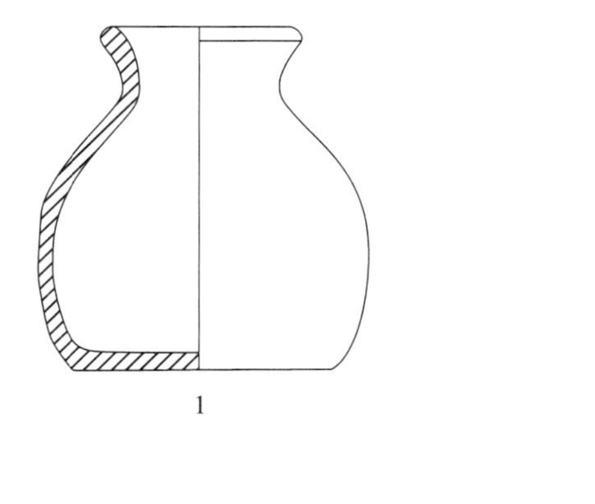

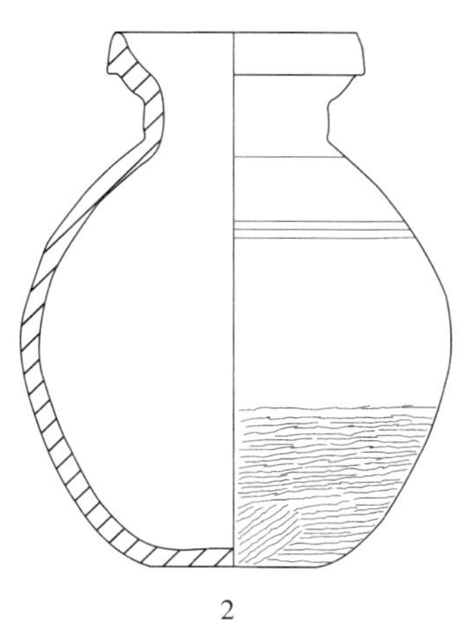

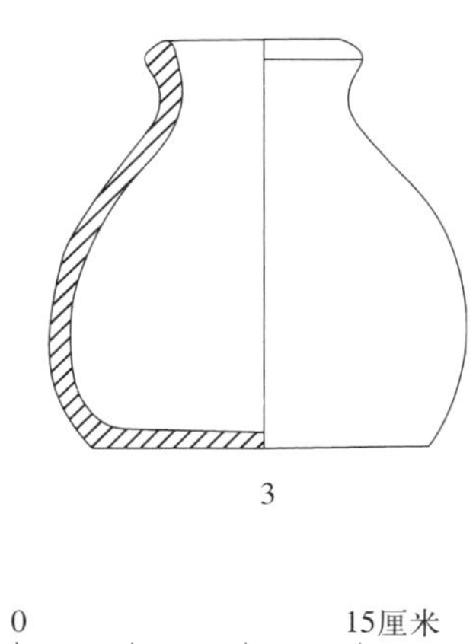

图三四　白土梁 M14 出土器物

1～3. 陶罐M14：1～3

标本 M14：2，泥质灰陶，施黑衣，轮制。侈口，口缘呈三角状，矮领微束，溜肩，鼓腹，下腹弧收较甚，平底甚小，近似圜底。下腹、底部饰横向绳纹。口径 11.5 ～ 12.3、颈径 9.3、腹径 21、腹壁厚 0.6、底径 8、通高 26.5 厘米（图三四，2）。

标本 M14：3，泥质黑灰陶，轮制。形制与 M14：1 相同，腹部有明显的轮制痕迹。口径 8 ～ 9.5、颈径 8.7、腹径 18、腹壁厚 0.8、底径 14.6、通高 18 厘米（图三四，3）。

一五　M16

M16 位于第Ⅱ发掘区西北，东邻 M13。

（一）墓葬形制

M16 为近长方形的竖穴土坑墓，方向 4°（图三五）。墓葬开口被扰坑打破，南北长 3.86、东西宽 2.4、距地表深约 1.2 米。墓壁竖直，墓底平整，底距开口深 2.03 米。墓坑内填土为松散的花土，含沙、小石子。

（二）葬式葬具

该墓为一椁二棺墓，椁木已朽，从痕迹看，木椁平面呈长方形，由左右侧板、前后挡板及盖板组成，其南北长 3.64、东西宽 2.1、残高 0.78 米。椁盖板用 16 根长约 2.2、宽约 0.22 米，厚 6 厘米的木板或直径为 6 厘米左右的半圆木柱拼合而成，四周侧板厚均约 6 厘米，其中左、右侧板及后挡板由宽约 12 厘米的横向木板上下拼合而成。头挡板由宽约 12 厘米的纵向木板拼合而成。椁底板由厚约 4、宽约 22 厘米纵向长木板拼成。

椁内靠南侧置两棺，其中西侧木棺摆放较正，东侧木棺略有倾斜。西侧木棺平面大致呈梯形，南北长约 2.2、南端宽约 0.64、北端宽约 0.71、残高约 0.38 米。盖板厚约 4 厘米，四周侧板厚约 6 厘米，均由宽约 12 厘米的木板拼合而成。东侧棺南北长约 2.2、南端宽约 0.66、北端

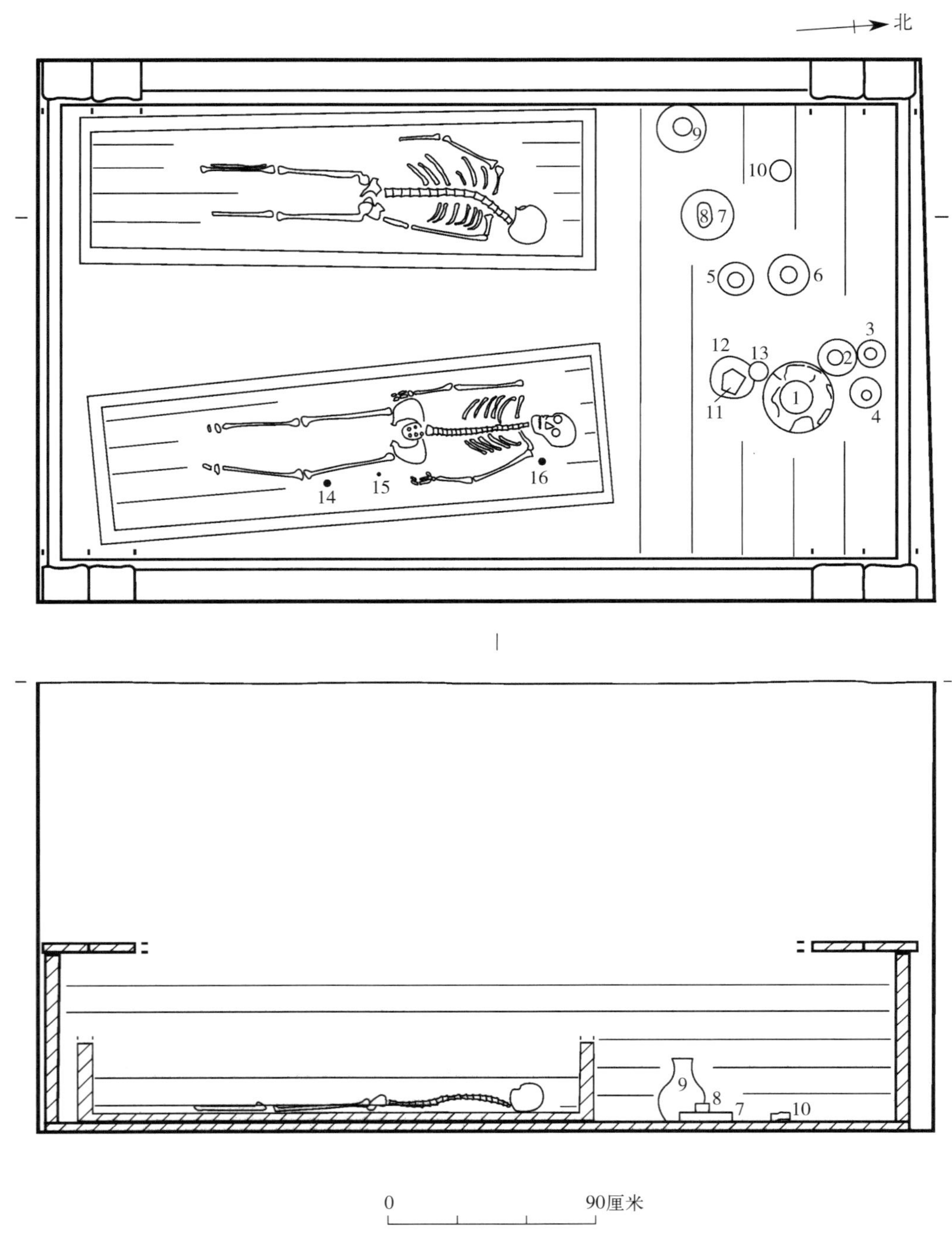

图三五　白土梁M16平、剖面图

1、2、5、6、9.陶罐　3、4.陶壶　7.漆案　8.漆耳杯　10.青土灯　11.陶器盖　12.漆樽　13.陶座　14.铅碟　15.串珠　16.五铢铜钱

宽约0.7、残高约0.38米。盖板厚约4厘米，四周侧板厚约6厘米，由宽约12厘米的木板拼成。棺底厚约4厘米，由宽约12厘米的木板拼成。

该墓葬两棺内各葬有人骨一具。东侧棺内为仰身直肢葬，头朝北，面向上，骨骼保存较好。西侧棺内为俯身葬，头朝北，面向西。骨骼保存较差（彩版四五，1）。

（三）随葬品

该墓随葬品主要有陶器和漆器（彩版四五，2、四六，1），皆置于椁室北侧，另在东侧棺内人骨左股骨左侧随葬有铅碟4件，串珠2颗，人头骨左侧随葬五铢钱6枚。

1. 陶壶

2件。

标本M16：3，泥质黑灰陶，轮制。盘口，口沿微残，圆唇，短颈微束，上腹圆鼓，下腹斜收，平底，底略残。上腹至颈以白灰为底，上用黑线勾绘图案，中填橙红色彩，因白灰底层部分剥落，图案多已模糊不清，可见者有：颈部用黑线画两道弦纹，中间填一道黑色折线纹。腹部最大径处勾画图案与颈部相同；肩部靠颈处有四个黑线圆圈纹，圈内涂橙红色，中心饰以黑圆点；上腹部图案多已模糊不清，局部可见用黑线勾画较复杂的凤鸟纹及卷云纹，并于凤鸟头、身及尾部局部填橙红色彩，下腹部有刮削痕，其上用白彩线勾画近似网格状图案。口径8.2、颈径5.3、腹径16.2、腹壁厚0.8、底径7.3、高19.8厘米（图三六，1；彩版四六，2）。

标本M16：4，泥质灰陶，轮制。直口，平沿微内斜，直长颈，折肩，上腹鼓，下腹近斜直内收，小平底。上腹至颈以白灰为底，上用黑线勾绘图案，中填红色彩，因白灰底层部分剥落，图案多已模糊不清，可见者有：颈部、腹部最大径处各用黑线画两道弦纹，中间填一道黑色折线纹；肩及上腹部用黑线勾画凤鸟纹及云纹，凤鸟头、身及尾填红彩。下腹有刮削痕，局部用白彩画网格图案。口径4～5.8、颈径4.8、腹径13.5、腹壁厚0.6、底径6.3、通高16.5厘米（图三六，2；彩版四六，3）。

2. 陶罐

5件。

标本M16：1，泥质灰陶，轮制，残破。近直口，沿略外卷，束颈，鼓肩，上腹圆鼓，下腹弧收，平底。肩及上腹部以白灰为底，上用红、黑线勾绘图案，因白灰底脱落严重，彩绘图案已不清。口径15.3～17.7、颈径16.8、腹径30.3、壁厚0.7、底径18.4、高22.3厘米（图三六，3）。

标本M16：2，泥质灰陶，轮制。直口，圆唇，束颈，圆肩，上腹圆鼓，下腹弧收，平底。颈肩之间各有两个对称的小穿孔。颈、肩及上腹部均以白灰（厚0.5毫米左右）为底，上用红、黑彩线勾画图案，因白灰底多剥落，图案模糊不清。白灰底下于腹、肩处见有刻划图案，为龙、鱼及凤鸟各一，其应与白灰底上的图案构成一体。口径8～9、颈径9.3、腹径17.4、厚0.5、底径10.5、高12.8厘米（图三六，4；彩版四六，4）。

标本M16：5，夹砂灰陶，器表施黑衣，陶质较疏松，器体因侵蚀较严重，表层多有剥落，轮制。侈口，圆唇，长颈微束，弧肩，上腹圆鼓，下腹近斜直内收，小平底微凹。腹部饰四道凹弦纹。口径8.2～9.7、颈径7、腹径15.6、腹壁厚0.5、底径7.4、通高19.7厘米（图三六，5；彩版四六，5）。

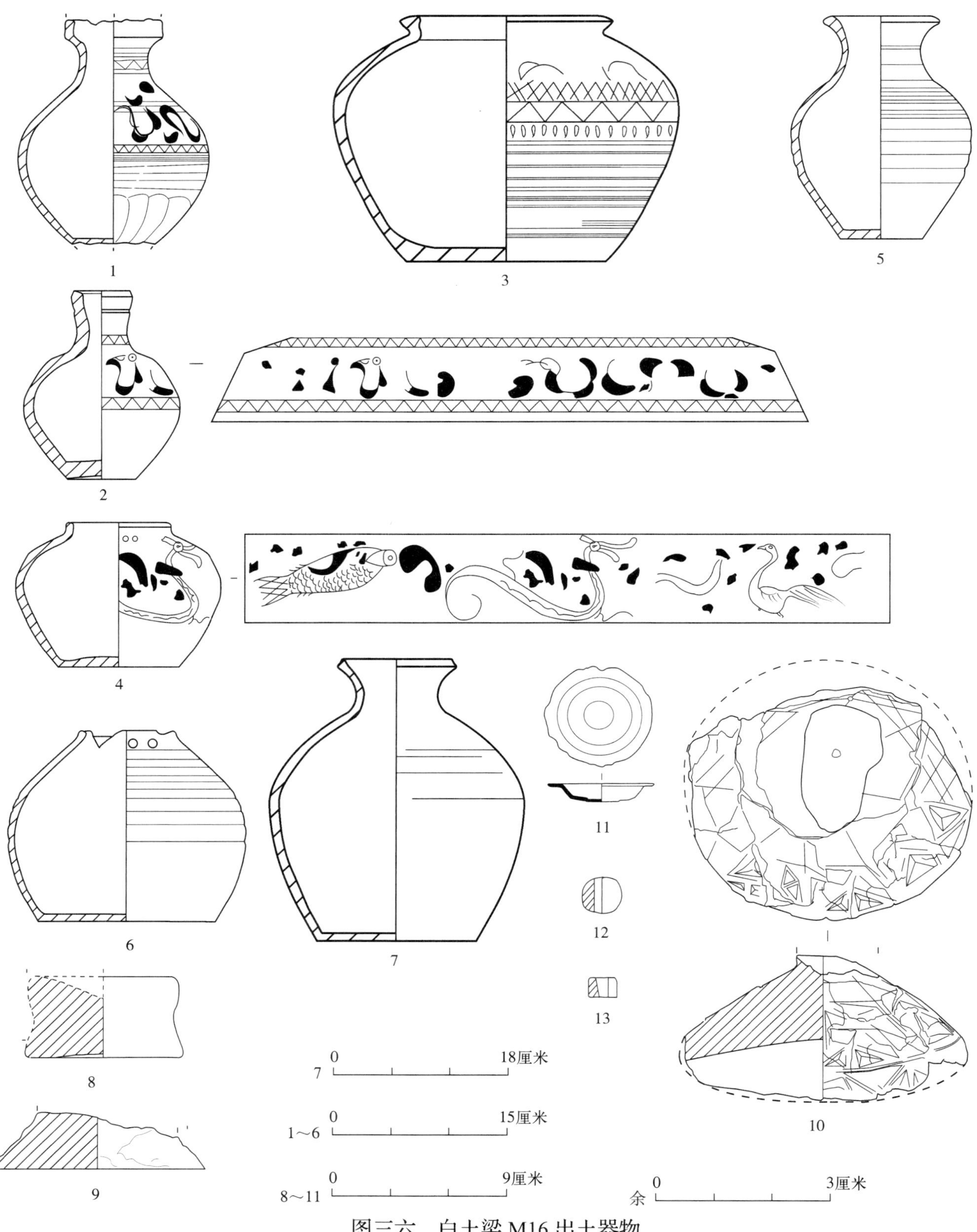

图三六　白土梁M16出土器物

1、2. 陶壶M16：3、4　3～7. 陶罐M16：1、2、5、6、9　8. 青土灯M16：10　9. 陶座M16：13　10. 陶器盖M16：11　11. 铅碟M16：14-1　12、13. 串珠M16：15-1、M16：15-2

标本 M16：6，泥质灰陶，外施黑衣，轮制。口残，溜肩，蒜头腹，大平底。颈近肩处两侧各有对称的两小穿孔，腹部饰四道凹弦纹。颈径 8.3、腹径 20、腹壁厚 0.6、底径 15.2、残高 17 厘米（图三六，6；彩版四七，1）。

标本 M16：9，泥质灰陶，施黑衣，轮制。侈口，圆唇，长颈微束，溜肩，上腹圆鼓，下腹近斜直内收，平底。肩至腹部饰数道不连续的暗弦纹。口径 11.8 ～ 12.5、颈径 9.1、腹径 26、腹壁厚 0.8、底径 16.4、高 30.6 厘米（图三六，7；彩版四七，2）。

3．陶器盖

1 件。

标本 M16：11，置于漆樽 M16：12 上，应为漆樽盖。红泥捏塑，经低温焙烧而成。盖纽及盖沿部分残。子母口，母口残甚，子口微内敛，腹斜直内收。盖面近边沿处刻划凹弦纹一周，盖沿及盖面上饰有刻划的细线网格、三角形等几何纹及四个（两残缺）几何形镂空纹（三角、菱形各二），盖顶有一小孔。盖残高 4.9、盖面残宽 14.5 厘米（图三六，10；彩版四七，3）。

4．青土灯

1 件。

标本 M16：10，青泥捏塑而成，经低温焙烧，底微残。大致呈灯盘、底近同，中间内收的亚腰状。灯盘口径 7.4 ～ 8、柄（腰）径 7.4、底径 8、高 4.4 厘米（图三六，8；彩版四七，4）。

5．陶座

1 件。

标本 M16：13，红泥捏塑，经低温焙烧而成，残碎。从形制看，应呈圆台状。上端径 6、下端径 11、高 3 厘米（图三六，9）。

6．串珠

标本 M16：15，2 颗（彩版四七，5）。

标本 M16：15-1，深蓝色玻璃珠，圆形，中间有一小穿孔。直径 0.6、穿孔径 0.2 厘米（图三六，12）。

标本 M16：15-2，绿松石珠，淡绿色，呈管状。管径 0.5、穿孔径 0.1 ～ 0.2、长 0.4 厘米（图三六，13）。

7．五铢铜钱

标本 M16：16，6 枚。范铸，圆形方穿，面有周郭，背有内外郭。正面穿左右篆书“五铢”二字（彩版四七，6）。

标本 M16：16-1，铸造精良，保存较好，字迹清晰。“五”字交笔弯曲，末端与上下两横近垂直，“铢”字“金”字头呈小三角形，下部四点较长，“朱”字上部方折，下部圆折，正面穿下有一半星记号。郭径 2.55、钱径 2.25、穿宽 0.9、郭宽 0.15、郭厚 0.2、肉厚 0.1 厘米，重 4.6 克（图三七，1）。

标本 M16：16-2，“五”字交笔弯曲，末端与上下两横近垂直，“铢”字“金”字头呈小三角形，下部四点较长，“朱”字上、下部圆折，较“金”字略高，正面穿下有一半星记号。郭径 2.6、钱径 2.3、穿宽 1、郭宽 0.15、郭厚 0.2、肉厚 0.1 厘米，重 4.4 克（图三七，2）。

标本 M16：16-3，保存较好。“五”字交笔弯曲，末端与上下两横近垂直，“铢”字“金”字头呈小三角形，下部四点较长，“朱”字上、下部均圆折，中间竖笔铸造较其他笔画浅且十分纤细。郭径 2.6、钱径 2.2、穿宽 0.95、郭宽 0.15、郭厚 0.15、肉厚 0.1 厘米，重 3.3 克（图三七，3）。

标本 M16：16-4，形制和字体特征与 M16：16-1 相同，背外郭磨平。郭径 2.6、钱径 2.4、穿宽 0.9、郭宽 0.1、郭厚 0.15、肉厚 0.1 厘米，重 4.5 克。

标本 M16：16-5，形制和字体特征与 M16：16-1 相同，正面穿上有一横郭记号。郭径 2.6、钱径 2.3、穿宽 0.9、郭宽 0.1 ～ 0.2、郭厚 0.2、肉厚 0.1 厘米，重 3.2 克。

标本 M16：16-6，形制和字体特征与 M16：16-2 相同，正面穿上有一横郭记号，背外郭磨平。郭径 2.5、钱径 2.2、穿宽 1、郭宽 0.1 ～ 0.15、郭厚 0.2、肉厚 0.1 厘米，重 3.5 克。

8．铅碟

标本 M16：14，共 4 件，形制和大小均相同，形体小。撇口，平沿外折，浅腹内折，平底（彩版四七，7）。

标本 M16：14-1，碟内残存有丝织品残片。口径 5.6、壁厚 0.15、底径 3.7、底厚 0.1、通高 0.8 厘米（图三六，11；彩版四七，8）。

9．漆樽

1 件。

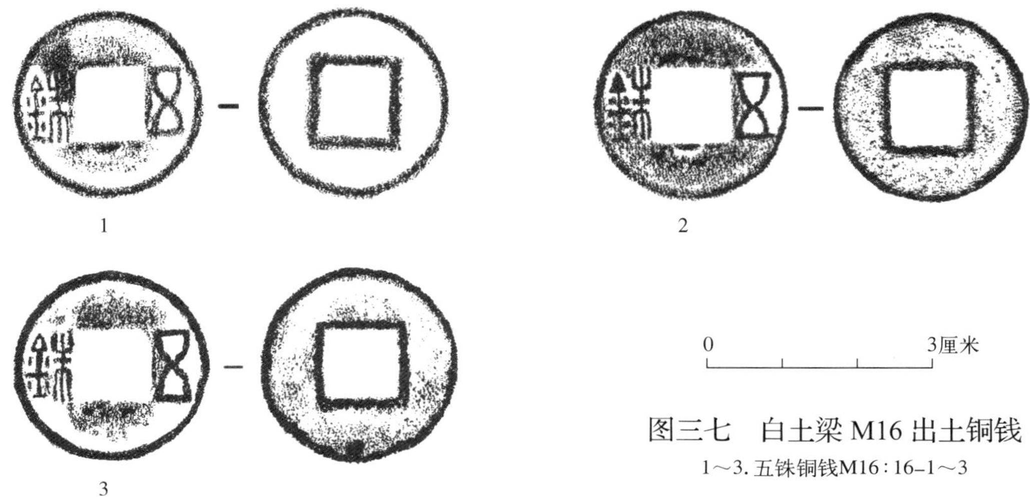

图三七　白土梁 M16 出土铜钱

1～3. 五铢铜钱M16：16-1～3

标本M16：12，已朽残，仅存红色漆皮及土模。大致呈圆筒形。直径14～20、残高约4厘米。

10. 漆案

1件。

标本M16：7，朽残，仅存红色漆皮及痕迹。根据土模看，平面呈圆形。直径约22、残高4厘米。

11. 漆耳杯

1件。

标本M16：8，置于漆案（M16：7）上，朽残，仅存红色漆皮及痕迹。大致呈椭圆形。长10、宽6、残高4厘米。

第四节　石板墓

共3座，墓葬先开挖带斜坡墓道的竖穴土圹，后以大、小石板为材，在土圹内砌筑墓室，具体为：先在墓底错缝平铺一层石板，后紧贴墓壁，用竖立的大石板拼砌一周，其上在墓圹二层台上或竖立的石板墙上用较小的石板逐层平砌收顶或直接用条形木板及碎石板等平铺封顶形成石室或椁室。墓门亦用大石板封堵。

一　M15

位于第Ⅱ发掘区北部偏东，东距M14约2.5米，西距M10约2.3米。

（一）墓葬形制

该墓为带墓道的竖穴土坑石椁墓，方向11°（图三八、三九）。由墓道、墓门及石板拼成的椁室组成。

墓道位于墓坑北侧，平面呈长方形，长6.6、宽1.4米，开口距地表深0.8米。墓道底部特征明显，分前、后两段。前段南北长2米，墓道壁面竖直，东壁底部用三块石板紧贴壁面，石板高0.25～35、宽0.2～0.42米，厚4～6厘米。墓道底较平整，距开口深0.74米，底面居中处南北向见有人骨一具，无葬具痕迹。人骨保存较差，头骨缺失，双脚朝北，并于一起，双手置于后腰处，从盆骨及上、下肢形状及所处位置判断，应为俯身直肢葬，且手、脚应在下葬时被捆绑在一起。墓道后段长4.6米，墓壁竖直，墓道底面呈斜坡状，坡面凹凸不平，坡度约22°，底距开口深0.74～1.8米。墓道内填五花土，土质较疏松，夹杂有大量砾石，近墓门处部分地方皆为砾石。墓门与墓道同宽，主要用三块竖立的大石封门，大石之间的缝隙用小石板填堵，封门墙略向墓坑倾斜，部分石板已从顶部坍塌，残高140厘米（彩版四八，1）。

墓坑为一竖穴土圹，平面近呈弧角长方形，南北长3.7～3.98、东西宽1.96～2.2米，开口距地表深0.8米，墓坑壁面竖直，墓底平整。底距开口1.86米。墓底用石板平铺一层，石板

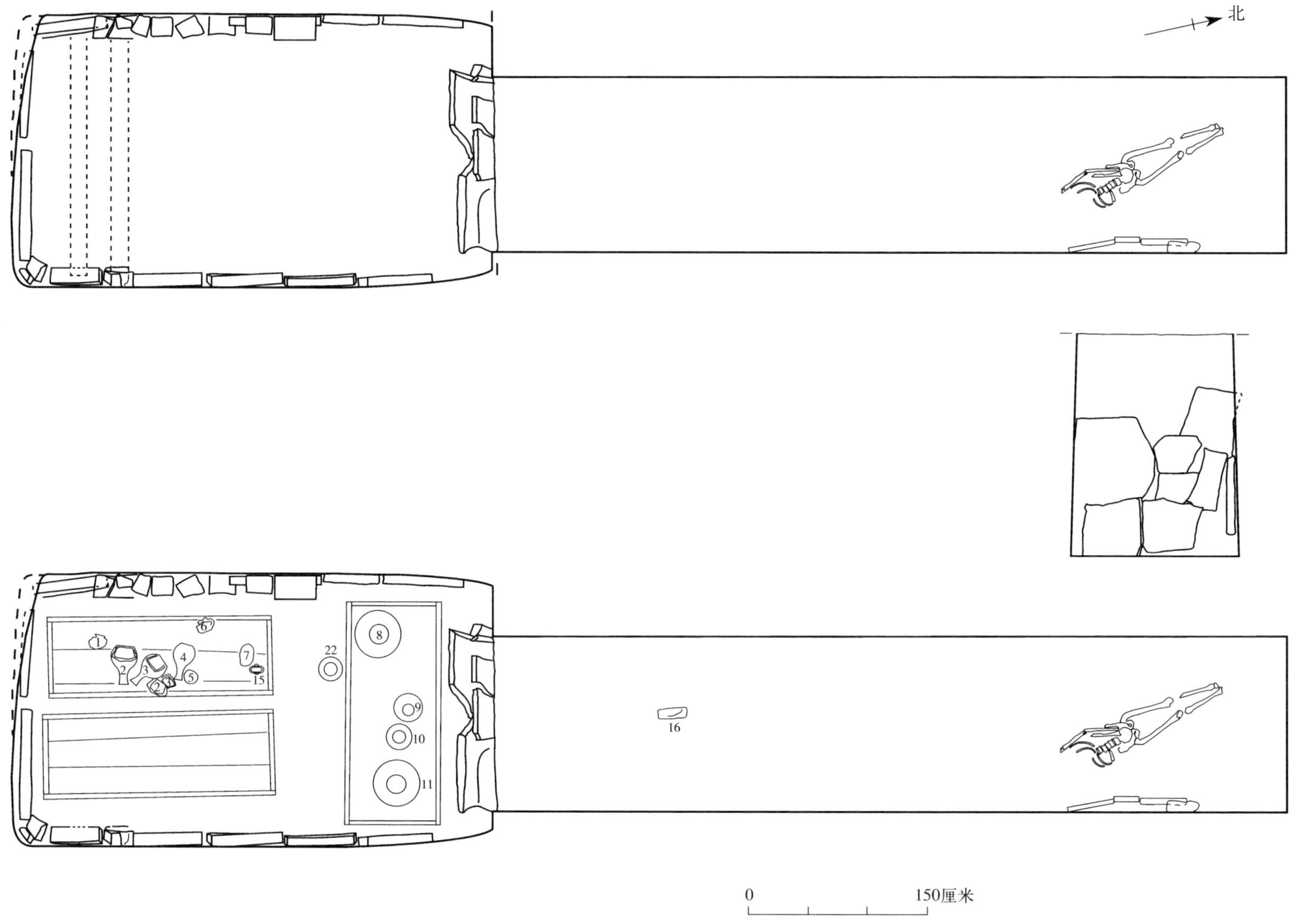

图三八　白土梁M15平面图

1.第一层：墓道、墓门平、剖面及石椁顶部　2.第二层：墓道及椁室埋藏情况（1.铜釜　2～4、22.陶瓶　5、6.青土灯　7.漆盒　8～11.陶罐　15.漆耳杯　16.铁锸）

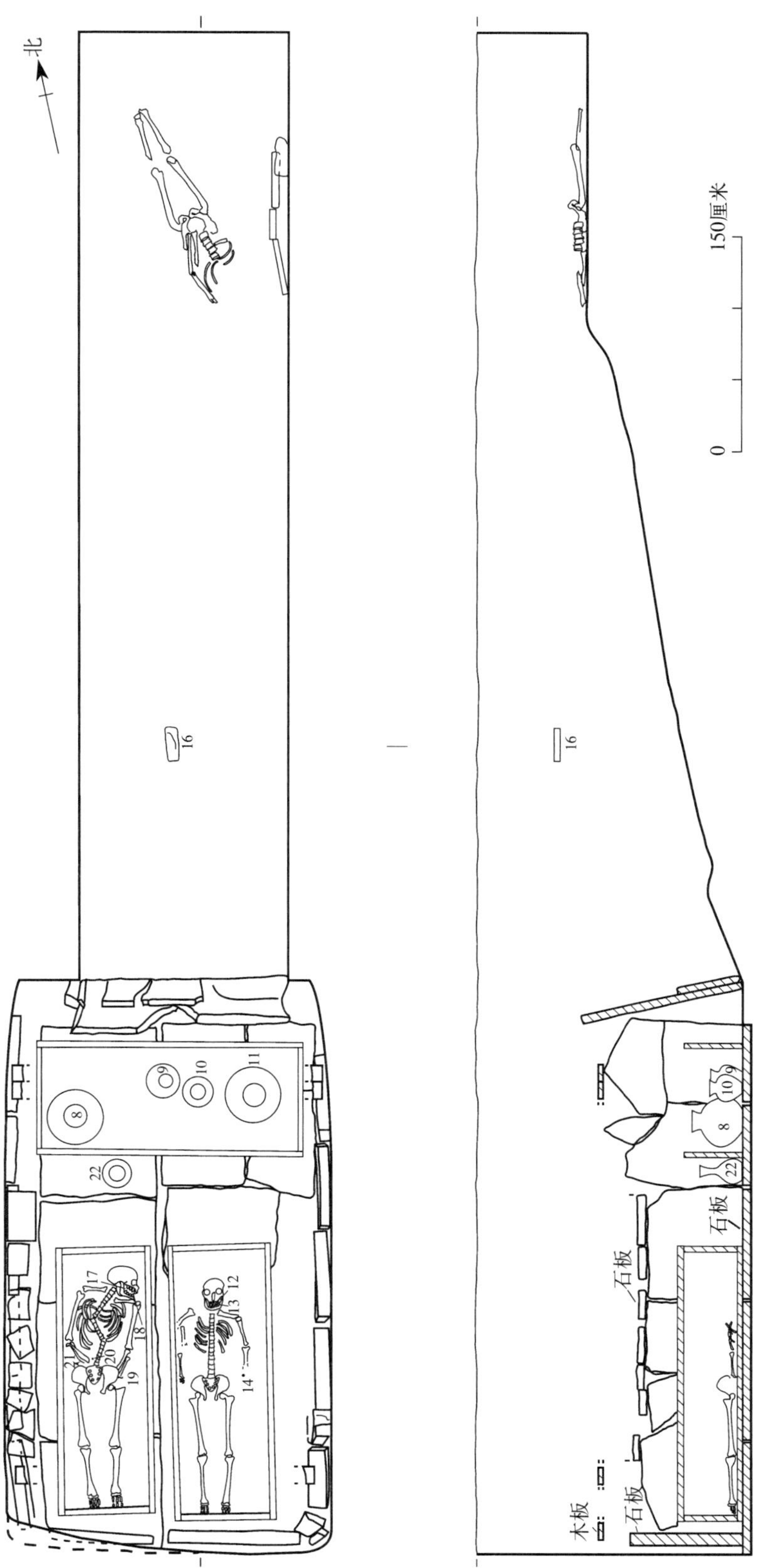

图三九　白土梁 M15 平、剖面图

第三层棺内人骨及随葬情况：12、14、17. 五铢铜钱　13、18. 骨器　19. 铜带钩　20. 铜印　21. 骨镞（？）

多呈长方形，大小不一，最小者长 0.46、宽 0.48 米，厚 6 厘米，最大者长 1.12、宽 0.56 米，厚 6 厘米。墓底石板以上沿东、南、西三壁立有贴壁的大石板，其中东、西壁沿壁各立五块石板，南壁贴两块石板，石板拼接较紧凑，其中最大的石板高 1、宽 0.7 米，厚 6 厘米，最小者高 0.7、宽 0.44 米，厚 10 厘米。东、西壁面竖立的大石板上或竖置或平置有少量小石板。部分上横搭有木板，木板多已腐朽，从残存的痕迹看，木板长近 2、宽 0.14 ～ 0.18 米（图三八；彩版四八，2）。

（二）葬式葬具

墓坑南部东西向并列顺置木棺两具，木棺多已腐朽，从残存痕迹看，两棺均为长方形，其中东侧棺长 1.92、宽 0.7、残高 0.44 米，棺木板厚约 4 厘米。木棺内葬人骨一具，保存较好，为女性，头朝北，面向上，葬式仰身直肢。西侧木棺长 1.86、宽 0.66、高约 0.48 米，棺木板厚 4 厘米。棺内葬人骨一具，人骨保存较好，为一男性，头向北，面朝东，葬式仰身直肢，其中左右手置于小腹处。因腐朽严重，两棺各棺板之间的拼合结构不详。两棺以北与封门之间有一东西横长的木头箱，头箱长 1.8、宽 0.84、残高 0.44 米，箱木板厚约 4 厘米（图三九；彩版四九，1、2）。

（三）随葬品

墓内随葬有陶器、铁器、铜器、漆器、骨器和泥器等共计 20 余件。其中陶器有陶罐、瓶等，置于墓坑北侧头箱内及男棺棺盖上（彩版五〇，1、2）。铜器有釜、钱币、带钩、印章等。其中铜釜置于男棺棺盖上，钱币置于男、女墓主口中及女主人左手处，带钩置于男墓主左手处，印章 1 枚，置于男墓主右手，漆器有漆耳杯和漆盒各 1 件，皆置于男墓主头部棺盖上。骨器有贝状器 2 件，男、女墓主口中各 1 件。骨镞（？）数枚，置于男墓主右手中。青泥灯 2 件，置于男墓主棺盖上。另有铁锸 1 件，置于墓道填土中（图三九）。

1. 陶罐

4 件。

标本 M15：8，泥质灰陶，施黑衣，轮制。器形较大。侈口，平沿微外斜，重唇，短颈微束，圆肩，上腹圆鼓，下腹近斜直内收，平底。肩部饰横向绳纹间饰少量竖向绳纹，下腹饰斜竖向交错的绳纹。口径 11.2 ～ 13.8、颈径 10.5、腹径 35、厚 1、底径 19.6、通高 37 厘米（图四〇，1、2；彩版五一，1）。

标本 M15：9，泥质灰陶，轮制。侈口，平沿，重唇，短颈微束，圆肩，鼓腹，下腹斜直，平底微内凹。颈、肩及上腹部均以白灰（厚 0.5 毫米左右）为底，上用红、橙和黑彩线勾画图案，其中颈部及腹部最大径处各画一道红彩带纹，颈部红彩带纹之上用黑、红、橙彩各画一道波浪纹，肩部自上而下分别用黑、橙、红、橙、黑彩各画一道波浪纹。因白灰底多已脱落，彩绘部分多已模糊不清，下腹部有刮削痕。口径 9.5 ～ 11.2、颈径 8.4、腹径 24.2、腹壁厚 0.6、底径 14.5、通高 25.9 厘米（图四〇，3；彩版五一，2）。

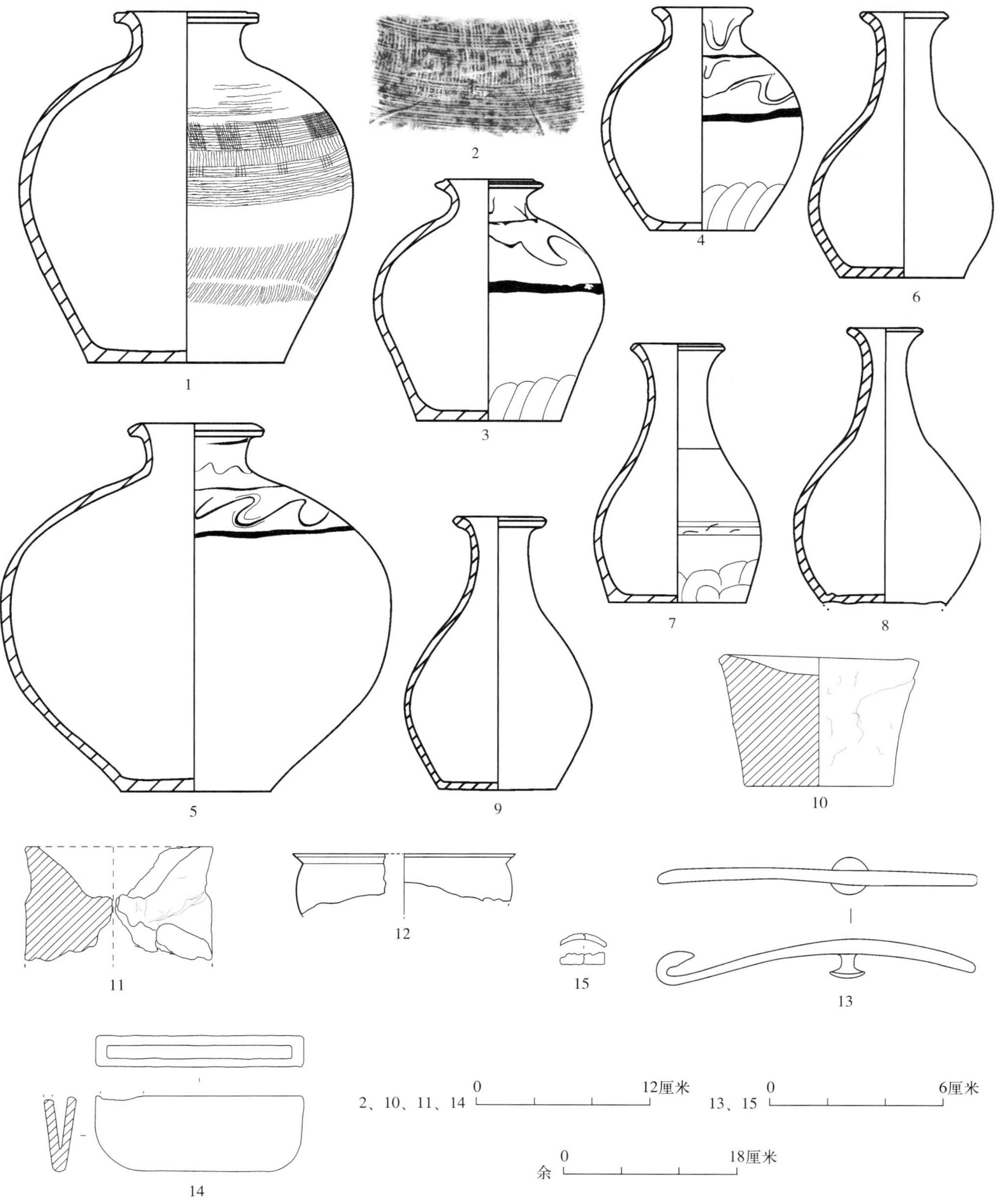

图四○　白土梁M15出土器物

1～5. 陶罐M15：8、8（交错绳纹）、9～11　6～9. 陶瓶M15：2～4、22　10、11. 青土灯M155、6　12. 铜釜M15：1　13. 铜带钩M15：19　14. 铁锸M15：16　15. 骨器M15：13

标本 M15：10，泥质灰陶，轮制。形制与 M15：9 近同。器表上腹至颈部以白灰为底，上用红、橙和黑彩线勾画图案，因白灰底多已剥落，彩绘图案已模糊不清，从局部看，图案与 M15：9 近同。口径 8.5 ～ 10.5、颈径 7.5、腹径 21.2、腹壁厚 0.5、底径 11.8、通高 24 厘米（图四〇，4）。

标本 M15：11，泥质灰陶，轮制。器型较大，形制与 M15：8 近同，腹部及颈部饰彩绘图案，多已模糊不清，局部彩绘图案与 M15：9 相近。口径 12 ～ 14.6、颈径 10.5、腹径 40.5、腹壁厚 0.6、底径 17、通高 39.6 厘米（图四〇，5；彩版五一，3）。

2．陶瓶

4 件。

标本 M15：2，泥质灰陶，施黑衣，轮制。侈口，平沿微外折，尖唇，细长颈，溜肩，蒜头型腹，平底。底部制作时黏有一层细沙。口径 7.6 ～ 9.2、颈径 6.1、腹径 19、腹壁厚 0.9、底径 13、通高 28.6 厘米（图四〇，6；彩版五一，4）。

标本 M15：3，泥质灰陶，施黑衣，轮制。形制与 M15：2 相同。下腹部有明显的刮削痕，底部制作时黏有一层细沙。口径 7 ～ 8.7、颈径 6、颈壁厚 0.8、腹径 17.6、腹壁厚 1、底径 14、通高 27.8 厘米（图四〇，7）。

标本 M15：4，泥质黑灰陶，轮制。形制与 M15：2 相同。口径 8.5、颈径 6.4、腹径 19.5、腹壁厚 0.9、底径 13、通高 29.5 厘米（图四〇，8）。

标本 M15：22，泥质灰陶，施黑衣，轮制。形制与 M15：2 相同。下腹饰两道细弦纹。口径 8.5 ～ 9.7、颈径 6.4、腹径 19.5、腹壁厚 0.7、底径 12.2、通高 29.5 厘米（图四〇，9）。

3．青土灯

2 件。

标本 M15：5，青土泥塑而成，制作粗糙，略经低温烧制。大致呈上大下小的台柱状，上端凹进以为灯碗，中间略收以为灯柱，平底。上端灯碗口径 13、灯柱径 11.7、底径 10、高 9.5 厘米（图四〇，10；彩版五二，1）。

标本 M15：6，青土泥塑而成，制作粗糙，未加烧制，残甚。形制与 M15：5 相同。上端灯碗口径 12.8、残高 8 厘米（图四〇，11）。

4．铜釜

1 件。

标本 M15：1，器壁很薄，锈蚀严重，腹、底残。侈口，束颈，弧腹。口径 22.8、残高 6.4 厘米（图四〇，12）。

5．铜带钩

1 件。

标本 M15：19，略呈“S”形，中部饰以圆形凸纽，首端折回内收。高 1.2、长 11 厘米（图四〇，13；彩版五二，2）。

6．铜印

1件。

标本M15：20，保存较好，方形，上铸瓦状纽，正面阴文篆书“王世之印”四字。纽高0.8、印高0.8、印边长1.7、通高1.6厘米（图四一，1；彩版五二，3、4）。

7．五铢铜钱

4枚。

标本M15：12，1枚，位于东侧人骨口内。范铸，制作精良，保存较好。圆形方穿，面有周郭，背肉好有内外郭。正面穿左右篆书“五铢”二字，字迹较清晰，“五”字交笔弯曲，末端与上下两横近垂直，“铢”字“金”字头呈小三角形，下部四点较短，“朱”字上部方折，下部圆折，钱正面穿上有一横郭记号。郭径2.6、钱径2.3、穿宽0.8、郭宽0.15、郭厚0.2、肉厚0.1厘米，重3.3克（图四一，2；彩版五二，5）。

标本M15：14，1枚，位于东侧人骨左手处。范铸，圆形方穿，面有周郭，背肉好有内外郭。正面穿左右篆书“五铢”二字，字迹较清晰，“五”字交笔较直，“铢”字“金”字头呈小三角形，下部四点较短，“朱”字上、下部均方折，“朱”字较“金”字高，钱正面穿下有一半星记号。郭径2.5、钱径2.2、穿宽0.9、郭宽0.15、郭厚0.2、肉厚0.1厘米，重3.75克（图四一，3；彩版五二，6）。

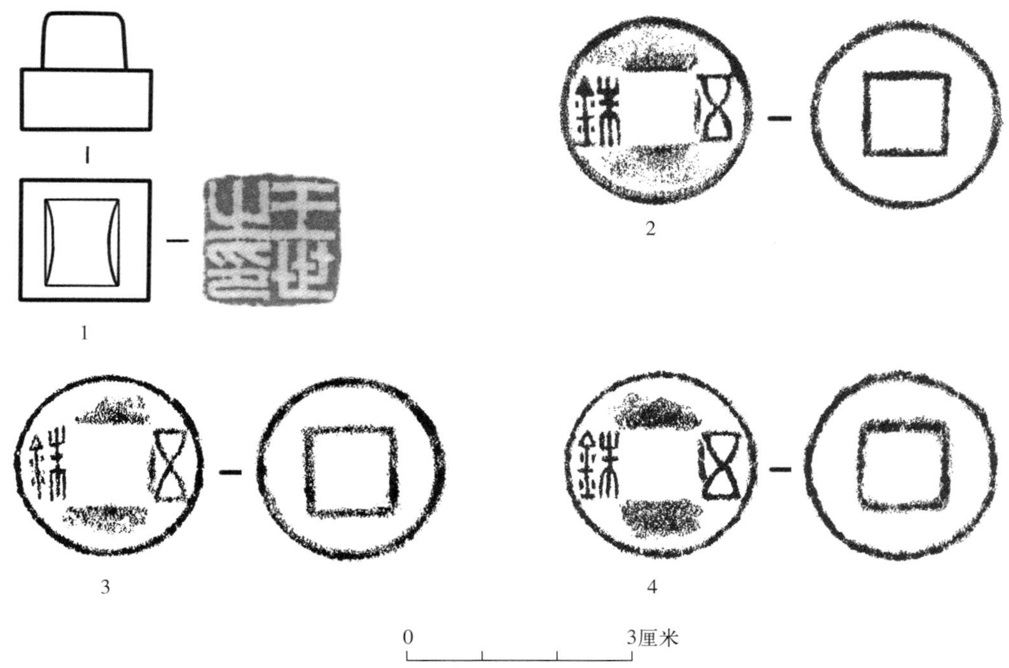

图四一　白土梁M15出土铜钱、铜印

1. 铜印M15：20　2～4. 五铢铜钱M15：12、14、17-1

标本 M15：17，2 枚。置于西侧人骨口中。均范铸。圆形方穿，面有周郭，背肉好有内外郭。正面穿左右篆书“五铢”二字（彩版五二，7）。

标本 M15：17-1，保存较好，字迹较清晰，“五”字交笔略弯曲，“铢”字“金”字头呈三角形，下部四点较长，“朱”字上部方折，下部圆折。郭径 2.6、钱径 2.35、穿宽 1、郭宽 0.12、郭厚 0.2、肉厚 0.1 厘米，重 3.4 克（图四一，4）。

标本 M15：17-2，保存较好，字体纤细，结构与 M15：12 相同。钱正面穿下有一半星记号。郭径 2.6、钱径 2.4、穿宽 0.9、郭宽 0.1、郭厚 0.2、肉厚 0.1 厘米，重 2.7 克。

8. 铁锸

1 件。

标本 M15：16，锈蚀较严重。大致呈方形，刃较宽，銎口为窄长条状，断面呈楔形。锸宽 14.3、高 5.3、銎口长 12.7、宽 0.9、腹壁厚 0.7 ～ 0.8 厘米（图四〇，14；彩版五二，8）。

9. 漆盒

1 件。

标本 M15：7，胎体已朽，仅存红色漆皮，从残存痕迹看，平面为椭圆形。长径约 19、短径 14、残高 6 厘米。

10. 漆耳杯

1 件。

标本 M15：15，已朽，仅存红色漆皮及痕迹。呈椭圆形。杯口长约 12、宽 8 厘米。

11. 骨器

3 件。

标本 M15：13，置于女性墓主口中，形似贝，已残碎。残长 1.5 厘米（图四〇，15）。

标本 M15：18，置于男性墓主口中，形似贝，已残碎。

标本 M15：21，似骨镞，已残碎。

二　M17

M17 位于第Ⅰ发掘区东南，西北距 M3 约 12 米，南距 M18 约 4 米。

（一）墓葬形制

该墓为带长斜坡墓道的竖穴土坑石板墓，墓向 285°（图四二）。墓葬由墓道、封门、甬道和墓室构成。

墓道平面呈长方形，斜坡状底，上端及西端已遭破坏，情况不明，现开口东西残长约 1.5、

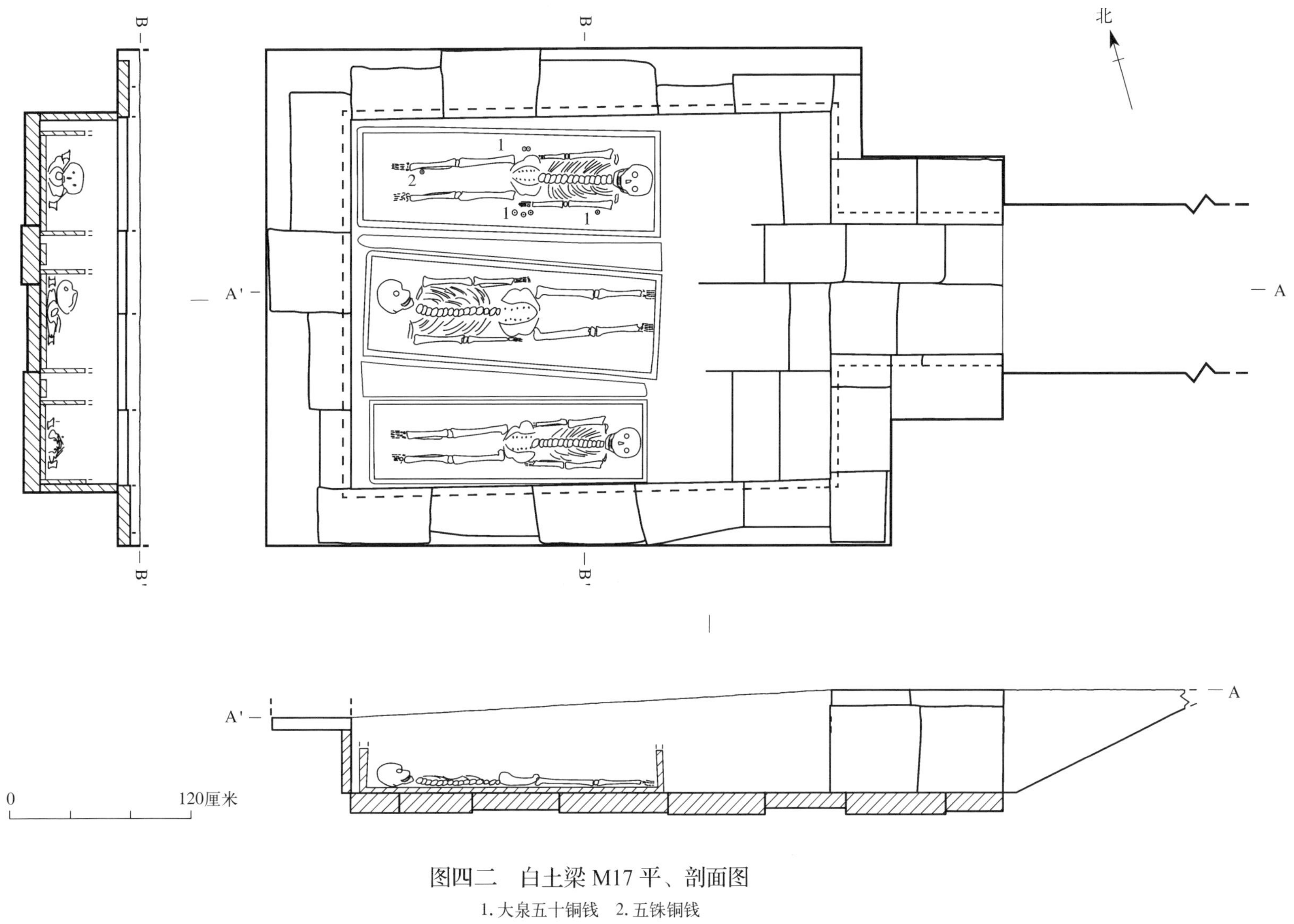

图四二 白土梁M17平、剖面图

1. 大泉五十铜钱 2. 五铢铜钱

南北宽 1.06、距地表深约 0.50 米。墓道两侧壁较直，填土为黄褐土中夹杂较多的砾石。墓圹上端遭破坏，情况不详，现存墓圹由甬道和长方形土坑组成，平面呈“凸”字形，东西总长 4.48、南北宽 1.66 ～ 3.18、底距现开口 0.78 ～ 0.80 米。其中甬道部分东西长约 1.08、南北宽 1.16 米，墓室部分东西长 3.4、南北宽 3.18 米。墓圹在距底 0.68 ～ 0.7 米处周边留有生土二层台，二层台宽 0.36 ～ 0.48 米。墓底较规整，底面平铺一层石板。

因墓葬早期被盗扰，墓圹内结构遭严重破坏，从残存结构及痕迹看，墓圹内用长方形石板铺底，然后紧贴墓壁，用竖立的大石板拼砌一周，再在二层台上用较小的石板逐层平砌收顶。甬道底用长方形石板错缝纵铺一层，甬道南北圹壁上各竖向贴两块石板，至二层台上用小石板平砌。现残高 0.72 米。墓室平面呈长方形，底用长方形石板错缝横铺一层，墓壁石板已不存。墓葬各部分使用石板形制及规格略有不同，其中铺底石板最大者长 71、宽 45、厚 12 厘米，最小者长 38、宽 37、厚 6 厘米。贴壁石板规格长 56 ～ 60、高 58、厚 6 厘米，二层台上小石板多呈长方形，不甚规整，最大者长 90、宽 40、厚约 10 厘米，最小者长 50、宽 20、厚约 6 厘米。

（二）葬式葬具

墓室内并列摆放三具木棺，木棺平面呈长方形，皆已腐朽，仅局部残存有少量碎木块，结构多已不明，但痕迹较明显，由北向南依次编号为 G1、G2 和 G3。G1 长约 2、宽 0.64 ～ 0.68、残高约 0.3 米。G2 长约 1.96、宽约 0.66、残高约 0.25 米。G3 长约 1.84、宽约 0.64、残高约 0.3 米。三棺棺底皆铺一层厚 1 厘米左右的草木灰。棺盖板皆因盗扰移至棺两侧，从局部残存木块及痕迹看，应为长条形木板拼合而成，木板厚 4 厘米左右。三棺内各有人骨一具，G1 内为成年女性，年龄 60 岁左右，头西脚东，仰身直肢葬，面向上，骨骼保存较好。G2 内为成年男性，年龄 65 岁左右，头西脚东，仰身直肢葬，面微向北侧，骨骼保存较好。G3 内为成年女性，年龄 50 岁左右，头东脚西，仰身直肢葬，面向上，骨骼保存较好。

（三）随葬品

随葬品多已被盗，仅在 G1 内人骨右臂右侧、左右手及右踝骨处发现葬铜钱，共 7 枚，有大泉五十及五铢等。

1．五铢铜钱

1 枚。

标本 M17：2，残，锈蚀严重。圆形方穿，面有周郭，正面穿左右篆书“五铢”二字，“五”字交笔弯曲，末端与上下两横近垂直，“铢”字“金”字头呈小三角形，“朱”字上、下部均圆折，较“金”略高，背有内外郭。郭径 2.6、钱径 2.3、穿宽 1.0、郭宽 0.15、郭厚 0.2、肉厚 0.12 厘米，重 2.4 克。

2．大泉五十

标本 M17：1，5 枚。圆形方穿，穿之上下右左篆书“大泉五十”四字，字体“五”“十”

瘦长，“大”“泉”宽扁，“泉”字中竖笔中断。

标本M17：1-1，字迹清晰，面、背均有内外郭，铸造较为粗糙，外郭带有较明显的毛边，面、背内侧穿、郭均分开，穿小，穿外另加四内郭边。郭径2.6、钱径2.3、穿宽0.8、内郭宽1.1、外郭宽0.15、外郭厚0.2、肉厚0.1厘米，重4克（图四三，1）。

标本M17：1-2，字迹清晰，形制、大小与字体特征与标本M17：17-1相同，制作粗糙，重3.1克（图四三，2）。

标本M17：1-3，钱体小而轻薄，制作较粗糙，形制及特征与M17：17-1相同，边郭经打磨，局部缺失。郭径2.2、钱径2.3、穿宽0.9、内郭宽1.1、外郭宽0～0.2、外郭厚0.1、肉厚0.1厘米，重1.3克（图四三，3）。

标本M17：1-4，钱体较小且轻薄，制作较规整，字体笔画纤细，面、背均有内外郭。郭径2.3、钱径2、穿宽0.95、内郭宽1.1、外郭宽0.1～0.15、外郭厚0.1、肉厚0.05厘米，重1.4克（图四三，4）。

标本M17：1-5，锈蚀严重，钱体变形较严重，钱文多模糊不清，仅辨正面右侧的“五”字，从特征看应为大泉五十，面、背均有内、外郭，内郭多已被剪切。郭径2.2、钱径2.3、穿宽1.0、郭宽0.1～0.2、外郭厚0.15、肉厚0.1厘米，重1.6克。

3．铜钱

1枚。

标本M17：1-6，钱体轻薄，锈蚀严重，残，钱文模糊不清。面有周郭无内郭，背有内外郭。郭径2.3、钱径2.3、穿宽0.8、郭宽0.1、郭厚0.12、肉厚0.1厘米，残重1.4克。

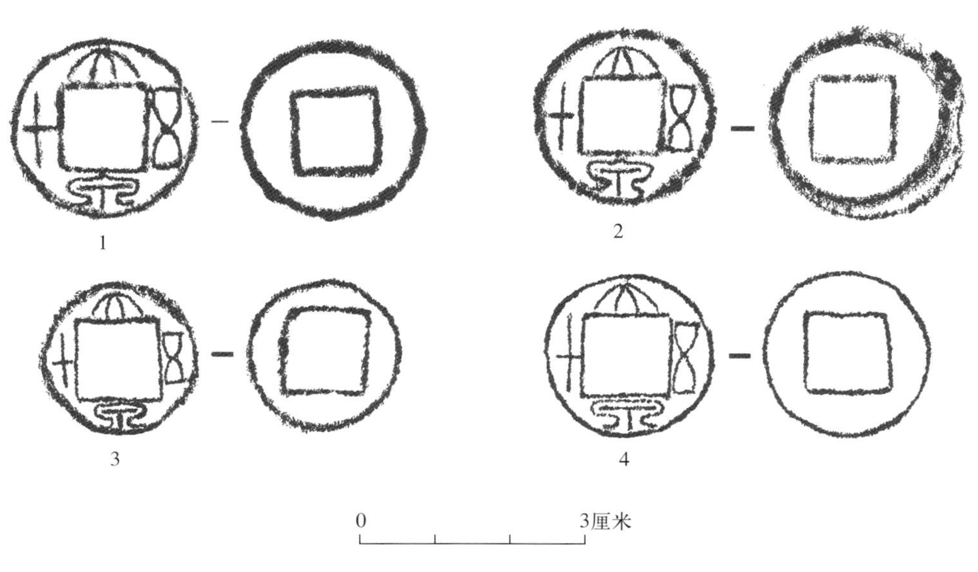

图四三　白土梁M17出土铜钱

1～4. 大泉五十M17：1-1～4

三 M18

M18位于第Ⅰ发掘区东南，北距M17约4米。

（一）墓葬形制

该墓为长方形带斜坡墓道的石室墓，方向122°。由墓道、封门、甬道及墓室组成（图四四）。

墓道平面呈长方形，斜坡状底，多未清理，宽0.88、距地表深约0.5米。墓道两侧壁较直，

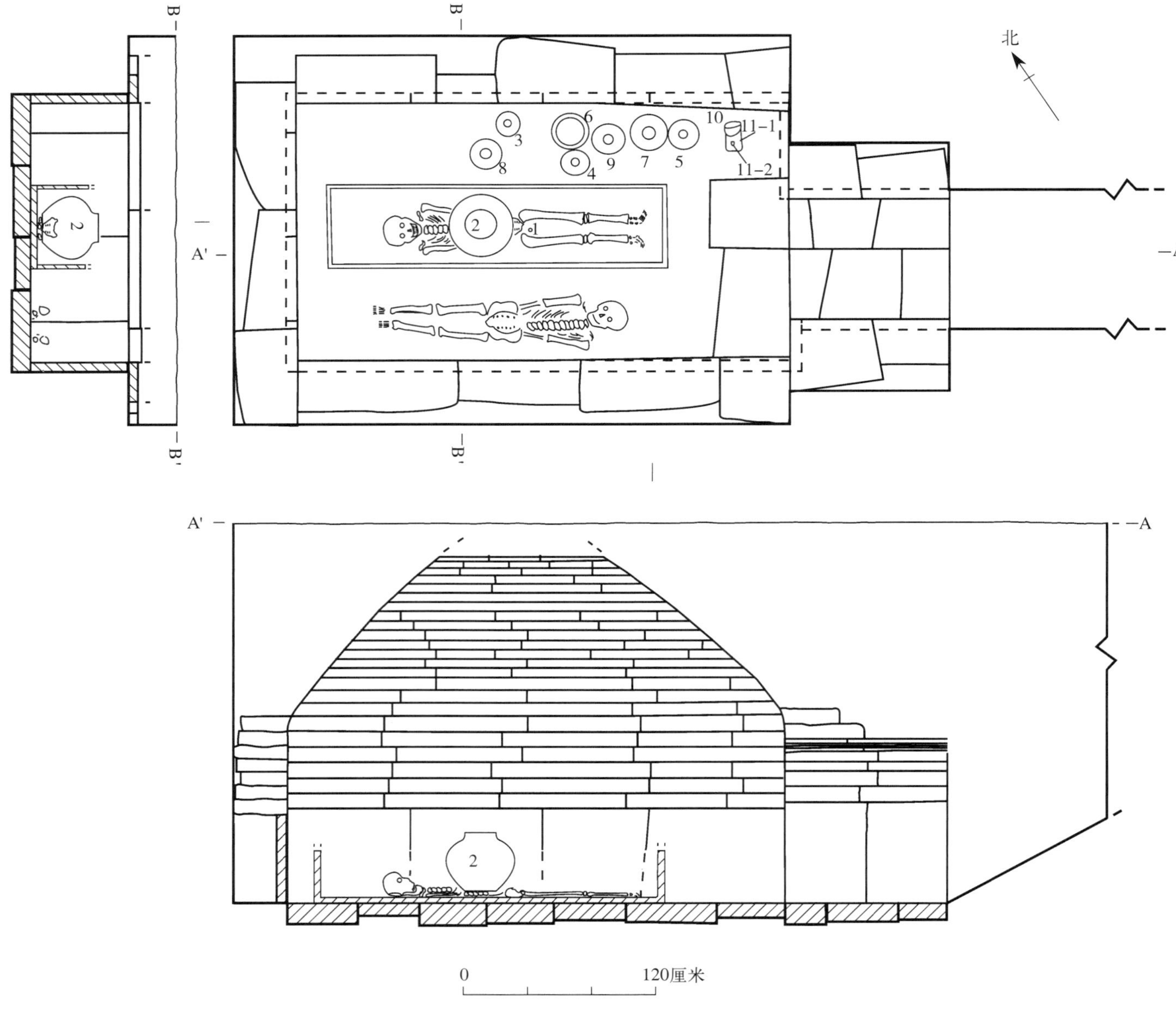

图四四 白土梁M18平、剖面图

1. 骨肛塞 2. 陶瓮 3～5、7～9. 陶罐 6. 陶盆 10. 陶甑 11-1. 陶井 11-2. 陶桶

填土为黄褐土中夹杂较多的砾石。墓圹上端遭破坏，情况不详，现存墓圹由甬道和长方形土坑组成，平面大致呈“凸”字形，东西总长 4.48、南北宽 1.58 ～ 2.52、残深 2.34 米，其中甬道部分东西长约 1、南北宽 1.58 米，长方形土坑东西长 3.48、南北宽 2.52 米。墓圹在距底 0.44 ～ 0.58 米处周边留有生土二层台，二层台宽 0.28 ～ 0.4 米。

墓圹内用长方形或梯形石板铺底，然后紧贴墓壁，用竖立的长方形大石板拼砌一周，再在二层台上用较小的石板逐层平砌收顶。其中石板砌筑的甬道宽 0.76、进深 1 米，甬道底用长方形石板错缝纵铺一层，甬道南北圹壁上各竖向贴两块石板，至二层台上用小石板错缝平砌两层，后逐渐内收呈券顶，券高 0.9 米，券顶上又平铺两层石板。墓室底用长方形石板错缝横铺一层，墓四壁亦竖向贴一层石板，至二层台上用小石板错缝平砌 7 层（最高处距墓室底面约 1.06 米），后逐渐券收。因墓葬早期被盗扰，顶部坍塌，结构已不详，从券收趋势看，应呈穹隆顶或覆斗顶，残高 2.1 米。墓葬各部分使用石板形制及规格略有不同，其中铺底石板最大者长 70、宽 42 ～ 50、厚 10 厘米，最小者长 32、宽 12 ～ 16、厚 6 厘米。贴壁石板规格最大者长 80、宽 46、厚 10 厘米，最小者长 50、宽 50、厚 8 厘米，二层台上小石板呈长方形或梯形，不甚规整，最大者长约 100、宽 34、厚约 10 厘米，最小者长 38、宽 18、厚约 4 厘米。

（二）葬式葬具

墓室内东西向并列葬两人，男女各一，其中北侧为成年男性，年龄 60 岁左右，有木棺，棺木已朽，从残存木块及痕迹看，木棺大致呈长方形，东西长 2.10、南北宽 0.52 米，棺板厚约 4 厘米。棺内人骨保存较好，头西脚东，仰身直肢葬，面向上，骨骼保存较好；南侧为成年女性，年龄 35 岁左右，无棺，骨骼保存较好，头东脚西，仰身直肢葬，面略向北侧人骨倾斜。

（三）随葬品

随葬品主要为陶器，有陶罐、瓮、盆、甑及井等（彩版五三，1），除陶瓮置于男性墓主腹部正上方外（原应置于木棺盖上，因棺盖腐朽坍塌掉落至腹上部），其余皆置于棺木北侧及附近。另在男性墓主盆骨外侧发现骨质肛塞 1 件。

1. 陶罐

6 件。

标本 M18：3，夹砂灰陶，轮制。微侈口，平沿外斜，圆唇，束颈，弧肩，上腹圆鼓，下腹近斜直内收，平底。肩、腹部有轮制时形成的凹凸相间的弦纹，下腹有刮削痕。口径 6.4 ～ 8、腹径 16、底径 8、通高 15 厘米（图四五，1）。

标本 M18：4，泥质砖红陶，外施黑衣，轮制。侈口，平沿微外斜，尖唇，束颈，广肩，上腹扁圆，下腹近直斜收，平底微内凹。上腹部胎体有部分片状脱落。肩腹部有轮制痕迹，底部有轮制形成的线切痕。口径 5 ～ 6.5、腹径 13、底径 7.2、通高 10.6 厘米（图四五，2）。

标本 M18：5，泥质灰陶，轮制。侈口，斜平沿，尖圆唇，束颈，弧肩，上腹圆鼓，下腹近斜直内收，平底。肩、腹部有轮制时形成的凹凸相间的弦纹。下腹部有刮削痕迹，部分因胎体疏松，器表有少许片状脱落。口 7 ～ 8、腹径 15.4、底径 7.4、高 13.4 厘米（图四五，3）。

标本 M18：7，泥质黑灰陶，轮制。侈口，平沿外斜，圆唇，弧肩，上腹圆鼓，下腹近斜直内收，平底微内凹。腹部有轮制时形成的凹凸相间的弦纹，下腹部有明显的刮削痕迹。口径 8.6 ～ 10.8、腹径 23、底径 11.2、通高 21.2 厘米（图四五，4）。

标本 M18：8，泥质灰陶，轮制。侈口，口缘断面呈三角状，束颈，弧肩，上腹外鼓，下腹弧收，平底。腹部有轮制时形成的凹凸相间的弦纹，下腹有刮削痕。口径 8.4 ～ 9.2、腹径 23.6、底径 12、通高 26.4 厘米（图四五，5）。

标本 M18：9，泥质灰陶，轮制。侈口，平沿微外斜，尖唇，束颈，弧肩，上腹圆鼓，下腹弧收，平底。肩、腹部有明显的轮制痕迹。下腹有刮削痕迹，底部有轮制形成的线切痕。口径 9.6 ～ 11.4、腹径 17.6、底径 9.3、通高 14.8 厘米（图四五，6）。

2. 陶盆

1 件。

标本 M18：6，泥质灰陶，轮制。敞口，圆唇，弧腹内收，平底。腹部有轮制形成的三道凸楞，下腹近底处有明显的刮削痕迹。口径 18 ～ 19、底径 6.4、通高 7.6 厘米（图四五，7）。

3. 陶瓮

1 件。

标本 M18：2，泥质灰黑陶，陶质坚硬，轮制。侈口，平沿微外斜，束颈，弧肩，上腹圆鼓，下腹斜收，大平底（底部中心略残缺）。肩部至下腹饰以竖线粗绳纹，腹部最鼓处饰两道凹弦纹。口径 21 ～ 24、腹径 41.5、底径 20、通高 32.5 厘米（图四五，8、9）。

4. 陶甑

1 件。

标本 M18：10，泥质红陶，轮制。敞口，平沿，圆唇，腹斜直内收，平底，底部有两个小箅孔，其中心箅孔贯穿底部。口径 8.8 ～ 10.8、底径 6.0、通高 6.4 厘米（图四五，10）。

5. 陶井

1 件。

标本 M18：11-1，泥质红陶，捏制。部分残，可复原。整体呈口微小底微大的筒状，口、底均呈方形。口边长 5.5 × 6.9、底边长 7 × 7.5、高 13.2 厘米（图四六，1；彩版五三，2 左）。

6. 陶桶

1 件。

标本 M18：11-2，置于陶井内，泥质红陶。圆口，口微残，尖底。口径 2 ～ 2.8、高 3.7 厘米（图四六，2；彩版五三，2 右）。

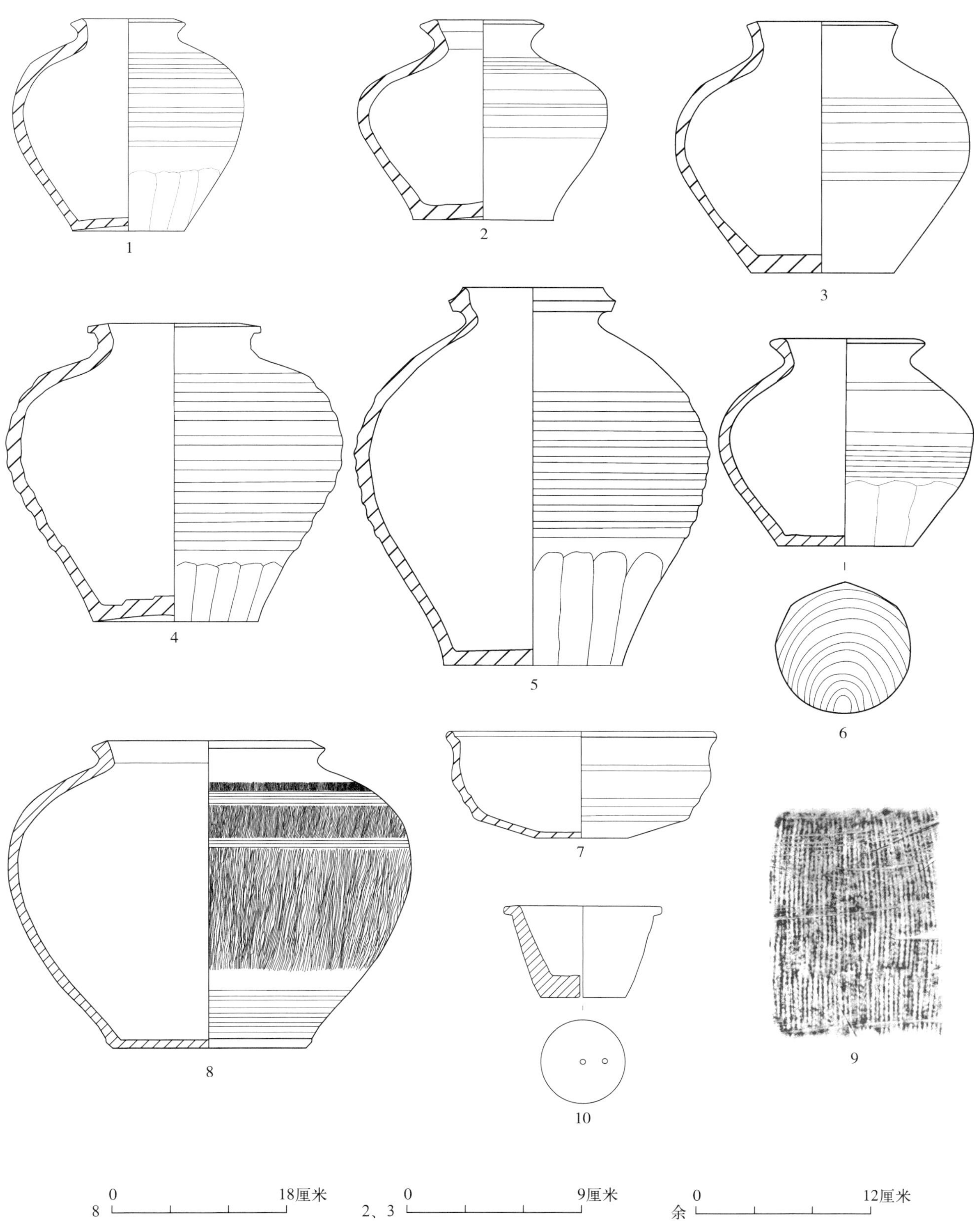

图四五　白土梁M18出土器物

1～6. 陶罐M18:3～5、7～9　7. 陶盆M18:6　8、9. 陶瓮M18:2、2（竖向粗绳纹、弦纹）　10. 陶甑M18:10

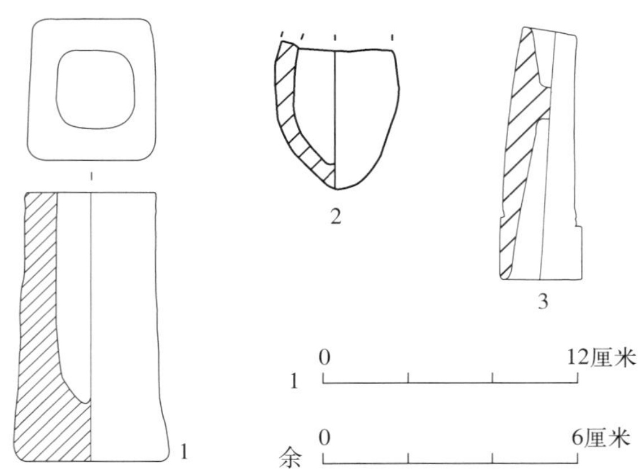

图四六　白土梁 M18 出土器物

1. 陶井M18：11-1　2. 陶桶M18：11-2　3. 骨肛塞M18：1

7. 骨肛塞

1 件。

标本 M18：1，一筒形骨管，末端微残。器表外残留一层可能为黏接剂的绿色粉末状物。末端径 1.5、顶端径 2、长 6.1 厘米（图四六，3；彩版五三，3）。

第五节　结语

一　竖穴木椁墓的特征及年代

本次发掘的 18 座墓葬中，竖穴土坑木椁墓 15 座，占绝大多数。竖穴土坑木椁墓是先秦以来中原地区较常见的墓葬形制，西汉早中期仍十分流行。西汉晚期、东汉时期空心砖墓、小砖墓、土洞墓等形式逐渐代替了木椁墓。西汉中、晚期以来，随着西汉王朝对匈奴战争的不断胜利，西汉版图向北、西北地区大幅扩展，受汉文化的影响，木椁墓也逐渐向北、向西北传播，如内蒙古中南部地区汉墓[1]、甘肃武山东旱坪汉墓[2]、兰州兰工坪汉墓、青海上孙家寨汉晋墓等。河西走廊地区木椁墓于中华人民共和国成立初期最早发现于武威古浪峡黑松驿的董家台汉墓群[3]，墓葬数量较少，多未引起注意。之后近五十年中，河西走廊地区发掘了大量汉墓，墓葬形制特征基本为：西汉晚期以土洞墓为主，并出现了砖室墓，王莽前后酒泉等地砖室墓开始流行，同时土洞墓仍占相当的比例，而木椁墓鲜有发现，其传播似止步于武威东部，未到达河西腹地。

[1] 内蒙古文物考古研究所、魏坚编著：《内蒙古中南部汉代墓葬》，中国大百科全书出版社，1998年。

[2] 甘肃省文物考古研究所：《甘肃武山县东旱坪战国秦汉墓葬》，《考古》2003年第6期。

[3] 甘肃省文物管理委员会：《甘肃古浪峡黑松驿董家台汉代木椁墓清理概况》，《文物参考资料》1955年第7期。

近年来随着考古工作的不断推进，在对永昌水泉子[1]、民乐八卦营[2]、张掖黑水国等汉墓群的发掘中，除发现土洞墓和砖室墓外，还发现了数量较多的竖穴木椁墓，时代多集中在西汉中晚期至东汉早期[3]。由此可见，木椁墓在河西走廊地区分布亦较为广泛，也是河西走廊地区汉墓的一种重要形制，是近年来河西汉墓发现与研究方面的重要扩展，对于研究竖穴木椁墓的整体发展、演变亦具有重要价值。

此次发掘的白土梁汉墓，从墓葬分布看，局部墓葬分布密集，多呈南北向或东西向并排分布，其中M1、M3、M4、M7、M9为一组，M5、M6为一组，M10、M11、M14、M15为一组，M12、M13和M16为一组，虽因修整土地，墓葬封土及各组墓葬原地表是否设有茔圈已不详，但我们仍可以看出其具有家庭或家族墓葬特征。

从墓葬形制和木椁结构看，此次发掘的木椁墓大致可分为两类：一类是椁木板紧贴竖穴土坑四壁或一侧，形成木椁边框，后在其上平铺一层木板，以为椁盖，形成椁室。此类结构的墓葬为M1～M5、M7、M8和M16，共8座，其中单人葬墓6座，为一棺一椁，双人葬墓2座，为一椁两棺（M2为一椁一棺加一棺）；另一类为带二层台的木椁墓，有椁室者边框结构及搭建方法与第一类相同，唯椁顶部是在二层台上平铺条形木板或圆木进行封盖。部分二层台下无木椁者，仅在二层台上铺条形木板或圆木。此类结构的墓葬为M6、M9～M14，共7座。墓葬皆单人葬。两类木椁墓中，M5和M6为同一组墓葬，极有可能为同坟异穴的夫妻合葬墓，形制虽不同，其时代应较为接近。M12、M13和M16同为一组，木椁形制亦有不同。由此可见，两类木椁墓应在年代上不存在明显的先后关系。从第二类木椁墓的形制及二层台的功能分析，除M6和M9二层台下建有椁木边框，形成一棺一椁的木框结构，其余5座墓葬M10～M14二层台下仅见一木棺，未见椁木边框，二层台明显具有代替椁木边框的作用，形成与一棺一椁木质结构相同的空间结构。

从随葬器物看，主要位于棺内和棺椁之间，其中棺内主要位置有头两侧及口中、腰部及左右手中，以铜带钩、铜钱、铜镜、印章、珠饰及漆奁或盒等形体较小的器物为主。棺椁之间随葬器物置于头箱或相当于头箱的位置最为常见，棺侧和棺尾处较少，主要以形体相对较大的陶器、铜器以及漆木器等。墓葬随葬器物主要以陶罐类为主，部分与陶壶或壶、灶组合，并见有漆盒、樽等，为河西汉墓中较为常见，其中M12、M13和M16等墓葬还出土有漆耳杯和案的成套器物组合，应属祭奠类器物，其年代不早于西汉晚期。从器形特征看，M2、M3、M10、M14中皆出土形制相同的侈口三角沿陶罐（如M10：1），时代应接近，其与内蒙古中南部沙金套海西汉末至王莽时期墓葬出土的BⅡ式高领罐（如M30：2）相同[4]，罐腹满饰绳纹及下腹近底弧

[1]　永昌水泉子汉墓群目前共发掘汉墓129座，2003年发掘98座，资料现存于甘肃省文物考古研究所；2008年发掘15座，见甘肃省文物考古研究所：《甘肃永昌水泉子汉墓发掘简报》，《文物》2009年第10期；2012年发掘汉墓16座，见甘肃省文物考古研究所：《甘肃永昌县水泉子汉墓群2012年发掘简报》，《考古》2012年第12期。

[2]　甘肃省文物考古研究所、赵建龙主编：《民乐八卦营——汉代墓群考古发掘报告》，科学出版社，2014年。

[3]　据发掘者判断，水泉子木椁墓的年代为西汉晚期至东汉早中期；八卦营木椁墓的年代为西汉中期至东汉初年；黑水国木椁墓笔者参与整理，木椁墓的时代为西汉中期偏晚（见甘肃省文物考古研究所陈国科、杨谊时、刘兵兵主编：《张掖甘州黑水国汉代墓葬发掘报告》，甘肃教育出版社，2019年，第86～87页）。

[4]　内蒙古文物考古研究所、魏坚编著：《内蒙古中南部汉代墓葬》，中国大百科全书出版社，1998年。

收成小平底的特征与永昌水泉子西汉晚期至东汉早期墓葬出土的B型陶罐（如2008M14：14）及民乐八卦营西汉晚期墓葬出土的陶罐（如M57：7、M57：10、M58：10等）相似[1]。标本M7：2、M14：1、M14：3陶罐形制近同，皆为侈口，束颈，垂腹，大平底，与民乐八卦营西汉晚期陶壶如M33：4、M55：21等及水泉子西汉晚期至王莽时期墓葬出土的C型无耳罐（2012M8：4）形制相近。同样，标本M5：2、M5：3、M9：1、M12出土的陶罐形制相近，皆直口，罐腹矮扁，大平底，其形制与临夏大河庄西汉晚期墓出土的Ⅰ式陶罐（如M80：7）相似[2]。M4、M11出土的陶壶，在西安东汉早期汉墓及武威磨嘴子、五坝山等河西东汉早期汉墓中较常见。M2、M4、M6、M8、M12和M16六座墓葬中出土有五铢钱，大致可分为三型：Ⅰ型五铢字体较瘦长，“五”字交笔较直，“朱”字上部方折，下部圆折，面有周郭无内郭，背有内外郭。钱币正面多见有半星或横郭的记号，如标本M2：8-1、M2：9-6等。Ⅱ型五铢字体笔画多较纤细、规整，“五”字交笔弯曲，“铢”字“金”字头较小，呈小箭镞状或三角形，“朱”字上部转角处多方折，少量近圆折，下部圆折，一般较“金”字略高，钱体正面多数带有记号半星或横郭记号，如标本M4：7-2、M12：7等。Ⅲ型五铢字迹多数较清晰，字体笔画多数较纤细、规整，“五”字交笔弯曲，“五”字中间两笔与上下两横的交笔处近呈垂直状，“金”字头多呈三角状，中间四点较Ⅱ式五铢钱长，“朱”字上下均为圆折，如标本M2：9-2。Ⅰ型五铢同于《洛阳烧沟汉墓》第一型五铢，其时代在西汉武、昭帝时期，Ⅱ型五铢与《洛阳烧沟汉墓》第二型五铢相同，为宣、元帝时期所铸造，亦可晚至成、哀、平帝时期[3]。Ⅲ型五铢形制与《洛阳烧沟汉墓》第三型五铢相似，多数为建武年间五铢，部分为章、和帝时期[4]。上述墓葬中仅M2见有Ⅲ型五铢，其余墓葬多出土Ⅰ、Ⅱ型五铢，且以Ⅱ型五铢最为常见。M2不见东汉中晚期钱币，其时代可晚至东汉早期。从以上综合分析，该批竖穴木椁墓的年代主要集中在西汉晚期至东汉早期。

二　石板墓的特征及年代

目前，河西走廊地区使用石板砌筑墓室者，仅见于白土梁墓地中。本次发掘的3座石板墓，其中M17遭严重破坏，墓室结构不甚清楚，但从墓室底部残存情况判断，应与M18形制结构大致相同，与2003年白土梁（良）墓地发掘出土的M8（以下称2003M8）[5]相近。2003M8结构较为完整，墓葬由墓道、甬道及石室组成，墓室平面呈长方形，用石板错缝平砌而成，不规则覆斗顶。从形制及结构来看，应不属简报中所称的洞室墓类，而应是竖穴石室墓，其建筑过程应是先挖成带长斜坡墓道的竖穴土圹，后在土圹内用石板砌筑墓室。这种结构的墓葬与此次发掘的M15墓葬的营建过程，如先挖带斜坡墓道的竖穴土圹，后在竖穴土圹中使用石板铺底、

[1] 甘肃省文物考古研究所：《甘肃永昌水泉子汉墓发掘简报》，《文物》2009年第10期。

[2] 黄河水库考古队甘肃分队：《甘肃临夏大河庄汉墓的发掘》，《考古》1961年第3期。

[3] 洛阳区考古发掘队：《洛阳烧沟汉墓》，科学出版社，1959年，第225页。

[4] 洛阳区考古发掘队：《洛阳烧沟汉墓》，科学出版社，1959年，第225页。

[5] 甘肃省文物考古研究所：《甘肃玉门白土良汉晋墓发掘简报》，《考古与文物》2006年第1期。

底部用石板砌壁等是相一致，但墓室的建筑结构明显不同，M15为墓坑内东、西、南三壁贴石板，石板上横搭木板，墓门用两块大石板封堵，在墓坑底形成与上述木椁墓结构相近的石椁结构，与M18、2003M8覆斗顶的石室结构明显不同。因此，白土梁墓地的所谓的石板墓是以石板为材砌筑墓室或椁室的统称，从其结构看目前应至少存在上述两种类型。

M15发现的数量极少，从墓葬布局看其与M10、M11和M14为成组分布的墓葬，墓葬的结构特征也与上述木椁墓关系密切，年代应较接近。从随葬器物特征看，罐类器物主要位于棺前头箱内，位置与木椁墓大致相同，墓主手握、口琀五铢钱及骨质贝状器，与M6等葬俗相同，时代接近。出土Ⅰ、Ⅱ型五铢钱，未见王莽及东汉早期铜钱。因此，该墓的年代大致为西汉晚期。

M17墓葬被盗，仅出土大泉五十及Ⅲ型五铢钱，从铜钱特征看其时代不早于东汉早期。如上所述，其墓葬结构与M18相同，该墓为三人合葬，中间男性与两侧女性头向相反，与M18男女头向相反的葬式相同，故两墓时代应接近。M18出土陶器特征明显，皆为侈口鼓腹罐，罐腹有制作时形成的凹凸相间的弦纹，为河西走廊魏晋至十六国时期陶器较为普遍的装饰特征。标本M18：3、M18：7形制与敦煌祁家湾AⅢ式弦纹罐[1]、临泽黄家湾滩M1、酒泉肃州区三坝湾2013M1[2]等西晋墓葬出土的陶罐相近，故墓葬时代大致为西晋时期。

三　相关问题分析

1. 白土梁墓群与骟马城的关系

河西走廊地区大型墓群的发现及其研究，对于探讨河西走廊地区各个时期城址的地望、地理分布和政治变迁具有重要意义。从本次发掘情况看，白土梁墓地墓葬的形制有竖穴木椁墓、土洞墓及石板墓等，较为复杂，时代主要为西汉晚期至魏晋时期。结合数次发掘可以确定，白土梁墓群应为规模较大的汉晋墓群。与墓群相对应的，在其西北约1千米处，现存有骟马城（南城），城址保存较差，从残存城墙看，南北230、东西280米，据考证其应为东汉所设延寿县城，魏晋时期沿用[3]。白土梁墓群即应为汉晋古城居民，两者为生居死葬之关系，其与墓葬共同组成了一个汉晋时期的较大型聚落群。从本次发掘出土的竖穴木椁墓的时代判断，该地在东汉设延寿县之前即已有较多的人口存在，亦应设城，由此推测，骟马城的始建年代应可早至西汉晚期。

2. 土著文化因素及相关问题

该墓地竖穴木椁墓中一些随葬器物及丧葬习俗值得关注，具有一定的土著文化特征。首先，该墓地部分墓葬随葬有一定数量的夹砂单耳罐、腹錾耳罐、圜底罐等，与汉式器物明显不同，

[1] 甘肃省文物考古研究所：《敦煌祁家湾——西晋十六国墓葬发掘报告》，文物出版社，1994年。

[2] 资料现存于甘肃省文物考古研究所，临泽黄家湾滩2010M1出“建始元年”衣物疏，为西晋司马伦时期墓葬。三坝湾2013M1出“咸熙二年”买地券和镇墓券，为魏末晋初墓葬。资料见本书第拾章《酒泉市三坝湾魏晋墓2013年发掘报告》第203页。

[3] 李并成：《东汉酒泉郡延寿县城考》，《西北史地》1996年第4期。

具有浓郁的地方文化特色。其次，从墓葬随葬的铜带钩位置看，其用途亦较为特殊，如 M1 出土带钩（M1：11）置于墓主头顶，M6 出土带钩（M6：5）位于人头骨右侧，M11 出土带钩 2 件，一件置于墓主口中（M11：4），另一件置于墓主左肩胛骨上侧（M11：3）。从带钩的出土位置看，置于人头骨周围者似用于挽发，而位于口中者即为口琀。仅 M15 出土带钩（M15：19）位于墓主腰左侧，具有带钩的功能。同时将带钩置于口中的现象亦见于水泉子汉墓中[1]。

同时，墓地中一些丧葬现象亦应值得注意，M3 距离 M1 较近，人骨凌乱，从特征看应不属于迁葬，而具有二次扰乱或肢解葬，这种葬俗亦见于青海上孙家寨汉墓中。M15 斜坡墓道口俯身葬一人，手、脚被绑缚，头被砍缺失，应为杀殉葬。而这一现象在大致同时期或略早的民乐八卦营 M3（斜坡墓道竖穴木椁墓，墓道填土中有屈肢殉人一具）、M11（竖穴土坑木椁墓，填土中有殉人 4 具，殉人身首异处或被肢解）中亦有发现，说明汉代河西走廊地区在一定范围内还保留有殉人习俗，而这些殉人当为家庭奴隶。

最后，从墓葬中出土有铁锸及部分墓葬随葬有一定数量的狗、猪、鸡等家畜家禽看，该地的经济形态主要以农耕为主。

领　　队：吴　荭
发　　掘：吴　荭　赵建龙　马智全　王永安　刘兵兵
摄　　影：吴　荭　马智全
现场绘图：吴　荭　刘兵兵　马智全　王永安
器物线图：赵亚君　孙明霞　景小庆
拓　　片：赵亚君　刘兵兵
人骨鉴定：赵建龙（M17、M18）
动物鉴定：李　悦
资料整理：吴　荭　刘兵兵　王永安
执　　笔：刘兵兵　吴　荭　王永安

[1] 甘肃省文物考古研究所：《甘肃永昌县水泉子汉墓群2012年发掘简报》，《考古》2012年第12期。

捌　玉门市白土梁汉晋墓2005年发掘简报

甘肃省文物考古研究所

第一节　概况

白土梁[1]墓群位于玉门市清泉乡白土梁村东北约1千米的台地上（图一）。墓地所处台地呈南高北低的缓坡状，现平整为多级梯田，耕种小麦。该墓群东至骟马河，北抵312国道北侧。312国道、“西气东输”管道、嘉安高速公路等由东往西穿越该墓群，对墓群造成不同程度的破坏。2003年7月为配合“西气东输”石油管道工程施工，甘肃省文物考古研究所对管道施工范围内

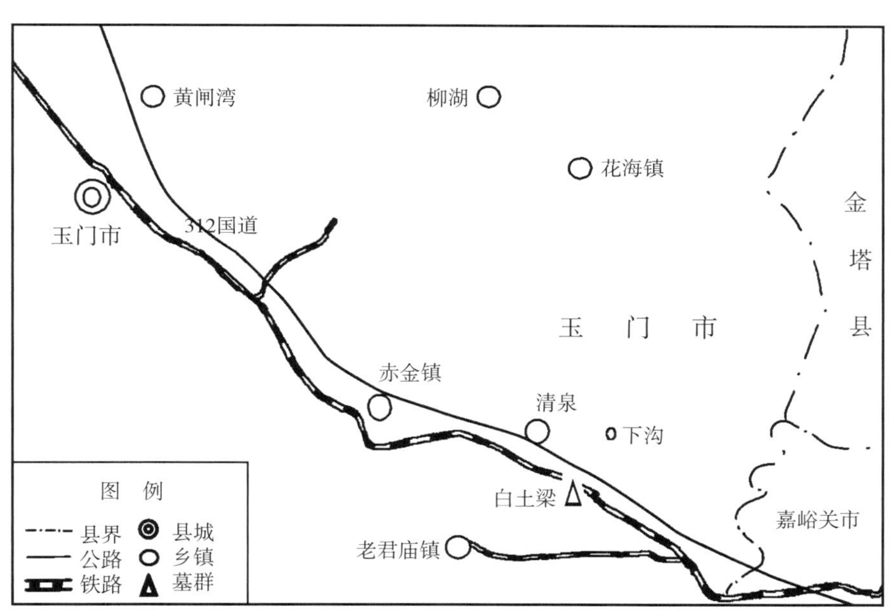

图一　玉门市白土梁汉晋墓群地理位置示意图[2]

涉及的墓葬进行了抢救性考古发掘，发掘汉晋墓葬9座[3]。2005年4～6月为配合“嘉安高速”

[1]　根据2011年测绘出版社《中国文物地图集·甘肃分册（下）》介绍：白土良墓群位于清泉乡白土梁村北侧。行政地图及谷歌地图也用的是白土梁村。本次发掘的相关记录沿用了甘肃省文物考古研究所发表在《考古与文物》2006年第1期上的《甘肃玉门白土良汉晋墓葬发掘》的习惯名称：白土良。本文统一称为白土梁墓地。

[2]　甘肃地图院：《甘肃省地图集》，西安地图出版社，2009年。

[3]　甘肃省文物考古研究所：《甘肃玉门白土良汉晋墓葬发掘》，《考古与文物》2006年第1期。

公路施工，甘肃省文物考古研究所再次对公路施工范围内涉及的墓葬进行了抢救性考古发掘。

本次共发掘清理了墓葬28座。其中，土洞墓和石板洞室墓最多。土洞墓19座、石板洞室墓7座、砖室墓1座、竖穴土坑墓1座。这28座墓葬所在的台地呈南高北低状，后经平田整地，现存地貌呈阶梯状。墓葬开口一般在0.7～1米的现代耕土层下。部分土洞墓墓室顶部坍塌，墓顶形状不明。出土随葬器物145件，其中素面灰陶最多，少量夹砂褐色陶和彩绘陶；多为轮制，少数为手制，也有少量的铜器和铁器。陶器有陶罐、壶、灯台、盘、奁、仓、灶、井，铜器有铜镜、带钩、铜钱，铁器有铁剑，已残朽。

第二节　土洞墓

19座。带长斜坡墓道的土洞墓，由墓道、墓门、甬道、墓室四部分组成。有单人葬、双人葬和多人合葬。葬式均为仰身直肢葬，多有木棺葬具。随葬品以灰陶罐为主，伴出的有陶盆、壶、灶等。以M15、M16为例。

一　M15

（一）墓葬形制

位于发掘区中部，墓口距地表深度为0.8米，墓向216°（图二）。

墓道位于墓室西南侧，平面呈长方形，两壁较直，斜坡底。长14.3、宽1.6、深3.7米。墓道填土为黄褐色花土，质地坚硬。拱形墓门用残砖封堵，残高0.72米。

甬道较短，进深0.4、宽0.88、高1.2米。

墓室平面呈圆角长方形，前窄后宽，进深3.05、宽1.96～2.18米。拱形顶，顶部及四壁均有坍塌，顶部最高处距墓底高度约2.27米。由于墓顶坍塌后有进水，故墓室内有较厚的淤土，底部的淤土层厚0.3～0.5米。四人合葬墓，均为仰身直肢葬，人骨保存较好。1具人骨位于墓室前端西侧，其余3具人骨位于墓室后端，头向均朝墓门。只有位于墓室前端西侧的R1号人骨下有残存的木板灰痕，其余3具人骨无葬具。

陶器主要放置于墓室前端东侧及甬道口，铜钱多撒在盆骨两侧。随葬品计有陶碗1件、盆2件、壶3件、罐6件、井1、灶1套、残朽铜钱15枚。

（二）随葬品

1. 陶壶

3件。轮制。

标本M15：5，泥质灰陶。敛口，圆唇，肩部有弦纹，领部上窄下宽，鼓腹，底座呈喇叭口状。口径9.2、腹径12.6、底径12.5、高24.6厘米（图三，1）。

标本M15：7，夹砂红褐色陶。盘口，尖圆唇，鼓腹，底座呈喇叭口状。肩、领交汇处有一

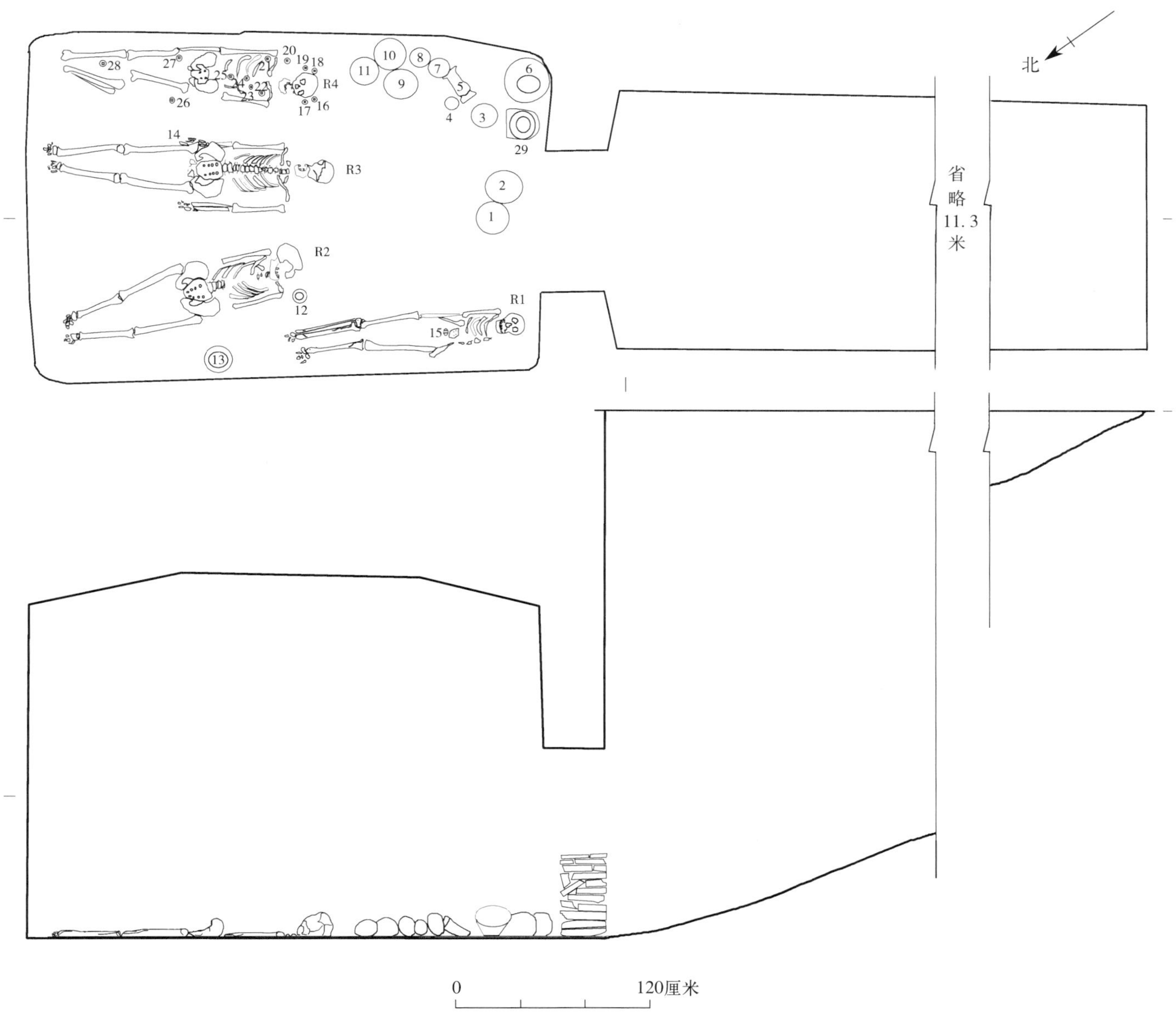

图二　白土梁汉晋墓M15平、剖面图

1. 陶碗　2、3. 陶盆　4. 陶井　5、7、8. 陶壶　6、9～13. 陶罐　14～28. 五铢铜钱　29-1. 陶釜　29-2. 陶甑　29-3. 陶灶

圈弦纹。口径10.5、腹径12.4、底径13、高26.0厘米（图三，2）。

标本M15：8，夹砂红褐色陶。盘口，尖圆唇，圆鼓腹，底座呈喇叭口状。口径12.4、腹径13.5、底径14.7、高25.8厘米（图三，3）。

2. 陶罐

6件。泥质灰陶，轮制。

标本M15：6，侈口，圆唇，广肩，鼓腹，下腹部内曲明显，小平底。腹部饰竖向绳纹，有五圈凹弦纹将绳纹分割成五部分。口径17.4、腹径34.6、底径14、高31.2厘米（图三，4）。

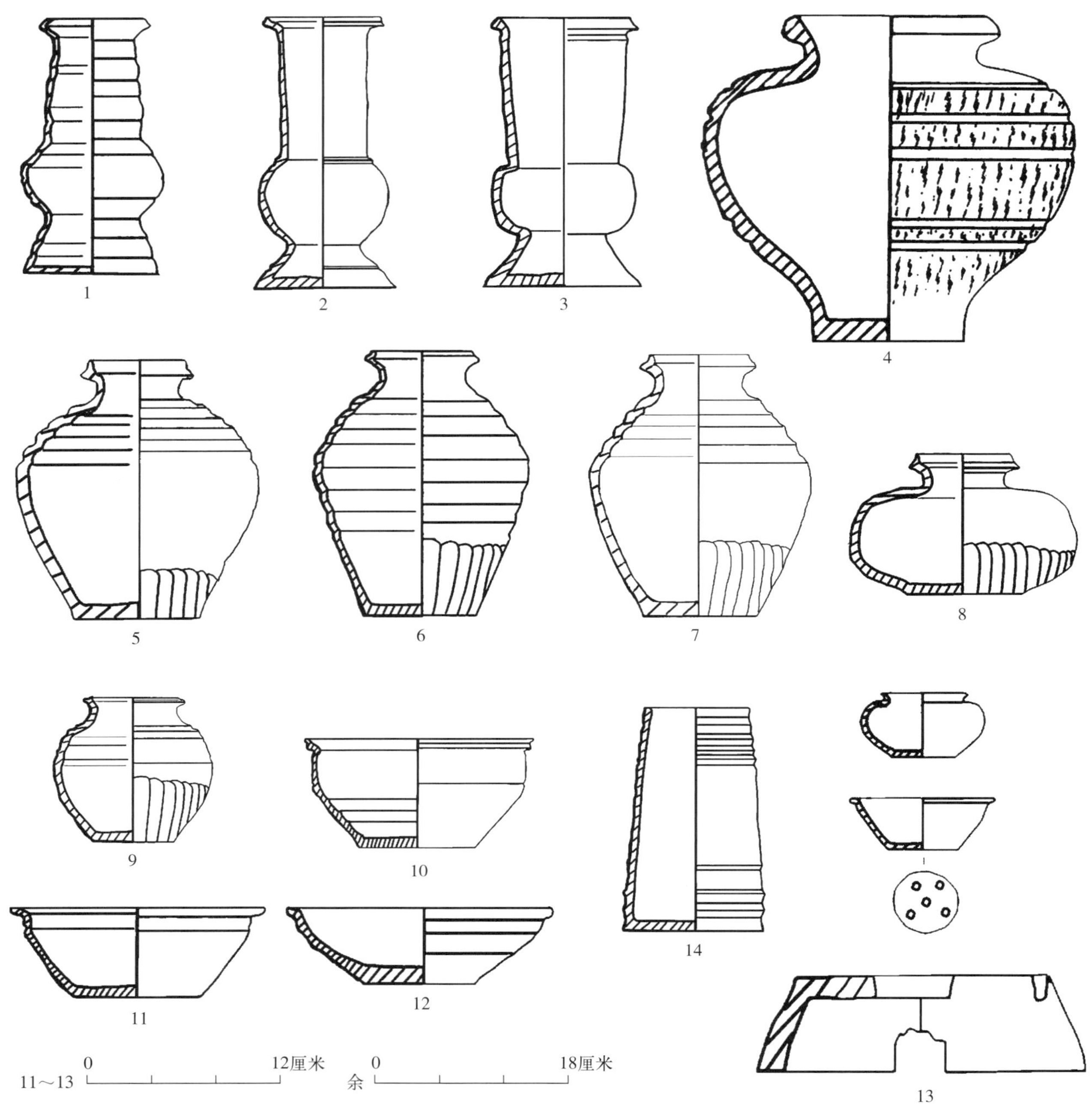

图三 白土梁汉晋墓M15出土器物

1～3. 陶壶M15∶5、7、8 4～9. 陶罐M15∶6、9～13 10、11. 陶盆M15∶2、3 12. 陶碗M15∶1 13. 陶灶组合（陶釜M15∶29–1、陶甑M15∶29–2、陶灶M15∶29–3） 14. 陶井M15∶4

标本M15∶9，盘口微侈，圆唇，溜肩，鼓腹，大平底。肩部有四圈弦纹，近底处有刮削痕迹。口径9.1、腹径22.6、底径11.8、高25厘米（图三，5）。

标本M15∶10，敛口，圆唇，溜肩，鼓腹，平底。腹部有八圈弦纹，近底处有刮削痕迹。口径9.5、腹径20.6、底径10.6、高25.6厘米（图三，6）。

标本 M15∶11，盘口微侈，圆唇，溜肩，鼓腹微折，下腹部斜收成平底。上腹部有四圈弦纹，近底处有刮削痕迹。口径 9、腹径 20.7、底径 10.2、高 25.2 厘米（图三，7）。

标本 M15∶12，盘口，圆唇，茧形腹，下腹部弧收成平底。近底处有刮削痕迹。口径 8.7、腹径 21.2、底径 10.4、高 13.7 厘米（图三，8）。

标本 M15∶13，盘口，重唇，溜肩，圆鼓腹，腹部内收，平底。腹部有四圈弦纹，近底处有刮削痕迹。口径 8.4、腹径 14.8、底径 7.6、高 14.1 厘米（图三，9）。

3．陶盆

2 件。泥质灰陶。轮制。

标本 M15∶2，侈口，重唇，深腹，下腹斜直内收，平底。上腹部有一圈弦纹，下腹内壁有三圈弦纹。口径 21.2、底径 10.8、高 10.7 厘米（图三，10）。

标本 M15∶3，侈口，圆唇，平沿，斜直腹，下腹斜直内收，平底。上腹部有一圈弦纹。口径 15.6、底径 7.8、高 5.8 厘米（图三，11）。

4．陶碗

1 件。

标本 M15∶1，泥质灰陶。轮制。侈口，圆唇，斜腹，大平底。腹部有两道弦纹。口径 16.8、底径 7.1、高 5.0 厘米（图三，12）。

5．陶灶

1 套。

标本 M15∶29，灶 1、釜 1、甑 1，泥质灰陶。轮制。灶呈倒扣盆状，灶面有 1 灶孔和 1 烟囱。灶壁上有 1 灶门。灶面直径 15.8、底径 20.4、高 6.1 厘米（图三，13）。

6．陶井

1 件。

标本 M15∶4，夹砂红褐色陶。轮制。敛口，圆唇，深腹，大平底。上、下腹部各有数圈弦纹。口径 9.6、底径 13.1、高 21.7 厘米（图三，14）。

二　M16

（一）墓葬形制

位于发掘区中部，墓口距地表深度为 0.75 米，墓向 210°（图四）。

墓道位于墓室西南侧，平面呈梯形，斜坡底，两壁较直，近甬道处明显变缓。填土为黄褐色花土，质地坚硬。墓道平面长 9.6、宽 0.8～1.64、深 2.82 米。墓道与墓室有甬道连接。

甬道用土块堆砌封门，残存高度为 0.42 米。甬道较高，进深 0.49、宽 0.67～0.71、高 0.77 米。

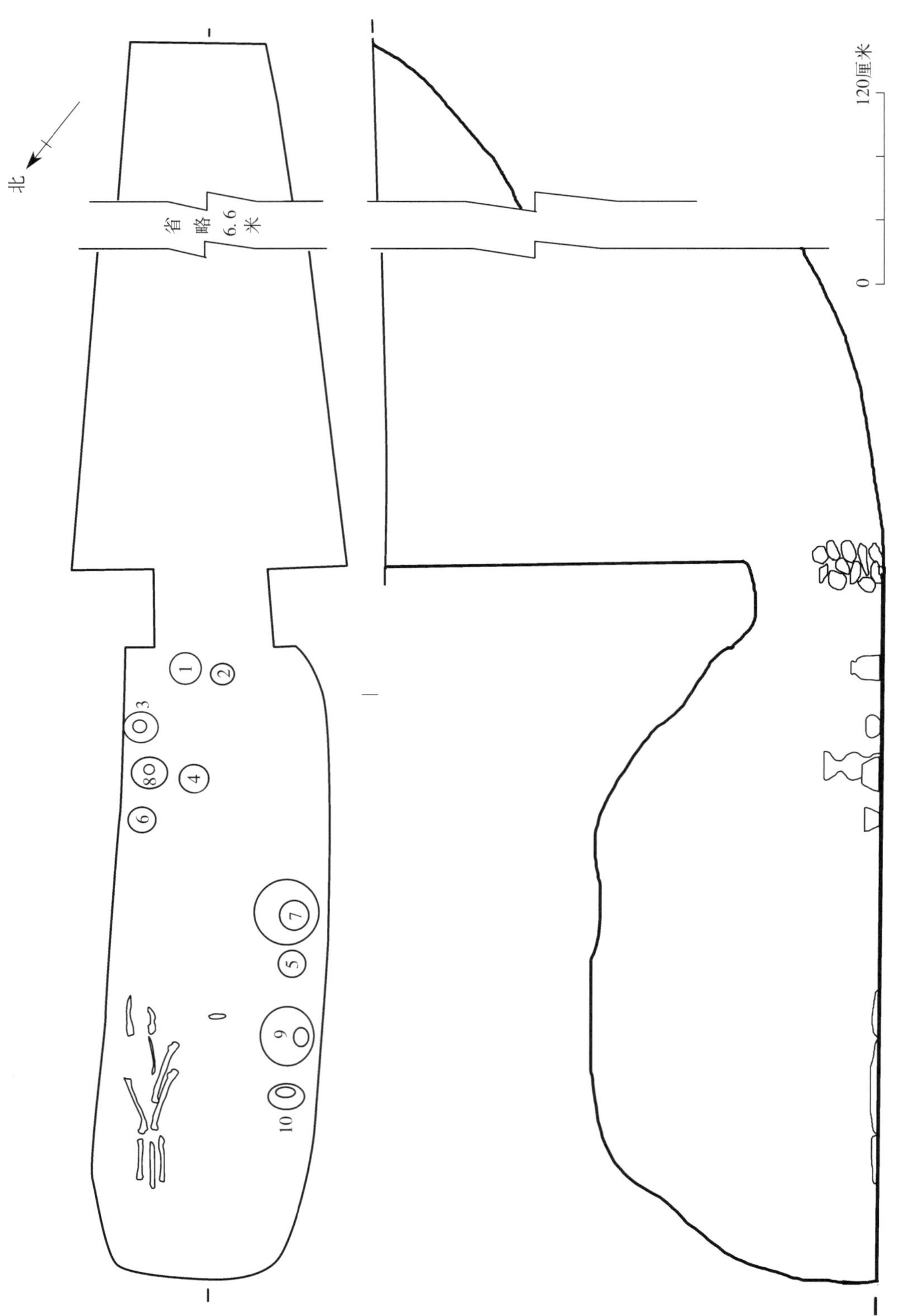

图四　白土梁汉晋墓M16平、剖面图

1、3、7、9、10. 陶罐　2. 陶碗　4、5. 陶灶　6. 陶盆　8. 陶壶

墓室平面呈不规则长方形，坍塌较严重，墓室底部长3.96、宽1.28、残高1.74米。单人葬，仅有部分肢骨。人骨下有朽木。

随葬器物共计10件，放置于墓室前端及靠近墓室西南壁处。

（二）随葬品

1. 陶壶

1件。

标本M16：8，泥质灰陶。轮制。敞口，尖圆唇，高束颈，鼓腹，八棱形底座。腹部有1圈凸弦纹。口径15.7、腹径15.4、底径14.8、高29.2厘米（图五，1）。

2. 陶罐

5件。泥质灰陶。轮制。

标本M16：1，盘口，圆唇，束颈，直腹，平底。素面。口径7、腹径12.9、底径14、高15.4厘米（图五，2）。

标本M16：3，敛口，圆唇，鼓腹，平底。素面。口径10、腹径15.2、底径8.3、高8厘米（图五，3）。

标本M16：7，盘口，尖唇，矮束颈，鼓腹，平底。腹部饰绳纹。口径10.8、腹径31.7、底径9.4、高17.1厘米（图五，4）。

标本M16：9，盘口，尖唇，矮束颈，鼓腹，近底处明显内曲，平底。上腹部有五圈弦纹。口径10.7、腹径23.4、底径10.5、高19.8厘米（图五，5）。

标本M16：10，盘口，重唇，矮束颈，鼓腹，平底。腹部有五圈弦纹，近底处有刮削痕迹。口径10.9、腹径21.6、底径10.8、高20.9厘米（图五，6）。

3. 陶盆

1件。

标本M16：6，泥质灰陶。轮制。敞口，圆唇，斜直腹，圈足，平底。素面。口径16.1、底径8.5、高7.8厘米（图五，7）。

4. 陶碗

1件。

标本M16：2，泥质灰陶。轮制。敛口，尖唇，斜直腹，平底圈足。素面。口径17、腹径18.2、底径8.8、高4.3厘米（图五，8）。

5. 陶灶

2件。素面，泥质灰陶。轮制。似倒扣盆状。

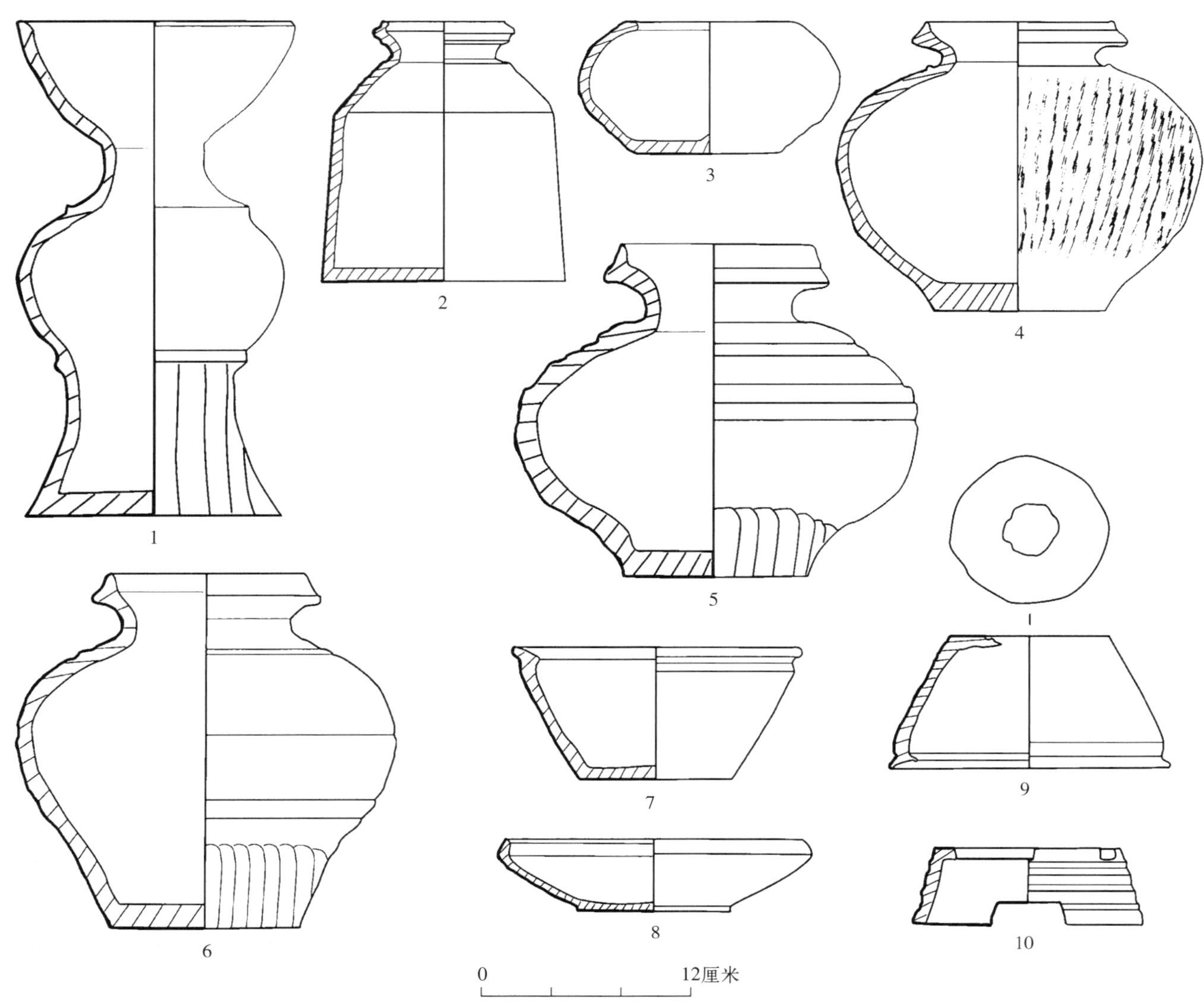

图五　白土梁汉晋墓 M16 出土器物

1. 陶壶M16：8　2～6. 陶罐M16：1、3、7、9、10　7. 陶盆M16：6　8. 陶碗M16：2　9、10. 陶灶M16：4、5

标本 M16：4，敞口，颈微束，圆唇，斜直腹，平底。底部中间凿一不规则圆形孔。上底 9.2、下底 16.2、高 7.8 厘米（图五，9）。

标本 M16：5，敞口，平唇，斜直腹，平底。底部有一圆形大灶孔和一烟囱。上底 10.7、下底 13.2、高 4.4 厘米（图五，10）。

第三节　石板洞室墓

7 座。编号分别为 M3、M8、M9、M20、M22、M28、M29。墓葬均开口在①层下，第①层为厚 0.7 ～ 1 米的现代耕土层。墓葬深度在 3 米左右。大部分墓道长度在 10 米左右，甬道长约2米，墓室底部长度在3米左右。

石板洞室墓均由墓道、甬道、墓门和墓室组成。除了M8的墓道为竖井状外，其他墓葬的墓道均为长方形斜坡状，墓门用不规整石板封堵。墓室底部均为长方形，铺一层不规整长条形石板。墓室四壁用不规整的长条形石板垒砌而成，顶部呈不规则覆斗顶。

墓室的修造步骤为：首先，在地表开挖一定尺寸的长方形深坑，用来修建墓室；第二，在深坑北侧或东北侧开挖竖井式或者斜坡式墓道；第三，开挖通道，将墓室和墓道连通，作为甬道；第四，墓室底部平铺一层不规整的石板，四壁用不规整的长条形石板垒砌而成，石板间的缝隙用石板碎屑填塞严实，距离底部0.8～1米处开始起券，墓室顶部叠层错缝平砌而成；第五，用花土填埋墓坑至地表，稍加夯实；最后，从墓道下葬埋人，并回填墓道。现以M8、M28、M29为例进行介绍。

一　M8

墓葬形制

墓葬开口位于1米深的现代耕土层下，墓葬深度为3.52米。

墓道位于墓室东部，平面呈梯形，竖井状，口小底大，墓道壁斜直，墓道内填土为黄褐色花土，质地坚硬。墓道开口长1.6、宽1.34～1.48米；墓道底部长1.84、宽1.66～1.78米，墓向105°（图六）。

墓门用不规整的石板封堵，高0.9、宽0.98米，封门石板残高0.64米。

甬道长2.33、宽1.02、高0.92米。

墓室底部呈长方形，墓室顶部呈不规则覆斗顶。墓室底部长3.06、宽1.78、高2.75米。四壁用不规整的长条形石板垒砌而成，距墓底0.75米处起券，墓顶叠层错缝平砌而成，底部平铺一层不规整的石板，石板间的缝隙用石板碎屑填塞严实。墓室连接甬道的部分用石板箍成，深入甬道约0.4米，起到加固墓室结构的作用。双人合葬墓，人骨保存较完整。R1位于墓室北侧，仰身直肢葬，头向东，面向南，人骨下有灰迹和朽木。R2位于墓室南侧，仰身直肢葬，头向东，面向北，人骨下有残朽的草席。

无随葬器物。

二　M28

（一）墓葬形制

墓道位于墓室北侧，平面呈不规则长方形，墓道两壁较直，底为斜坡状。墓葬开口位于1米深的现代耕土层下，墓葬深度为4.1米。墓道平面长11.6、宽1.56、坡长12.8米。墓向0°（图七）。

墓门用不规整的石板垒砌封门，封门残存高度为0.58米。

甬道平面呈不规则长方形，甬道长2.66、宽0.92～1.26、高0.94米。

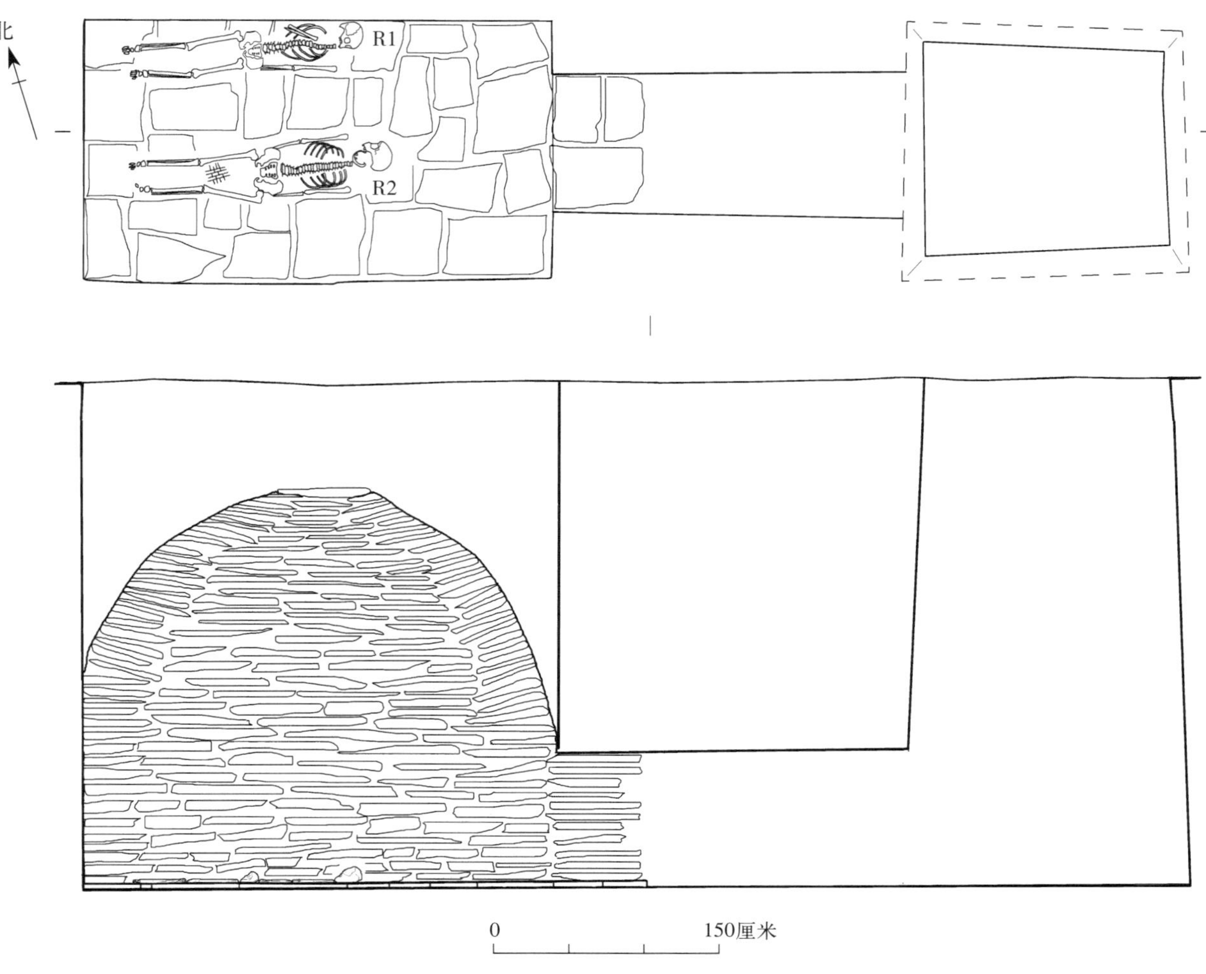

图六　白土梁汉晋墓 M8 平、剖面图

墓室底部呈不规则长方形，顶部呈不规则覆斗形。四壁用不规整的长条形石板垒砌而成，距底部 0.75 米处起券，墓顶叠层错缝平砌而成，底部亦铺一层不规整的石板，石板间的缝隙用石板碎屑填塞严实。墓室平面长 3.6、宽 1.86 ～ 1.96、高 2.52 米。墓室连接甬道的部分用石板箍成，深入甬道约 0.75 米。

双人合葬墓（R 为人骨的简称）。R1 位于墓室的西侧，人骨保存较完整，仰身直肢葬，头向北，面向上。R2 位于墓室的东侧，人骨保存较差，仅存头骨和少部分肢骨。墓室内随葬器物共计 8 件，均位于 R1 的头部东侧及前方，R1 的盆骨两侧有两枚残朽的铜钱。

（二）随葬品

1. 陶罐

3 件。泥质灰陶。轮制。

标本 M28：1，侈口，圆唇，短束颈，折肩，鼓腹，近底部内曲，平底。肩部用红色颜料彩

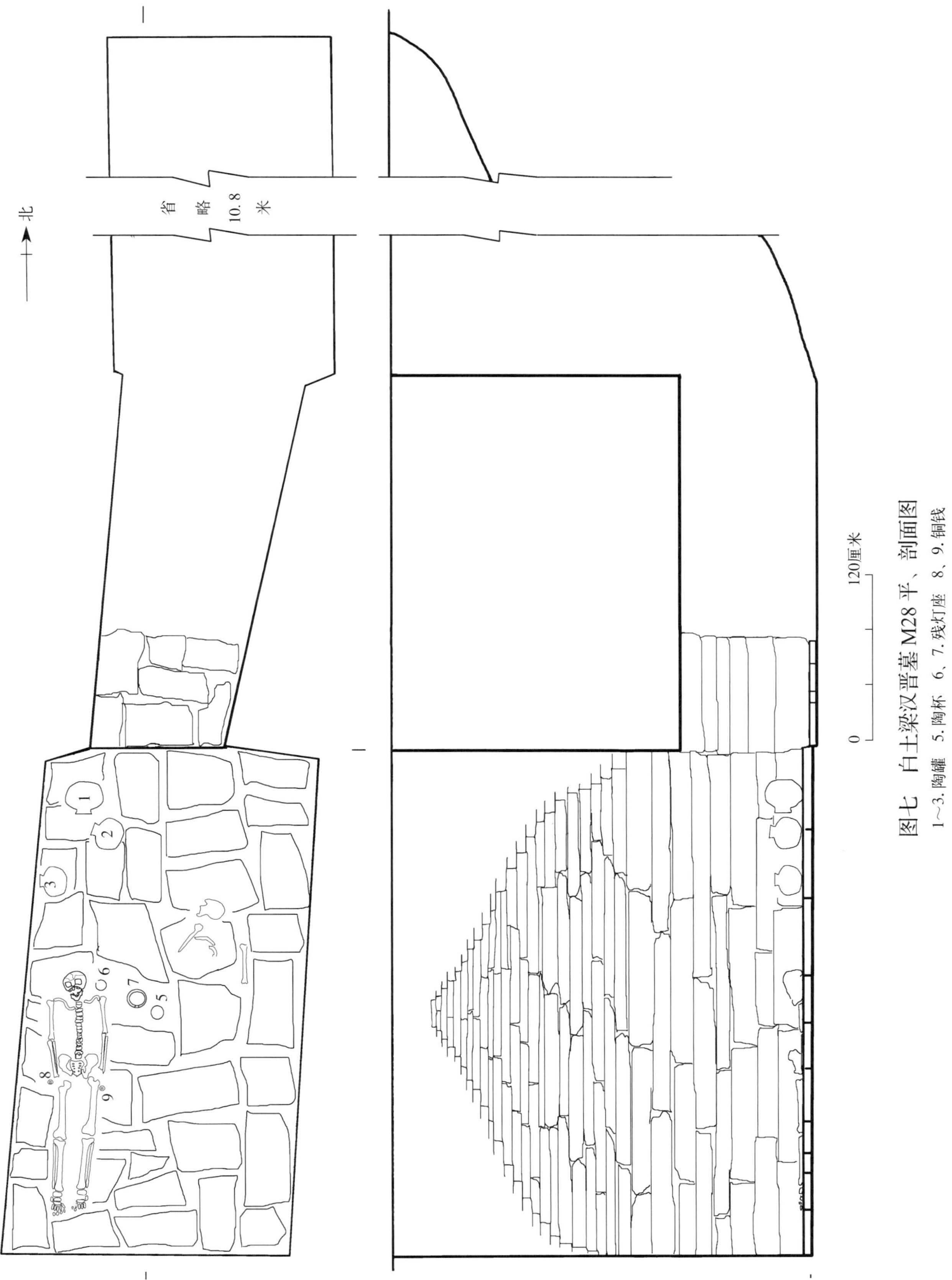

图七　白土梁汉晋墓M28平、剖面图

1～3. 陶罐　5. 陶杯　6、7. 残灯座　8、9. 铜钱

绘两圈波浪纹，紧接其下彩绘一圈宽带纹，颜料极易脱落。口径 14.2、腹径 28、底径 13.2、高 23.2 厘米（图八，1）。

标本 M28：2，盘口，圆唇，直颈，折肩，鼓腹，最大腹径偏上，近底处弧收，平底。肩部饰一圈红彩绘半圆圈纹，多已脱落，腹部有两圈弦纹。口径 7.8、腹径 23.2、底径 9.6、高 22.8 厘米（图八，2）。

标本 M28：3，敞口，矮束颈，鼓肩，鼓腹，近底处弧收，平底。通体饰白色陶衣，多已脱落。肩部饰两道红彩绘宽带纹，其间饰红彩绘半圆圈纹，多已脱落。口径 8.6、腹径 19.5、底径 12.6、高 20.4 厘米（图八，3）。

2．陶杯

1 件。

标本 M28：5，夹砂红褐色陶。手制。敛口，平唇，单耳，鼓腹，平底，矮圈足。素面。口径 9.6、腹径 12.8、底径 7.2、高 9.2 厘米（图八，4）。

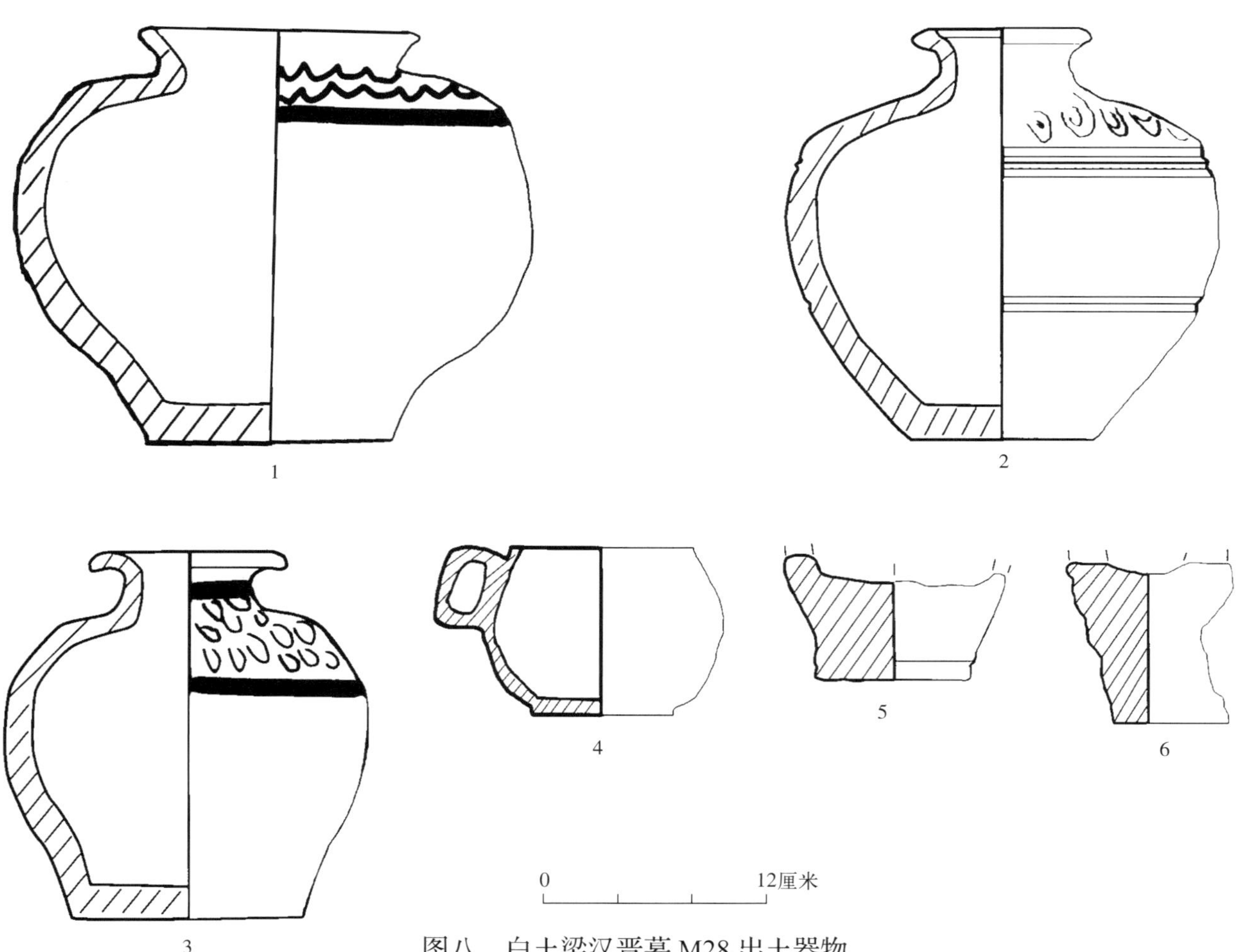

图八　白土梁汉晋墓 M28 出土器物

1～3. 陶罐M28∶1～3　4. 陶杯M28∶5　5、6. 残灯座M28∶6、7

3. 陶灯座

2件。泥质灰陶。手制。

标本M28：6，残存底部，弧腹，平底，圈足较高。底径8.3、残高7厘米（图八，5）。

标本M28：7，残存底部，平底。底径6.5、残高9.0厘米（图八，6）。

三 M29

（一）墓葬形制

墓葬开口位于0.92米深的现代耕土层下，墓葬深度为3.8米。

墓道位于墓室北侧，平面呈不规则长方形，墓道两壁较直，底为斜坡状。墓道平面长11.4、宽1.36、坡长12.7米，墓向0°（图九）。

甬道口用石板堆砌封门，封门石板残存高度为0.22米。

墓道与墓室之间由狭长的甬道连接，甬道平面呈不规则长方形，土洞状，甬道长2.2、宽0.98～1.16、高1.1米。

墓室平面呈不规则长方形，顶部为不规则覆斗顶，四壁用不规整的长条形石板垒砌而成，底部亦铺一层不规整的石板，石板间的缝隙用石板碎屑填塞严实，墓室平面长3.2、宽2.3、高2.2米。

双人合葬墓。R1（R为人骨简称）位于墓室的西侧，人骨保存较差，仅存肢骨及少量肋骨，仰身屈肢葬，头向南。R2位于墓室的东侧，人骨保存较好，仰身屈肢葬，头向南，面向东。R1的随葬器物明显多于R2，两具人骨上都撒有铜钱，已残朽。随葬器物共计31件，其中陶钵1件、陶豆1件、单耳陶罐1件、陶罐9件、陶仓2件、陶灯座1件、残朽铜钱约16枚。

（二）随葬品

1. 陶罐

9件。均为泥质灰陶。轮制。

标本M29：4，敞口，重唇，短束颈，广肩，鼓腹，近底处弧收，平底。通体饰黄色陶衣，多已脱落，肩部饰红彩绘，多已脱落，无法辨认，近底处有竖向的刮削痕。口径10.3、最大腹径21.2、底径9.8、高16.8厘米（图一〇，1）。

标本M29：5，侈口，圆唇，矮束颈，广肩，鼓腹，近底处内曲，平底。腹部饰竖向绳纹，腹部有六圈弦纹将绳纹分割成六部分，近底处有一钻孔。口径22.4、最大腹径44.2、底径20.8、高36.0厘米（图一〇，2）。

标本M29：6，盘口，圆唇，矮束颈，广肩，鼓腹，近底处弧收，平底。通体饰黄色陶衣，肩部有红彩绘，多已脱落，图案无法辨认，近底处有竖向的刮削痕。口径8.6、腹径19.0、底径

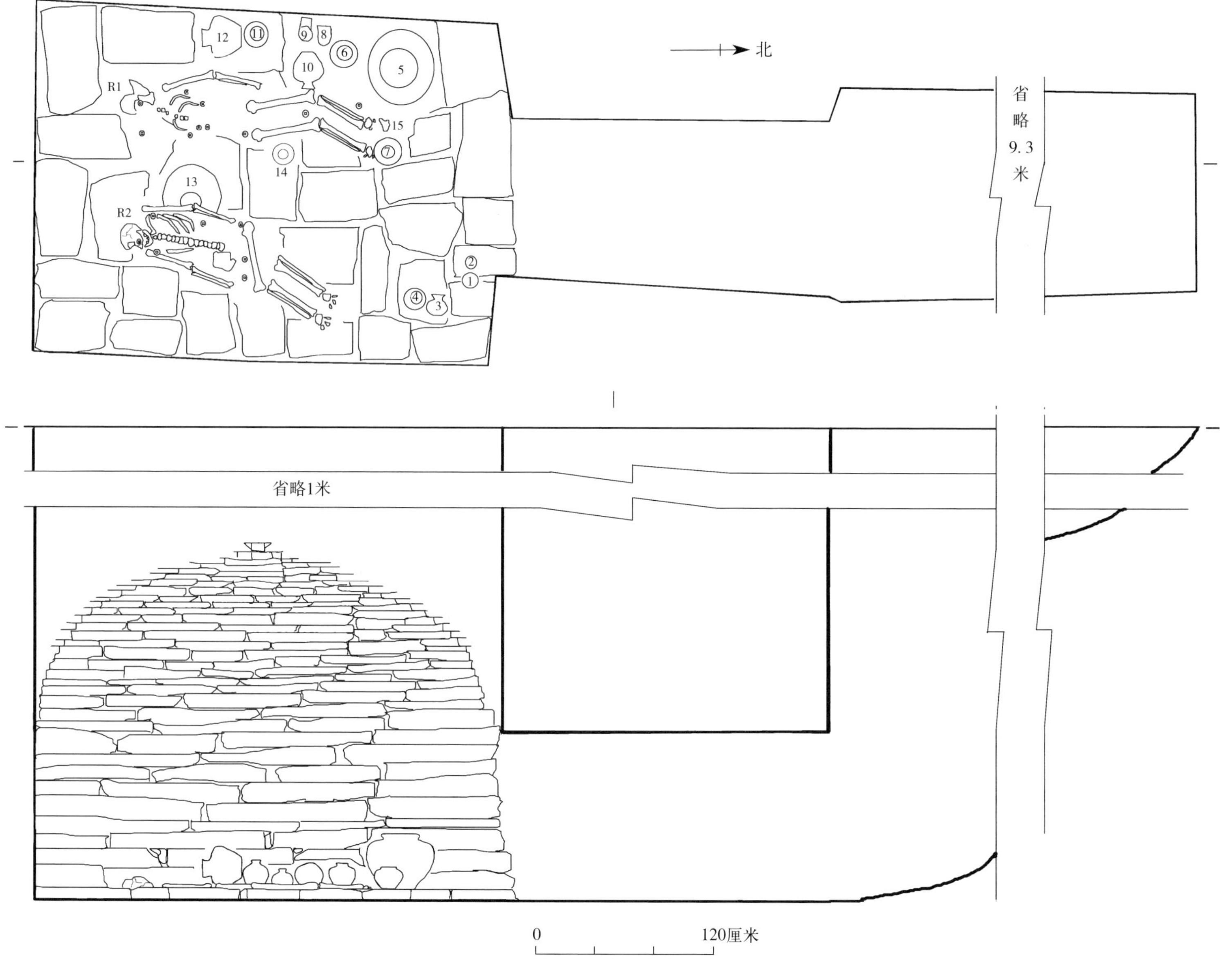

图九 白土梁汉晋墓 M29 平、剖面图

1. 陶钵 2. 陶豆 3. 单耳陶罐 4～7、10～14. 陶罐 8、9. 陶仓 15. 陶灯座

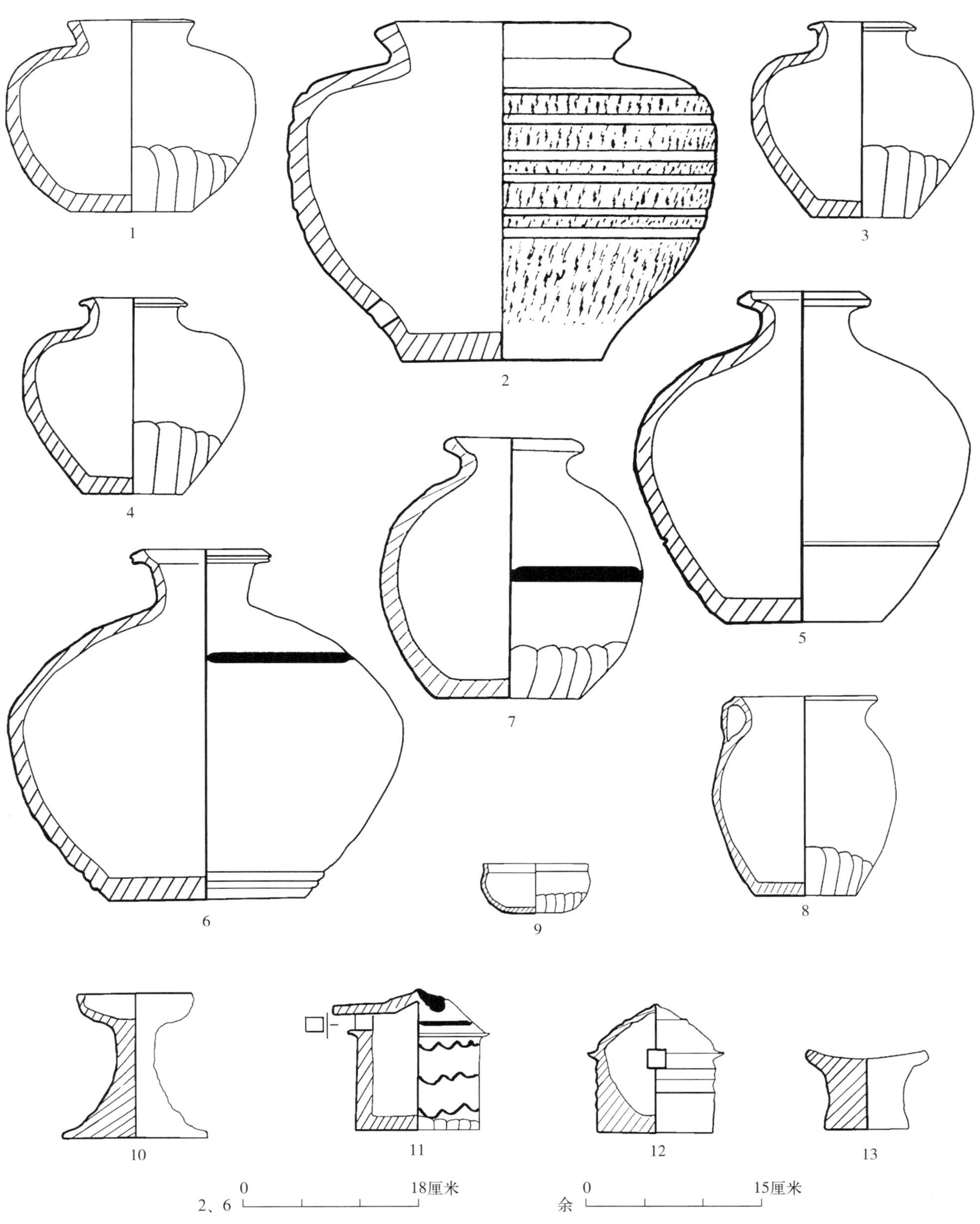

图一〇　白土梁汉晋墓M29出土器物

1～7.陶罐M29∶4～6、10～13　8.单耳陶罐M29∶3　9.陶钵M29∶1　10.陶豆M29∶2　11、12.陶仓M29∶8、9　13.陶灯座M29∶15

8.8、高 17.0 厘米（图一〇，3）。

标本 M29：7，残缺。盘口，重唇，短束颈，鼓腹，近底处弧收，平底。近底处有刮削的痕迹，残存黄彩，多已脱落。腹径 20.0、底径 12.0、残高 14.8 厘米。

标本 M29：10，敞口，圆唇，短束颈，广肩，鼓腹，平底。腹部红彩绘一圈宽带纹。近底处有刮削痕迹。口径 8.0、最大腹径 19.1、底径 8.1、高 17.5 厘米（图一〇，4）。

标本 M29：11，盘口，重唇，短束颈，溜肩，鼓腹，下腹弧收，平底。肩、腹部残留黄彩绘，多已脱落，图案无法辨认。近底处有一圈弦纹。口径 9.4、最大腹径 28.5、底径 12.8、高 29.8 厘米（图一〇，5）。

标本 M29：12，盘口，重唇，束颈较细长，鼓肩，鼓腹微折，平底。通体饰黄色陶衣，多已脱落。上腹部饰一圈红彩宽带纹，近底处有三圈弦纹。口径 13.5、最大腹径 40.8、底径 20.2、高 37.2 厘米（图一〇，6）。

标本 M29：13，盘口，圆唇，鼓肩，鼓腹，平底。通体残留黄色陶衣，多已脱落。腹部有残留的红彩绘纹饰，多已脱落，图案无法辨认。近底处有刮削痕迹。口径 11.3、最大腹径 22.8、底径 12.5、高 23.1 厘米（图一〇，7）。

标本 M29：14，残缺。侈口，圆唇，短束颈，鼓腹，下腹斜直收。残留黄色陶衣。近底处有刮削痕迹。残高 12.0 厘米。

2．单耳陶罐

1 件。

标本 M29：3，泥质灰陶。轮制。敞口，圆唇，单耳，短束颈，鼓肩，鼓腹，平底。近底处有竖向刮削痕。口径 11.8、最大腹径 15.6、底径 8.5、高 17.8 厘米（图一〇，8）。

3．陶钵

1 件。

标本 M29：1，泥质灰色陶。轮制。口微敞，方唇，鼓腹，平底。近底处有刮削的痕迹。口径 8.8、最大腹径 9.4、底径 4.4、高 4.5 厘米（图一〇，9）。

4．陶豆

1 件。

标本 M29：2，泥质灰色陶。轮制。口微敛，腹微鼓，豆柄外撇呈喇叭口状，圈足。口径 9.4、底径 12.6、高 13 厘米（图一〇，10）。

5．陶仓

2 件。泥质灰陶。轮制。

标本 M29：8，仓体呈圆柱形，仓顶呈丘状，顶起脊，两侧凸出成平沿，左侧仓顶向外延伸，仓顶及仓体有红色彩绘，仓顶为花瓣纹，偏下处有宽带纹，仓体饰波浪纹。底径 10.8、高 12.6 厘米（图一〇，11）。

标本 M29：9，仓顶呈丘状，顶起脊，两侧凸出成平沿，左侧仓顶被削去一半为仓门，器形规整，仓体有凸棱，仓体呈圆柱形。底径 10、高 11.4 厘米（图一〇，12）。

6. 陶灯座

1 件。

标本 M29：15，泥质灰陶。手制。残存底部，圈足部分为平底，呈喇叭口。底径 7.2、残高 7.2 厘米（图一〇，13）。

第四节　砖室墓

砖室墓仅有 1 座。

M1

墓葬结构

墓葬开口位于 1 米深的现代耕土层下，墓葬深度为 4.3 米。填土为红褐色花土。墓室的修造方法与石板洞室墓相同。墓室由墓道、墓门、照墙、甬道、前后室及侧室组成，方向 20°（图一一）。甬道及墓室均由长方形青砖垒砌修造。墓室使用的长方形青砖的尺寸约为长 30、宽 15、厚 5 厘米。

墓道位于墓室东北侧，平面呈长方形斜坡状，两壁较直，底为斜坡状。墓道平面长 10.3、宽 0.85、坡长 12.3 米。墓门高 1.2、宽 0.9 米，底部距地表的开口深度为 4.3 米。墓门两侧下部横砌一平砖，至 0.75 米高处开始起券，门用残破的方砖封堵，共八层，呈人字形。照墙与墓门同宽，残存两平一竖砖。

墓门与前室之间、前后墓室之间、前室与侧室之间，均由甬道相连。

墓门与前室之间的甬道平面呈长方形。长 1.2、宽 0.9、高 1.1 米。券顶，两侧壁横砌错缝平砖，地面错缝横向平铺一层方砖。甬道近墓室部分竖砌一层方砖。竖砌的这层方砖，高出平铺的方砖约 8 厘米，形成门槛。前后墓室之间的甬道修造方法与此相同，唯独没有竖砌的方砖。

前室平面呈六边形，券顶，进深 2.78、宽 2.54、高 1.94 米。墓壁砌筑方法为：最下层近甬道处横铺一方砖，紧挨方砖顺砌立砖一层，之上横砌错缝平砖三层，顺砌立砖一层，再横砌错缝平砖十六层，其间有三竖一横砖分布，再一层顺砌立砖，上部横砌错缝平砖，顶部起券。前室地面的修筑方法：错缝平铺方砖，中间偏后室顺砌立砖一层，将前室后半部分抬高了一砖，约高 15 厘米。

侧室位于前室的东南侧，由一过洞连接。过洞长 0.3、宽 0.5、高 0.75 米。侧室平面近方形，

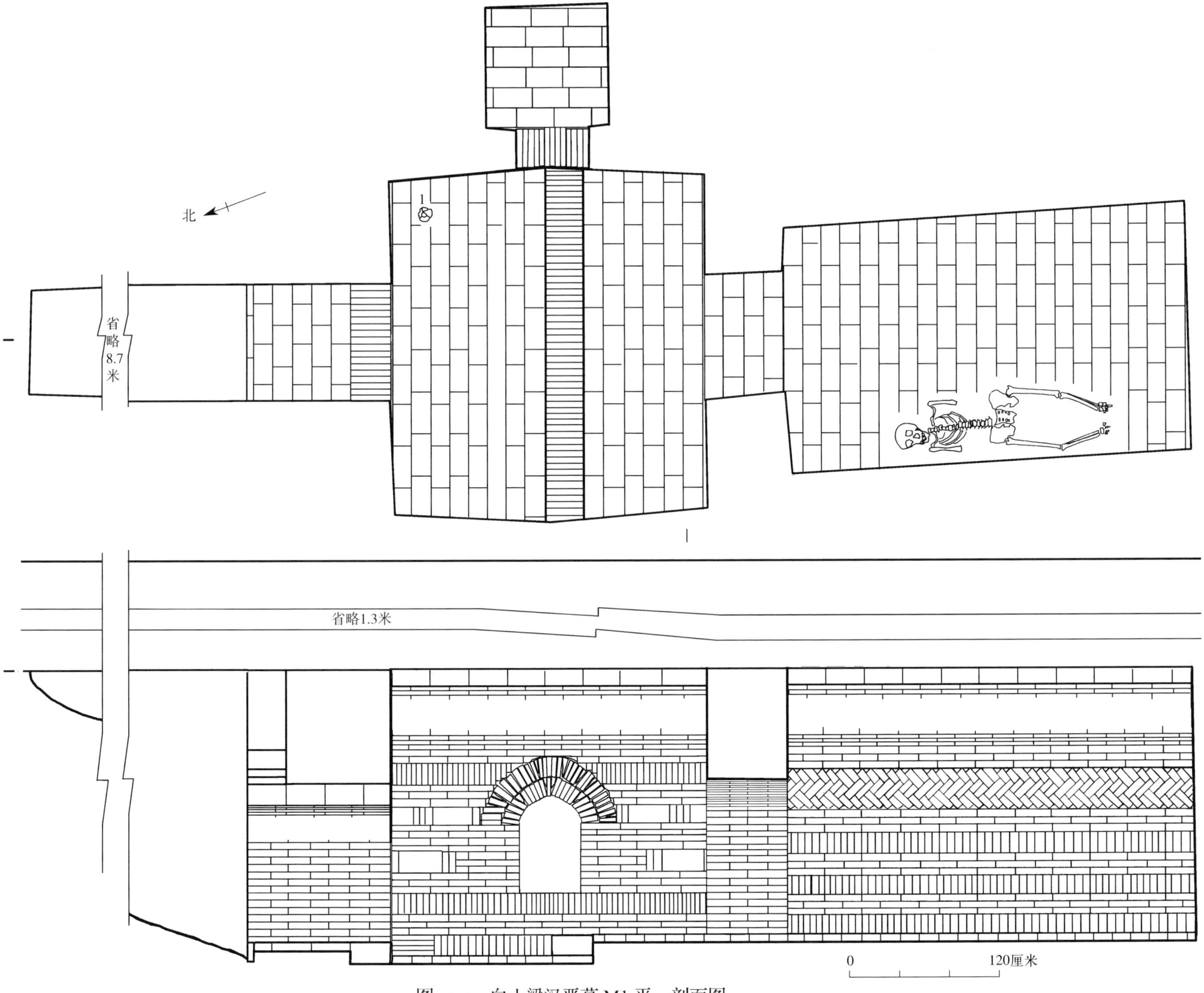

图一一　白土梁汉晋墓M1平、剖面图

进深1、高1.1米。侧室门由两层顺砌立砖起券而成，两壁及后室均有三层横砌错缝平砖与一层顺砌立砖交错叠砌二组，顶部起券，地面错缝平铺方砖。

后室位于前室的南侧，由一甬道连接。甬道进深0.65、宽1.0、高1.24米。后室平面呈斜边长方形，进深3.26、宽1.94、高1.94米。后室墓壁砌筑方法为一层顺砌立砖与三层横砌错缝平砖交错叠砌，共三组，其上人字形垒砌三层方砖，再横砌错缝平砖，上部起券。地面为错缝平铺方砖。

人骨位于后室偏西处。单人仰身直肢葬。人骨保存较完整，头向南，面向上。人骨下有朽木。随葬器物仅有一件灰陶罐，残，位于前室的西南角。

第五节　竖穴土坑墓

竖穴土坑墓仅有1座。

M14

（一）墓葬形制

墓葬开口距地表深度约1米。墓室平面呈长方形，长2.8、宽1、深0.9米。墓向20°。墓壁较直。东西壁自上向下内收，似二层台。墓葬填土为深褐色花土，质地疏松，近墓室底部有淤土，较松软。无葬具。骨架已朽烂，仅在墓室东侧靠北部的地方发现有残朽的颅骨，判断墓向应朝东北。随葬品仅2件陶罐，置于墓室北端。

（二）随葬品

陶罐

2件。轮制。

标本M14：1，盘口，尖圆唇，折肩，鼓腹，圜底。素面。口径11.2、最大腹径20.8、高24.8厘米。

标本M14：2，盘口，尖圆唇，长束颈，溜肩，鼓腹，平底。腹部饰绳纹。口径7.8、最大腹径13.2、底径6.4、高14.0厘米。

第六节　结语

2003年甘肃省文物考古研究所为配合“西气东输”管道工程建设项目，对白土梁墓群进行过一次抢救性发掘。本次为配合“嘉安高速”公路施工项目进行的抢救性发掘，其发掘地点就位于2003年发掘点的东北面。本次发掘的墓葬有土洞墓、砖室墓、石板洞室墓和竖穴土坑墓。

土洞墓、石板洞室墓的形制为单室带斜坡墓道，仅一座墓葬的墓道是竖井状，墓室平面多为长方形。石板洞室墓的墓室均用不规整的长条形石板垒砌而成，覆斗顶，石板间的缝隙均用石板碎屑填塞严实，墓室底部也铺一层不规整的石板。石板洞室墓、土洞墓和竖穴土坑墓的形制和2003年白土良汉晋墓发掘简报中的墓例形制相同[1]。砖室墓由墓道、墓门、照墙、甬道和前、后墓室及一耳室组成。墓道为长斜坡状，墓室用青砖垒砌，拱形顶。这与酒泉西沟村M7墓葬结构相同，但酒泉西沟M7前后室有画像砖，随葬器物有陶壶和陶罐[2]，而白土梁墓地的砖室墓全部为青砖，随葬器物仅有陶罐一件。

其中M22、M28、M29三座石板洞室墓中出土的罐形器上多有黄色陶衣和红色的彩绘图案，均为烧成后施彩绘，陶衣、彩绘在出土时大多已脱落严重，纹饰无法辨认。其中编号为标本M28：1、M28：2、M28：3陶罐的形制和彩绘图案与酒泉西沟村编号为M6：2、M6：14的陶罐相同。

本次清理的28座墓葬中，土洞墓19座、石板洞室墓7座、砖室墓1座、土坑墓1座。除1座砖室墓形制较复杂外，其余洞室墓多为单室带斜坡墓道，墓室简陋，墓室平面大体呈长方形（或不规则长方形）。土洞墓为拱形顶，多已塌陷。石板洞室墓为不规则覆斗形顶。其中7座土洞墓和1座砖室墓为单人葬，1座土洞墓为4人合葬外，其他均为男女双人合葬墓。

本次发掘的28座墓葬中，仅5座墓（M9、M15、M16、M25、M29）中随葬10件以上的器物，器形比较丰富，主要有陶罐、钵、壶、灯、仓、灶、带把杯及铜钱等。有13座墓葬中仅随葬陶罐1～3件。随葬器物最基本的是罐、仓、钵。绝大多数器物为轮制，极少数为手制；大多数为素面灰陶，有少数的夹砂褐色陶。器形以陶罐为主，大部分为圆唇或重唇，盘口，束颈，鼓腹，大平底，近底处有刮削的痕迹。总体上说，本批墓葬随葬器物较少，器形较单一，且无明显纪年的随葬器物。

本批墓葬符合河西地区东汉至西晋时期墓葬的基本特征。甘肃省文物考古研究所对河西地区这一时期的墓葬进行过多次的发掘清理。已发表的简报有敦煌祁家湾[3]、安西旱湖垴[4]、嘉峪关壁画墓[5]、酒泉西沟村[6]、酒泉崔嘉南湾[7]、酒泉孙家石滩[8]、酒泉三坝湾[9]、玉门白土梁[10]、玉门官庄[11]、玉门蚂蟥河[12]等。

[1] 甘肃省文物考古研究所：《甘肃玉门白土良汉晋墓葬发掘》，《考古与文物》2006年第1期。

[2] 甘肃省文物考古研究所：《甘肃酒泉西沟村汉晋墓发掘报告》，《文物》1996年第7期。

[3] 甘肃省文物考古研究所、戴春阳、张珑：《敦煌祈家湾——西晋十六国墓葬发掘报告》，文物出版社，1994年。

[4] 甘肃省文物考古研究所：《甘肃安西旱湖垴墓地、窑址发掘简报》，《考古与文物》2004年第4期。

[5] 嘉峪关长城博物馆：《嘉峪关新城汉晋砖墓发掘报告》，《陇右文博》2003年第1期。

[6] 甘肃省文物考古研究所：《甘肃酒泉西沟村汉晋墓发掘报告》，《文物》1996年第7期。

[7] 甘肃省文物考古研究所：《甘肃酒泉崔嘉南湾墓葬发掘简报》，《考古与文物》2006年第6期。

[8] 甘肃省文物考古研究所：《甘肃酒泉孙家石滩汉晋墓发掘简报》，《考古与文物》2005年第5期。

[9] 甘肃省文物考古研究所：《甘肃酒泉三坝湾汉晋墓葬发掘简报》，《考古与文物》2005年第5期。

[10] 甘肃省文物考古研究所：《甘肃玉门白土良汉晋墓葬发掘》，《考古与文物》2006年第1期。

[11] 甘肃省文物考古研究所：《甘肃酒泉玉门官庄汉晋墓葬发掘简报》，《考古与文物》2005年第6期。

[12] 甘肃省文物考古研究所：《甘肃酒泉玉门蚂蟥河墓群发掘简报》，《考古与文物》2005年第6期。

本次发掘清理的墓葬，在形制和随葬器物方面，都具有明显的东汉至西晋时期的基本特征。这批墓葬增加了玉门白土梁墓地的实物资料，为河西地区汉晋时期墓葬的研究提供了丰富的资料。

领队：毛瑞林
发掘：毛瑞林　李永锋　周广济　岳晓东　魏美丽
绘图：魏美丽
执笔：魏美丽　毛瑞林　李永峰

玖　酒泉市野猪沟墓地2010年发掘简报

甘肃省文物考古研究所

野猪沟墓地位于酒泉市肃州区上坝镇上坝村东约1千米处，属市级文物保护单位（图一）。墓地东西跨野猪沟两岸，南北长300米，东西宽200米，面积约6万平方米。

当地文物单位曾在1973年和1988年期间对于该墓地进行局部性发掘，共清理砖室墓18座，出土有陶器、铜灯、“大泉五十”铜钱和钱范等随葬品。此次新建兰新高速铁路二线东西向穿越该墓区。甘肃省文物考古研究所对野猪沟墓区铁路沿线南侧，野猪沟西侧的台地上进行了为期一个月左右的考古发掘，共清理古墓葬3座（彩版五四，1），现简报如下。

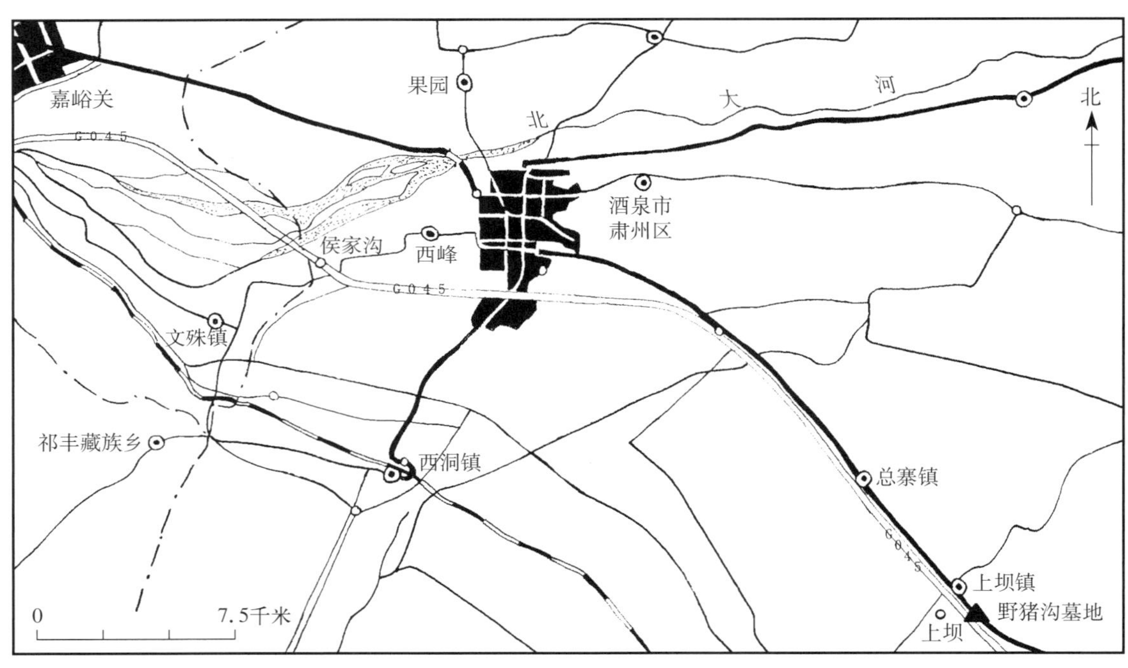

图一　酒泉市野猪沟墓地地理位置示意图

一　墓葬形制

墓葬3座。均为砖室墓，根据墓室结构特征分两型。

（一）A 型

前后室砖室墓 2 座。墓葬编号分别为 M1、M2。

M1

位于台地的东缘，其北为 M3，以西为 M2。被盗（图二）。

墓道位于墓室东侧，方向 103°。宽 2.32 米，填土土色红褐中泛红点，土质疏松。

墓门三重券顶，部分残，其中第一重与第二重（从下往上）错位，内收 0.12 ～ 0.16 米。封门底部至上 0.9 米处以“人”字形砌之，其上平砌至顶。另外，在清理近墓门距地表 2.2 米的位置发现朽木痕迹，可能为封门板。墓门两侧及券门以上增筑壁面（照壁），从上至下，先顺砌错缝平铺三至五层青砖，以下由三层斜向立砖组成“人”字形结构，下又铺砌两层平砖，其下再以两端以若干块丁砌中间则一块顺砌间三块丁砌，再以下砌二至十五层平砖。

前甬道进深 0.98 米，外宽 1.38、内宽 1.08 米。前甬道、前墓室、后甬道、后墓室以南为冲水沟，现已遭破坏。

前墓室平面呈东西向长方形，其宽与墓道宽一致，长 2.98 米。墓室顶部坍塌，结构不清。北壁及东西两壁较直，其中北壁残存部分从下至上先砌以立砖一层，其上以三层平砖、一层立砖、三层平砖及以两端以若干块丁砌中间则一块顺砌间三块丁砌构成三组，其上再以三层平砖，一层立砖砌之，再以上起拱，形成四至七层平砖。墓室底有铺地砖，以错缝平砖铺之，其中从内墓门至西 1.44 米处有一南北向长方形坑，其内放置随葬品，且坑内东北角两边各平铺一至三层青砖砌成砖灶，内盛有草木灰。

后甬道进深 0.66、宽 1.08 米。

后墓室平面呈长方形，宽与前室一致，长 3.20 米，后壁残高 2.32 米，顶部部分坍塌，形制为拱形顶，其四壁构筑与前室结构相同。

另外，值得一说的是前墓室北壁，后墓室北壁在一条直线上，前后甬道亦在同一条直线上。

由于 M1 被盗及南部冲水沟所致，后室仅发现若干已朽棺木痕迹，墓主人仅发现腿骨、头盖骨等。随葬器物有 1 陶仓、1 陶壶，置于前室方坑，前室北壁西端出土 1 铜环形器，后室中部发现 2 枚铜钱，另外，在前室方坑内有炭化谷物。

（二）B 型

单砖室墓，1 座。墓葬编号为 M3。

M3

位于台地的东缘，其以南为 M1，以西为 M2。被盗（图三）。

墓道位于墓室东侧，方向 103°。其宽约 2.12 米，填土土色红褐中泛红点，土质疏松。

墓门三重券顶，保存完整。封门高 1.45、宽 0.98 米，其以竖砌条砖封之。墓门两侧及券门以上增筑壁面（照壁），从上至下，顺砌错缝平铺十层青砖，其下以斜向立砖铺之四层，下平

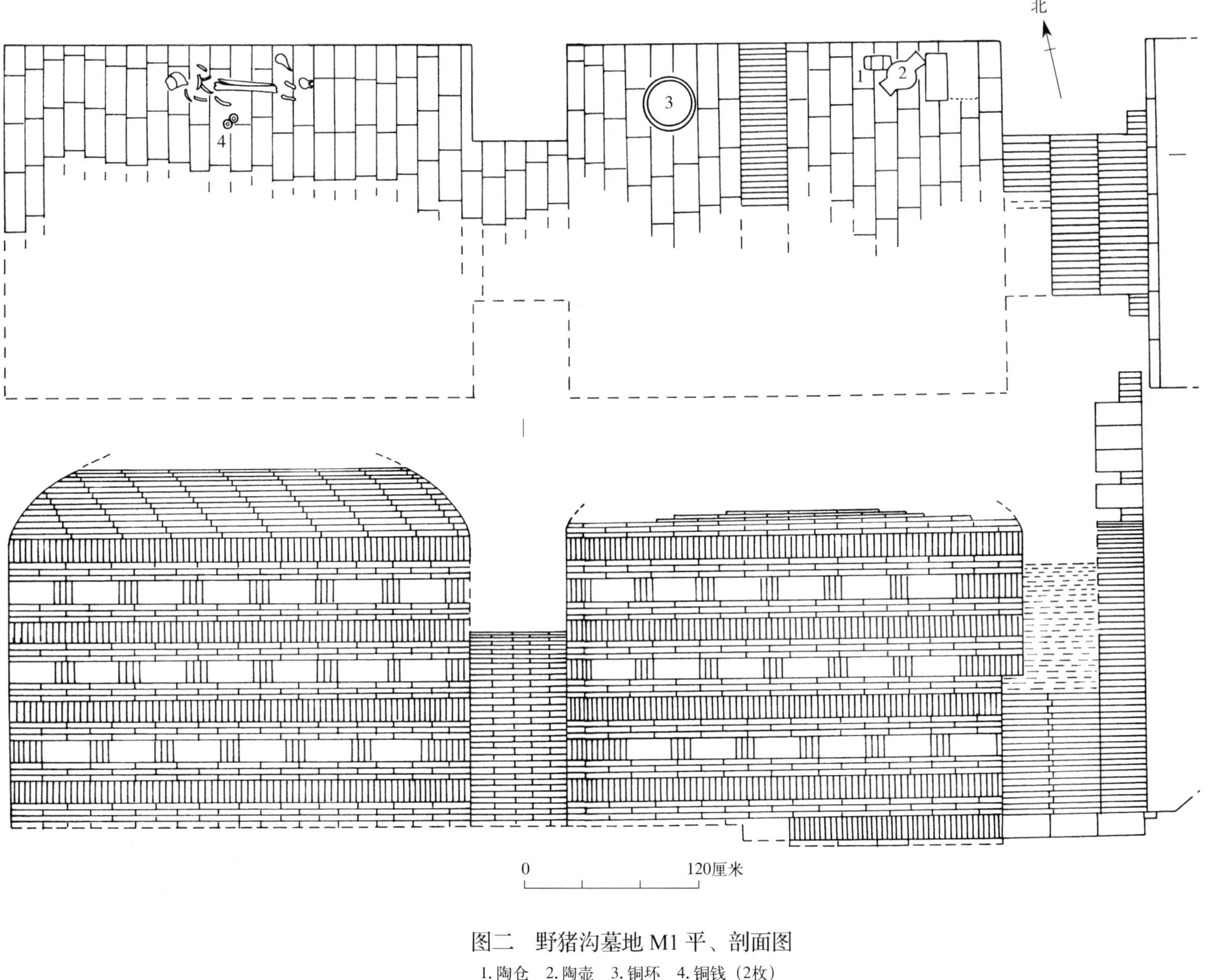

图二　野猪沟墓地M1平、剖面图

1. 陶仓　2. 陶壶　3. 铜环　4. 铜钱（2枚）

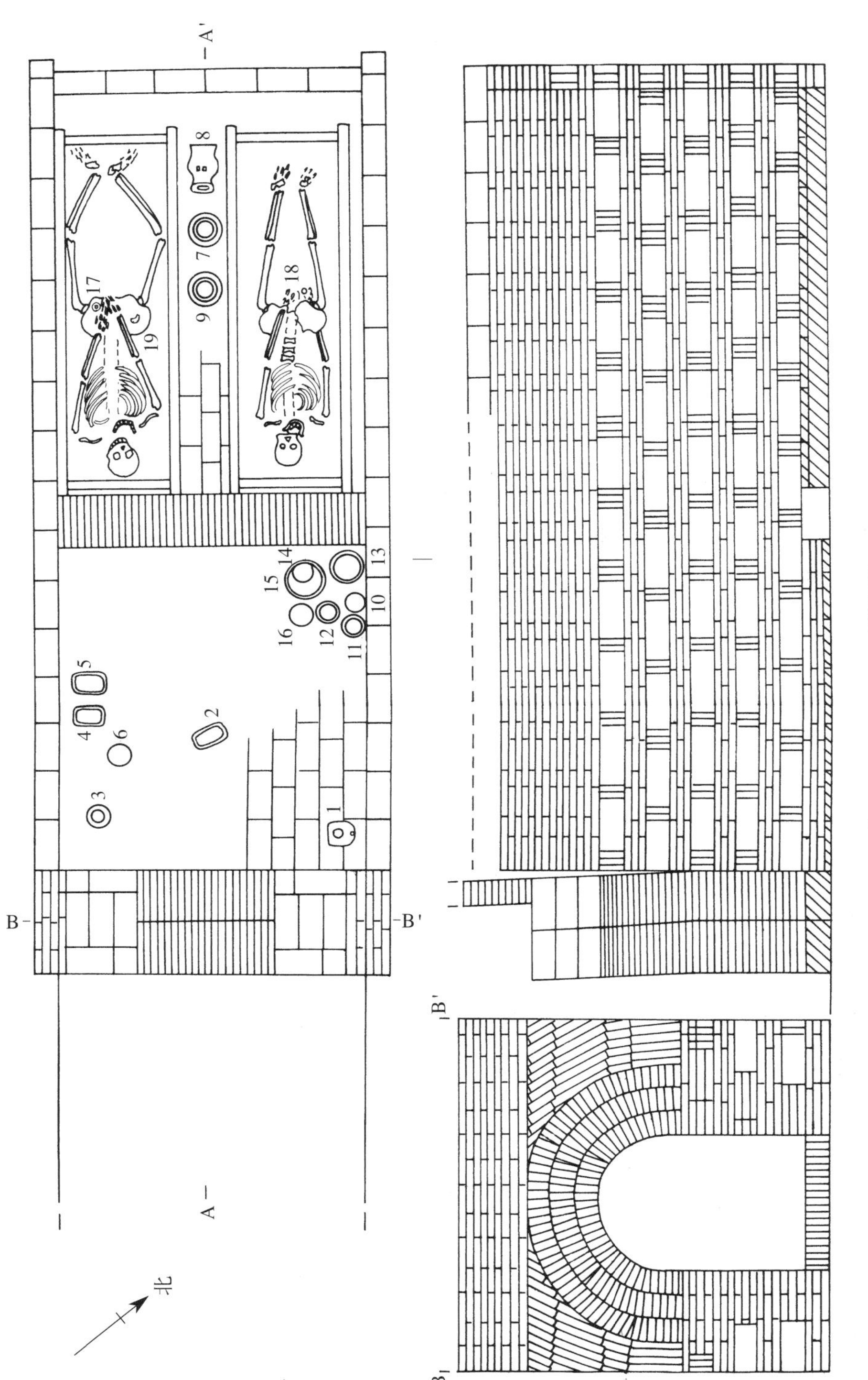

图三　野猪沟墓地M3平、剖面图

1.陶灶　2、4、5.陶条盒　3.陶井　6.陶圆盒　7～9.陶壶　10～12.陶仓　13.陶罐　14.漆耳杯　15.陶盘　16.漆盘　17、18.铜钱（2枚）　19.饰件

铺一层，下再以平铺三层且其一端以竖向立砖若干，其下再以平铺三层青砖及平铺三层青砖间隔一块顺砌构成两组，最底层又平铺三层青砖（彩版五四，2）。

甬道以连接墓道与墓室，进深约 0.75 米。

墓室平面呈长方形，东西长 5.55、南北宽 2.05 米。墓室顶部坍塌，但从复原情况看为拱形顶。四壁较直，从残存南壁来看，从下至上，其西端平铺四层青砖，而东端平铺一层，间隔一块顺砌青砖，其上以两端若干丁砌中间一块顺砌间三块丁砌和上平铺三层青砖构成四组，再以上起拱，残存十六层青砖平铺之。

墓室底有铺地砖，以错缝平铺之。其中墓室东端有一长方形坑，长 2.32、宽 2.15 米，其内放置随葬品，与置棺之所构成“前堂后室”。墓室西端尸骨两具，头向朝东，其中北侧人骨仰身直肢，下颌骨移位，双臂相交置于裆前。南侧人骨仰身，下颌骨亦移位，双臂相交置于裆前，下肢骨弯曲。经性别初步鉴定为一男一女合葬（彩版五五，1）。葬具上二者皆有木棺、尸床，其中木棺已朽，从残片看为松木所制。

随葬品丰富。方坑出土有：陶灶 1 件，陶盒 4 件，陶井 1 件，陶仓 3 件，陶罐 1 件，陶盘 1 件，漆盘 1 件，漆耳杯 1 件，南北棺木之间随葬陶壶 3 件，南侧人骨盆骨处随葬 1 件饰件，两具人骨手部位置各执 1 枚铜钱。

二 随葬品

3 座墓葬早期全部盗掘，但出土物相对丰富。根据质地分陶器、铜器等。

（一）陶器

数量相对较多，大多完整，部分可复原。器类主要有陶灶、仓、井、罐、盆、壶、盘、盒等。

1. 陶壶

4 件，其中 3 件完整，1 件可复原。根据口部及腹部特征分两型。

A 型　1 件。盘口较高，腹部圆鼓。

标本 M1 : 2，泥质灰陶。口微敛，内沿凸起形成凹沿，盘口较高，曲颈，圆鼓腹，多棱体假圈足且较高，外撇至平底。口沿下饰以水波纹，颈腹部饰以凸弦纹。铺首衔环（环不见）且附着朱砂，圈足有竖向刮削之痕迹。口径 16、最大腹径 22.4、底径 16、高 36 厘米（图四，1；彩版五五，2）。

B 型　3 件。盘口较矮，腹部微鼓。

标本 M3 : 8，泥质灰陶。侈口，窄平沿，盘口较矮，颈部较直，腹部微鼓，多棱体假圈足且较高，外撇至平底。口沿下饰以凸弦纹，腹部及圈足交接处有刮削痕迹似莲瓣纹。口径 13、最大腹径 14.8、底径 13.8、高 30 厘米（图四，2；彩版五五，3）。

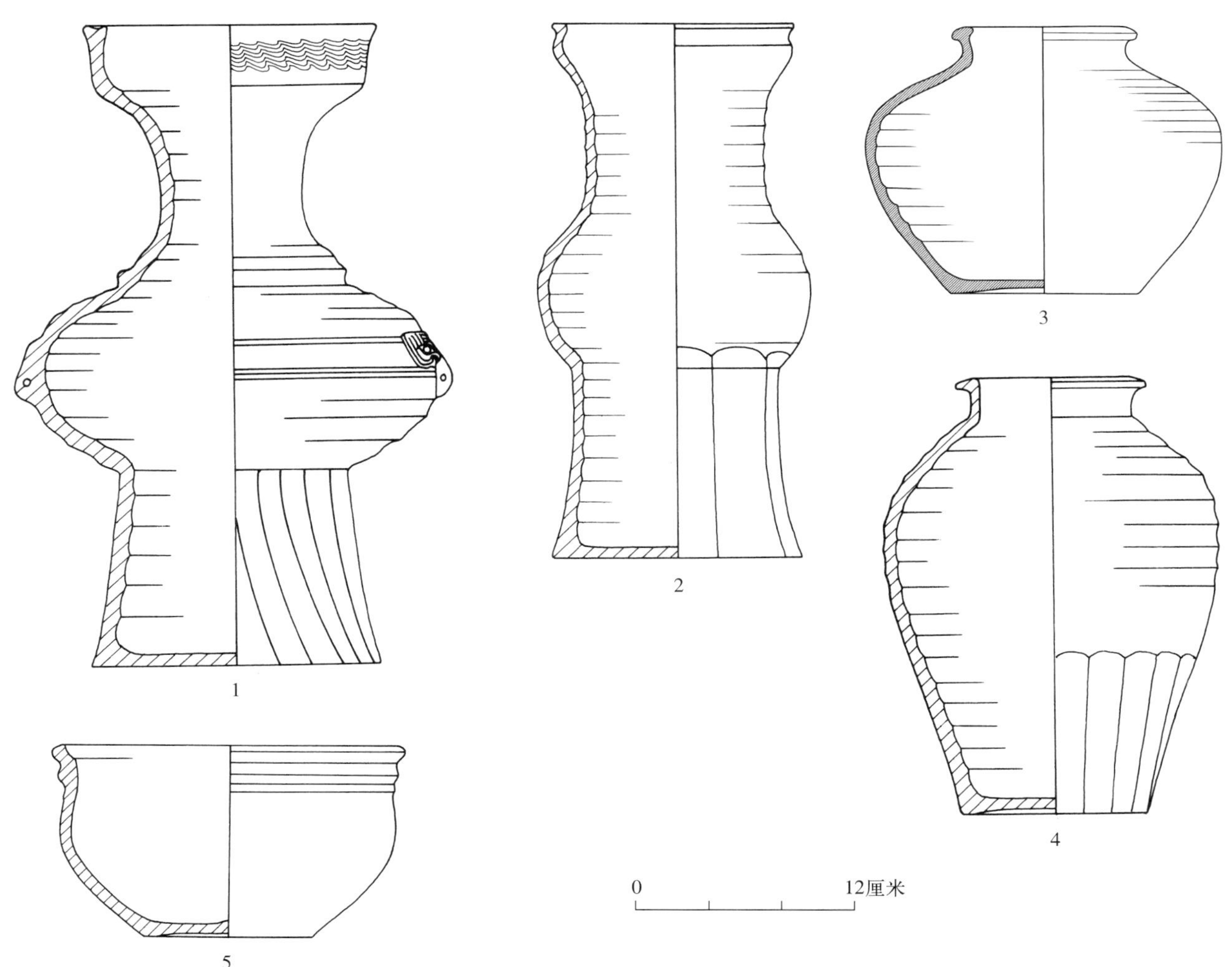

图四　野猪沟墓地M1～M3出土器物

1、2. 陶壶M1:2、M3:8　3、4. 陶罐M2:9、M3:13　5. 陶盆M2:6

2. 陶罐

3件，其中2件完整，1件可复原。根据腹部整体特征分两型。

A型　1件。腹部矮胖。

标本M2:9，泥质灰陶。侈口，窄弧沿，方唇，束颈，圆肩，腹部矮胖，下腹急收，底向内微凹。通体饰凸弦纹。口径10、最大腹径19、底径10.2、高15.0厘米（图四，3；彩版五五，4）。

B型　2件。腹部瘦高。

标本M3:13，泥质灰陶。口微侈，斜平沿，圆唇，短直颈，溜肩，腹部微鼓且较深，下腹斜收，底向内微凹。肩部以下饰凸弦纹。近底部有竖向刮削之痕迹。口径10.2、最大腹径18.4、底径10.2、高24.6厘米（图四，4；彩版五五，5）。

3. 陶盒

4 件，皆完整。根据整体形状分两型。

A 型　1 件。圆形盒。

标本 M3∶6，泥质灰陶。口小底大圆台状，敛口，窄弧沿，腹部较深，底微凹。口沿下饰以凹弦纹。口径 14.6、底径 16.4、高 7 厘米（图五，1；彩版五六，1）。

B 型　3 件。条形盒。

标本 M3∶5，泥质灰陶。口部呈长方形，敛口，窄弧沿，腹部较深，器底厚重。素面。口长 16.4、宽 9.7、底长 15、宽 11、高 7.2 厘米（图五，2；彩版五六，2）。

4. 陶盆

1 件。

标本 M2∶6，可复原。泥质灰陶。敞口，圆唇，腹部深且微鼓，底向内微凹。口沿下饰以凸弦纹。口径 19.4、底径 9.2、高 10.8 厘米（图四，5）。

5. 陶盘

3 件，其中 2 件完整，1 件可复原。分三型。

A 型　1 件。腹部较深，盘径较小。

标本 M2∶5，泥质灰陶。圆形，窄平沿，胎体较薄。素面。盘径 18、底径 8.2、高 4 厘米（图五，3）。

B 型　1 件。三足盘，盘面低于盘沿，盘径较大。

标本 M3∶15，泥质灰陶。圆形，斜凹沿，盘面中央微凸，柱足，且加工粗糙，胎体较厚。素面。盘径 26.2、高 7.5 厘米（图五，4）。

C 型　1 件。盘面略低于盘沿，盘径较大。

标本 M2∶8，泥质灰陶。圆形，窄弧沿，胎体较厚。盘面饰有几组同心圆。盘径 23.6、高 3.2 厘米（图五，5）。

6. 陶仓

5 件，皆完整。根据整体形状分两型。

A 型　2 件。器形整体呈口大底小的梯形状，口露天，仓内有隔墙二，分三间，前墙上部有三仓门。

标本 M1∶1，泥质灰陶。仓口平整，分三间，仓门有三，中为长方形、两侧为圆三角形，器壁较厚，加工规整。通体饰凸弦纹。下腹部至底有竖向刮削痕迹。仓口长 22.4、宽 10.6、底长 15.9、宽 14.5、高 22 厘米（图六，1；彩版五六，3）。

B 型　3 件。器形整体呈圆筒形，攒尖圆顶，平底。

标本 M3∶10，泥质灰陶。其上腹部开一圆三角仓门，仓内有粮食作物。通体饰凸弦纹。下

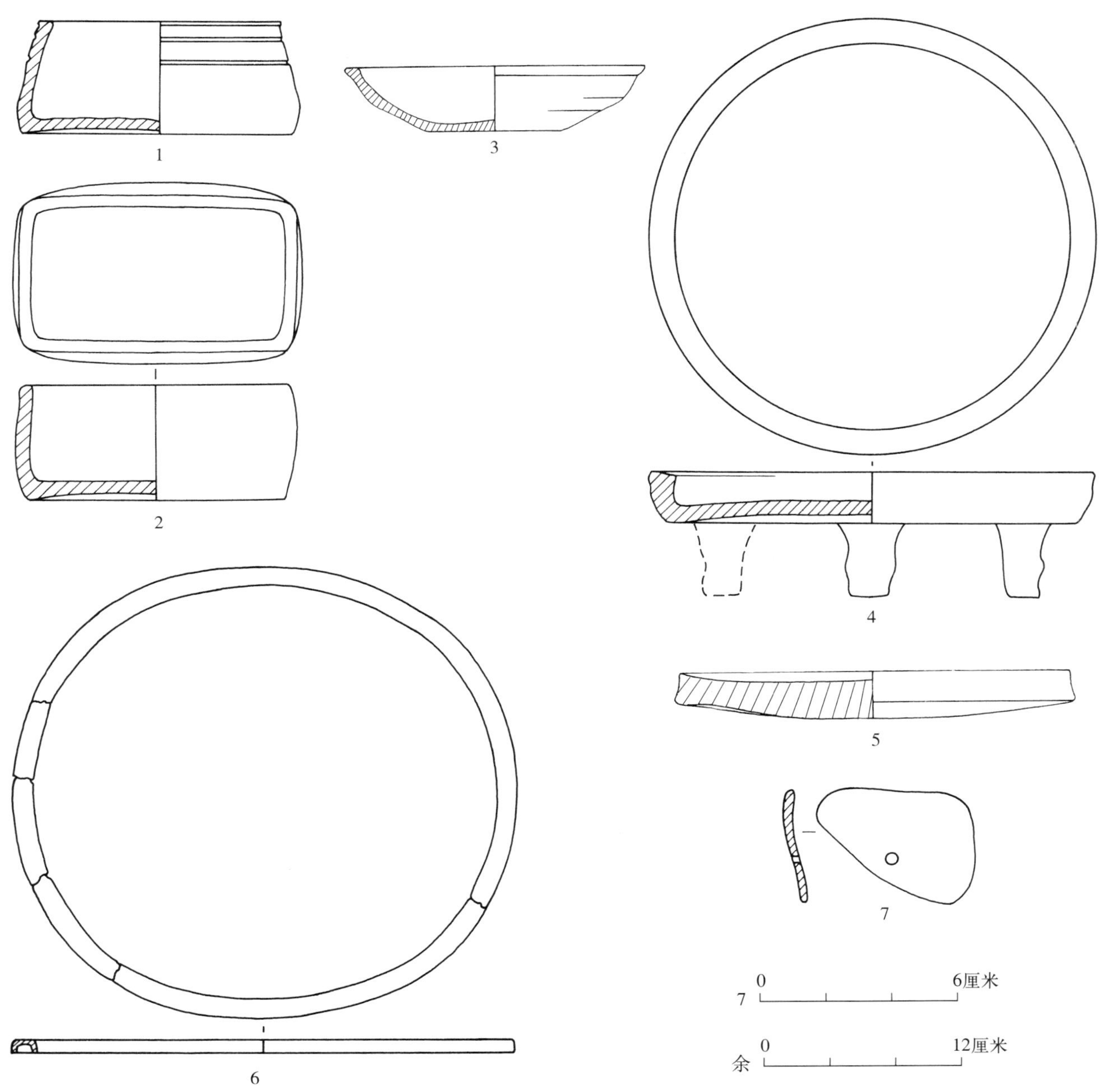

图五　野猪沟墓地M1～M3出土器物

1、2. 陶盒M3∶6、5　3～5. 陶盘M2∶5、M3∶15、M2∶8　6. 铜环形器M1∶4　7. 饰件M3∶19

腹部至底有竖向刮削之痕迹。顶径1.8、底径10.5、高15.6厘米（图六，2；彩版五六，4）。

7. 陶灶

2件。皆完整。器形整体形状似圆台，上大下小。

标本M3∶1，泥质灰陶。台面圆形，灶面中央开不规则圆形火口，灶壁下方下开一拱形火门，其后方有出烟孔。素面。灶面直径19、底径18、火口直径5.6、火门高1.4、宽3.4、通高7厘米（图

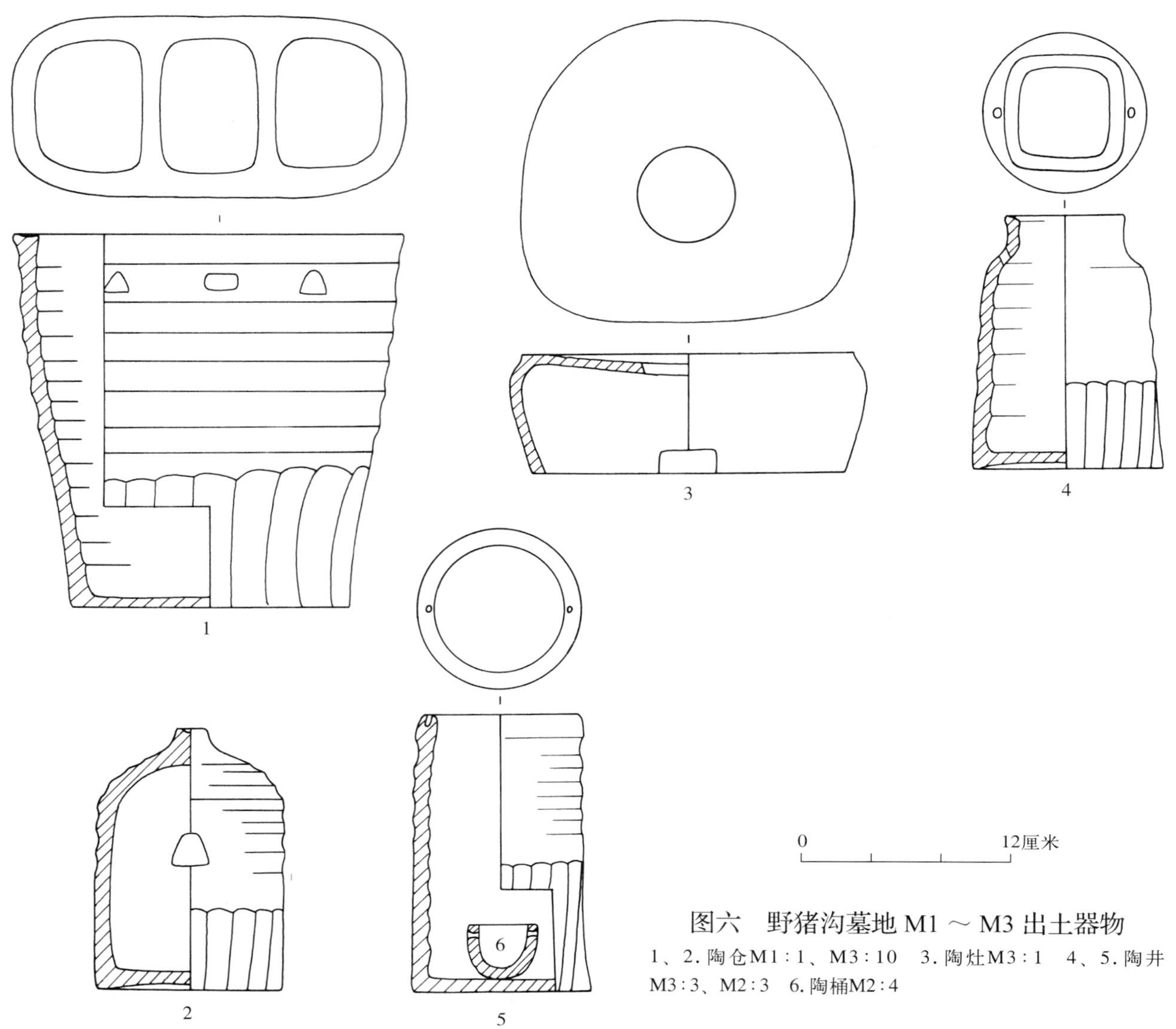

图六　野猪沟墓地 M1 ～ M3 出土器物

1、2. 陶仓M1∶1、M3∶10　3. 陶灶M3∶1　4、5. 陶井M3∶3、M2∶3　6. 陶桶M2∶4

六，3；彩版五六，5）。

8. 陶井

2 件，皆完整。根据口部特征分两型。

A 型　1 件。口部呈方形。

标本 M3∶3，泥质灰陶。口部近方形，窄斜平沿，口沿下有两孔，以架辘轳之用，腹部深且外撇，大平底。素面。近底部有竖向刮削之痕迹。口长 6.8、宽 6.7、底径 10.7、高 14.5 厘米（图六，4；彩版五六，6）。

B 型　1 件。口部呈圆形。

标本 M2∶3，泥质灰陶。口部呈圆形，窄平沿，沿上有两孔，以架辘轳之用，腹部深且较直，平底。上腹部饰凸弦纹。下腹部至底有竖向刮削之痕迹。口径 9.4、底径 10、高 16.2 厘米

（图六，5）。

9. 陶桶

1件。

标本M2：4，泥质灰陶。与标本M2：3并构成组合。口大底小之筒状，直口，窄弧沿，沿下有一对穿孔，圜底。素面。口径4、高3.2厘米（图六，6）。

（二）铜器

发现较少，器形有环行器与铜钱。

1. 铜环形器

1件。

标本M1：4，圆形，体形较大，背面有凹槽，以镶嵌装饰品。内径28、外径30厘米（图五，6）。

2. 五铢铜钱

数枚。全为实用钱。

（三）其他

漆器发现2件。器形有漆盘与漆耳杯。

1. 漆盘

1件。

标本M3：16，出土时，木胎腐蚀严重。盘沿所髹纹饰，以黑彩勾勒复道线纹，中填充简化鱼纹。盘径约18.4厘米。

2. 漆耳杯

1件。

标本M3：14，出土时，木胎已腐，仅剩零星漆皮。所髹纹饰以黑彩勾勒云气纹、凤鸟纹等。

3. 饰件

1件。

标本M3：19，形状呈不规则三角形，质地不明，发黄，中穿一孔。长约5、宽1～3.6厘米（图五，7）。

三　结语

野猪沟墓地清理的 3 座墓葬，其形制上为单券或双券砖室墓。墓门门券以上增筑的壁面在《上孙家寨汉晋墓》报告里统称为额墙，此种构筑方式仅见于单室穹隆顶或双室穹隆顶，在墓葬的分期上从四期沿袭到六期 [1]。不过野猪沟墓葬额墙结构形式，未在上孙家寨汉墓额墙结构所分的七种类型之内，应是地域性差异所致。

M3 为单券砖室墓，随葬品组合以壶 3、仓 3、盒 3 为基本规律，另出现盘、耳杯等一套祭奠明器。M1、M2 为前后双室券顶砖室墓，两墓虽已被盗，但陶器组合完整。壶 3、仓 3、盒 3 的基本定制逐渐松弛，出现缺壶少仓现象，未发现随葬陶猪、陶狗、陶鸡等模型明器。另在 M1 墓中发现用砖砌灶的现象在其他地区汉墓少见。根据酒泉汉墓葬 [2] 形制特点及随葬品组合形式，M3 时代可能在东汉早期至中叶。M1、M2 时代上晚于 M3，下限可能至东汉晚期。

领队：赵建龙
发掘：赵建龙　魏美丽　王永安
绘图：方志军
执笔：王永安

[1] 青海省文物考古研究所：《上孙家寨汉晋墓》，文物出版社，1993年。
[2] 蒲朝绂：《酒泉汉代墓葬》，《西北史地》1990年第1期。

拾　酒泉市三坝湾魏晋墓2013年发掘报告

甘肃省文物考古研究所

第一节　概况

2013年5月，为配合西气东输三线工程建设，甘肃省文物考古研究所对酒泉市肃州区丰乐镇的三坝湾墓群进行了抢救性发掘，共发掘墓葬6座，出土有陶器、铜器、木器及丝质随葬品共计40余件（组），现将发掘情况报告如下。

一　地理位置

三坝湾墓群位于酒泉市肃州区丰乐乡三坝村北4300米处，墓群东西长约2400、南北宽约4500米，分布面积约1080万平方米。墓群所在地现为戈壁滩，地势较平坦，地表可见带封土墓葬近百座。312国道丰乐线支线从北向南穿过该墓群，中心点地理坐标北纬39°25′51″、东经98°57′03″，海拔1613米。1981年该墓群被公布为酒泉市文物保护单位（图一；彩版五七，1）。

二　发掘过程

1997年该墓群被盗，酒泉市博物馆抢救性发掘了带斜坡墓道的双室砖室墓1座，发掘者从墓葬形制初步判断为汉墓[1]。

2003、2005年为配合国家重点基建项目——西气东输一、二线工程建设，甘肃省文物考古研究所对管线涉及范围内的墓葬进行了抢救性发掘，先后发掘墓葬共计17座[2]。墓葬基本被盗空，其中2003JFSM10墓室结构保存较好，为带长台阶墓道的双室砖室墓，后室葬3人，两女一男。出土残存随葬器物有陶碗3件，铜簪1件，铜钱1枚。从墓葬形制及出土物判断该墓时代为魏晋时期。

[1] 参见2009年第三次文物普查资料。

[2] 2003年共发掘墓葬10座，资料见甘肃省文物考古研究所：《甘肃酒泉三坝湾魏晋墓葬发掘简报》，《考古与文物》2005年第5期。2005年发掘墓葬7座，资料现存于甘肃省文物考古研究所。

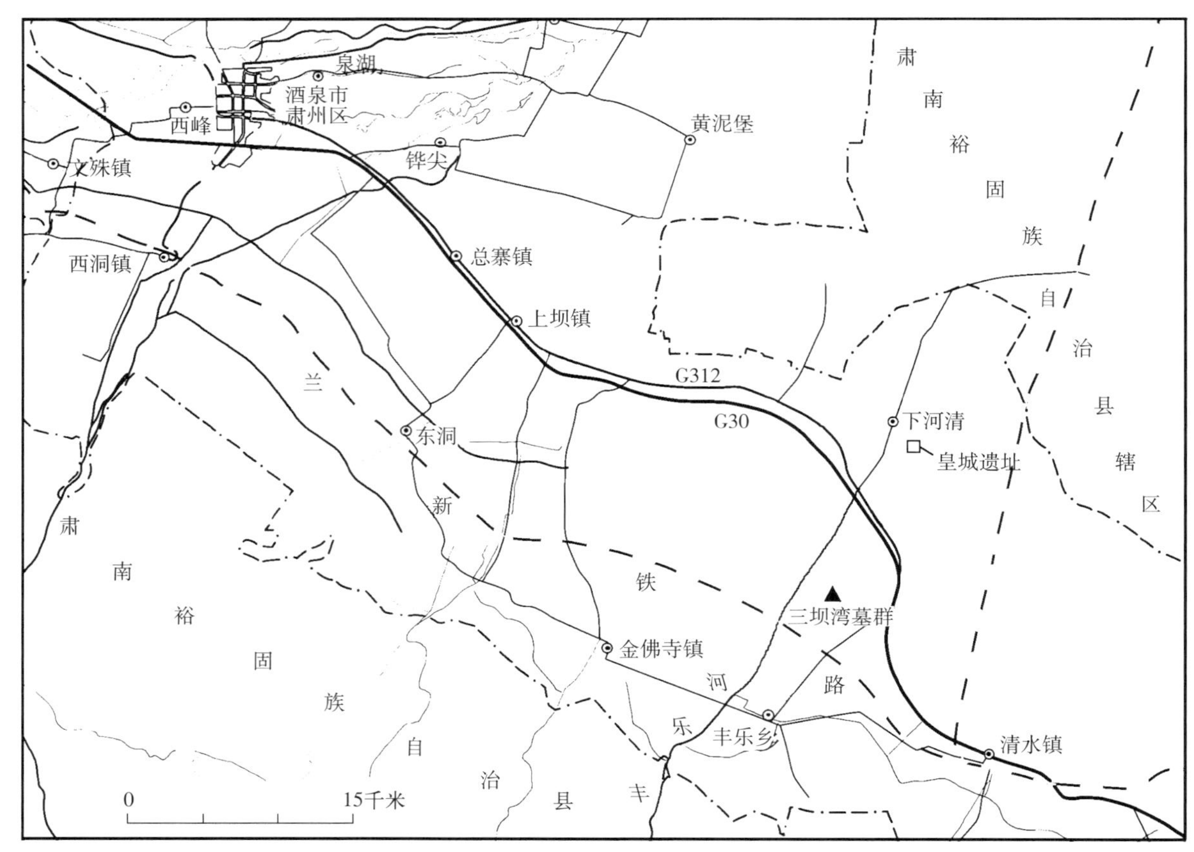

图一　酒泉市三坝湾墓群地理位置示意图[1]

2009年酒泉市文物局组织人员开展第三次全国文物普查时对该墓群进行了较详细的调查，确认了墓群的分布范围，公布地表可见有封土墓葬达近百座，主要为汉晋时期墓葬[2]。

2013年5月，为配合西气东输三线工程建设，甘肃省文物考古研究所对其进行了第三次抢救性发掘，共发掘墓葬6座，编号2013JFSM1～M6（以下简称M1～M6）。发掘区域地层堆积较为简单，表土厚0.2～0.7米，土质松散，呈黄褐色，含较多的沙石及植物根系。表土以下为次生的洪水冲积，主要为砂砾堆积。本次发掘墓葬皆为带斜坡墓道的砂土洞室墓，均东西向分布，其中M1～M3位于管道线北侧，为东西向并列分布的聚葬墓，墓葬间距3～6米。M4～M6位于管道线南侧，亦为聚葬墓，墓葬间距5.4～6.9米（图二）。6座墓葬中除M1地表遭破坏外，其余墓葬于墓室正上方地表上可见1～1.2米高的丘状或覆斗状封土堆。墓道位于封土东侧，平面呈窄长条形，上端亦见有6～12厘米厚的封土，较地表略高，开口首端均竖立3～5块较大的石块，墓道至墓门处呈长斜坡状。墓门为拱形，皆用石块垒砌封堵。

本次发掘的6座墓葬中5座为前后室双室墓，1座为单室墓。

[1]　地图采自国家文物局主编：《中国文物地图集——甘肃分册（上册）》，测绘出版社，2011年，第62、63页，略修改。

[2]　参见2009年第三次文物普查资料。

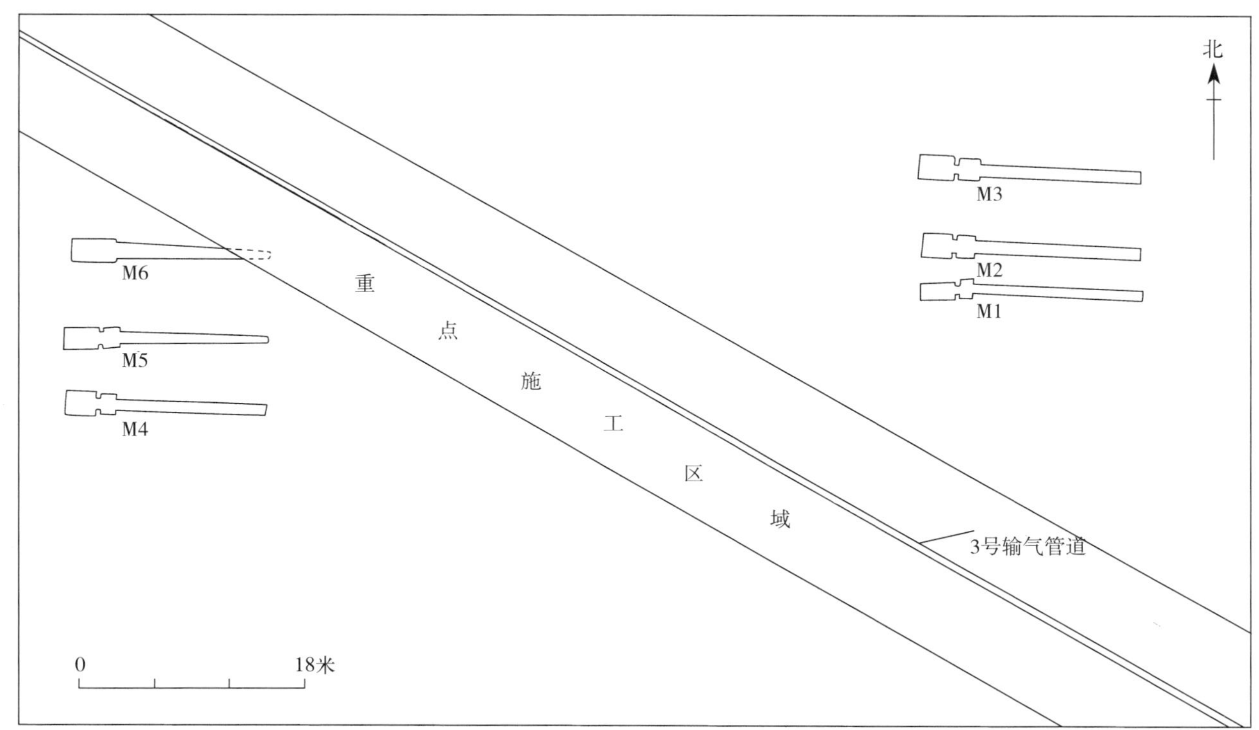

图二　酒泉市三坝湾魏晋墓 2013 年发掘墓葬平面分布图

第二节　双室洞室墓

5 座。前室平面呈方形或横长方形，穹隆顶。后室平面呈长方形，拱形顶或平顶。前后室之间有一拱形过洞。墓主一般置于后室，单人葬或双人合葬。

一　M1

该墓位于西气东输三线管道北侧，距管道 8 ～ 15 米，北与 M2、M3 并排分布，距 M2 仅 3 米。方向 91°（图三）。

（一）墓葬形制

墓葬由封土、墓道、墓门、前室、过洞及后室组成。墓葬墓室上端封土堆遭破坏，仅存少量痕迹，地表上仅见墓道口上端的长垄状封土，残高 0 ～ 0.08 米。

墓道开口平面呈长条形，长斜坡底，长 13.3、宽 0.8、深 0 ～ 3.85 米。其开口处竖立 5 块较大石块。

墓门拱形，顶部分坍塌，宽 1.0、高 1.35 米。墓门口用石块封堵，多已坍塌。

墓门西端为前室，前室平面呈横长方形，东西进深 1.4、南北宽 1.6 米。穹隆顶，顶部分坍塌，

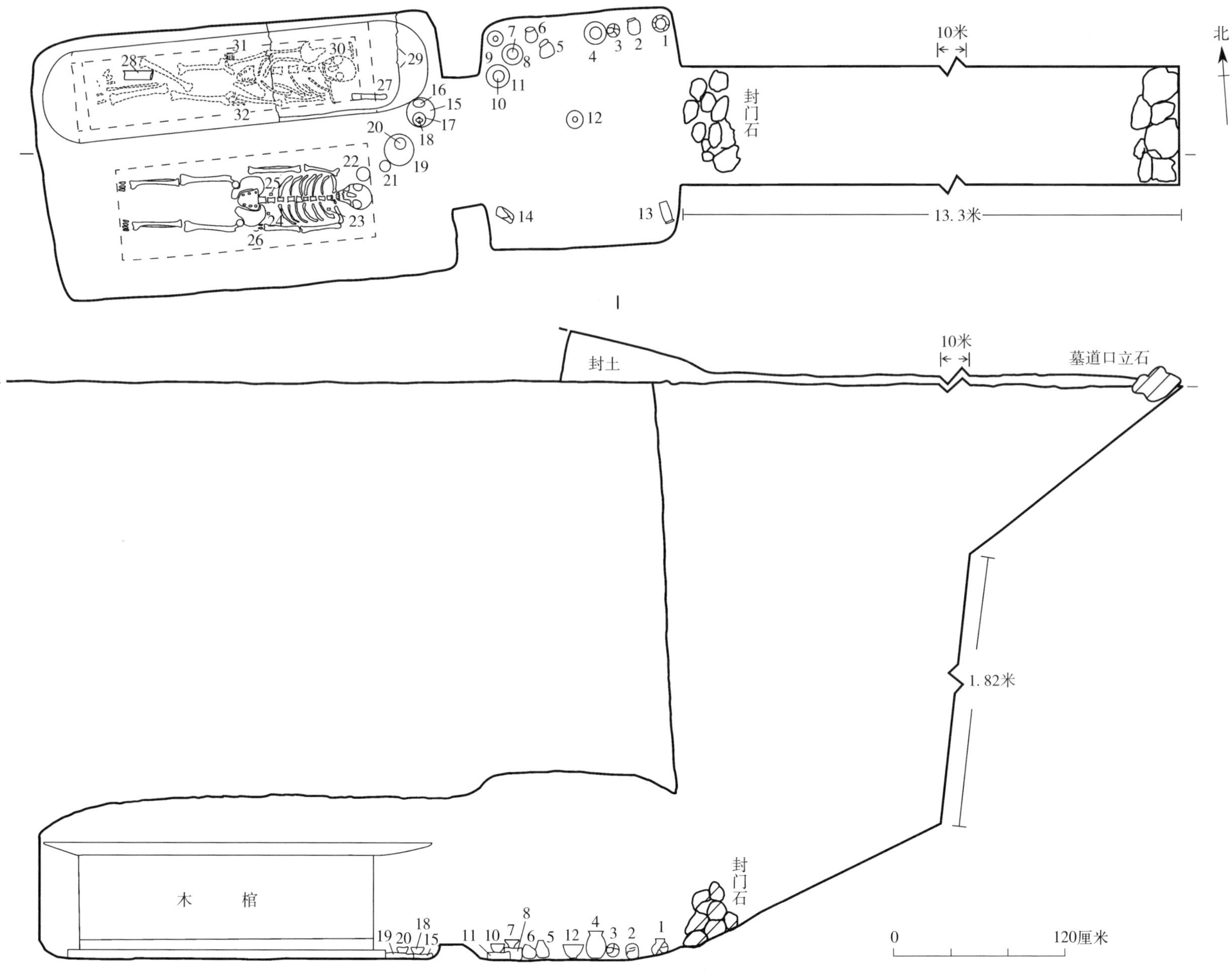

图三 三坝湾魏晋墓M1平、剖面图

1～6.陶罐 7.陶釜 8.陶灶 9.陶甑 10.陶钵 11、15、19.陶盘 12、16、20、21.陶碗 13.陶井 14.陶仓 17.陶碟 18.陶耳杯 22.铜镜 23～25.木梳 26、31、32.铜钱 27.木质买地券 28.木质镇墓券 29.丝质铭旌 30.木质墨绘人俑

高1～1.35米。墓壁凹凸不平，底部不甚平整，北壁处微高，南壁处微低，中间略内凹。

过洞开于前室西壁正中位置，拱形顶，进深0.24、宽0.88、高1.2米。

后室位于前室西侧，微偏南。平面呈长方形，顶微拱，向后逐渐弧收，进深2.8、宽1.76、高1.2米（彩版五七，2）。

（二）葬式葬具

后室内东西向并列葬人骨两具，男女各一，其中南侧为女性，无棺，人骨放置在木板上，木板已朽，从朽痕及残木块判断，木板东西长约1.7、南北宽0.6米，厚约0.02米。木板上铺一层芦苇草。人骨保存较好，头向东，仰身直肢，年龄45岁左右。北侧为男性，棺木保存较好，由棺盖板、左右侧板、两端挡板（头挡和尾挡）及底板组成（彩版五七，3），其中各部分棺板均由三至五块不等的木板采用透榫拼合而成。棺板之间均采用透榫和穿榫结合的方法套合，另在侧板与头、尾挡板拼合处的外侧上、中、下位置，采用蝴蝶榫用以加固。棺盖长2.66、宽0.61、厚0.07米。盖板内侧主要用黑、黄、红三色线条勾绘交尾的伏羲、女娲及云气纹图案（图四；彩版五八，1～3）。棺身长2.07、宽0.61、高0.64米。棺内葬一人，头向东，仰身直肢，但腿骨、盆骨及肋骨等较凌乱。年龄60岁左右。木棺下南、北端东西向各放置一长2.2、宽0.14、厚0.1米的枕木。

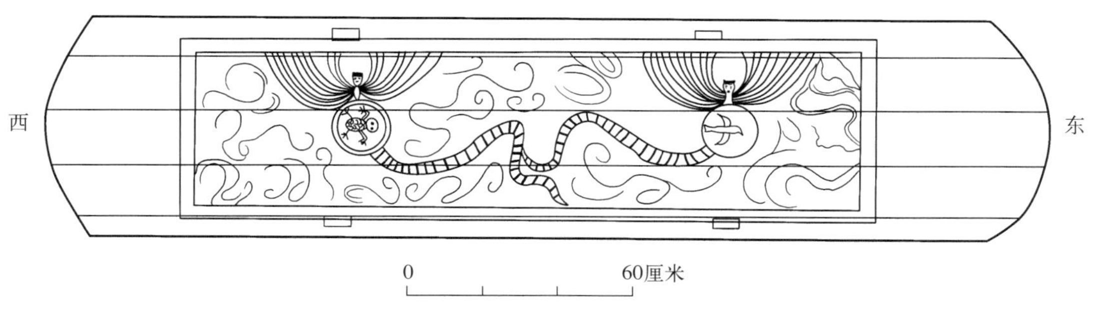

图四　三坝湾魏晋墓M1棺盖板画临摹图

（三）随葬品

墓葬未被盗扰，随葬品较为丰富，其中前室北壁下自东向西成排摆放有陶器，即有陶罐6件，陶灶、釜、甑、盘、碗各1件。中部置陶碗1件，东南角葬陶井1件，西南角葬陶仓1件，其中部分陶罐及陶仓内盛谷物等。后室近过洞口放置陶盘2件，其中偏北侧陶盘上放置小陶碗和陶碟各1件，陶碟上摆放1件陶耳杯，偏南侧陶盘上摆放小陶碗2件（彩版五九，1）。后室内女性人骨头骨北侧随葬铜镜1件，盆骨附近及胸处随葬明器木梳，左手处见有五铢钱2枚。男棺棺盖上偏东部盖丝质铭旌。棺盖东端及中部各置一木质墓券，两件墓券保存较好，上有朱书文字。棺内人骨左、右手处均随葬有铜钱，其中左手处64枚，右手处8枚，铜钱多成串锈结在一起，头顶随葬墨绘人形木片1件。另男、女墓主身体周围见有丝质衣物残片（彩版五九，2）。

1．陶罐

6件。

标本M1：1，泥质灰陶，轮制。残破，可修复。侈口，圆唇，束颈，鼓腹，平底。腹及底座外壁有轮制时形成的凹凸相间的楞纹，底有明显的轮制线割痕。口径8.8、腹径16.8、底径11、通高16厘米（图五，1）。

标本M1：2，泥质灰陶，轮制。口微残，形制与M1：1相同。罐内盛有残存的粮食。口径9.2、腹径16.8、底径9.2、通高15.4厘米（图五，2；彩版五九，3）。

标本M1：3，泥质灰陶，轮制。形制与M1：1相同。罐体陶质较疏松，表层部分地方剥落。罐内盛有残存的粮食。口径10.8、腹径16.6、底径10.6、通高14.4厘米（图五，3；彩版五九，4）。

标本M1：4，泥质灰陶，轮制。口部分残失，形制与M1：1相同。罐内盛有残存的粮食。口径9.6、腹径16.6、底径10、通高15厘米（图五，4；彩版五九，5）。

标本M1：5，泥质灰陶，轮制。完整，形制与M1：1相同。罐内盛有残存的粮食。口径10、腹径18.2、底径10.4、通高17.6厘米（图五，5；彩版六〇，1）。

标本M1：6，泥质灰陶，轮制。完整，形制与M1：1相同。口径9.6、腹径17.6、底径11、通高17厘米（图五，6；彩版六〇，2）。

2．陶甑

1件。

标本M1：9，泥质灰陶。敞口，平沿，弧腹内收，平底。底部有一较大的箅孔，腹外壁近口沿处饰一道凸棱。口径12.1、底径5.4、通高6厘米（图六，1；彩版六〇，3）。

3．陶盘

3件。

标本M1：11，泥质灰陶，轮制。圆形，沿内斜，平底。底面制作时黏有较多的细沙，器面上有明显的轮制纹痕。直径18.2、高1.4～2.1厘米（图六，2；彩版六〇，4）。

标本M1：15，泥质灰陶，轮制，制作不甚规整。上表面中间微凹，边缘略上翘圆饼状，有手压印痕。直径18.6、底径19.2、通高2.2厘米。陶盘上摆放小陶碗、碟、耳杯等（图六，3；彩版六〇，5）。

标本M1：19，泥质灰陶，轮制，制作较粗糙。圆饼形，沿内斜，平底。面径19.2、底径20、通高1.8厘米。陶盘上放置小陶碗1件（图六，4；彩版六〇，6）。

4．陶钵

1件。

标本M1：10，夹砂灰陶，制作较精致。敛口，弧腹，平底。口径10.2、底径4.4、通高4.4厘米（图六，5；彩版六一，1）。

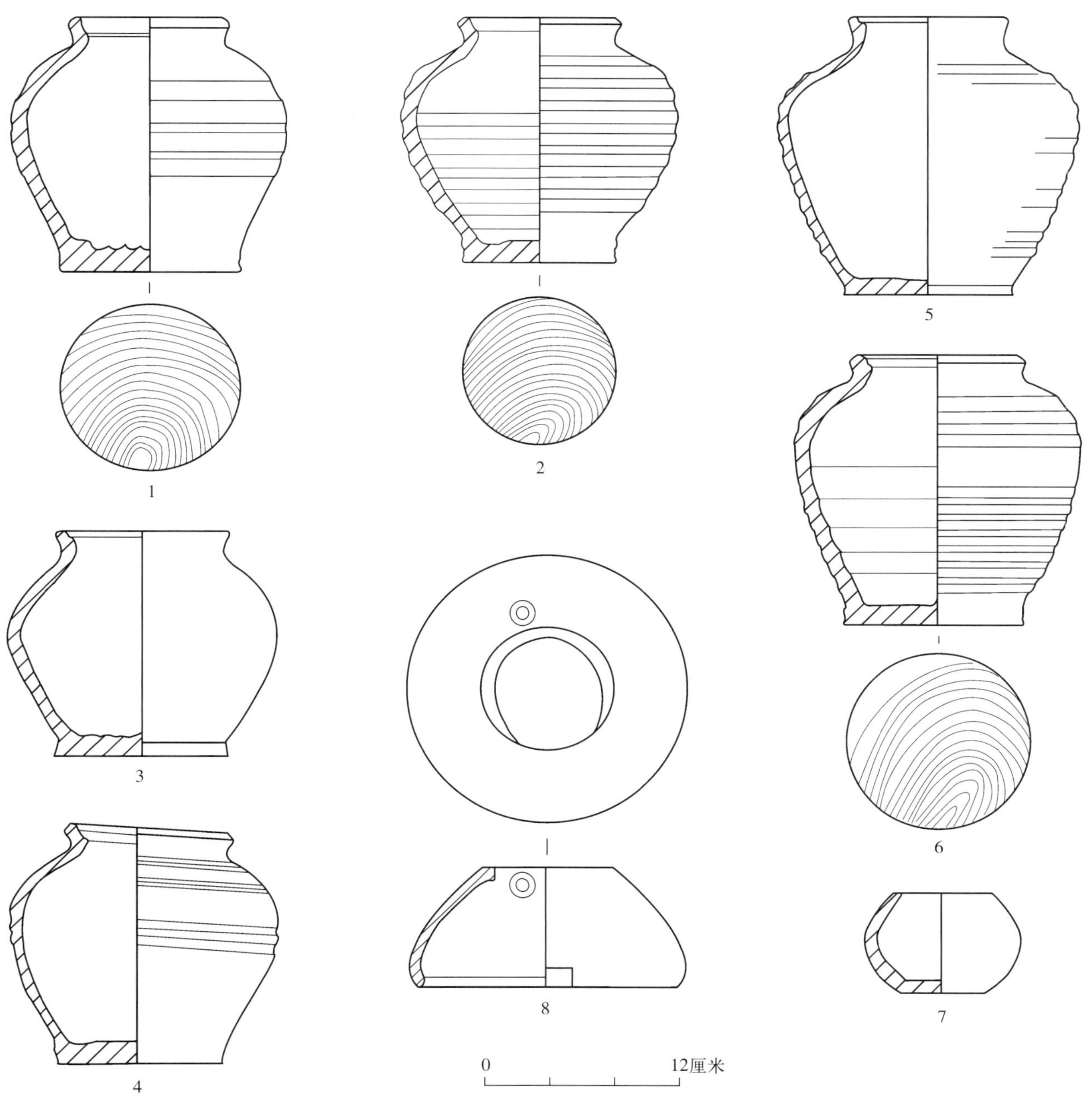

图五　三坝湾魏晋墓M1出土陶器

1～6. 陶罐M1：1～6　7. 陶釜M1：7　8. 陶灶M1：8

5. 小陶碗

4件。

标本M1：12，泥质灰陶。侈口，平沿，弧腹，腹较浅，平底。口径10.6、底径4.4、通高4厘米（图六，6）。

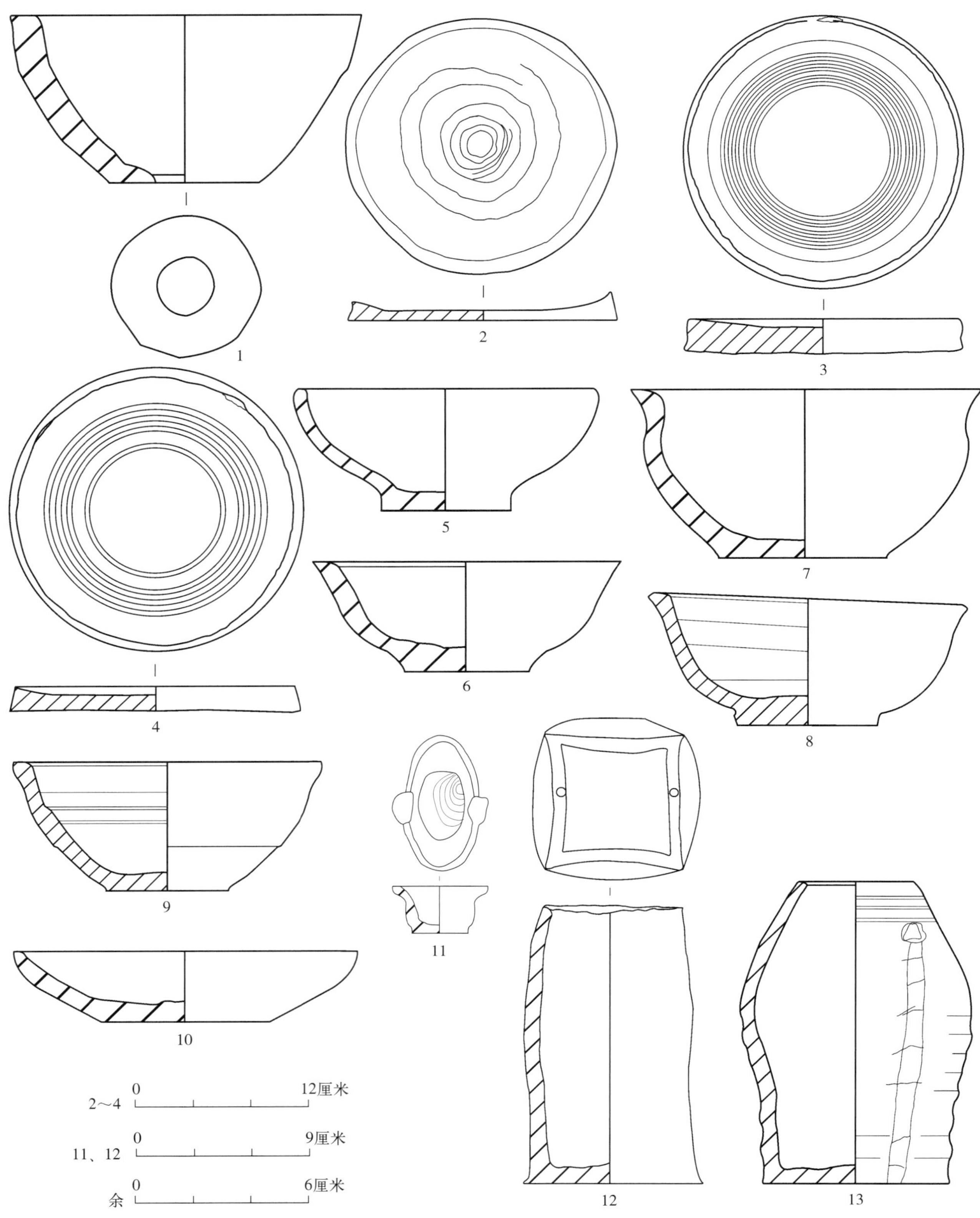

图六　三坝湾魏晋墓M1出土陶器

1. 陶甑M1∶9　2～4. 陶盘M1∶11、15、19　5. 陶钵M1∶10　6～9. 小陶碗M1∶12、16、20、21　10. 陶碟M1∶17　11. 陶耳杯M1∶18　12. 陶井M1∶13　13. 陶仓M1∶14

标本M1∶16，置于M1∶15陶盘上。泥质灰陶，轮制，器壁呈灰黑色。侈口，圆唇，弧腹，腹较深，平底。口径12.2、底径5.8、通高6厘米（图六，7；彩版六〇，5）。

标本M1∶20，置于M1∶19陶盘上。泥质灰陶，轮制，制作不规整，上沿面不甚平整，略倾斜。侈口，平沿，弧腹，腹较浅，平底。口径10.8、底径4.6、通高4.6厘米（图六，8；彩版六〇，6）。

标本M1∶21，泥质灰陶，轮制。形制与M1∶20近相同。口径10.6、底径4.2、高4.7厘米（图六，9）。

6．陶碟

1件。

标本M1∶17，置于M1∶15陶盘上。泥质灰陶，轮制。圆唇，斜腹，平底。口径11.8、底径5.4、通高2.4厘米（图六，10；彩版六〇，5）。

7．陶耳杯

1件。

标本M1∶18，置于M1∶17陶碟上，泥质灰陶，制作较粗糙。椭圆形，两侧有手捏制的附耳。口长6、宽3、高2.2厘米（图六，11；彩版六〇，5）。

8．陶釜

1件。

标本M1∶7，泥质灰陶，轮制。置于灶（M1∶8）的火眼上。敛口，圆鼓腹，平底。口径6.2、腹径9.8、底径5.2、通高6.4厘米（图五，7；彩版六一，2上）。

9．陶灶

1件。

标本M1∶8，呈覆钵形，钵底开成圆形大孔以为火眼，灶壁弧形内收，其一侧开通底的方形灶口，另一侧近火眼处开一小孔以为烟孔。灶口宽3.2、高1.2厘米，火眼口径7.2、腹径17、底径16.6、通高7.6厘米（图五，8；彩版六一，2下）。

10．陶井

1件。

标本M1∶13，皆泥质灰陶，轮制后捏制。方口，圆筒形腹，平底。口沿上有立井架的小孔，腹部有轮制时形成的凹凸相间的楞纹。口边长7.4～7.6、底径9.2、通高14.8厘米（图六，12；彩版六一，3）。

11．陶仓

1件。

标本 M1：14，泥质灰陶，轮制后钻孔、刻划。敛口，平沿，溜肩，筒形腹，平底。肩上开一三角形小洞以示仓门，仓门下刻划出通底梯架，梯架微斜。腹部有轮制时形成的凹凸相间的楞纹。口径 6、腹径 12.6、底径 9.6、通高 16.2 厘米（图六，13；彩版六一，4）。仓内盛谷物（彩版六一，5）。

12．铜镜

1 件。

标本 M1：22，龙虎镜，保存较好。圆形，镜体较厚重，制作较精良。镜面微凸，镜表锈蚀较严重。镜背中心为一半球形纽，圆形纽座，宽素斜缘。镜纽上有圆形穿孔，纽座外饰一周龙虎对峙的图案，是两龙对一虎，龙、虎身内外侧均饰有较密集的短斜线纹。龙虎纹外为一周细凸弦纹，再外为两周带密集短线的凸弦光焰纹。镜面径 8.8、背径 8.5、纽径 1.7、纽高 0.9、缘宽 0.4、缘厚 0.5、肉厚 0.2 厘米，重 98 克（彩版六一，6）。

13．五铢铜钱

标本 M1：26，2 枚，置于女性墓主左手处。圆形方孔，钱体轻薄。

标本 M1：26–1，郭径 2.5、穿宽 1、郭宽 0.1、郭厚 0.15、肉厚 0.1 厘米。

标本 M1：26–2，磨郭五铢。郭径 2.3、穿宽 1、肉厚 0.1 厘米。

14．五铢铜钱

标本 M1：32，64 枚，用绳子成串置于男性人骨左手处，部分锈结在一起，从散件辨识，皆为五铢钱，部分为磨郭五铢。

标本 M1：32–1，钱体平整，铸造精良，面有外郭无内郭，背肉好有内外郭，钱文字体笔画较粗，“五”字较宽，交笔弯曲，“铢”字“金”字头较小，呈三角状，“朱”字上部方折、下部圆折。郭径 2.5、穿宽 0.8、郭宽 0.2、郭厚 0.15、肉厚 0.1 厘米，重 3.9 克（图七，1）。

标本 M1：32–2，钱体规整，面有外郭无内郭，背肉好有内外郭，字体笔画纤细，“五”字交笔弯曲，“铢”字“金”字头呈三角状，“朱”字上部方折、下部圆折。郭径 2.5、穿宽 1.1、郭宽 0.15、郭厚 0.15、肉厚 0.1 厘米，重 2.4 克（图七，2）。

标本 M1：32–3，磨郭五铢。“五”字中间交笔与上下两横近呈垂直状，“铢”字“金”字头呈三角形，“金”字头下四点较长，“朱”字上下均圆折，上部开口略向外敞。钱周郭及左侧“金”字一部分被磨去。钱径 2.2、穿宽 1、肉厚 0.1 厘米，重 2 克（图七，3）。

标本 M1：32–4，磨郭五铢。“五”字交笔弯曲，“金”字头下四点较长，“朱”字上下均圆折，上部开口略向外敞。钱周郭及左侧“金”字一部分被磨去。钱径 2.3、穿宽 1、肉厚 0.1 厘米，重 2 克（图七，4）。

15．铜钱

标本 M1：31，共 8 枚，置于男性人骨右手处。圆形方孔，完整，皆锈蚀较为严重，3 枚字

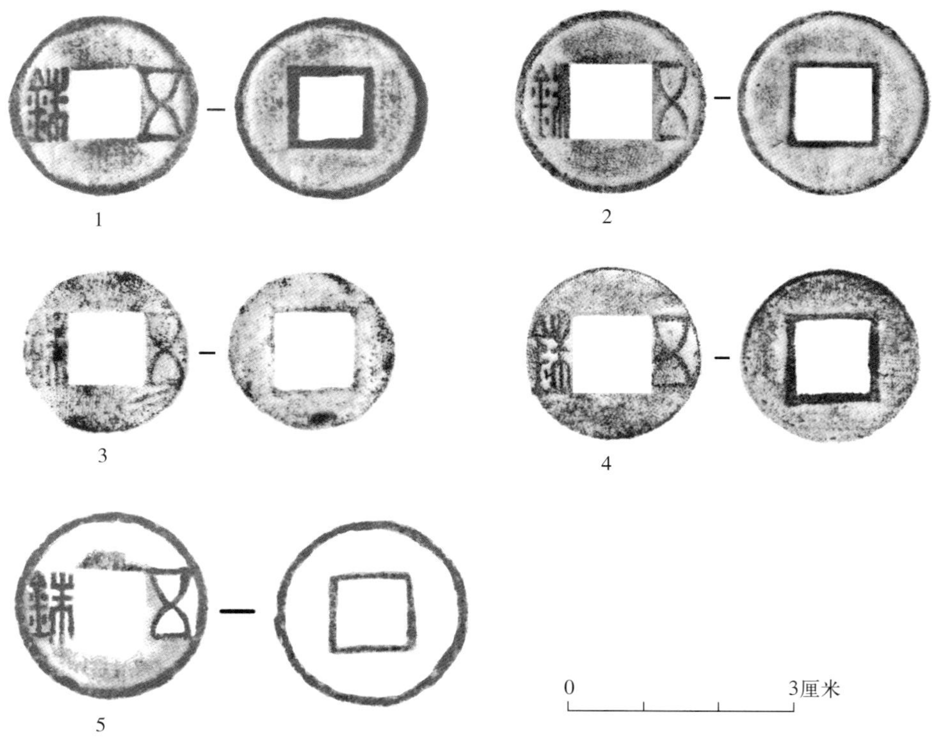

图七　三坝湾魏晋墓M1出土铜钱

1～4. 五铢铜钱M1：32-1～4　5. 铜钱M1：31-1

体模糊不清，5枚字迹可辨者均为五铢钱，字体特征相同。

标本M1：31-1，钱体平整，面有外郭无内郭，背肉好有内外郭，钱文字体笔画较粗，“五”字较宽，交笔弯曲，“铢”字“金”字头较小，呈三角状，“朱”字上、下部均方折。郭径2.5、穿宽1、郭宽0.2、郭厚0.15、肉厚0.1厘米，重3.6克（图七，5）。

16. 木梳

3件。

标本M1：23，明器，形体较小，用薄松木片削制而成，梳首（柄）呈圆弧状，梳面部方形，梳面上用刀刻划出假齿，梳齿较疏，长短不一，微残。高4、宽3、厚0.2～0.4厘米（图八，1；彩版六二，1）。

标本M1：24，明器，用薄松木片削制而成。梳首微呈弧状，不甚规整。梳面方形，上用刀刻划出疏而较整齐的假齿，梳齿微残。高5.5、宽3.4～3.6、厚0.2～0.45厘米（图八，2；彩版六二，2）。

标本M1：25，近呈梯形。梳首处较宽，梳齿处较窄，梳齿密而较规整。高4.4、宽3～3.4、厚0.2～0.35厘米（图八，3）。

17. 木质买地券

1件。

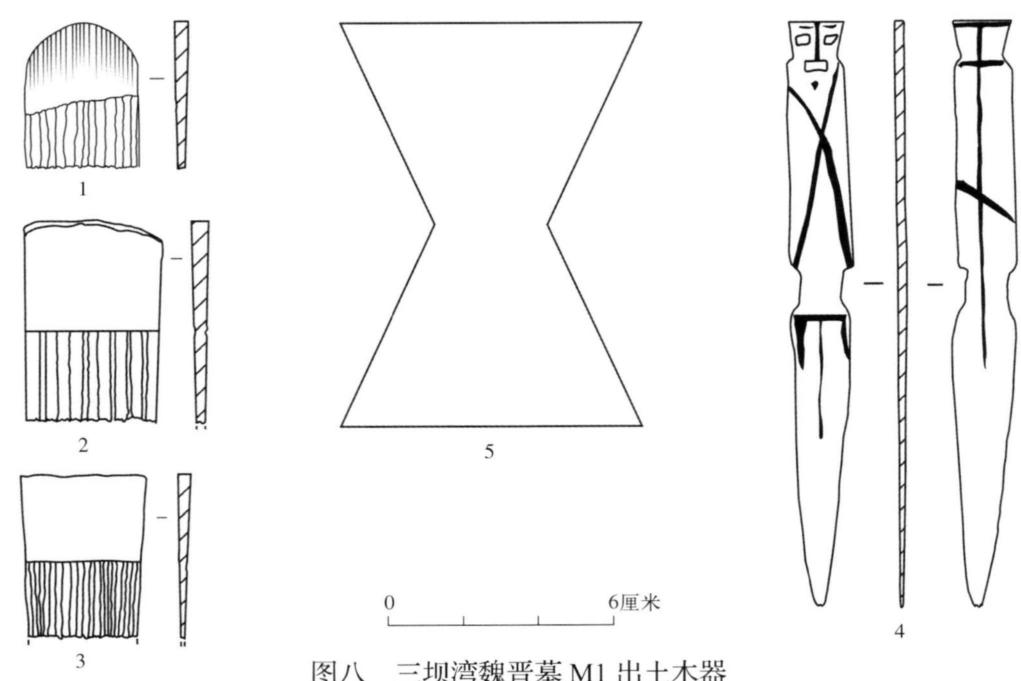

图八 三坝湾魏晋墓 M1 出土木器

1～3. 木梳M1 : 23～25 4. 墨绘人形木片M1 : 30 5. 木榫M1 : 33

标本 M1 : 27，长方形薄木板，柏木质，保存较好，单面朱书文字，行草书。长 25.6、宽 5、厚 0.3 厘米（彩版六二，3）。朱书释文如下：

咸熙二年十二月庚戌朔，十五日甲子，直开。酒泉乐涫南乡朋里大男焦兴胜妻王女，从左青龙，右白彾（虎），｜前朱爵（雀），后玄武，买求（？）古田为冢地。东伯、西伯、丘中墓伯，贾直米（？）钱万五百，上至苍天，下至黄泉，钱即日毕。东仟（阡），西仟（阡）。丘中死人，不得优（扰）争。死者王甲贵扶（符）券□，诣丘丞墓，以时自理。不肯｜理者，诣黄泉使者，使者言之如律令！

18. 木质镇墓券

1 件。

标本 M1 : 28，长方形薄木板，柏木质，保存较好，单面墨底朱书文字，行草书，字体较潦草。长 23.7、宽 7.2、厚 0.8 厘米（彩版六二，4）。释文如下：

咸熙二年十二月十五日，□（设？）葬者李子英，焦阿保伯□王（女），｜免难，析（斩）草茅冢墓，卖（买）当柏，若问英、保□过，｜意曰：为使阿遗不知地下罪过，死生属王（女），免｜难焦阿保、李子英。阿遗不能知，如律令！

19. 丝质铭旌

1 件。

标本 M1 : 29，盖于男棺棺盖上偏东部，红黑白三色，铭旌腐朽成残片，部分残片上可见墨线绘画及文字等，因腐朽严重，图案和文字已不可辨（彩版六二，5）。

20．墨绘人形木片

1件。

标本M1：30，用薄木片削成剑形，正面用墨线简易地勾画出人面及衣物轮廓，背面墨线勾画出发饰及衣物轮廓。长16、宽1.6、厚0.25厘米（图八，4；彩版六二，6、7）。

21．木榫

1件。

标本M1：33，男棺棺木上的蝴蝶榫，亚腰状。榫长11、两端宽8、腰宽3、厚1.2厘米（图八，5）。

二　M2

该墓位于墓群西侧，西气东输三线管道北侧，南距M1仅3米，北与M3并列，距M3约3米。方向91°（图九）。

（一）墓葬形制

该墓为带斜坡墓道的砂土洞室墓，由封土、墓道、墓门、前室、过洞及后室组成。

封土位于墓室及墓道正上方，整体呈蝌蚪状，其中墓室上端封土为丘状砂土堆，底径4.9、高1.1米。墓道上端封土呈长垄状，近与墓道同宽，高0～0.08米。

墓道位于墓室东侧，开口处竖立较大石块以为“地标”。墓道平面呈长方形，长13.3、宽1.0、深0～4.5米。墓道壁面竖直，内填砂土。墓道西端与丘状封土相接处有一直径约0.9米的盗洞，近竖直伸向墓门处。

墓门位于墓道西端，拱形，顶部分坍塌，宽1.0、高1.4米。用石块封堵，封门上端石块被破坏，仅存底部，高约0.4米（彩版六三，1）。

前室平面呈方形，东西进深1.4、南北宽1.6米。穹隆顶，顶部分坍塌，高1～1.4米。墓壁凹凸不平，底部不甚平整，中间略内凹。

过洞位于前后室之间，拱形顶，进深0.2、宽1、高1.2米。

后室位于前室西侧，平面呈长方形，顶微拱，近后壁处逐渐弧收。进深2.8、宽1.76、高0.8～1.2米。

（二）葬式葬具

墓室遭盗扰，墓内未见棺木，仅见少量人骨残块。

（三）随葬品

墓室盗扰严重，前室散落有部分碎陶片，可辨器形有陶罐、钵各1件，井2件。后室近过

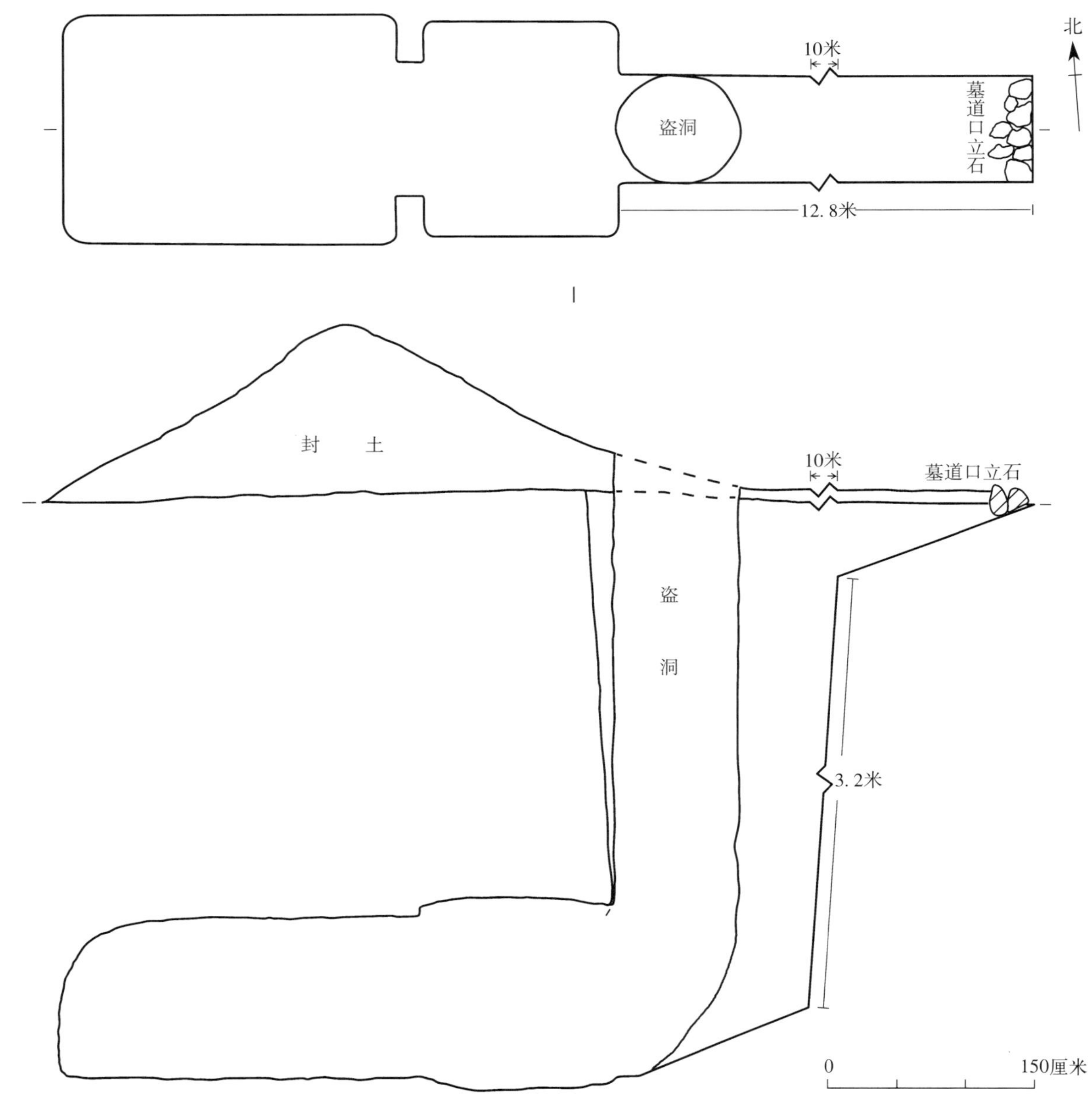

图九　三坝湾魏晋墓M2平、剖面图

洞处出土陶盘1件。

1. 陶罐

1件。

标本M2：1，泥质灰陶，轮制。残破，可复原。侈口，束颈，上腹外鼓，下腹近斜收，平底。腹部有轮制时形成的凹凸相间的楞纹。口径9、腹径17.4、底径10、通高17.6厘米（图一〇，1；彩版六三，2）。

2．陶钵

1件。

标本M2：5，泥质灰陶，轮制。仅存部分口沿及腹部残片。敛口，圆唇，弧腹内收，底残失。口径13、残高7.2厘米（图一○，2）。

3．陶盘

1件。

标本M2：2，泥质灰陶，轮制，制作较粗糙。圆饼形，残存约四分之三，盘面上有轮制时形成的细密的划线痕。直径17.6、底径18.4、高2厘米（图一○，3）。

4．陶井

2件。

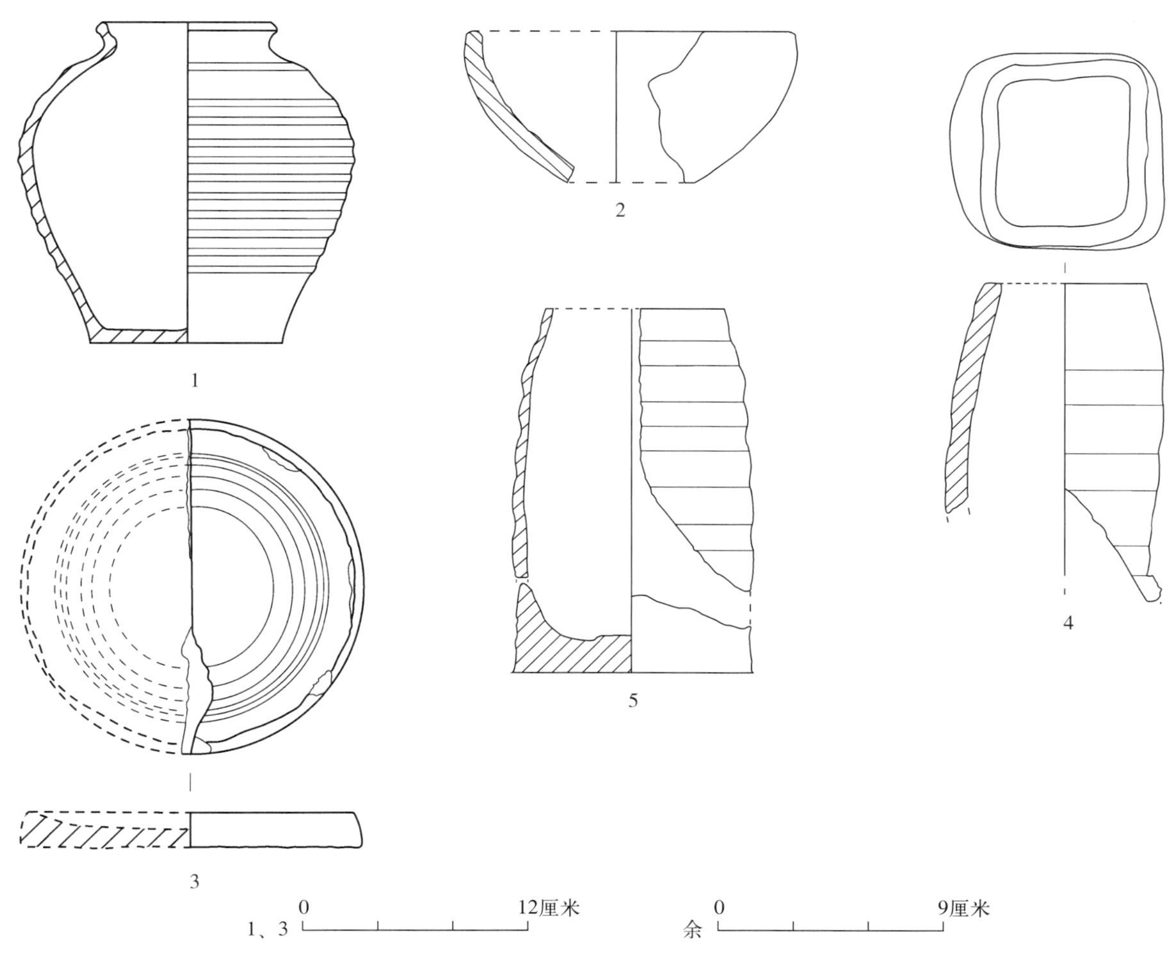

图一○　三坝湾魏晋墓M2出土器物

1. 陶罐M2：1　2. 陶钵M2：5　3. 陶盘M2：2　4、5. 陶井M2：3、4

标本 M2∶3，泥质灰陶，轮制加手捏制。方形口，圆筒形腹，部分腹及底残。口沿上有立井架的小孔，腹部有轮制时形成的凹凸相间的楞纹。口径 6.4、腹径 8.5、残高 13 厘米（图一〇，4）。

标本 M2∶4，泥质灰陶，轮制。仅存部分口、腹及底，可大致复原。呈圆筒形，敛口，直筒腹，平底。腹部有轮制时形成的凹凸相间的楞纹。口径 7.1、腹径 9.4、底径 9.5、高约 14.8 厘米（图一〇，5）。

三 M3

位于墓群西侧，西气东输三线管道北侧，南距 M2 仅 6 米。方向 91°（图一一）。

（一）墓葬形制

该墓为带斜坡墓道的砂土洞室墓，由封土、墓道、墓门、前室、过洞及后室组成。

封土位于墓室及墓道正上方，整体近呈“甲”字形，其中墓室上端封土为覆斗状，东西底边长 4.9、南北宽 4.3、高 1.2 米。墓道上端封土呈长垄状，近与墓道同宽，高 0 ～ 10 厘米。

墓道位于墓室东侧，其开口处竖立较大石块以为“地标”，平面呈长方形，宽 1.0、深 0 ～ 4.7 米。墓道壁面竖直，内填砂土。墓道西端、封土的东侧有一长方形盗洞，近竖直伸向墓门处。盗洞南北长约 1、东西宽 0.7 米。

墓门位于墓道西端，拱形，宽 1.0、高 1.3 米。用石块封堵，封门上端石块被破坏，仅存底部，高约 0.3 米。

前室平面呈方形，东西进深 1.26、南北宽 1.6 米。穹隆顶，高 1.3 ～ 1.34 米。墓壁凹凸不平，底部不甚平整，中间略内凹。过洞位于前后室之间，拱形顶，进深 0.3、宽 1.26、高 1.2 米。

后室位于前室西侧，平面呈长方形，顶微拱，近后壁处逐渐弧收。进深 2.6、宽 2.0、高 0.9 ～ 1.2 米。

（二）葬式葬具

墓室遭盗扰，墓内未见棺木，人骨被扰乱堆放在后室东南角。为一成年男性。

（三）随葬品

墓室盗扰严重，未发现任何随葬品。

四 M4

该墓位于墓群西侧，西气东输三线管道南侧，南距管道三线 8 ～ 12 米。与 M5、M6 东西向并列分布，北距 M5 约 5.4 米。方向 91°（图一二）。

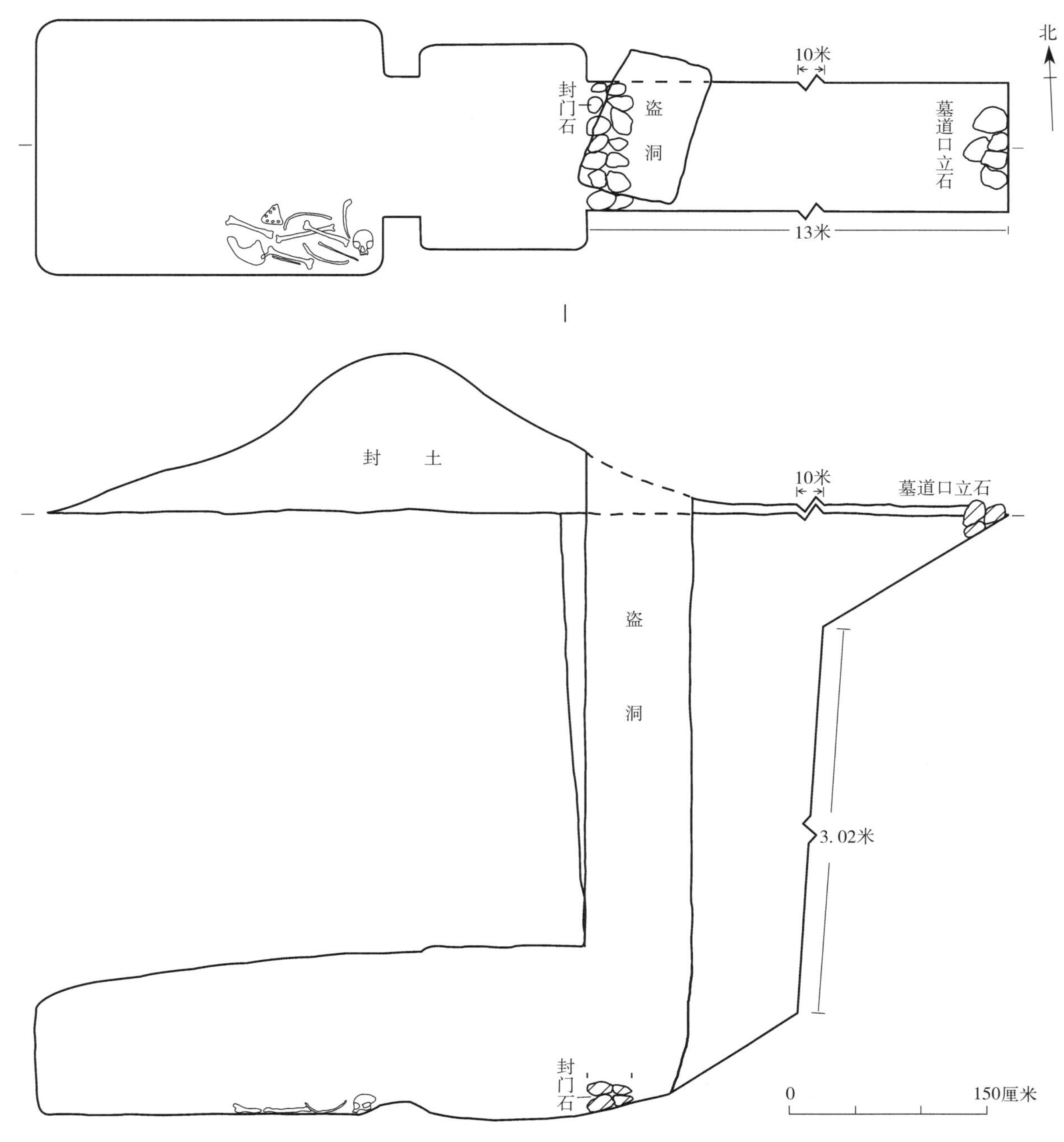

图一一　三坝湾魏晋墓M3平、剖面图

（一）墓葬形制

该墓由封土、墓道、墓门、前室、过洞及后室组成。

封土位于墓室及墓道正上方，整体呈蝌蚪状，其中墓室上端封土为丘状砂土堆，底径4.9、高1.14米。墓道上端封土呈长垄状，近与墓道同宽，高0～12厘米。

墓道位于丘状封土东侧，平面呈长方形，长13、宽1.0、深0～4.8米。开口处竖立4块较

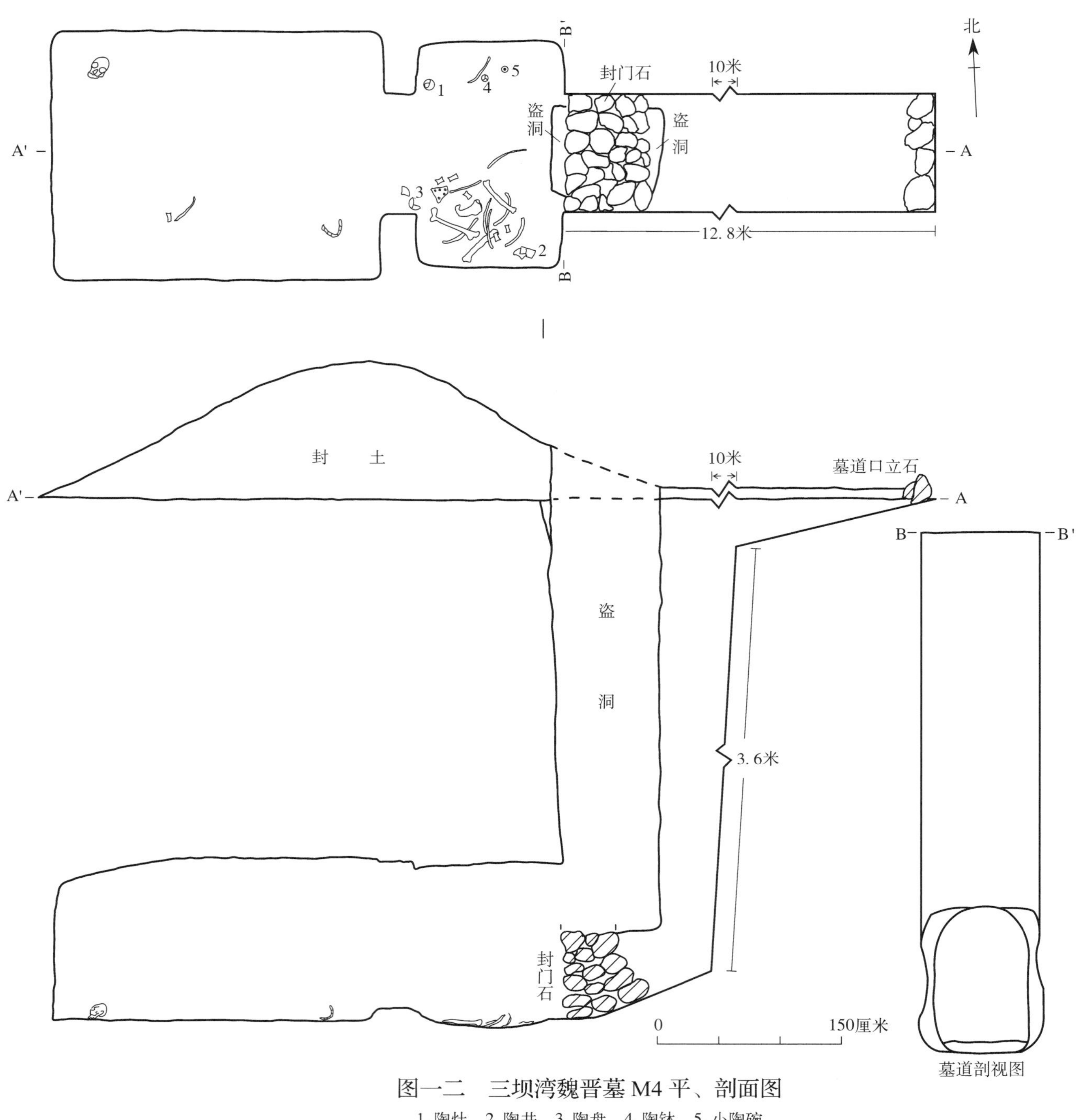

图一二　三坝湾魏晋墓M4平、剖面图

1. 陶灶　2. 陶井　3. 陶盘　4. 陶钵　5. 小陶碗

大的石块。墓道壁面竖直，内填砂土，其西端、封土的东侧有一近圆形盗洞，近竖直伸向墓门处。盗洞直径0.9米。

墓门位于墓道西端，拱形，宽1.0、高1.3米。用石块封堵，封门上端石块被破坏，仅存底部，残高0.7米。

前室平面呈横长方形，穹隆顶。东西进深1.26、南北宽1.9、高1.3～1.36米。墓底不甚平整，中间略内凹。

过洞开于前室西壁正中位置，拱形顶，进深0.25、宽1.05、高1.1米。

后室位于前室西侧，平面呈长方形，顶微拱，近后壁处逐渐弧收。进深2.65、宽2.1、高1.1～1.35米。

（二）葬式葬具

墓室遭盗扰，墓内未见棺木，仅见人骨，扰乱严重，人骨腿骨、肋骨被扰乱堆放在前室中间位置，头骨置于后室西北角。为同一个体，男性，四十岁左右。

（三）随葬品

墓室遭严重盗扰，出土随葬器物为陶器，有陶灶、井、盘各1件，碗2件，皆被损毁。

1.陶盘

1件。

标本M4：3，泥质灰陶，轮制，制作较粗糙。残片为数块，可复原。呈圆饼形，中间略内凹，边缘微起翘，沿面微内斜。盘面上有轮制时形成的细密的划线痕。面径18.8、底径20、高1.8厘米（图一三，1；彩版六三，3）。

2.陶钵

1件。

标本M4：4，夹砂灰陶，轮制。破为数块残片，可复原。敛口，圆唇，上腹微外鼓，下腹弧收，平底。口径10.4、底径4.4、高4.5厘米（图一三，2）。

3.小陶碗

1件。

标本M4：5，泥质灰陶，轮制。口、腹部部分残失。敞口，平沿，弧腹内收，腹较深，平底，外底略内凹。口径9.5、底径4.4、高4厘米（图一三，3）。

4.陶灶

1件。

标本M4：1，泥质灰陶，轮制，制作较粗糙。呈覆钵形，底部开不甚规整的圆形孔以为火眼，灶壁弧形内收，其一侧开通底的方形灶口，另一侧近火眼处开一小孔以为烟孔。口径8、腹径16.8、底径15.6、通高7.6厘米（图一三，4；彩版六三，4）。

5.陶井

1件。

标本M4：2，泥质灰陶，轮制，制作较粗糙。方口，口微内敛，直筒腹，平底。口沿上有

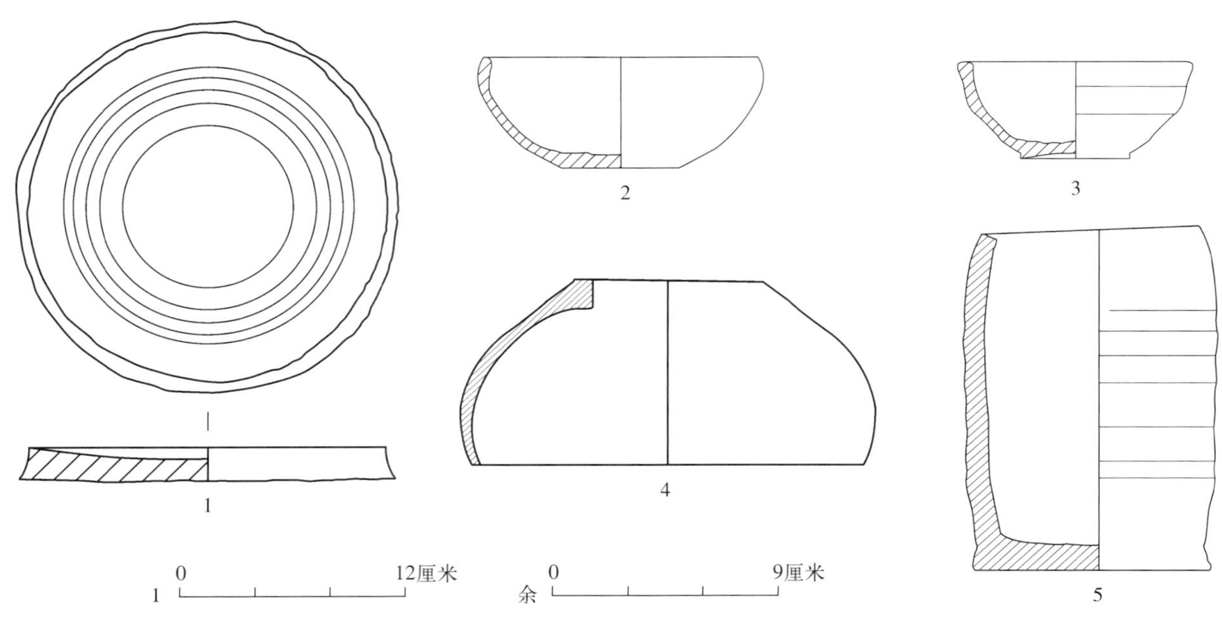

图一三　三坝湾魏晋墓 M4 出土器物

1. 陶盘M4：3　2. 陶钵M4：4　3. 小陶碗M4：5　4. 陶灶M4：1　5. 陶井M4：2

立井架的小孔，腹部有轮制时形成的凹凸相间的楞纹。口径 7.8、腹径 9、底径 8.4、高 14 厘米（图一三，5；彩版六四，1）。

五　M5

M5 位于墓群西侧，西气东输三线管道南侧，与 M4、M6 并列分布（M5 居中），北距 M6 约 6.9 米。方向 91°（图一四）。

（一）墓葬形制

该墓为带斜坡墓道的沙土洞室墓，由封土、墓道、墓门、前室、过洞及后室组成。

封土位于墓室及墓道正上方，整体近呈“甲”字形，其中墓室上端封土为覆斗状，东西长 4.2、南北宽 3.8、高 1.3 米。墓道上端封土呈长垄状，近与墓道同宽，高 0 ～ 12 厘米。

墓道位于墓室东侧。开口处竖立较大石块以为“地标”。墓道平面呈长方形，宽 1 ～ 1.2、深 0 ～ 4.5 米。墓道壁面竖直，内填砂土。墓道西端、封土的东侧有一圆形盗洞，近竖直伸向墓门处。盗洞直径约 1 米。

墓门位于墓道西端，方形，宽 1.2、高 1.3 米。用石块封堵，封门上端石块被破坏，仅存底部，高约 0.5 米。

前室平面呈方形，东西进深 1.4、南北宽 1.6 米。近平顶，高 1.3 ～ 1.34 米。墓底不甚平整，中间略内凹。

过洞位于前后室之间，拱形顶，进深0.3、宽0.95、高1.3米。

后室位于前室西侧，平面呈长方形，顶微拱，近后壁处逐渐弧收。进深2.8、宽2.65、高1.1～1.2米。

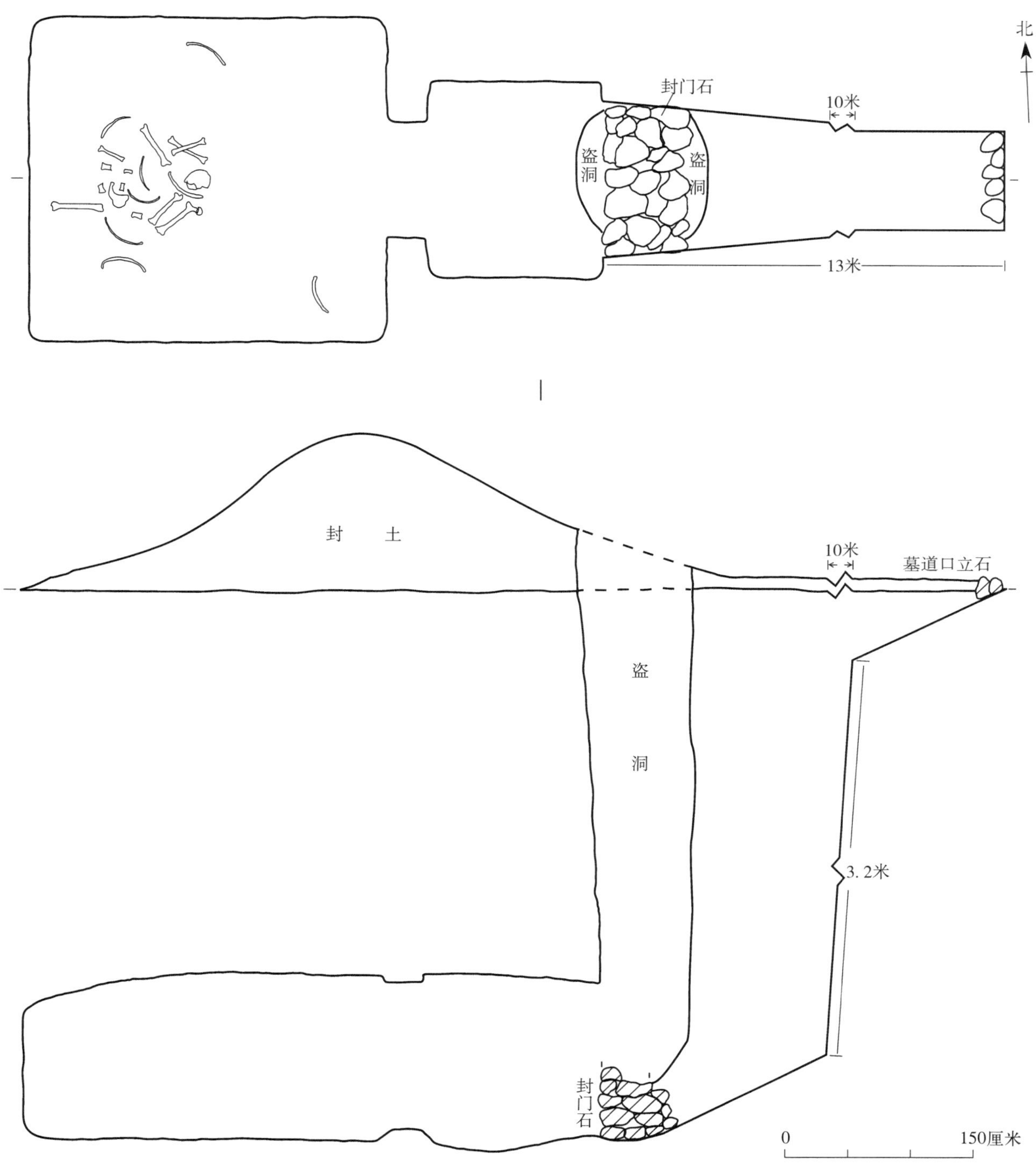

图一四 三坝湾魏晋墓M5平、剖面图

（二）葬式葬具

墓室遭盗扰，墓内未见棺木，人骨扰乱至后室近西壁处。为一男性，60 岁左右。

（三）随葬品

墓室遭严重盗扰，出土随葬器物为陶器，被损毁，经修复有陶壶 2 件。另出土器底残失的陶井 1 件。

1. 陶壶

2 件。

标本 M5：1，泥质灰陶，轮制。口、腹部残。敞口，圆唇，高束颈，微鼓腹，高底座外撇。颈、腹及底座外壁有轮制时形成的凹凸相间的楞纹。口径 8.4、腹径 9.0、底径 9.6、通高 14.8 厘米（图一五，1；彩版六四，2）。

标本 M5：2，泥质灰陶，轮制。口、腹部分残。敞口，圆唇，束颈，圆鼓腹，高底座微外撇。口径 9.6、腹径 10.6、底径 9.2、通高 17.1 厘米（图一五，2；彩版六四，3）。

2. 陶井

1 件。

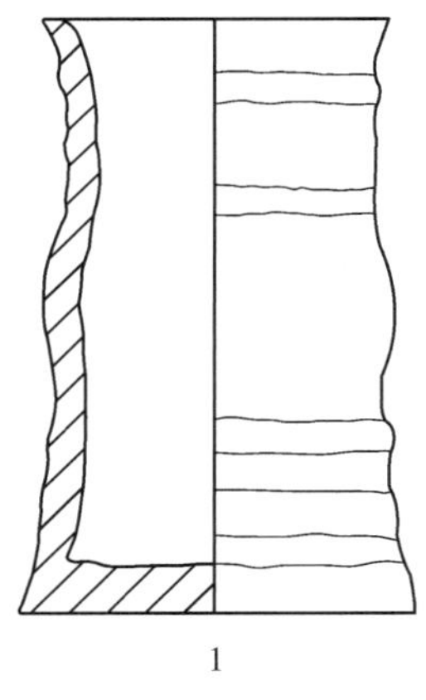

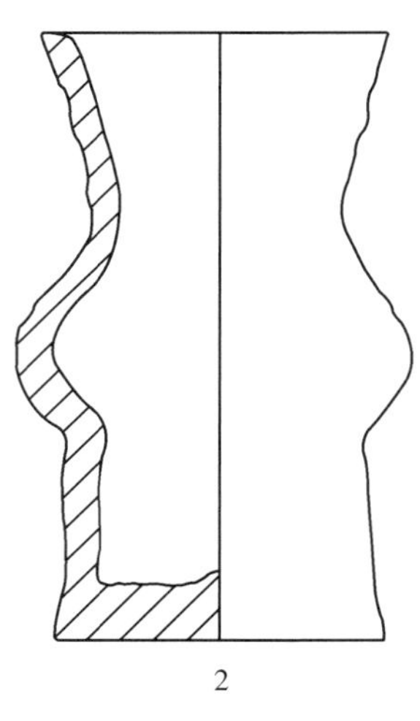

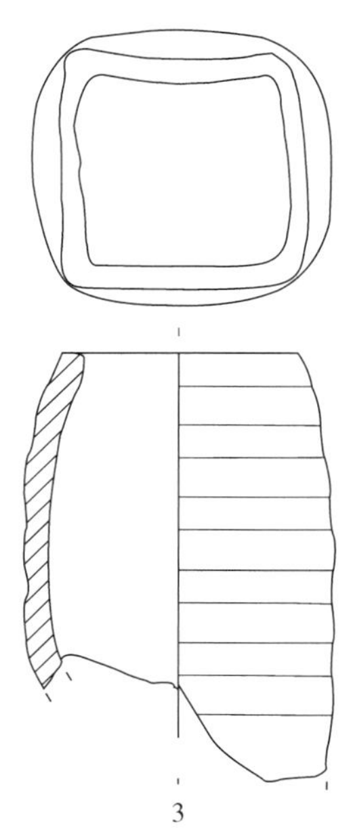

图一五　三坝湾魏晋墓 M5 出土器物

1、2. 陶壶M5：1、2　3. 陶井M5：3

标本M5：3，泥质灰陶，轮制加手捏制。方口，口微敛，直筒腹，下腹及底残缺。口沿上有立井架的小孔，腹部有轮制时形成的凹凸相间的楞纹。口径7.5、腹径9.2、残高13厘米（图一五，3）。

第三节　单室洞室墓

仅1座，为M6。其位于西气东输三线管道南侧，距三线管线5～12米。方向91°（图一六）。

一　M6

（一）墓葬形制

该墓由封土、墓道、墓门及墓室组成（图一六）。

封土位于墓室及墓道正上方，整体呈蝌蚪状，其中墓室上端封土呈丘状，底径4.4、现高1.3米。墓道上封土呈长垄状，残高6～10厘米。

墓道平面略呈长条形，长13.3、宽1～1.4、深0～3.9米。壁面竖直，内填砂土。其西端有一直径约0.9米的近圆形盗洞，近竖直伸向墓门处。

墓门拱形顶，宽1.4、高1.5米。墓门口用石块封堵，封门上端石块被破坏，仅存底部，残高0.4米。

墓室平面呈长方形，东西进深3.7、南北宽1.8米。拱形顶，高0.9～1.5米。墓底不甚平整，中间略内凹（彩版六四，4）。

（二）葬式葬具

墓室内遭严重盗扰，未见棺木，人骨扰乱至墓室近西壁处，为一男性，五十岁左右。

（三）随葬品

墓室内随葬品被盗严重，仅见1件残陶壶底。

陶壶底

1件。

标本M6：1，泥质灰陶。陶壶口、腹均残失，仅为高假圈足底，底较厚，外侧面有轮制时形成的一道凸楞。底径9、残高4.5厘米（图一七）。

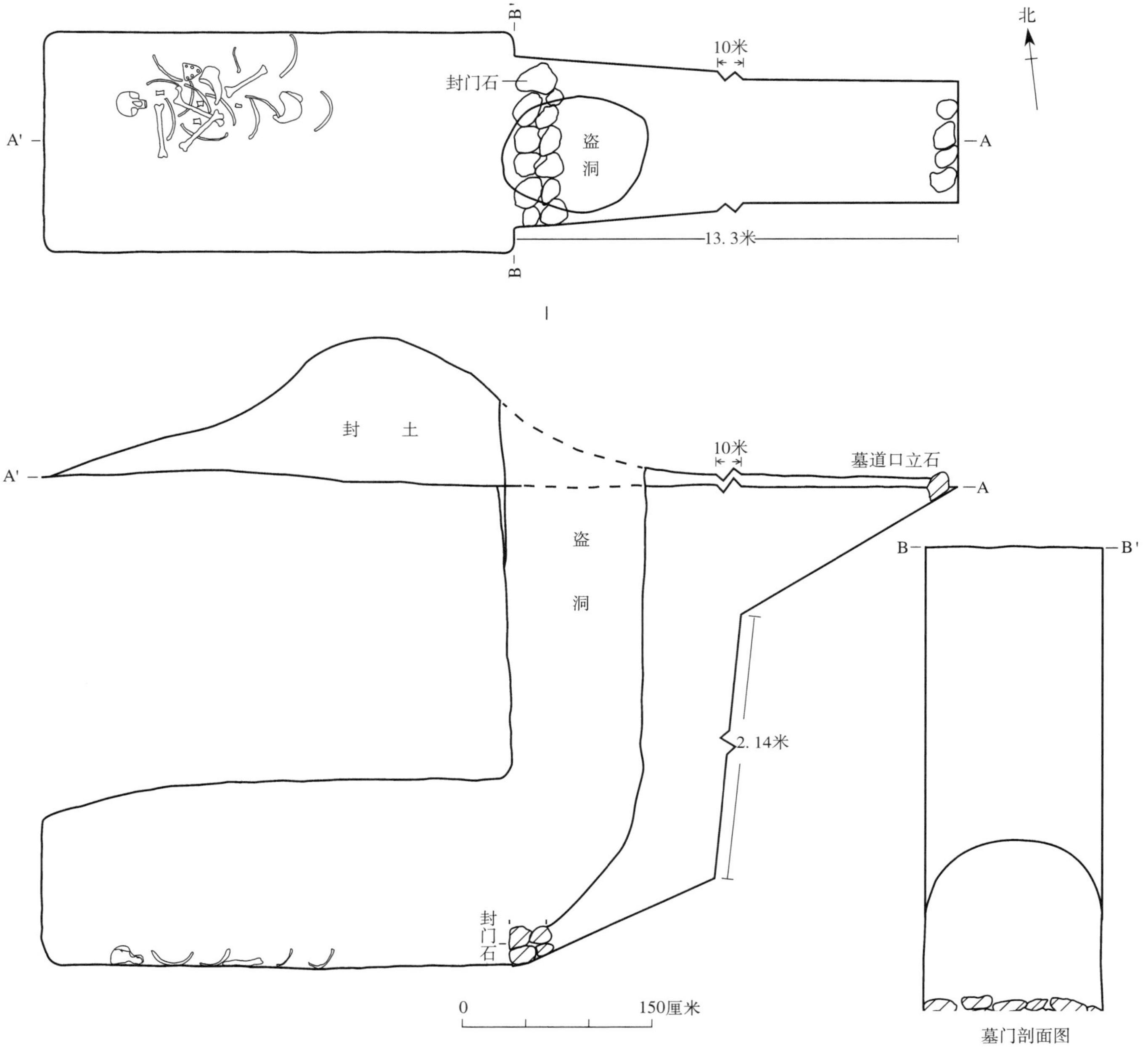

图一六　三坝湾魏晋墓 M6 平、剖面图

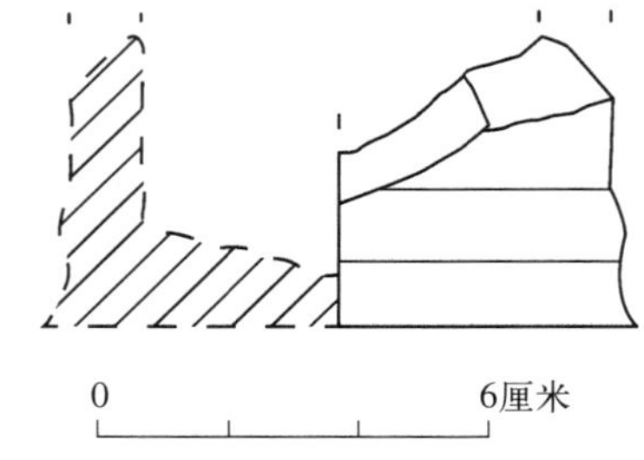

图一七　三坝湾魏晋墓出土陶壶底 M6：1

第四节　结语

（一）墓葬特征及年代

M1出土两件木质墓券，分别为焦兴胜妻王氏的买地券和镇墓券，上均书“咸熙二年十二月十五日”，应是举行“斩草”仪式及开始营建墓葬的时间。“咸熙”为三国时期魏元帝曹奂的最后一个年号，咸熙二年十二月十七日（265年1月8日）司马炎逼魏元帝禅位自立，都洛阳，国号晋，年号泰始，史称西晋。从时间上看，王氏墓葬开始营建的时间与西晋开国仅间隔一天。M1为男女合葬墓，该墓未发现二次扰动现象，从人骨的保存情况看，女性墓主王氏的骨架保存完整，男性墓主的骨架经扰乱，故可判断男性墓主系为王氏下葬时迁入。因此，M1的年代明确，可为其他墓葬的断代提供一个标尺。

从墓葬的分布看，上述墓葬可分两组，其中M1～M3为一组，M4～M6为一组，结合其他尚未发掘的墓葬看，该处墓葬墓道均朝东，且整齐排列，3～6个墓葬并列成组分布，这种分布方式和特征与玉门金鸡梁墓群[1]、酒泉肃州区孙家石滩墓地[2]、咸阳十六国墓[3]相似，应为家族墓。从墓葬形制和出土器物看，M1与M2～M5皆为双室墓，形制相同，且方向一致。M2出土的盘和井、M4出土的灶、盘和井以及M5出土的井，形制均与M1出土的相应器物相似，其时代应与之接近。M6为单室墓，形制与孙家石滩西晋墓（M1）[4]、敦煌祁家湾丙B型墓[5]接近，其与M4、M5为同一组墓葬，方向一致，时代亦应较接近。因此，这批墓葬的时代大致为曹魏末至西晋时期。

（二）汉魏乐涫县城址

M1出土买地券上记载男性墓主焦兴胜为酒泉乐涫南乡朋里人。据《汉书·地理志》载，乐涫县为西汉酒泉郡所领九县之一，汉魏相承，乐涫县名，未有变更。南乡为按照地理方位命名的乡名[6]，说明墓主生居地位于乐涫县城南侧。就汉乐涫县治所在，因史载不详一直存有争议，目前主要有两说，一种认为现酒泉下河清皇城遗址为汉乐涫县城[7]，另一种说法认为汉乐涫县

[1] 甘肃省文物考古研究所：《甘肃玉门金鸡梁十六国墓葬发掘简报》，《文物》2011年第2期。

[2] 甘肃省文物考古研究所：《甘肃酒泉市肃州区孙家石滩家族墓地发掘简报》，《考古与文物》2017年第3期。

[3] 咸阳市文物考古研究所：《咸阳十六国墓》，文物出版社，2006年。

[4] 甘肃省文物考古研究所：《甘肃酒泉孙家石滩魏晋墓发掘简报》，《考古与文物》2005年第5期。

[5] 甘肃省文物考古研究所、戴春阳、张珑：《敦煌祁家湾——西晋十六国墓葬发掘报告》，文物出版社，1994年。

[6] 汉魏时期基层管理实行“县—乡—里”或“县—里”管理体制，以地理方位设乡名在汉魏时期较为普遍，河西尤甚，其在县城及近郊设“都乡”，其余依在县城的方位，大致设有东、南、西、北乡（赵莉、周银霞：《“西晋建兴元年临泽县廷决断孙氏田坞案册”所反映的河西乡里制》，《敦煌研究》2013年第4期；寇克红：《“都乡”考略——以河西郡县为例》，《敦煌研究》2014年第4期）。

[7] 持此说法的主要有刘兴义：《酒泉县下河清皇城遗址考》，《敦煌学辑刊》1986年第2期。李并成先生在其所著的《河西走廊历史地理（第一卷）》（甘肃人民出版社，1995年，第89～92页）、《甘肃省高台县骆驼城遗址新考》（《中国历史地理论丛》2006年第1期）、《汉酒泉郡十一置考》（《敦煌研究》2014年第1期）等文中亦赞同此说。

城应是肃南裕固族自治县的明海古城，下河清皇城遗址为汉绥弥县城[1]。两种说法均认为下河清皇城遗址为西汉所设县城遗址。从三坝湾墓群所在位置看，其位于下河清皇城遗址南10千米处，在地理方位上与乐涫县南乡的设置大致相符，而与明海古城相去甚远。前述M1～M3为家族墓葬，其墓主应大多为当地居民，该墓群与所在墓主的生居地应相距不远，一般不会超出“南乡”的辖区范围。因此，该买地券的出土，为汉魏时期乐涫县城即为现下河清皇城遗址提供了直接的证据。

领　　队：赵建龙

发掘人员：赵建龙　刘兵兵　马更生

照　　相：仇梦晗　赵建龙　刘兵兵

拓片绘图：刘兵兵　赵亚君

人骨鉴定：赵建龙

执　　笔：刘兵兵

[1] 王北辰：《河西明海子古城考——“丝绸道路”沿线地理变迁研究之一》，《西北师大学报（社会科学版）》1990年第4期。

拾壹　瓜州县十工山墓群2014年发掘简报

甘肃省文物考古研究所

十工山墓群位于甘肃省瓜州县南岔镇十工村南十工山北麓，313国道线南侧（图一）。东起十工村南戈壁，西至小火焰山，南起十工山北麓，北至国道313线南侧。东西长26、南北宽3～5千米，面积约130平方千米。属县级文物保护单位。

2014年，为配合“瓜州—敦煌快速公路”建设，甘肃省文物考古研究所对该墓群施工范围内进行抢救性发掘，共清理墓葬5座（彩版六五，1）。其中瓜锁公路东侧4座，瓜锁公路西侧1座（图二）。现简报如下。

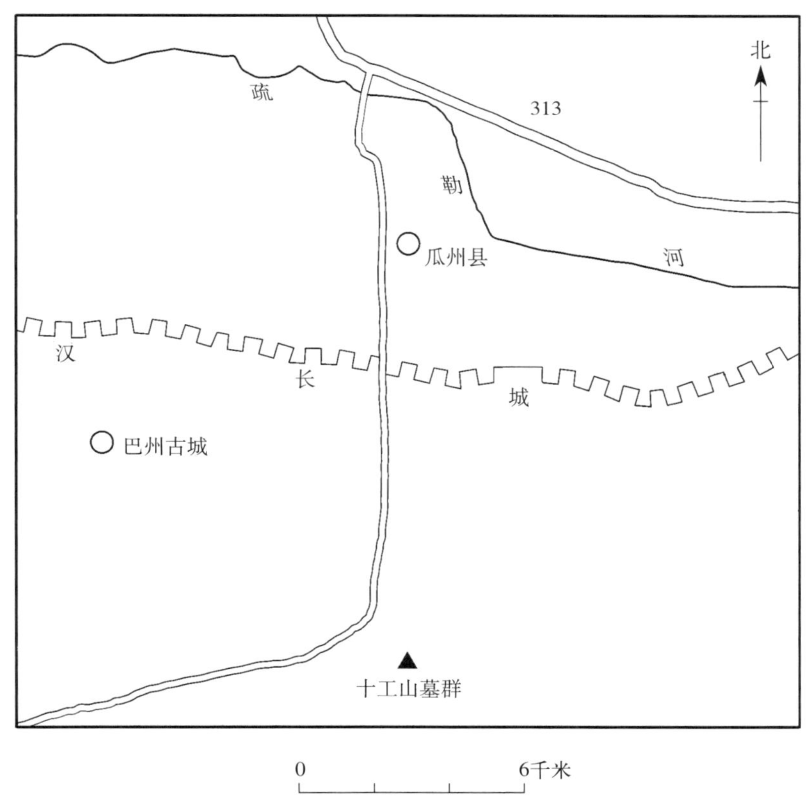

图一　瓜州县十工山墓群地理位置示意图

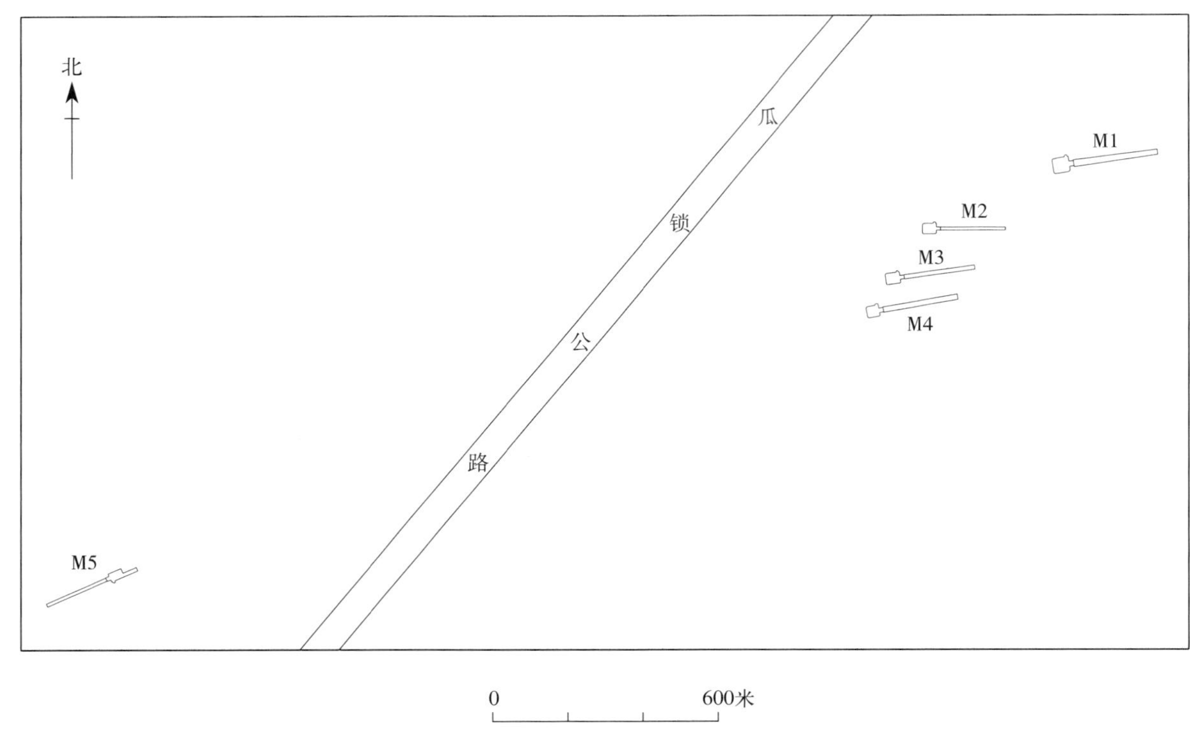

图二　十工山墓群 2014 年发掘墓葬总平面图

一　2014GSM1

（一）墓葬形制

位于瓜锁公路东侧，单独成堆，东西向。单室土洞墓，方向 83°（图三），被盗。封土无存。

墓道位于墓室东侧，平面呈长方形，长 14.8、宽 0.9 米。西端剖面呈梯形，口小底大，近墓门宽 0.9 ～ 1.14 米。东高西低，斜坡至底，坡度 24°。近墓门处距地表深约 6 米。

墓门呈拱形，宽 0.8、高 1 米。封门以两重土坯堆砌封堵，前一重从下至上顺砌平铺四层，后一重从下至上先顺其平铺四层，再斜向顺砌立铺一层。土坯长 40、宽 20、厚 8 厘米。照墙壁面斜直（彩版六五，2）。

有甬道，以连接墓道与墓室，宽 0.8、进深 0.8 米。

墓室为土洞单室带单龛。平面近长方形，四壁较直，距墓室高 0.8 米处起拱，向上弧收至穹隆顶。墓室进深 2.94、宽 2.4、高 2.10 米。单龛位于墓室东北角，平面呈弧形，较墓室底部高 0.1 米，宽 0.53、高 0.42、进深 0.33 米。

未发现葬具痕迹。人骨有 1 具，被扰乱。随葬品置于墓室中部及北壁侧，有陶钵 4 件、陶盆 1 件、泥钵 1 件、铜钱 1 枚。

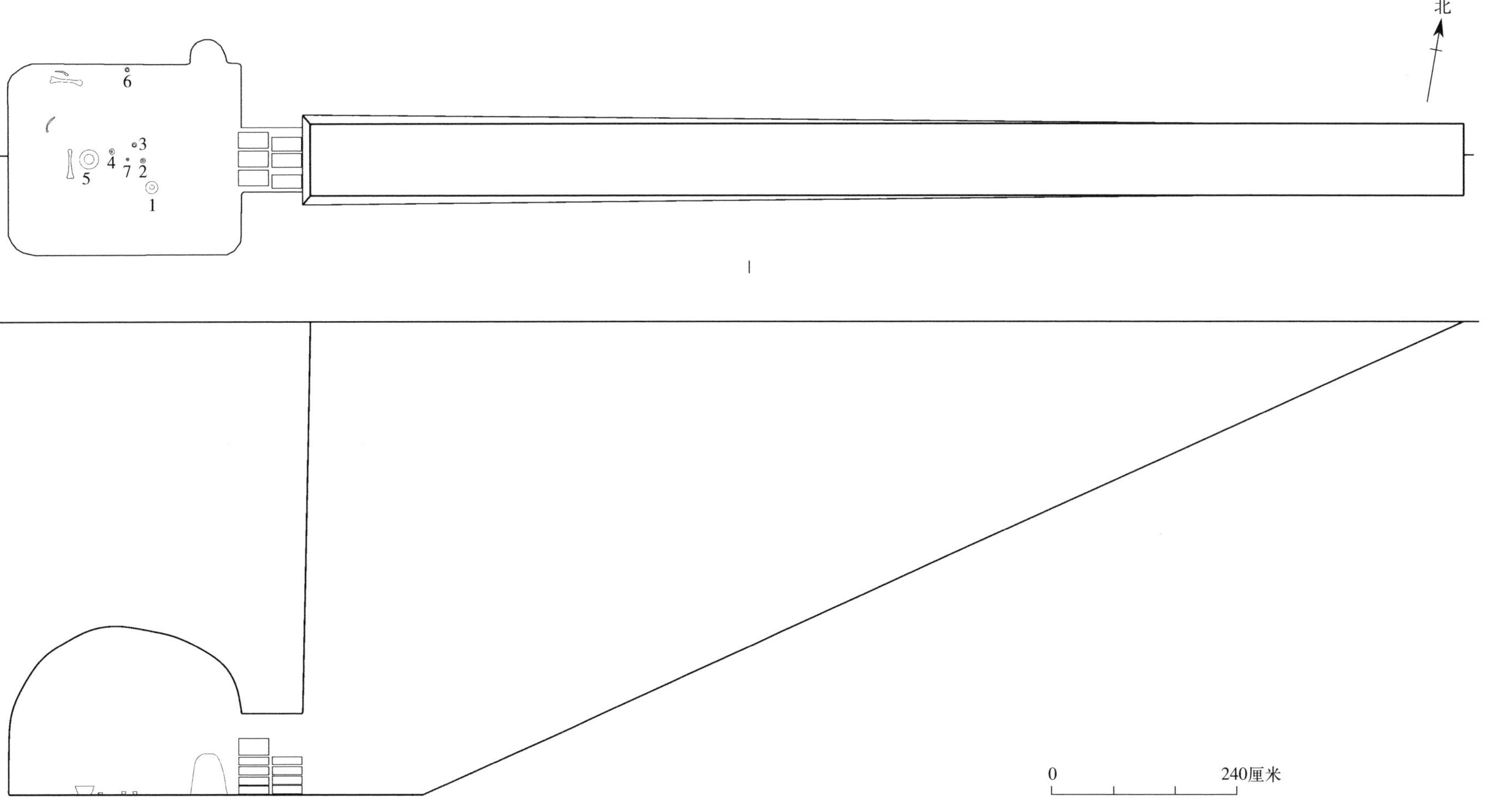

图三　十工山墓群 M1 平、剖面图

1～4. 陶钵　5. 陶盆　6. 泥钵　7. 铜钱

（二）随葬品

1. 陶盆

1 件。

标本 M1：5，泥质灰褐陶。大敛口，宽斜平沿，方唇，腹部较深，平底。素面。近底部有竖向刮削痕迹。口径 27.2、底径 16、高 10 厘米（图四，1）。

2. 陶钵

4 件。泥质灰陶。侈口，圆唇，浅腹，平底。素面。

标本 M1：2，口径 7.6、底径 3.4、高 2.4 厘米（图四，2）。

标本 M1：3，口径 7、底径 3.6、高 2.4 厘米（图四，3）。

标本 M1：4，口径 8、底径 3.2、高 2.8 厘米（图四，4）。

标本 M1：1，侈口，尖圆唇，腹较深，斜收至平底。素面。口径 15.4、底径 5.2、高 5.8 厘米（图四，5）。

3. 泥钵

1 件。

标本 M1：6，略残。泥捏而成，制作粗糙。侈口，方唇，垂腹，平底。口径 6.2、底径 4.6、高 4 厘米（图四，6）。

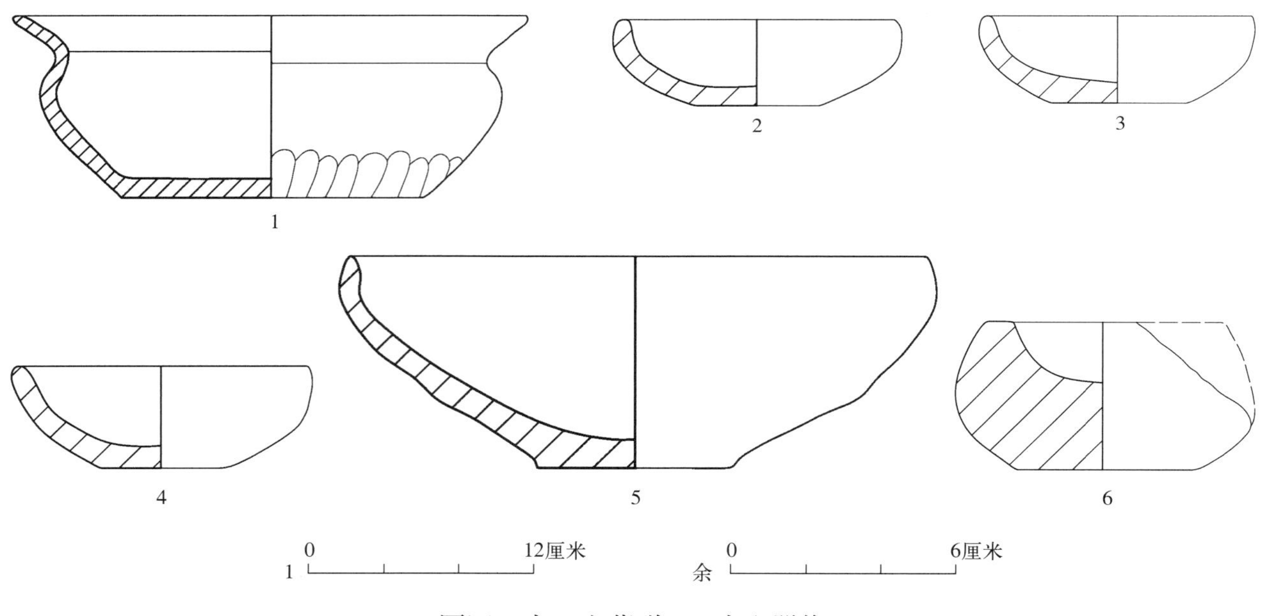

图四　十工山墓群 M1 出土器物

1. 陶盆M1：5　2～5. 陶钵M1：2、3、4、1　6. 泥钵M1：6

4. 铜钱

1枚。

标本M1：7，圆形方孔。锈蚀严重，文字不清。直径2.6、穿边1、厚0.2厘米。

二　2014GSM2

（一）墓葬形制

位于瓜锁公路东侧，与M2、M3、M4为家族墓，呈南北向分布，无茔圈（彩版六六，1）。单室土洞墓，方向90°（图五）。被盗。

封土现呈丘形，直径5.5、高0.23米。

墓道位于墓室东侧，平面呈长方形，长14、宽0.7米。西端剖面呈梯形，口小底大，近墓门处宽0.7～1.24米。东高西低，斜坡至底，坡度18°。近墓门处距地表深4.2米。

墓门呈拱形，宽0.54、高0.93米。封门以土坯封堵，前一重土坯从下至上，顺砌平铺四层。后一重土坯从下至上，顺砌平铺两层，顺砌立铺一层。土坯长40、宽20、厚8厘米。照墙壁面近垂直（彩版六六，2）。

有甬道，以连接墓道与墓室，宽0.54、进深0.78米。

墓室为土洞单室带单龛，平面呈长方形，四壁较直，距墓室底部1米处起拱，向上弧收至穹隆顶，顶部部分坍塌。进深2.9、宽2.32、高2.48米。单龛位于墓室东北角，平面呈弧形，较墓室底部高约0.1米，其宽0.65、高0.6、进深0.3米。

未发现葬具痕迹，仅发现两灰枕，散置于墓室后壁，外裹有一层麻布。平面呈亚腰形，剖面呈马鞍形。残长0.42、宽0.18、厚0.13米。人骨被扰乱，有2具（彩版六六，3）。随葬品置于龛内及墓室中央。有陶釜1件、泥罐2件、陶甑1件、陶钵2件、陶罐1件、泥瓶1件、陶盆1件。

（二）随葬品

1. 陶罐

1件。

标本M2：7，泥质灰陶。侈口，圆唇，束颈，圆肩，上腹圆鼓，下腹斜收至底，平底。最大径在上腹部。素面。近底部有竖向刮削痕迹。口径4.8、底径10、最大腹径14.4、高14.4厘米（图六，1；彩版六七，1）。

2. 泥罐

2件。

标本M2：2，残，泥捏而成，制作粗糙。侈口，窄斜平沿，短斜直领，溜肩，腹部较斜直，

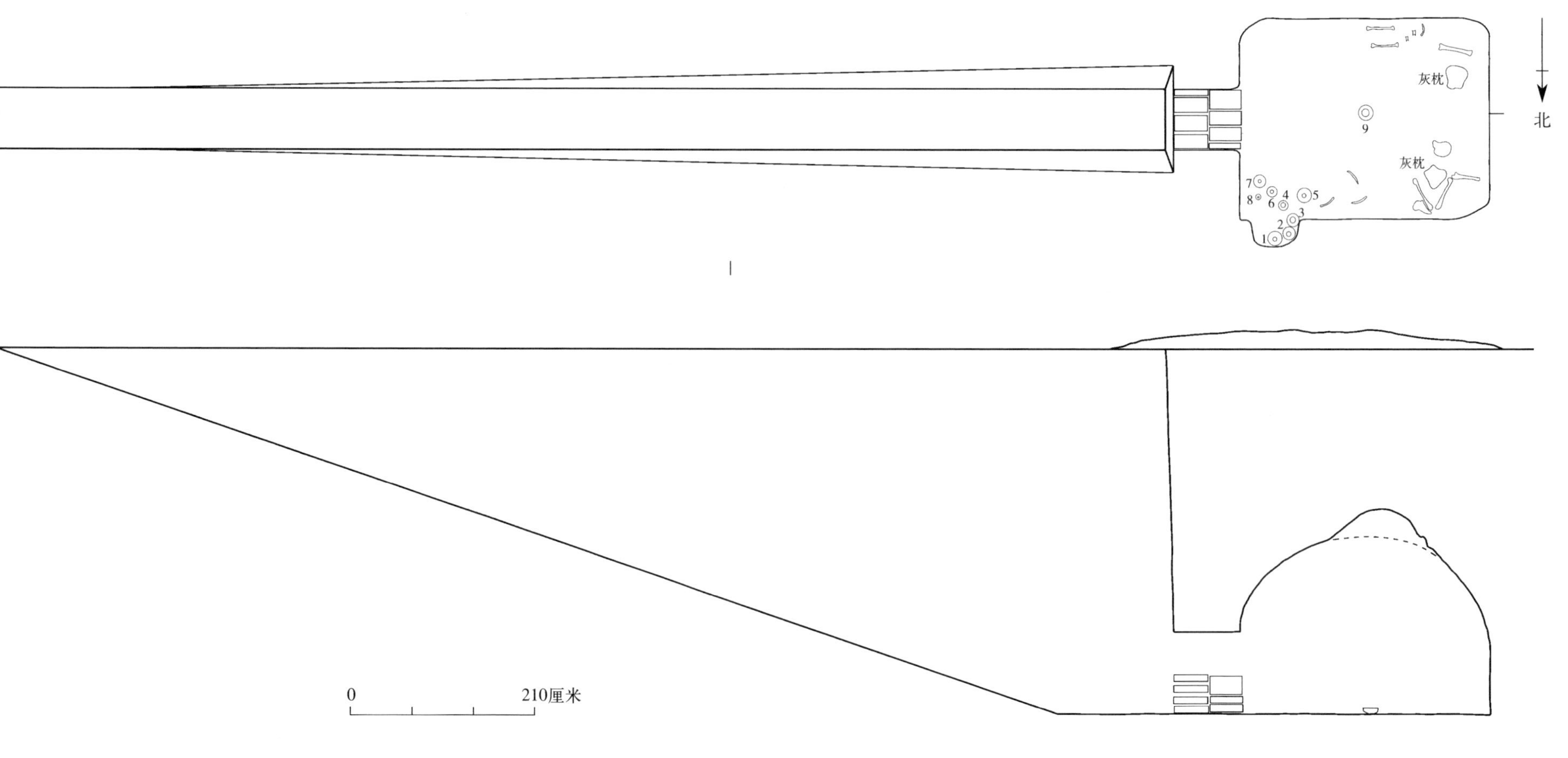

图五　十工山墓群 M2 平、剖面图

1. 陶釜　2、4. 泥罐　3. 陶甑　5、6. 陶钵　7. 陶罐　8. 泥瓶　9. 陶盆

平底。口径 10、底径 8、最大腹径 13.1、高 12.4 厘米（图六，2）。

标本 M2：4，残，泥捏而成，制作粗糙。侈口，圆唇，高斜直领，溜肩，上腹微鼓，下腹斜直，平底，最大径在肩腹部。口径 5.6、底径 6、最大腹径 8.8、高 10.8 厘米（图六，3）。

3. 陶盆

1 件。

标本 M2：9，泥质灰陶。直口，圆唇，腹部较深，平底。上腹部饰有凸弦纹，近底部有竖向刮削痕迹。口径 19.0、底径 10.8、高 7.9 厘米（图六，4）。

4. 陶甑

1 件。

标本 M2：3，泥质灰陶。钵形甑。侈口，圆唇，浅腹，平底。素面。底有一孔。口径 13.2、底径 5.6、高 4.8 厘米（图六，5）。

5. 陶釜

1 件。

标本 M2：1，夹砂灰陶。直口，方唇，矮直领，宽肩近似平直，上腹鼓，下腹急收至平底，最大径在上腹部。素面。器表有烟炱。口径 6、底径 7.2、最大腹径 14.2、高 9.4 厘米（图六，6；彩版六七，2）。

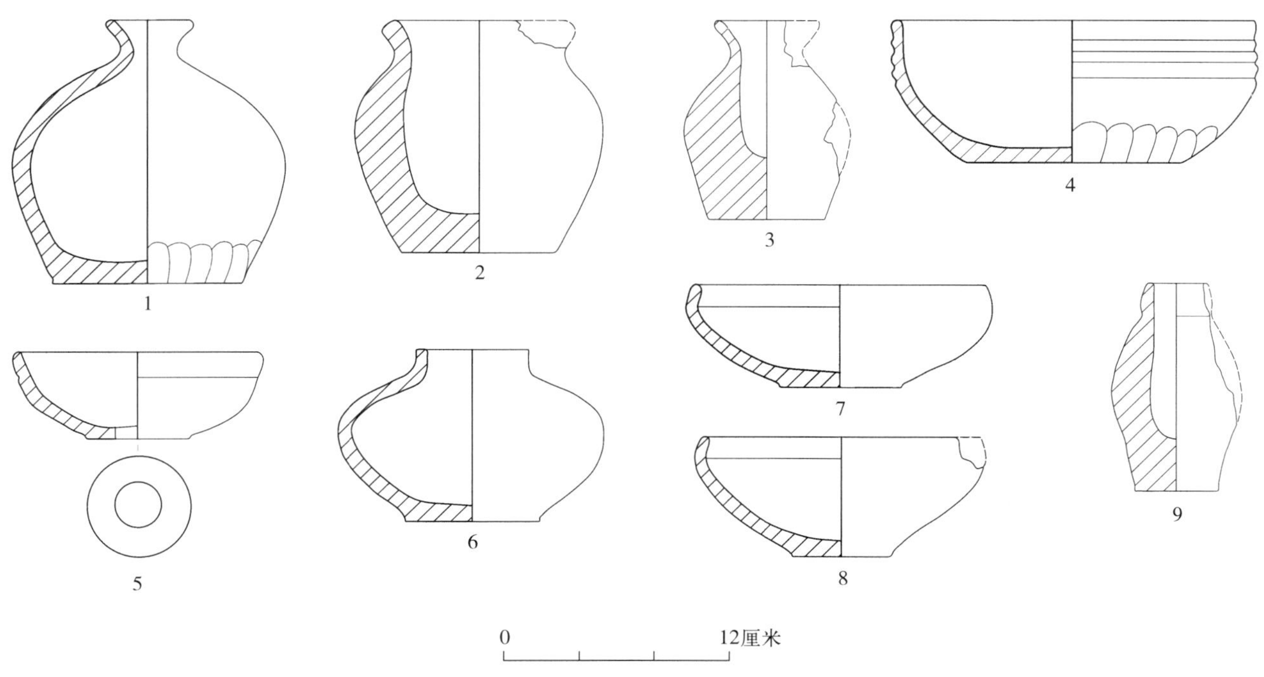

图六　十工山墓群 M2 出土器物

1. 陶罐M2：7　2、3. 泥罐M2：2、4　4. 陶盆M2：9　5. 陶甑M2：3　6. 陶釜M2：1　7、8. 陶钵M2：5、6　9. 泥瓶M2：8

6. 陶钵

2 件。泥质灰陶。敛口，圆唇，腹部斜收至平底。素面。

标本 M2：5，口径 15.8、底径 6.4、高 5.6 厘米（图六，7）。

标本 M2：6，口径 15、底径 5.2、高 6.6 厘米（图六，8）。

7. 泥瓶

1 件。

标本 M2：8，残，泥捏而成，加工粗糙。直口，方唇，外沿呈圆三角，溜肩，腹部较深，平底。口径 3.2、底径 4.4、高 11.2 厘米（图六，9）。

三 2014GSM3

（一）墓葬形制

位于瓜锁公路东侧，与 M2、M3、M4 为家族墓，呈南北向分布，无茔圈。单室土洞墓。方向 82°（图七）。被盗。

封土遭破坏。

墓道位于墓室东侧，平面呈梯形，长 15.4、宽 0.9 ～ 1.28 米。剖面呈长方形，口底等宽。东高西低，斜坡至底，坡度 24°。近墓门处距地表深 6 米。

墓门呈拱形，宽 0.95、高 1.2 米。封门以土坯封堵两重，前一重向内缩进约 0.14 米，从下至上，横砌平铺一层，顺砌平铺两层，横砌平铺两层，顺砌立铺一层。后一重从下至上顺砌立铺两层。土坯长 38、宽 20、厚 8 厘米。照墙壁面垂直。

有甬道，以连接墓道与墓室，进深 0.8 米。

墓室为土洞单室带单龛，平面近方形，顶部为穹隆顶。进深 3.1、宽 2.8、高 1.9 米。单龛位于墓室东北角，平面呈弧形。宽 0.5、高 0.5、进深 0.32 米。龛内发现灶台遗存，由两块土坯残块构成。土坯残长 20、宽 7、高 8 厘米，间隔 5 厘米。墓室后壁处散乱朽木，为其侧板，挡板，底板，尺寸不明。底板上铺有白灰。

墓室中央（尸身周围）发现有意打碎陶片及一残破陶钵。人骨被扰乱，有 2 具，尸骨面部有覆面痕迹。随葬品置于墓室北壁、中央及后壁，有泥灯 2 件、陶碗 2 件、陶钵 7 件、泥钵 3 件、陶甑 1 件、陶釜 1 件、陶罐 7 件（彩版六七，3）。

（二）随葬品

1. 陶罐

7 件。泥质灰陶。

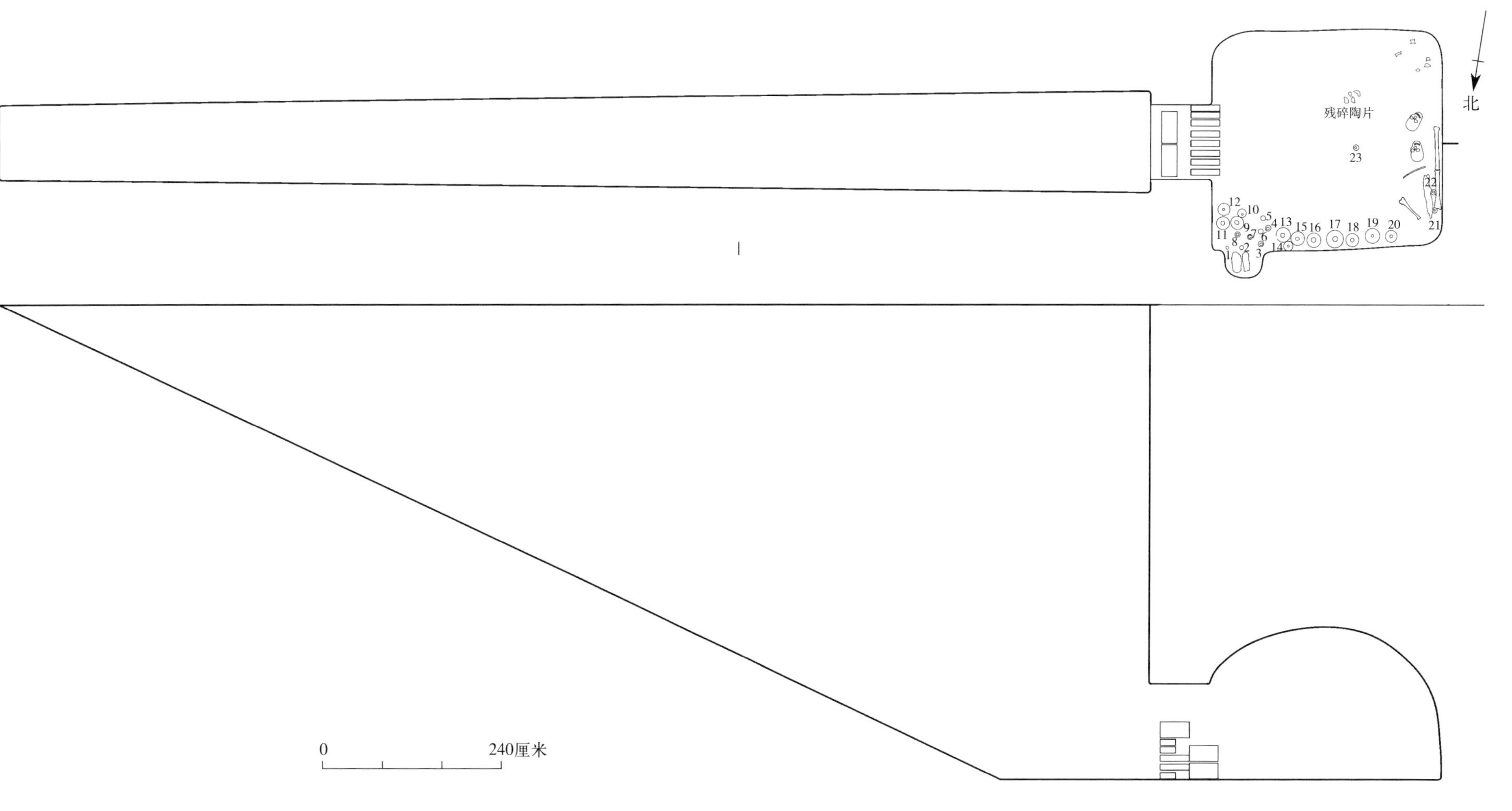

图七　十工山墓群M3平、剖面图

1、2. 泥灯　3、4. 陶碗　5、12、14、20～23. 陶钵　6～8. 泥钵　9. 陶甑　10. 陶釜　11、13、15～19. 陶罐

标本 M3：11，略残。侈口，圆唇，束颈，圆肩，圆鼓腹，平底。肩腹部饰有凸弦纹，近底部有竖向刮削痕迹。口径 9.6、底径 12.4、最大腹径 17.6、高 16.4 厘米（图八，1）。

标本 M3：13，侈口，尖圆唇，束颈，圆肩，圆鼓腹，底向内微凹。肩腹部饰有凸弦纹，近底部有竖向刮削痕迹。口径 9.6、底径 12.8、最大腹径 19.8、高 16.4 厘米（图八，2）。

标本 M3：15，略残。直口，外沿呈尖三角，束颈，圆肩，鼓腹，下腹斜收至平底。肩腹部饰有凸弦纹。口径 8.2、底径 8、最大腹径 16、高 13.2 厘米（图八，3）。

标本 M3：16，侈口，方唇，束颈，圆肩，上腹圆鼓，下腹斜收至平底。肩部饰有凸弦纹，近底部有竖向刮削痕迹。口径 6.4、底径 9.2、最大腹径 15.8、高 16 厘米（图八，4）。

标本 M3：17，直口，外沿呈尖三角，直领，圆肩，上腹圆鼓，下腹斜收至底。肩部饰有凸弦纹，近底部有竖向刮削痕迹。口径 8.6、底径 11.2、最大腹径 19.8、高 20.2 厘米（图八，5）。

标本 M3：18，侈口，外沿呈尖三角，圆肩，上腹圆鼓，下腹斜收至底，底部基本平整。肩部饰有凸弦纹。口径 9.8、底径 7.4、最大腹径 16.2、高 15.6 厘米（图八，6；彩版六七，5）。

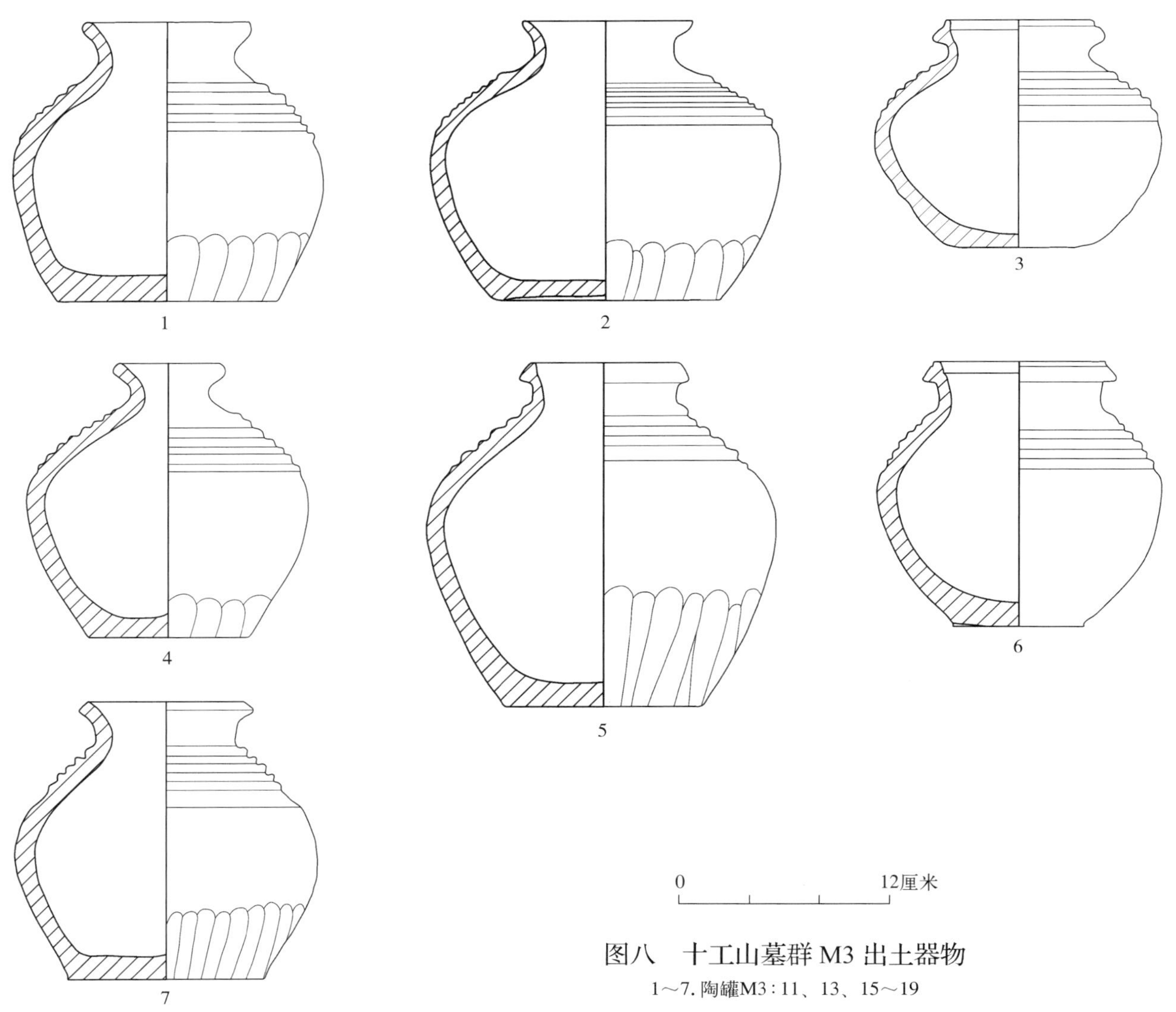

图八　十工山墓群 M3 出土器物

1～7. 陶罐M3：11、13、15～19

标本M3：19，侈口，方唇，束颈，圆肩，上腹圆鼓，下腹收至平底。肩部饰有凸弦纹，近底部有竖向刮削痕迹。口径9.8、底径11、最大腹径17、高16.2厘米（图八，7）。

2. 陶钵

7件。泥质灰陶。圆唇，浅腹或深腹，平底。素面。

标本M3：5，侈口。口径7.6、底径3.4、高3厘米（图九，1）。

标本M3：21，敛口。口径7.8、底径3.4、高2.8厘米（图九，2）。

标本M3：22，直口。口径6.7、底径3.2、高2.4厘米（图九，3）。

标本M3：23，侈口。口径8、底径3.4、高3厘米（图九，4）。

标本M3：12，敛口。口径15.8、底径5.4、高5.8厘米（图九，5）。

标本M3：14，敛口。口径14.8、底径6、高6厘米（图九，6）。

标本M3：20，敛口。口径14.8、底径6.4、高6厘米（图九，7）。

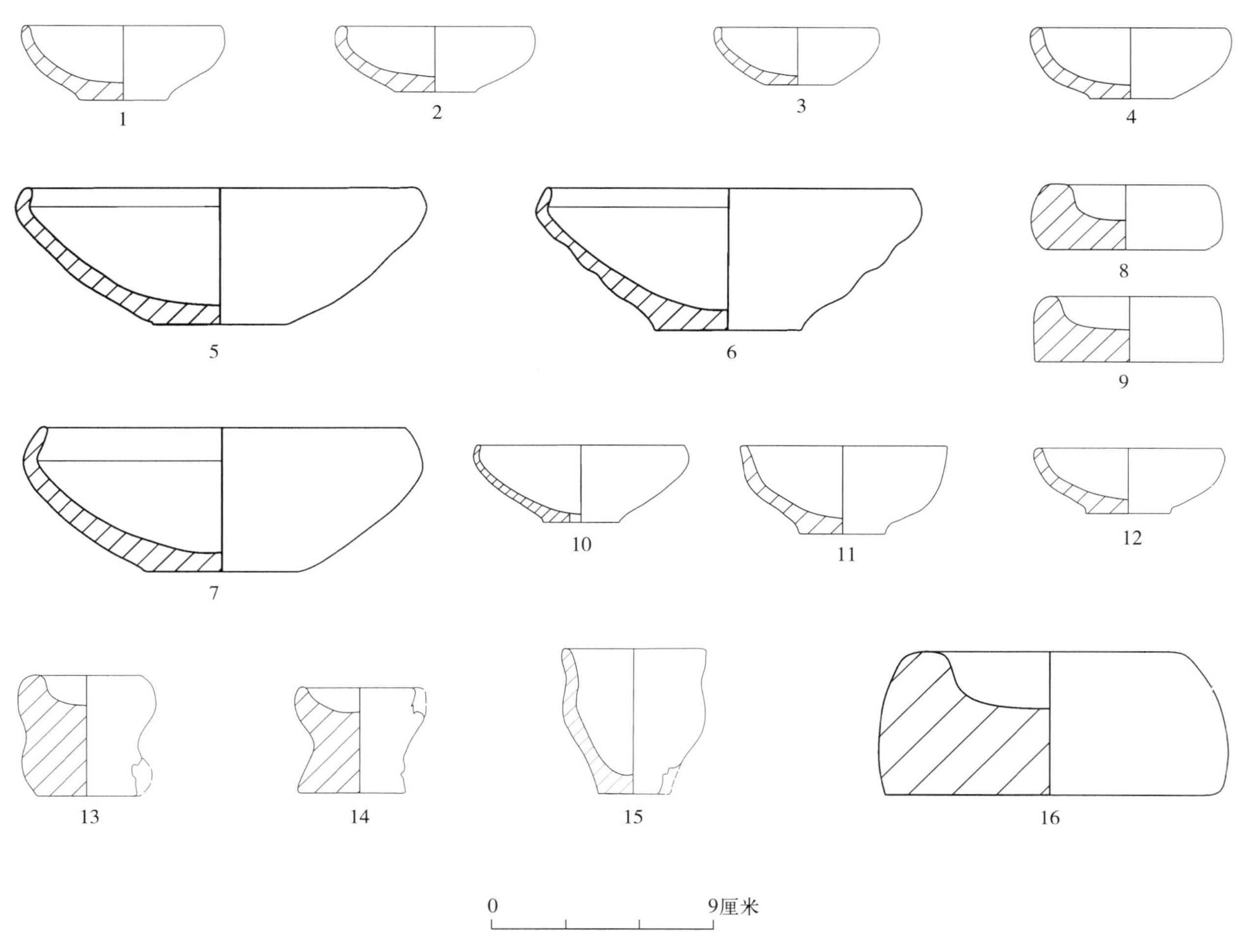

图九　十工山墓群M3出土器物

1～7. 陶钵M3：5、21～23、12、14、20　8～10. 泥钵M3：6～8　11、12. 陶碗M3：3、4　13、14. 泥灯M3：1、2　15. 陶甑M3：9　16. 陶釜M3：10

3. 泥钵

3件。泥捏而成，制作粗糙。器形作厚饼状，侈口，圆唇，垂腹，平底。
标本M3：6，口径7、底径6.8、高2.8厘米（图九，8）。
标本M3：7，口径7、底径7.6、高2.8厘米（图九，9）。
标本M3：8，口径8.2、底径6.8、高3厘米（图九，10）。

4. 陶碗

2件。泥质灰陶。侈口，圆唇，浅腹，矮圈足。素面。
标本M3：3，口径8.2、底径3.4、高3.6厘米（图九，11）。
标本M3：4，口径7.6、底径3.4、高2.8厘米（图九，12）。

5. 泥灯

2件。泥捏而成，制作粗糙。灯口作碟状，侈口，圆唇，浅腹，腹中束腰，平底。
标本M3：1，略残。内有灯芯残烬。灯口径4.8、底径4、高5厘米（图九，13）。
标本M3：2，残。灯口径5.2、底径5、高4.4厘米（图九，14）。

6. 陶甑

1件。
标本M3：9，略残。泥质灰陶。钵形甑。敛口，圆唇，腹部斜收至平底，底有一圆孔。素面。口径5.7、底径2.8、高6厘米（图九，15）。

7. 陶釜

1件。
标本M3：10，夹砂灰褐陶。侈口，圆唇，深腹中微鼓，斜收至平底，最大径在上腹部。器表有烟炱。素面。口径8.8、最大腹径8.6、底径4.4、高9厘米（图九，16；彩版六七，4）。

四　2014GSM4

（一）墓葬形制

位于瓜锁公路东侧，与M2、M3、M4为家族墓，呈南北向分布，无茔圈。单室土洞墓，方向（墓道）80°（图一〇）。被盗。
封土现状呈丘形，直径6.1、残高0.38米。
墓道位于墓室东侧，墓道平面呈梯形，长16.4、宽0.75～1.2米。西端剖面呈梯形，口小底大，近墓门处宽1.2～1.35米。东高西低，斜坡至底，坡度22°。近墓门处距地表深6.2米。

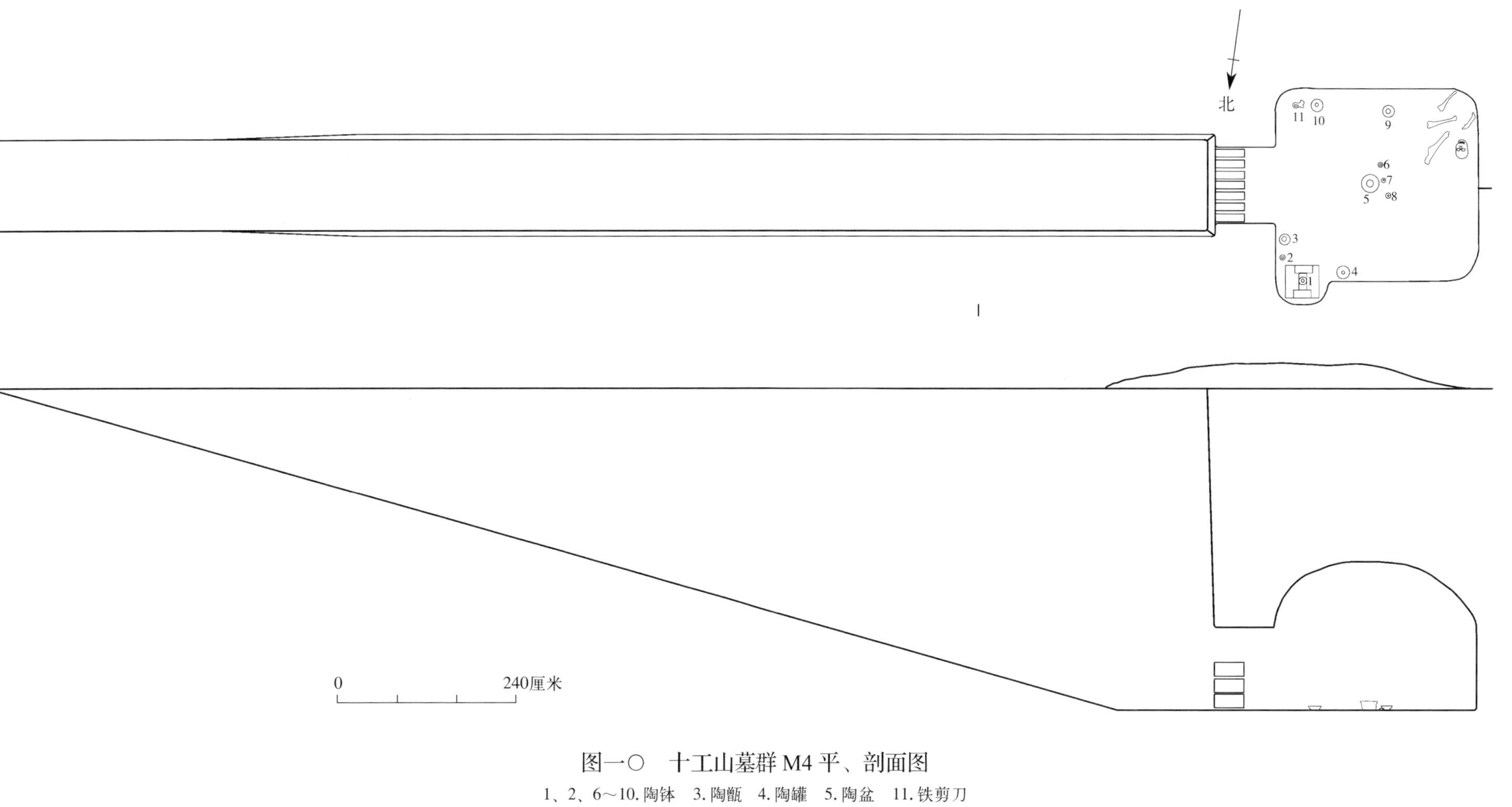

图一〇　十工山墓群M4平、剖面图

1、2、6～10. 陶钵　3. 陶甑　4. 陶罐　5. 陶盆　11. 铁剪刀

墓门呈拱形，宽 1.02、高 1.07 米。封门以土坯堆砌封堵，从下至上顺砌立铺三层。土坯长 40、宽 18、厚 10 厘米。照墙壁面近垂直。

有甬道，以连接墓道与墓室，宽 1.02、进深 0.8 米。

墓室为土洞单室带单龛，平面近方形，四壁较直，距墓室底部 1.1 米处起拱，向上斜收至穹隆顶。墓室进深 2.73、宽 2.55、高 1.91 米。单龛位于墓室东北角，平面呈弧形。宽 0.7、高 0.5、进深 0.3 米。内置一灶台遗存，由 4 块土坯（两块残块土坯）构成。土坯长 43、宽 17、厚 10 厘米，间隔 12 厘米。象征灶门前侧发现有木炭、兽牙（彩版六八，1）。

墓室后壁处散乱朽木，为其侧板、挡板、底板。底板上铺有白灰。墓室南侧（尸身周围）发现有意打破的陶钵。人骨发现 1 具，葬式被扰乱。龛内外，南壁侧及墓室中央等位置发现陶钵 7 件、陶甑 1 件、陶罐 1 件、陶盆 1 件、铁剪刀 1 件（彩版六八，2）。

（二）随葬品

1. 陶罐

1 件。

标本 M4：4，泥质灰陶。侈口，外沿呈尖三角，斜直领，溜肩，上腹较鼓，下腹部斜直，底向内微凹。肩部饰有凸弦纹。口径 9.2、底径 11.2、最大腹径 16、高 15.4 厘米（图一一，1）。

2. 陶盆

1 件。

标本 M4：5，泥质灰陶。敛口，宽斜平沿，方唇，深腹，底向内凹。素面。近底部有竖向刮削痕迹。口径 26.4、底径 15.2、高 11.6 厘米（图一一，2）。

3. 陶钵

7 件。泥质灰陶。圆唇，浅腹，平底。素面。

标本 M4：1，直口，器内有灯芯残烬。口径 10.2、底径 4、高 3.6 厘米（图一一，3）。

标本 M4：2，直口。口径 7.8、底径 3.8、高 3 厘米（图一一，4）。

标本 M4：6，侈口。口径 7.6、底径 3.2、高 2.8 厘米（图一一，5）。

标本 M4：7，侈口。口径 7.2、底径 3.4、高 2.6 厘米（图一一，6）。

标本 M4：8，直口。口径 8.1、底径 2.8、高 2.8 厘米（图一一，7）。

标本 M4：9，略残，敛口。口径 15.6、底径 5.8、高 5.4 厘米（图一一，8）。

标本 M4：10，敛口。口径 15.2、底径 5.4、高 5.2 厘米（图一一，9）。

4. 陶甑

1 件。

标本 M4：3，泥质灰陶。钵形甑。敛口，方唇，腹部斜收至平底，底有一圆孔。素面。口

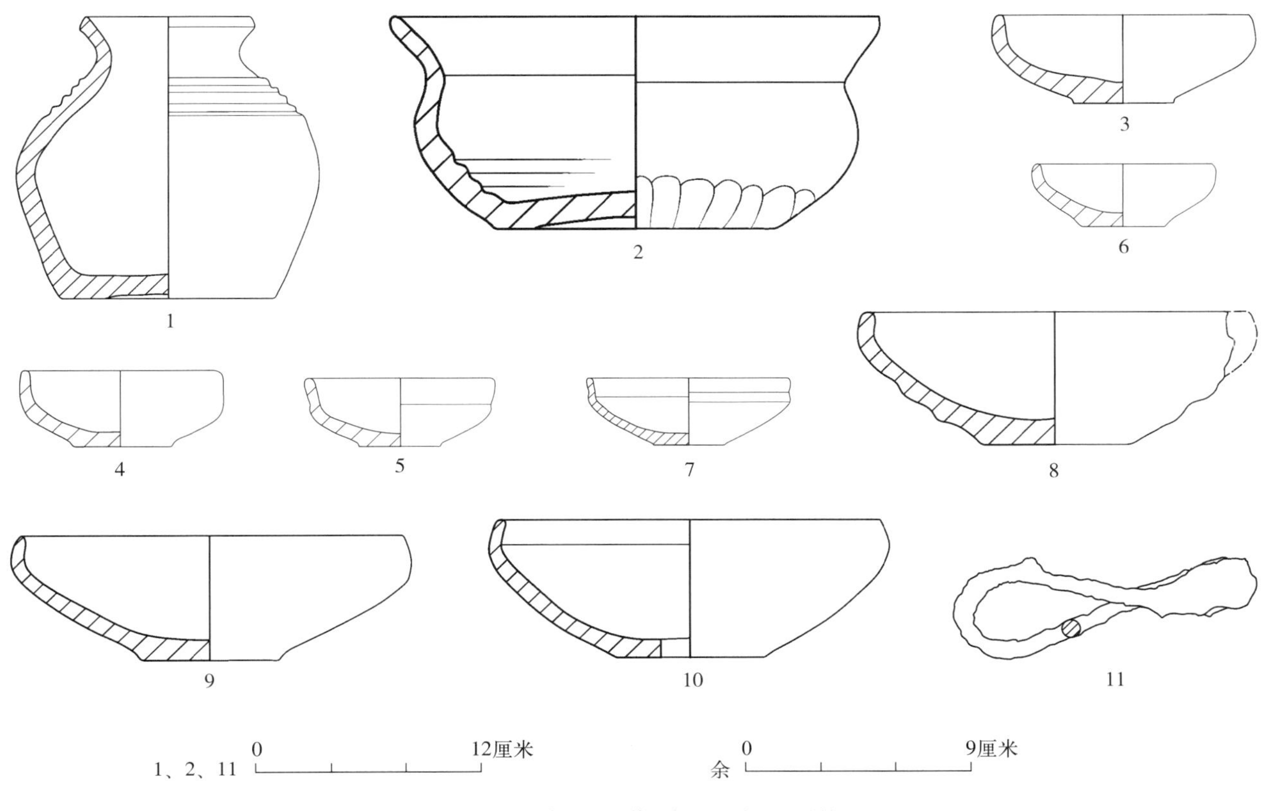

图一一　十工山墓群M4出土器物

1. 陶罐M4：4　2. 陶盆M4：5　3～9. 陶钵M4：1、2、6～10　10. 陶甑M4：3　11. 铁剪刀M4：11

径15、底径6、高5.8厘米（图一一，10）。

5. 铁剪刀

1件。

标本M4：11，锈蚀严重。柄部作环状，首似鸭嘴，着一陶片，柄部附有衣物。通长15.9、截面直径0.9厘米（图一一，11）。

五　2014GSM5

（一）墓葬形制

位于瓜锁公路西侧，单独成堆，东西向。双室土洞墓，方向244°（图一二）。被盗。

封土现呈丘形，直径5、残高0.48米。

墓道位于墓室西侧，墓道平面呈长方形，长13.8、宽0.7米。东端剖面呈梯形，口小底大，近墓门处宽0.7～1.08米。西高东低，斜坡至底，坡度21°。近墓门处距地表深4.9米。

墓门呈拱形，宽0.9、高1.1米。封门以土坯堆砌封堵，从下至上，顺砌立铺三层，竖向及横向顺砌平铺两层。土坯长45、宽22、厚10厘米。照墙壁面近垂直。

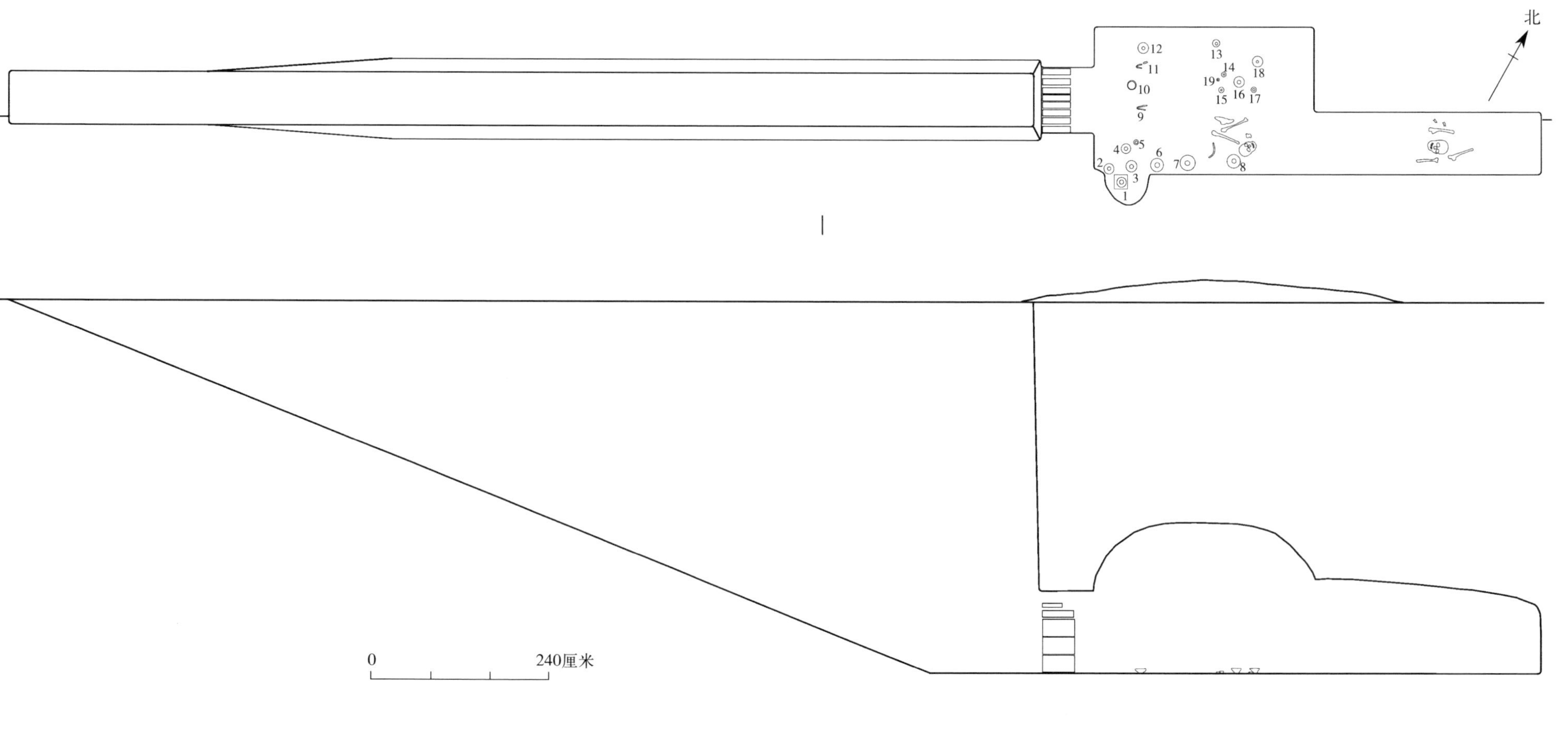

图一二　十工山墓群M5平、剖面图

1. 陶甑　2、4、5、12、14、15、17、18. 陶钵　3、6～8. 陶罐　9、11. 铜钗　10. 铜镜　13、16. 陶碗　19. 铜钱

有甬道，以连接墓道与前室。宽0.9、进深0.75米。

墓室为前后室带单龛土洞墓，墓室平面呈刀把形。前室四壁较直，墓室高0.98米处起拱，向上弧收至拱形顶。进深3、宽2、高2.05米。后室位于前室后壁南侧，二者未以甬道连接。其南壁与前室南壁在同一条直线上，前高后低。进深3.1、宽0.83、高0.9～1.26米（彩版六九，1）。单龛，位于墓室西南角，平面呈弧形。宽0.64、高0.74、进深0.4米。龛内发现一灶台遗存，由土坯残块堆砌而成，土坯平面近方形，长24、宽20、高16厘米。灶台西边发现有兽牙。

未发现葬具。人骨发现2具，葬式被扰乱，人骨经鉴定，前室为一女性，后室为一男性。前室中央、龛周围发现陶甑1件、陶钵8件、陶碗2件、陶罐4件、铜镜1件、铜钗2件、铜钱1枚。

（二）随葬品

1. 陶罐

4件。泥质灰陶。素面。

标本M5：3，底残。侈口，圆唇，高斜直领，肩部近似平直，圆鼓腹，下腹斜、收至平底，最大径在肩腹部。口径8.8、底径8、最大腹径16.4、高14厘米（图一三，1）。

标本M5：6，侈口，圆唇，高斜直领，肩部近似平直，圆鼓腹，下腹收至平底，最大径在肩腹部。口径7.6、底径8.8、最大腹径15.2、高13厘米（图一三，2）。

标本M5：7，底略残。近直口，外沿呈圆三角，收至束颈，圆肩，上腹圆鼓，下腹斜收至平底，最大径在上腹部。肩部饰有凸弦纹，近底部有竖向刮削痕迹。口径8.4、底径12、最大腹径17.6、高16.8厘米（图一三，3；彩版六九，2）。

标本M5：8，侈口，方唇，束颈，圆肩，上腹较圆鼓，下腹较斜直，平底，最大径在上腹部。肩腹部饰凸弦纹，近底部有竖向刮削痕迹。口径8.4、底径11.6、最大腹径16.4、高17.4厘米（图一三，4）。

2. 陶钵

8件。泥质灰陶。圆唇，深腹或浅腹，平底。素面。

标本M5：2，敛口。口径14.2、底径5.4、高7.2厘米（图一四，1）。

标本M5：4，敛口。口径14.8、底径5.2、高6.6厘米（图一四，2）。

标本M5：12，敛口。口径14.4、底径5.2、高5.7厘米（图一四，3）。

标本M5：18，敛口。口径14.8、底径5.8、高6.2厘米（图一四，4）。

标本M5：5，侈口。口径7.4、底径3.6、高2.4厘米（图一四，5）。

标本M5：14，直口。口径9.1、底径3.6、高3.4厘米（图一四，6）。

标本M5：17，侈口。口径8.6、底径3.6、高3厘米（图一四，7）。

标本M5：15，泥质灰陶。侈口，圆唇，浅腹，矮圈足。素面。口径8.4、底径3.8、高3.8厘米（图一三，6）。

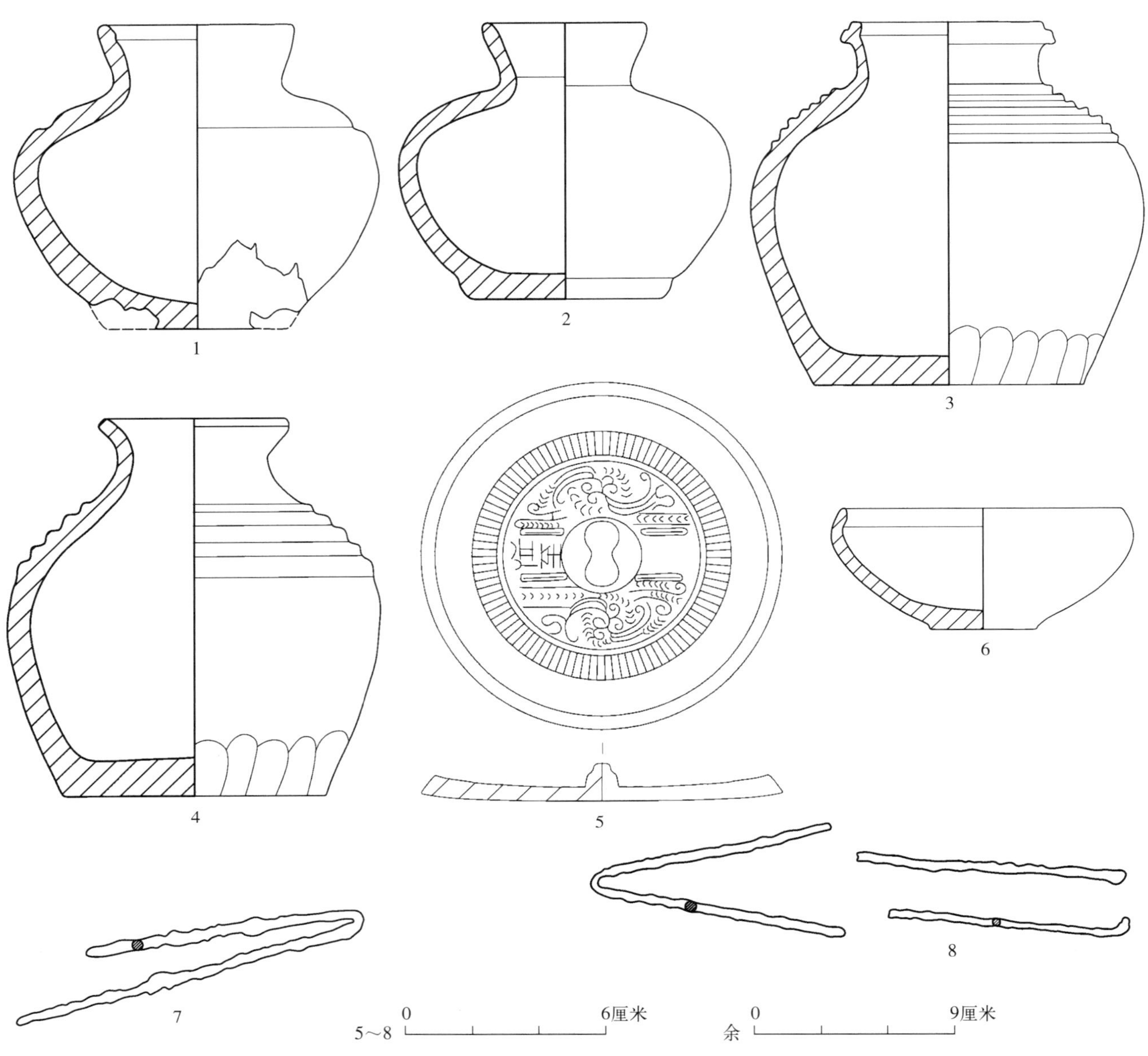

图一三　十工山墓群 M5 出土器物

1～4. 陶罐M5∶3、6～8　5. 铜镜M5∶10　6. 陶钵M5∶15　7、8. 铜钗M5∶9、11

3. 陶碗

2 件。泥质灰陶。侈口，圆唇，浅腹，矮圈足。素面。

标本 M5∶16，口径 8.2、底径 3.6、高 2.7 厘米（图一四，8）。

标本 M5∶13，口微侈，方唇，浅腹。口径 9.4、底径 4、高 3.2 厘米（图一四，9）。

4. 陶甑

1 件。

标本M5：1，泥质灰陶。钵形甑。敛口，圆唇，腹部斜收至平底。底有一圆孔。素面。口径15.4、底径5.2、高5.8厘米（图一四，10）。

5．铜镜

1件。

标本M5：10，圆形，桥形纽，镜面微凸。“位至□□”夔凤纹镜，“三公”磨平。直径10.8、纽高1.2、厚0.06厘米（图一三，5；彩版六九，3）。

6．铜钗

2件。呈“U”形，截面呈圆形。

标本M5：9，略残。钗长10.5、截面直径0.4、钗齿间距0～1.3厘米（图一三，7）。

标本M5：11，钗长7.8、截面直径0.3、钗齿间距0～3.2厘米（图一三，8）。

7．铜钱

1枚。

标本M5：19，略残。圆形方孔。锈蚀严重、文字不清。直径2.4、穿边长1、厚0.15厘米。

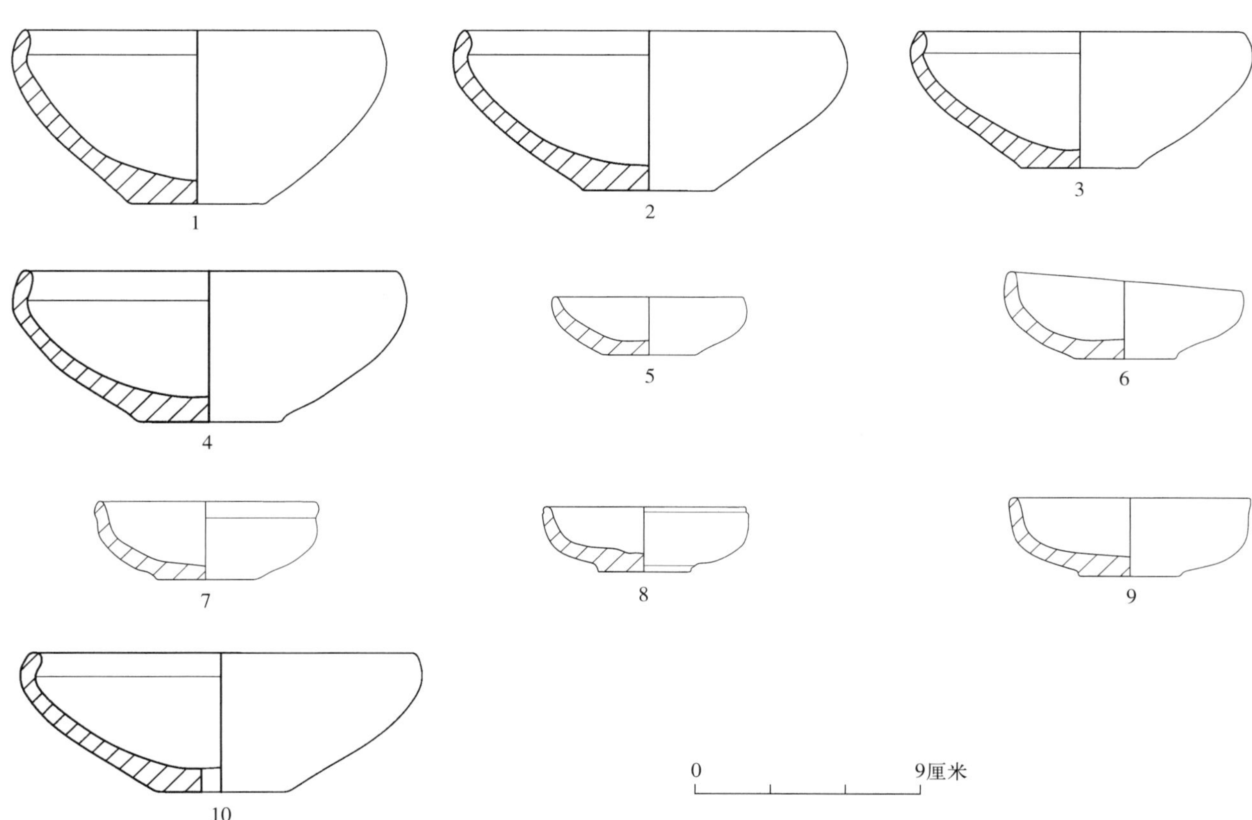

图一四　十工山墓群M5出土器物

1～7. 陶钵M5：2、4、12、18、5、14、17　8、9. 陶碗M5：16、13　10. 陶甑M5：1

六 结语

此次抢救性清理，是十工山墓群首次进行的考古发掘。5座土洞墓中4座为单室，1座为前后室，等级较低。随葬品整体制作粗糙，呈现出强烈明器化色彩。陶器组合简单，以各类陶罐、钵为主，泥器在墓葬M1、M2与M3中有发现。结合《敦煌祁家湾墓葬》[1]与《北方地区魏晋十六国墓葬的分区和分期》[2]相关研究，墓葬M1、M2与M3年代整体偏晚，上限至前凉后期。M4与M5未发现泥器，其中M5出土1件“位至三公”双夔镜，年代大致在魏晋时期。

领队：张俊民
发掘：张俊民　王永安　赵章赫　赵　详
绘图：赵　详　赵章赫　孙　锋
执笔：王永安　张俊民　孙　锋

[1] 甘肃省文物考古研究所：《敦煌祁家湾西晋十六国墓葬发掘报告》，文物出版社，1994年。
[2] 张小舟：《北方地区魏晋十六国墓葬的分区和分期》，《考古学报》1987年第1期。

拾贰　敦煌市祁家湾墓群 2013 年发掘简报

甘肃省文物考古研究所

祁家湾墓群位于甘肃省敦煌市西北部孟家桥乡，面积 1700 万平方米，为省级文物保护单位（图一）。2013 年 3 ～ 6 月，为配合敦（煌）格（尔木）铁路工程建设，甘肃省文物考古研究所对铁路穿越的祁家湾墓群边缘区域进行了抢救性考古发掘。

此次发掘范围严格控制在铁路征用的 40 米范围内，以敦煌市工业园区公路为界将发掘区分为南北两部分。南部为Ⅰ区，清理墓葬 43 座；北部为Ⅱ区，清理墓葬 53 座。

这些墓葬分布在戈壁滩上，大部分墓葬的地表封土、墓道都比较明显，个别墓葬的茔圈保存比较完整。多数聚族而葬，少数是单座墓。墓葬形制以斜坡墓道洞室墓为主，部分墓道带天井。墓葬多早年被盗，加上墓室坍塌，扰乱严重。此次发掘多采用先清理墓道填土，由墓门进入墓室的方式进行清理。现择几座墓葬的发掘情况简报如下。

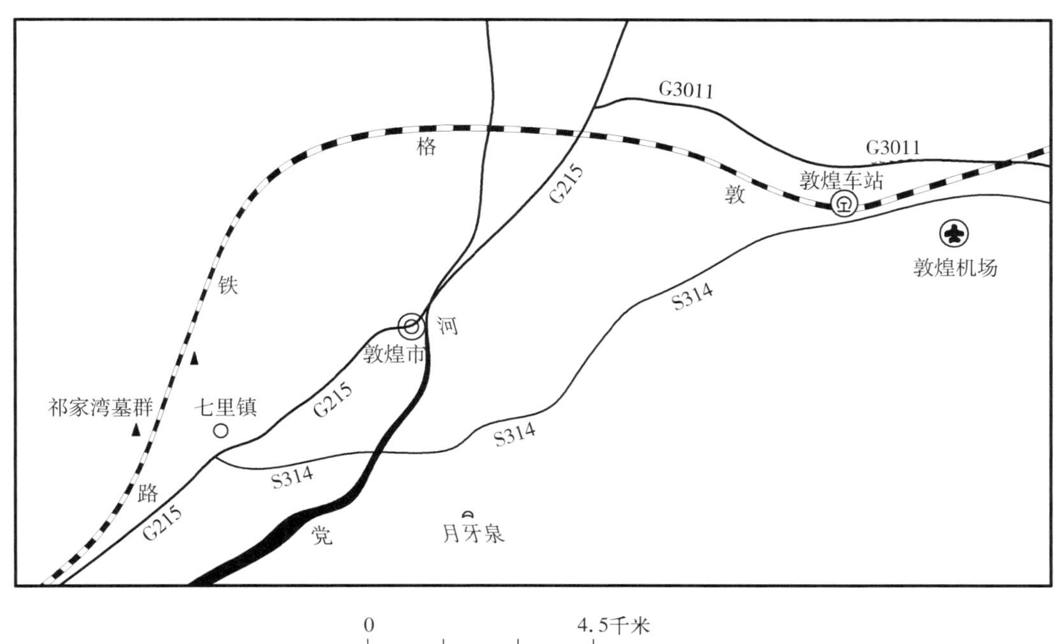

图一　敦煌市祁家湾墓群地理位置示意图

一 2013DQ Ⅰ M8

2013DQ Ⅰ M8（以下简称Ⅰ M8）位于 DK28+200 北 12 米。北邻Ⅰ M9、Ⅰ M10，为同一家族墓。

（一）墓葬形制

该墓为带长斜坡墓道单室洞室墓，由墓道、过洞、天井、甬道、墓室组成。墓葬方向 85°（图二）。

墓道位于墓室以东，平面形状呈近梯形，东窄西宽，全长 10.9、宽 1 ～ 1.1 米，两壁垂直。剖面形状呈长方形，口底基本等宽。过洞长 4.5、宽 0.9、高 1.2 ～ 1.7 米。天井长 2.1、宽 1 ～ 1.1 米。近墓门处距地表深 6.2 米。

甬道位于墓道与墓室之间，平顶，长 1、宽 0.9、高 1.2 米。墓门呈拱形，与甬道同高等宽。使用土坯封门，位于甬道内封，封门上部被破坏，仅存六层，错缝平铺垒砌而成，封门残高 0.48 米。土坯长 42、宽 23、厚 8 厘米。

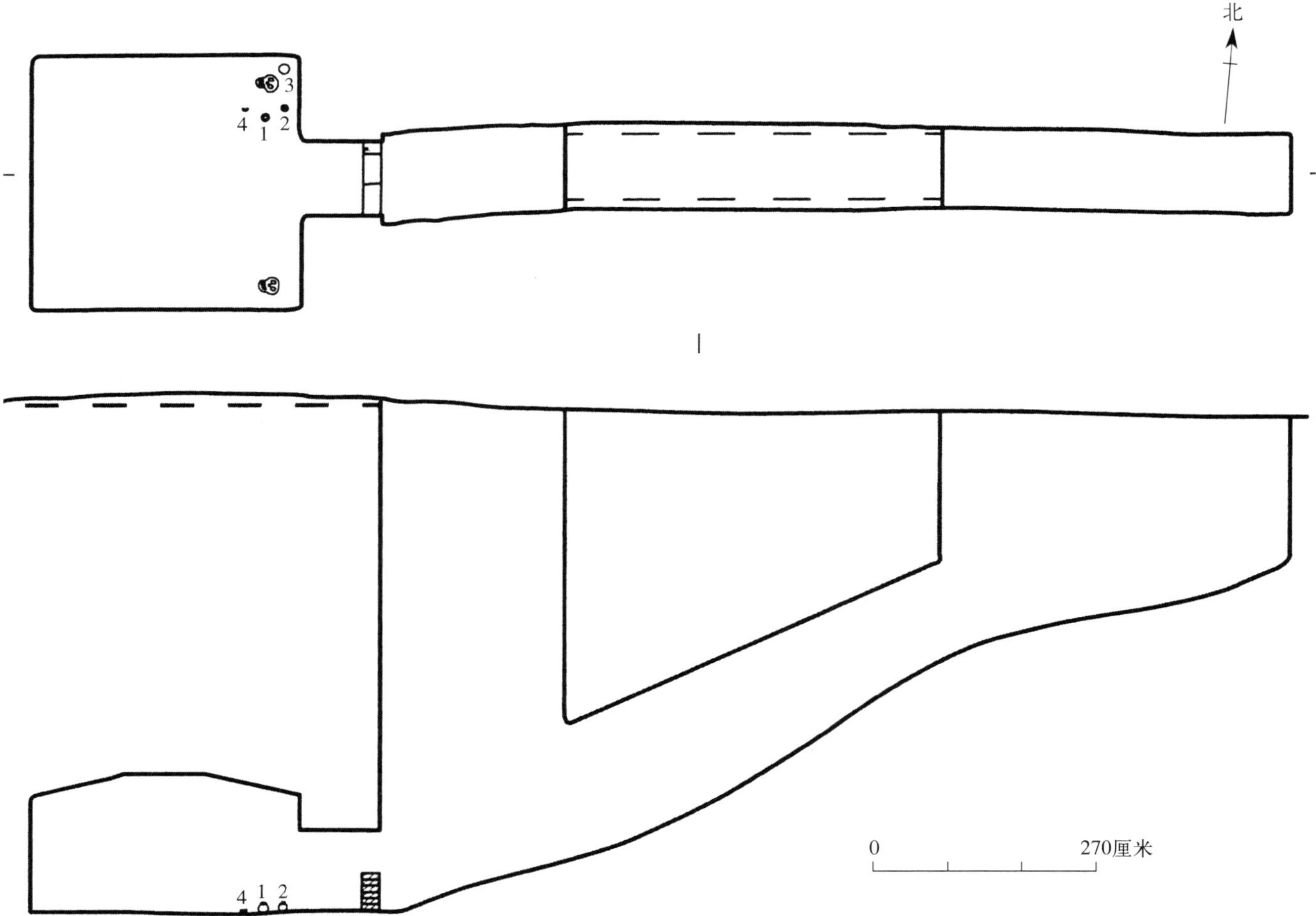

图二　祁家湾墓群Ⅰ M8 平、剖面图

1. 陶壶　2. 陶斗瓶　3. 陶樽　4. 陶碗

墓室位于墓道以西，平面形状呈正方形，边长3.2、高2米。在距墓室底部1.8米处四角骤收攒起作覆斗顶。

（二）葬式葬具

墓葬早年被盗，人骨扰乱严重，仅发现头骨三个，分别散置于墓室西北角、东北角及东南角，葬具、葬式不明。

（三）随葬品

随葬品较少，均为陶器，置于墓室东北角，其中陶壶1件、陶碗1件、陶樽1件、陶斗瓶1件。

1. 陶壶

1件。

标本Ⅰ M8：1，泥质灰陶。微残。侈口，圆唇，鼓腹内收至平底，底座较高。近底部有手指压捏痕，底部线割痕迹明显。口径5.1、最大腹径7.8、底径6.4、高12.2厘米（图三，1）。

2. 陶碗

1件。

标本Ⅰ M8：4，泥质灰陶。残，无法复原。斜弧腹、平底。内部有手指压印纹，底部线割痕迹明显。残高6厘米（图三，2）。

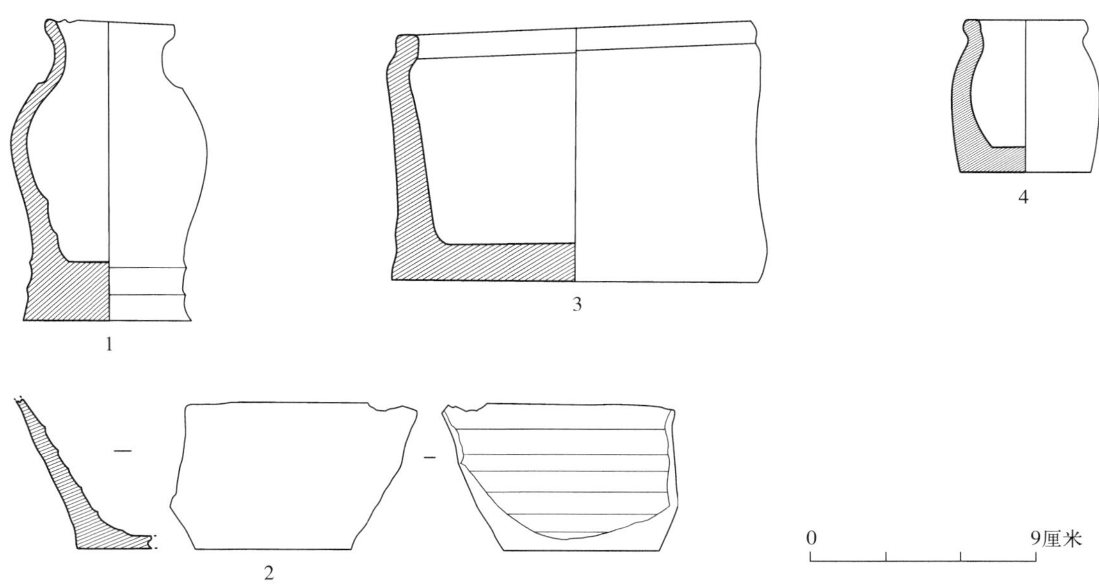

图三　祁家湾墓群Ⅰ M8出土器物

1. 陶壶Ⅰ M8：1　2. 陶碗Ⅰ M8：4　3. 陶樽Ⅰ M8：3　4. 陶斗瓶Ⅰ M8：2

3．陶樽

1件。

标本Ⅰ M8：3，泥质灰陶。器型歪扭，残，可复原。口微敛，方唇，颈微束，腹部微内凹，平底。内部有食物残留痕迹。口径14.2、底径14.8、高10～10.6厘米（图三，3）。

4．陶斗瓶

1件。

标本Ⅰ M8：2，泥质褐陶。残，可复原。口微敛，圆唇，束颈，弧腹收至平底，底部线割痕明显。口径4.7、底径5.2、高6.2厘米（图三，4）。

二　2013DQ Ⅰ M10

2013DQ Ⅰ M10（以下简称Ⅰ M10）位于DK28+150标志处，北临Ⅰ M11、南临Ⅰ M9，为家族墓之一。

（一）墓葬形制

该墓为带长斜坡墓道单室洞室墓，由墓道、过洞、天井、甬道、墓室组成。墓葬方向95°（图四）。

墓道位于墓室以东，平面形状呈长方形，全长13.5、宽1.55米。过洞长4.1、宽1.55米，拱形顶，顶高0.82米。天井长2.6、宽1.55米。近墓门处距地表深5.8米。

甬道位于墓道西端，连接墓道与墓室。平面形状呈长方形，长1.5、宽0.9、高1米。

墓门呈拱形，与甬道同高等宽。封门遭破坏，被砂土封堵。

墓室位于墓道以西，平面形状呈近方形，边长2.8、高2.2米，拱形顶，墓底距地表深5.6米。墓室西壁开一壁龛，宽0.75、进深0.38、高0.56米。

（二）葬式葬具

墓葬遭盗扰，人骨凌乱不堪，葬式不详。墓室扰土中存在腐朽的木块，可能原存在木质棺罩等葬具。

（三）随葬品

随葬品均为陶器，集中放置于墓室北部及西壁龛内。其中陶壶1件、陶罐2件、陶碗1件、陶碟2件、陶樽2件、陶灯1件、陶仓1件、陶灶陶釜组合1组、陶斗瓶1件（彩版七〇，1）。

1．陶壶

1件。

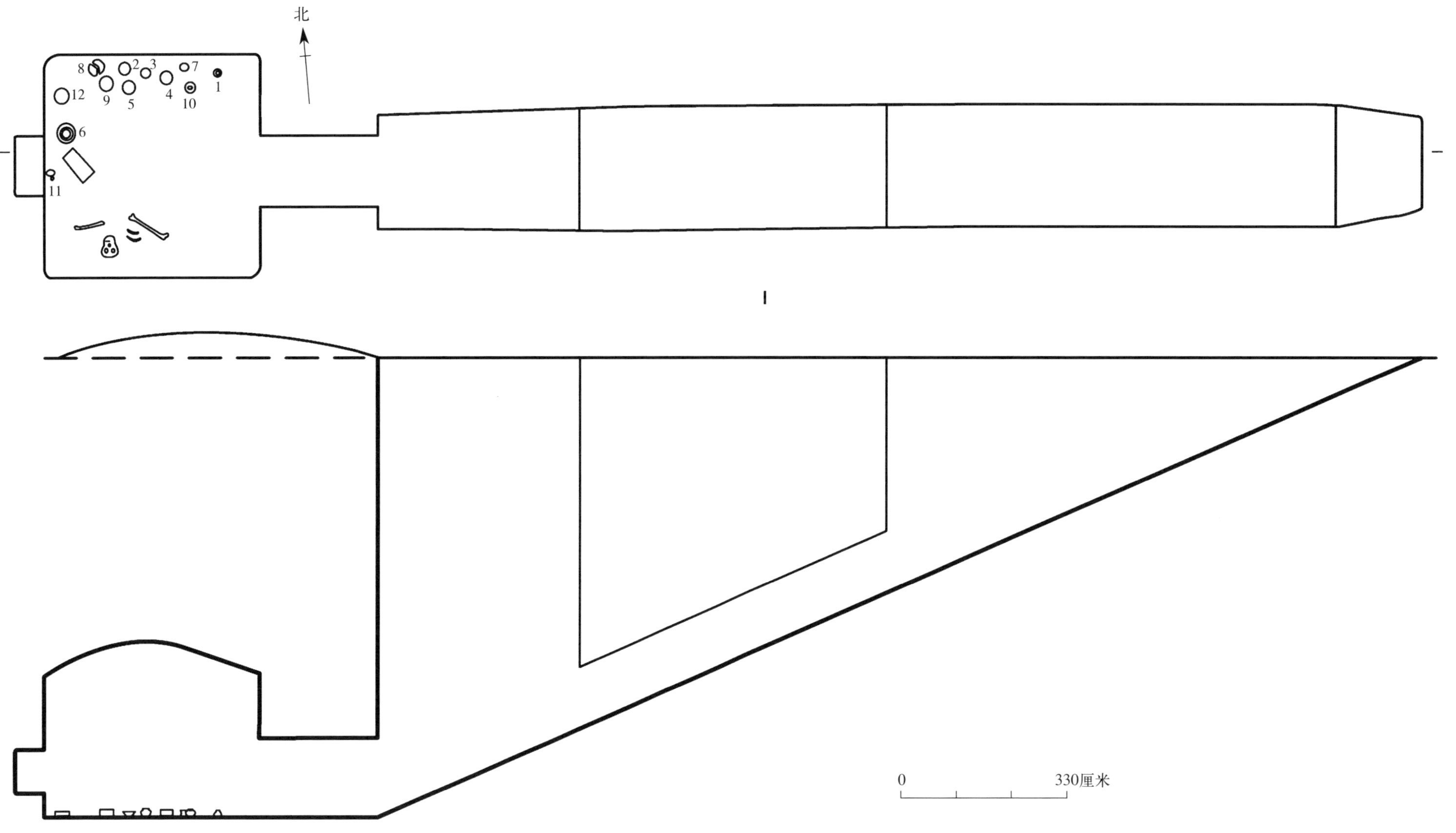

图四　祁家湾墓群Ⅰ M10平、剖面图

1. 陶斗瓶　2、8. 陶碟　3、11. 陶罐　4、9. 陶樽　5. 陶碗　6. 陶灶、陶釜　7. 陶灯　10. 陶壶　12. 陶仓

标本Ⅰ M10∶10，泥质红陶，火候低，类泥胎。残，可复原。侈口，尖圆唇，束颈，鼓腹，腹以下外撇成大平底。肩部有印刻垂带纹。口径 5.2、底径 8.5、高 13.7 厘米（图五，1）。

2. 陶罐

2 件。

标本Ⅰ M10∶3，泥质褐陶。残，可复原。侈口，尖唇，束颈，溜肩，鼓腹斜收至平底，最

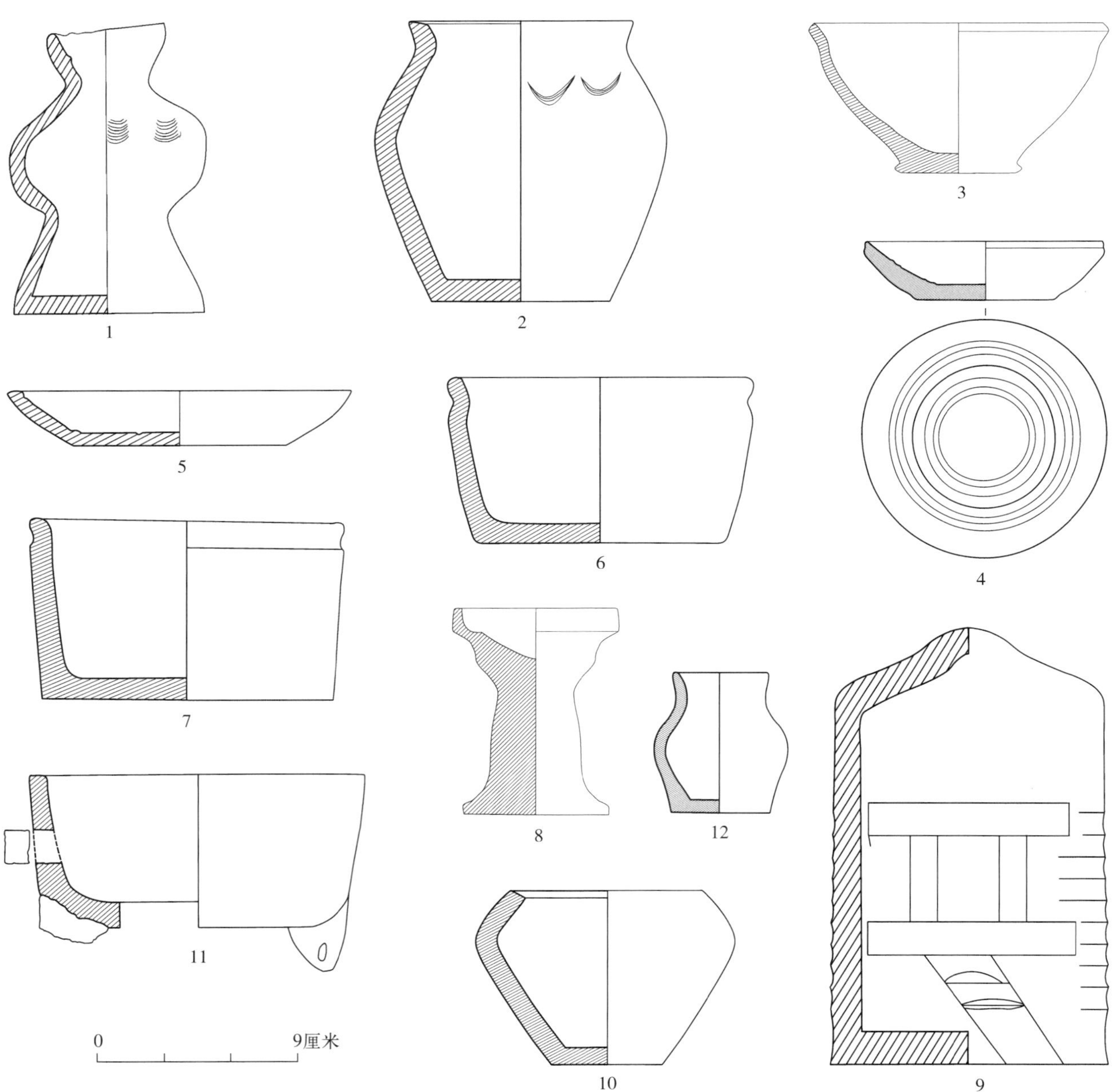

图五 祁家湾墓群Ⅰ M10 出土器物

1. 陶壶Ⅰ M10∶10 2. 陶罐Ⅰ M10∶3 3. 陶碗Ⅰ M10∶5 4、5. 陶碟Ⅰ M10∶2、8 6、7. 陶樽Ⅰ M10∶4、9 8. 陶灯Ⅰ M10∶7 9. 陶仓Ⅰ M10∶12 10、11. 陶灶、陶釜组合Ⅰ M10∶6 12. 陶斗瓶Ⅰ M10∶1

大径在腹部。肩部有垂带纹，底部线割痕迹明显。口径10、最大腹径13、底径7.8、高13厘米（图五，2）。

标本ⅠM10：11，泥质灰陶。残，无法复原。

3. 陶碗

1件。

标本ⅠM10：5，泥质灰陶。侈口，方唇，颈微束，上腹部微鼓，下腹弧收，近底处外撇成平底。底部线割痕迹明显。口径13、底径5.4、高6.9厘米（图五，3）。

4. 陶碟

2件。

标本ⅠM10：2，泥质红陶。敞口，尖唇，斜弧腹，平底，内侧与底部均有印刻弦纹。口径10.4、底径6.1、高2.7厘米（图五，4）。

标本ⅠM10：8，泥质灰陶。残，可复原。敞口，尖唇，弧腹斜收至平底。内有3道弦纹。口径15.4、底径9.4、高2.5厘米（图五，5）。

5. 陶樽

2件。

标本ⅠM10：4，泥质褐陶。残，可复原。侈口，圆唇，束颈，斜直壁收至平底。内有食物残留痕迹。口径13.6、底径11、高7.7厘米（图五，6）。

标本ⅠM10：9，泥质褐陶。侈口，圆唇，斜直腹，平底。底部线割痕迹明显。口径14、底径13、高8.4厘米（图五，7）。

6. 陶灯

1件。

标本ⅠM10：7，泥质灰陶。灯碗口近直，深直腹，束腰，柄部实心，由上而下渐粗，平底。口径7.2、底径6.6、高9.5厘米（图五，8）。

7. 陶仓

1件。

标本ⅠM10：12，泥质褐陶。穹隆顶，直腹，腹部正中开一仓门。腹部饰弦纹，底部线割痕迹明显。底径12.4、通高20厘米（图五，9）。

8. 陶灶、陶釜

1组（2件）。

标本ⅠM10：6，陶灶，鸡首灶，泥质褐陶，一首残，首下部有一方形火口；陶釜，泥质灰陶，残，敛口，方唇，鼓腹斜收至平底。弦纹较多。陶灶口径 15、高 9 厘米；陶釜口径 8.6、最大腹径 11.4、底径 5、高 8 厘米（图五，10、11）。

9. 陶斗瓶

1 件。

标本Ⅰ M10：1，泥质灰陶，字迹不存。侈口，尖圆唇，束颈，鼓腹，平底，通体弦纹，底部线割痕迹明显。口径 4.3、底径 4.4、高 6.5 厘米（图五，12）。

三 2013DQ Ⅱ M8

2013DQ Ⅱ M8（以下简称Ⅱ M8）位于 DK25+650 以东 24 米。

（一）墓葬形制

该墓带长为斜坡墓道单室洞室墓。由墓道、天井、过洞、甬道、墓室组成。墓葬方向 190°（图六）。

墓道位于墓室以南，平面形状呈梯形，西宽东窄，墓道总长 13.5、宽 0.7 ～ 1.2 米。过洞长 2.3、宽 1.1、高 1.2 ～ 2 米。天井长 2.3、宽 1.1 ～ 1.3 米。近墓门处距地表深 6.8 米。

甬道为前后双甬道，前甬道位于墓道北端，连接墓道与后甬道，长 0.8、宽 1.1、高 1.2 米。后甬道连接前甬道与墓室，略窄于前甬道，长 0.9、宽 0.8、高 0.9 米。

墓门呈拱形，与前甬道等宽。封门位于前甬道内封，以土坯封堵，残存七层，顺砌平铺而成，残高 0.56 米。土坯长 40、宽 20、厚 8 厘米。

墓室位于墓道以北，平面呈长方形，长 3.5、宽 3.1、高 1.9 米。覆斗顶。墓室东南角开一壁龛，长 0.3、宽 0.3、进深 0.4 米。

（二）葬式葬具

墓室东、西壁下各葬一人，墓葬遭盗扰，人骨凌乱不堪，头向、葬式不详。西侧人骨置于地面之上，未见棺床痕迹，上扣木质棺罩，棺罩朽烂，具体尺寸不详。东侧人骨置于棺床之上，棺床由细砂土、白灰垒砌而成，破坏严重，仅存一角。上亦扣木质棺罩，保存状况相对较好，长 1.9、宽 0.48、高 0.5 米。

（三）随葬品

随葬品均为陶器，集中放置于墓室东南角壁龛附近。其中陶壶 1 件、陶罐 5 件、陶樽 2 件、多子盒 1 件、陶钵 1 件、陶碗 2 件、陶盘 1 件、陶釜陶甑组合 1 组、陶斗瓶 3 件（彩版七〇，2）。

1. 陶壶

1 件。

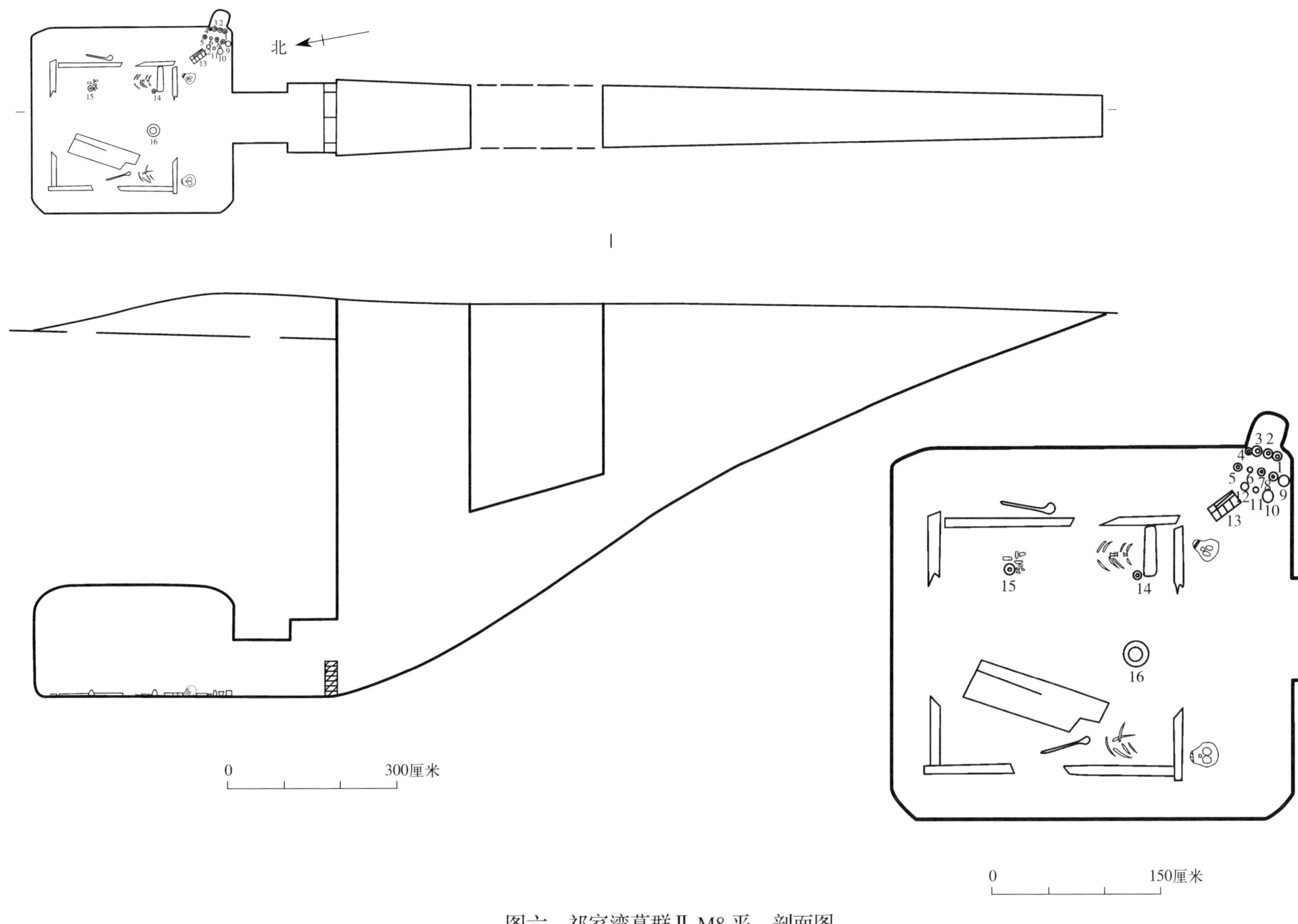

图六　祁家湾墓群Ⅱ M8平、剖面图

1、3、5、8、11.陶罐　2、14～15.陶斗瓶　4.陶壶　6、7.陶樽　9.陶釜、陶甑组合　10、17.陶碗　12.陶钵　13.陶多子盒　16.陶盘

标本Ⅱ M8：4，泥质灰陶。侈口，圆唇，束颈，鼓腹，近底处略向外撇，平底。最大径在腹部。肩部有 5 道印刻波浪纹，腹部有 4 道弦纹。口径 4.8、最大腹径 6.7、底径 6、高 9 厘米（图七，1）。

2．陶罐

5 件。

标本Ⅱ M8：1，红泥捏制。口略残，可复原。口近直，颈微束，溜肩，鼓腹，平底。最大径在腹部。口径 4、最大腹径 7.2、底径 5.4、高 6 厘米（图七，2）。

标本Ⅱ M8：3，泥质灰陶。口部微残，可复原。圆唇，束颈，鼓腹，近底部略向外撇，平底。最大径在腹部。底部线割痕迹明显。口径 7.7、最大腹径 8.4、底径 6、高 5.5 厘米（图七，3）。

标本Ⅱ M8：5，红泥捏制。口、腹部残，无法复原。束颈，鼓腹，平底。最大径在腹部。最大腹径 6.1、底径 5.2、高 5 厘米（图七，4）。

标本Ⅱ M8：8，红泥捏制。口略残，可复原。口近直，溜肩，鼓腹，平底，近底处内束。最大径在腹部。口径 5.2、最大腹径 7.6、底径 5.8、高 5.5 厘米（图七，5）。

标本Ⅱ M8：11，红泥捏制。口残，不可复原。鼓腹，平底。底径 4.8、残高 3.9 厘米（图七，6）。

3．陶樽

2 件。

标本Ⅱ M8：6，红泥捏制。残，可复原。口近直，尖圆唇，斜直腹，平底。口径 5.3、底径 4.6、高 2.5 厘米（图七，7）。

标本Ⅱ M8：7，红泥捏制。残，可复原。直口，腹部近直，近底处微内收，平底。口径 6.5、底径 6、高 3 厘米（图七，8）。

4．多子盒

1 件。

标本Ⅱ M8：13，泥质灰陶。整体呈长方形，直口，方肩，斜直缘，底部内凹形成四个矮足。盘面分成 10 个大小不等的长方形和正方形小格。长 29、高 2.9 厘米（图七，9）。

5．陶钵

1 件。

标本Ⅱ M8：12，泥质灰陶。残，可复原。敛口，尖唇，弧腹斜收至平底。底部线割痕迹明显。口径 5.1、底径 3.5、高 2 厘米（图七，10）。

6．陶碗

2 件。

图七　祁家湾墓群Ⅱ M8出土器物

1.陶壶ⅡM8:4　2～6.陶罐ⅡM8:1、3、5、8、11　7、8.陶樽ⅡM8:6、7　9.陶多子盒ⅡM8:13　10.陶钵ⅡM8:12　11.陶碗ⅡM8:10　12.陶盘ⅡM8:16　13、14.陶釜、陶甑组合ⅡM8:9　15～17.陶斗瓶ⅡM8:2、14、15

标本Ⅱ M8：10，泥质灰陶。口残，可复原。侈口，方唇，高斜领，束颈，鼓腹，平底，近底处内收。底部线割痕迹明显。口径 9.4、底径 4.5、高 4 厘米（图七，11）。

标本Ⅱ M8：17，泥质灰褐陶。残，无法复原。

7．陶盘

1 件。

标本Ⅱ M8：16，泥质灰陶。平沿微内凹，直缘，平底。盘面低于盘沿，盘面饰两周弦纹间隔的三周垂带纹。直径 20.3、沿厚 2.3 厘米（图七，12）。

8．陶釜、陶甑组合

1 组（2 件）。

标本Ⅱ M8：9，泥质灰陶。陶釜为罐形釜，敛口，尖圆唇，束颈，上腹圆鼓，下腹弧收至底，近底处内束，最大径在上腹部，肩部有印刻垂带纹，腹部有 4 道弦纹。陶甑，侈口，尖圆唇，束颈，鼓腹，近底处内收至平底。底部有圆孔 5 个。陶釜口径 6、最大腹径 9.2、底径 5.7、高 7.4 厘米；陶甑口径 8.3、底径 4.6、高 4 厘米（图七，13、14）。

9．陶斗瓶

3 件。

标本Ⅱ M8：2，泥质灰陶。字迹不存。口微敛，尖圆唇，束颈，腹部微鼓，平底。底部线割痕迹明显。口径 4.8、底径 4.9、高 8.4 厘米（图七，15）。

标本Ⅱ M8：14，泥质褐陶。尖圆唇，束颈，弧腹收至平底。口径 4.6、底径 5.2、高 6.8 厘米（图七，16）。

标本Ⅱ M8：15，泥质褐陶。尖圆唇，束颈，弧腹，近底时微内束，平底。口径 4.2、底径 4.9、高 6 厘米（图七，17）。

四　2013DQ Ⅰ M35

2013DQ Ⅰ M35（以下简称Ⅰ M35）南临Ⅰ M34，北临Ⅰ M36，为家族墓之一。

（一）墓葬形制

该墓为带长斜坡墓道单室洞室墓，由墓道、甬道、墓室组成。墓葬方向 94°（图八）。

墓道平面形状呈梯形，东窄西宽，长 13.8、宽 0.84 ～ 1.14 米。剖面形状呈长方形，上下基本等宽。近墓门处距地表深 5.6 米。

甬道位于墓道西端，连接墓道与墓室，平面形状呈长方形，长 1.1、宽 0.8、高 1.3 米。

墓门呈拱形，与甬道同高等宽。封门位于甬道内封，遭破坏，仅余土坯 3 层，顺砌平铺，残高 0.7 米，每块土坯长 40、宽 20、厚 9 厘米。

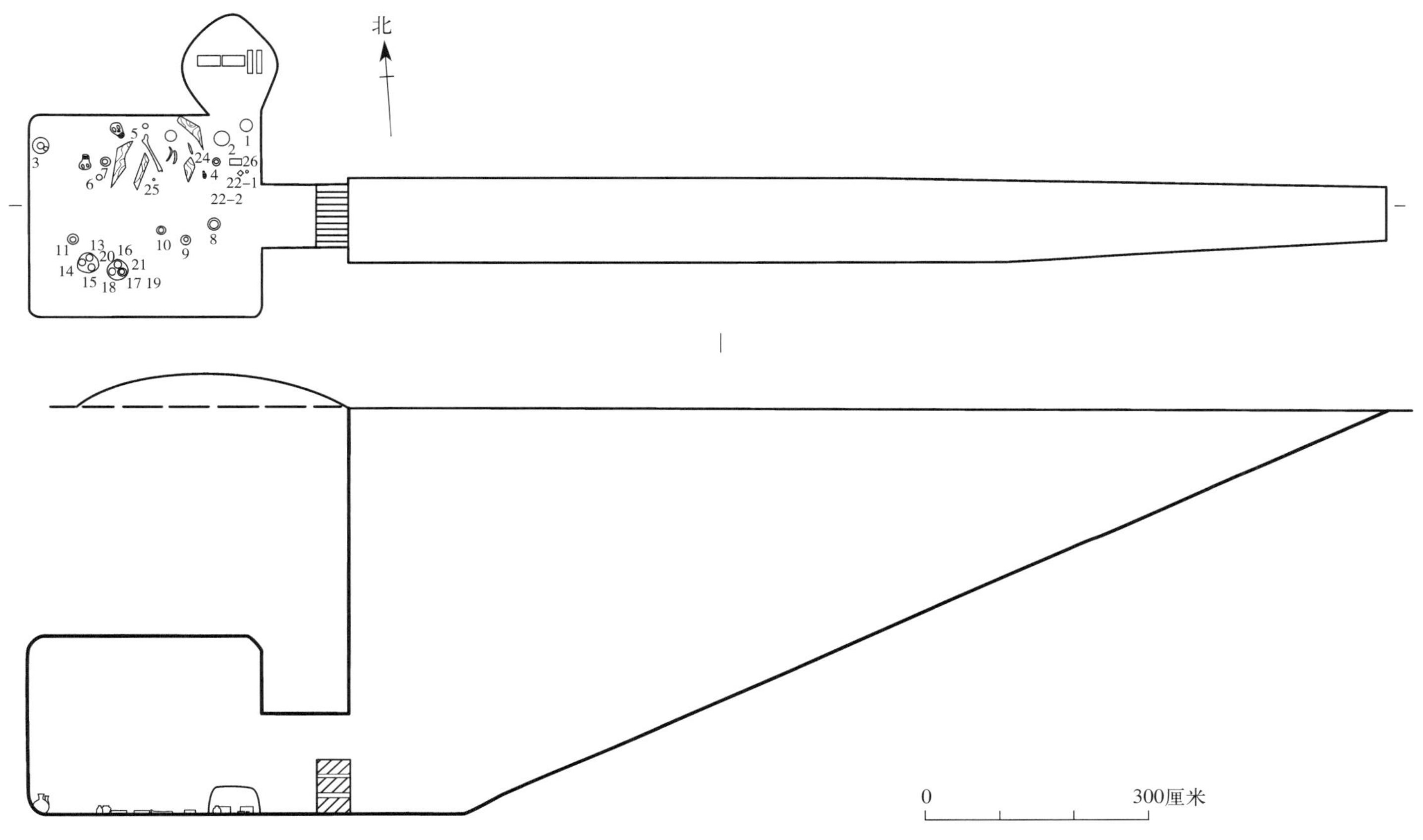

图八　祁家湾墓群Ⅰ M35平、剖面图

1～2. 陶樽　3、7～9. 陶罐　4～6. 陶斗瓶　10. 陶壶　11. 陶灯　12～18. 陶碟　19. 陶钵　20、21. 陶盘　22. 陶式盘　23. 弩机廓　24. 铜削刀　25. 铜钱　26. 石板砚　27. 漆木器

墓室位于墓道以西，平面形状呈长方形，平顶，东西长3.1、南北宽2.8、高2.5米。墓室东北角开一耳室，口宽0.65、进深1.3、宽1.3、高0.9米。

（二）葬式葬具

墓室遭盗扰，人骨扰乱严重，散布于墓室北部，经分辨应存在3具人骨，头向、葬式不详。从残存的腐朽木质残块及白灰可推断原存在尸罩和尸床，具体尺寸及形制不详。

（三）随葬品

随葬品较多，以陶器为主，主要集中置于墓室南部和人骨附近，其中陶壶1件、陶罐4件、陶樽2件、陶钵1件、陶盘2件、陶碟7件、陶灯1件，人骨头端和脚端随葬朱书斗瓶3件。另外人骨附近出土少量青铜器和漆木器，其中式盘1套、石板砚1件、弩机廓1件、铜削刀1件、铜钱2枚、漆木器1件（彩版七〇，3）。

1. 陶壶

1件。

标本Ⅰ M35：10，泥质灰褐陶。残，可复原。侈口，圆唇，高斜直领，束颈，圆肩，圆鼓腹，束腰，高器座外撇至平底。肩腹部饰波浪纹、凸弦纹组合。近底部有竖向刮削痕迹。口径7、最大腹径12.1、底径11、高16厘米（图九，1）。

2. 陶罐

4件。

标本Ⅰ M35：3，泥质灰陶。带流陶罐，器口上置一覆钵进行封口。斜直颈，圆肩，圆鼓腹，下腹缓收至平底。肩腹部附一管状流。盖径8、盖高5.3厘米；罐口径5.5、最大腹径20.5、底径15、通高21.2厘米（图九，2）。

标本Ⅰ M35：7，泥质灰褐陶。仅存口腹残片，无法复原。敛口，方唇，短颈，圆肩，上腹部微鼓。肩腹部饰波浪纹、凸弦纹组合。口径6.8、最大腹径13.1、残高8.8厘米（图九，3）。

标本Ⅰ M35：8，泥质灰陶。侈口，圆唇，外沿呈圆三角，束颈，圆肩，圆鼓腹，下腹斜收至平底。肩腹部饰波浪纹、凸弦纹组合。近底部器表剥蚀严重。口径9.2、最大腹径15.5、底径9.6、高14.5厘米（图九，4）。

标本Ⅰ M35：9，夹砂灰陶。侈口，尖圆唇，长颈，圆肩，上腹部圆鼓，下腹部斜收至平底。口径5.6、最大腹径11.6、底径7、高12厘米（图九，5）。

3. 陶樽

2件。

标本Ⅰ M35：1，泥质灰陶。口腹略残，可复原。侈口，圆唇，高直领，肩部发育明显为溜折肩，腹部斜直，平底。口径15.0、底径14.2、高11厘米（图九，6）。

标本Ⅰ M35：2，泥质灰陶。口、腹部略残，可复原。侈口，圆唇，高直领，肩部发育明显为方折肩，腹部较直，平底。口径17.8、底径18、高12.2厘米（图九，7）。

4. 陶钵

1件。

标本Ⅰ M35：19，泥质灰陶。侈口，圆唇，腹部较浅，斜收至平底。口径8.4、底径3.6、高4厘米（图九，8）。

5. 陶盘

2件。

标本Ⅰ M35：20，泥质灰陶。平沿中微凹，盘面低于口沿，外沿齐平。盘面饰三组波浪纹，两周弦纹组合。盘径25.2、沿厚1.8厘米（图九，9）。

标本Ⅰ M35：21，泥质灰陶。平沿中微凹，盘面低于口沿，外沿较齐平。盘面饰三组波浪纹，两周弦纹组合。盘径25、沿厚2.0厘米（图九，10）。

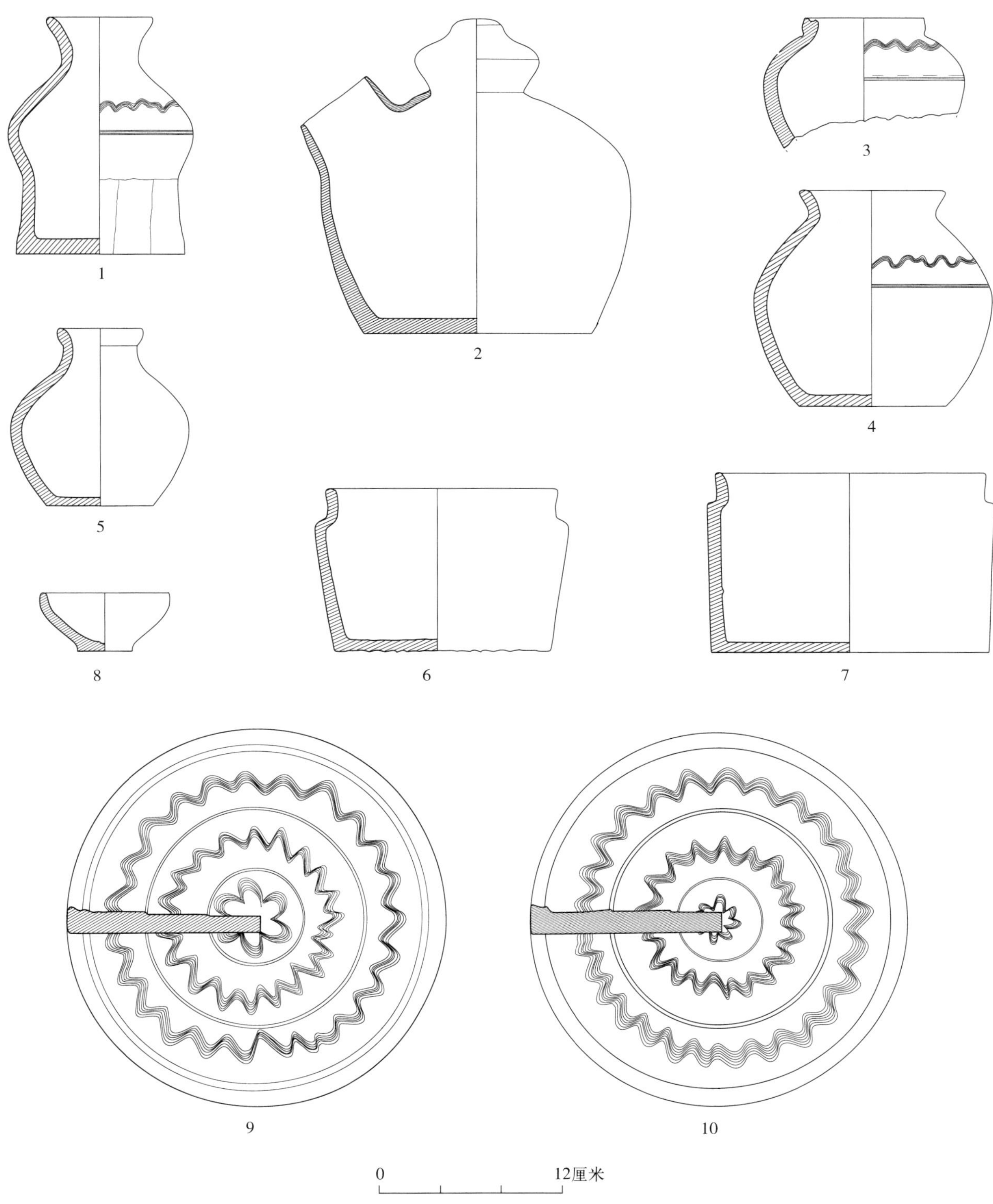

图九　祁家湾墓群ⅠM35出土器物

1. 陶壶ⅠM35：10　2～5. 陶罐ⅠM35：3、7～9　6、7. 陶樽ⅠM35：1、2　8. 陶钵ⅠM35：19　9、10. 陶盘ⅠM35：20、21

6．式盘

1套2件。

标本Ⅰ M35：22，天盘呈半球状，正中阴刻北斗七星，并连线，星位呈圆坑状。七星之外为一圆圈，圆圈外为十二神名称。另有一圆圈将十二神名称的两个字分在内外圈。七星斗柄指向天罡。天罡之后顺时针依次为大一、胜先、小吉、传送、从魁、魁戍、徵明、神后、大吉、功曹和大冲。底面直径3.5、厚1厘米。地盘呈近方形，正中有一放置轴的凹槽，以中心到四角用双线阴刻出对应的天门、zhuo门和人门、鬼门。天门、人门二字下分数止己，zhuo门、鬼门二字之下书止戊，分别作“天门止己”“zhuo门止戊”“人门止己”和“鬼门止戊”。每边再阴刻两条线分别与门线相交，相交后的阴刻线组成上下两个梯形。上部（内侧）的梯形分书八干十二支，下部（外侧）的梯形分书二十八宿。文字以楷隶为主，略有篆意。上边宽5.3、底边宽4.2、厚0.6厘米（图一〇，1；彩版七一，1）。

7．陶碟

7件。

标本Ⅰ M35：12，泥质灰陶。口沿略残，可复原。敞口，方唇，浅腹，腹部斜收至假圈足。内侧口沿边缘饰两周平行弦纹。口径12.6、底径4.5、高3.6厘米（图一〇，2）。

标本Ⅰ M35：13，泥质灰陶。敞口，方唇，浅腹，腹部斜收至平底。内侧口沿边缘饰一周弦纹。口径10.5、底径3、高4厘米。

标本Ⅰ M35：14，泥质灰陶。敞口，方唇，浅腹，腹部斜收至平底。内侧口沿边缘饰一周弦纹。口径10.5、底径3、高4厘米。

标本Ⅰ M35：15，泥质灰陶。口沿、腹部残，可复原。敞口，方唇，浅腹，腹部斜收至平底。内侧口沿边缘饰一周弦纹。口径12、底径4.2、高3.6厘米（图一〇，3）。

标本Ⅰ M35：16，泥质灰褐陶。敞口，方唇，浅腹，腹部斜收至平底。内侧口沿边缘饰一周弦纹。口径10.6、底径4、高3.3厘米（图一〇，4）。

标本Ⅰ M35：17，泥质灰陶。敞口，方唇，浅腹，腹部斜收至平底。内侧口沿边缘饰一周弦纹。口径10.6、底径3.6、高2.8厘米。

标本Ⅰ M35：18，泥质灰陶。敞口，方唇，浅腹，腹部斜收至平底。内侧口沿边缘饰一周弦纹。口径10.5、底径4、高2.4厘米。

8．陶灯

1件。

标本Ⅰ M35：11，泥质灰陶。灯口作碗状，口微侈，窄弧沿，尖圆唇，腹部较深，柄上细下粗，与器座衔接处不明显，平底。灯碗内残留灰烬。素面。口径7.4、底径10、高16厘米（图一〇，5）。

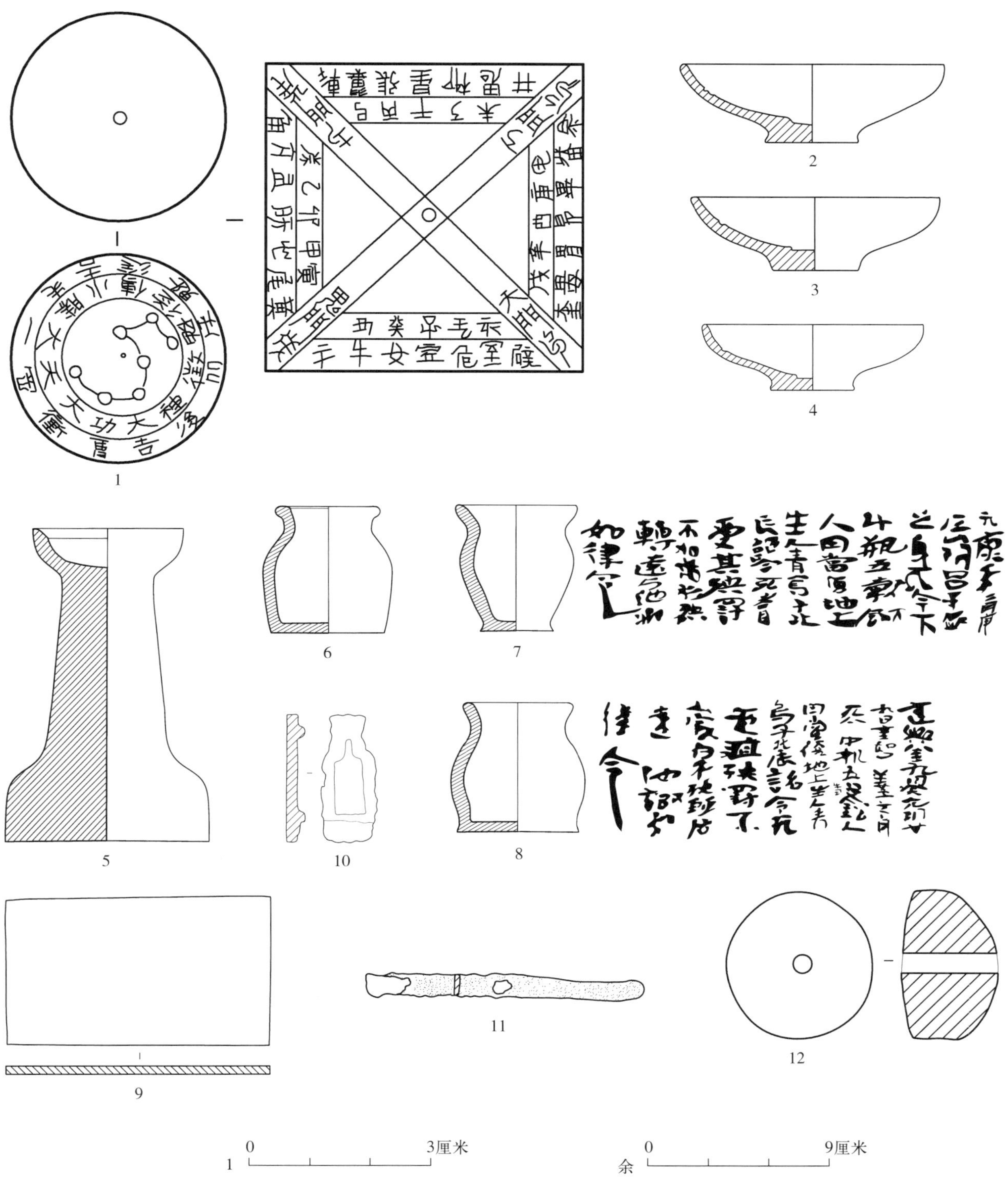

图一〇　祁家湾墓群Ⅰ M35出土器物

1. 式盘Ⅰ M35：22　2～4. 陶碟Ⅰ M35：12、15、16　5. 陶灯Ⅰ M35：11　6～8. 陶斗瓶Ⅰ M35：4～6　9. 石板砚Ⅰ M35：26　10. 弩机廓Ⅰ M35：23　11. 铜削刀Ⅰ M35：24　12. 漆木器Ⅰ M35：27

9. 陶斗瓶

3 件。

标本Ⅰ M35：4，泥质灰陶。侈口，圆唇，束颈，溜肩，腹部微鼓，斜收至平底。器表有烟炱。肩腹部朱书镇墓文 8 行，可辨识字数为 61。口径 5.2、底径 5.6、高 6.5 厘米（图一〇，6）。

建兴八年九月□□□
廿九日□□吕□子之
身死今下斗瓶五穀
铅人用当复地上生
人青乌子北辰诏令
死自受其殃罚
不加两移殃咎远
与他乡如律令

标本Ⅰ M35：5，泥质灰陶。侈口，圆唇，斜直领，束颈，溜肩，腹部微鼓，近底处外撇至平底。肩腹部朱书镇墓文 11 行，字数为 58。口径 6、底径 3.6、高 6.5 厘米（图一〇，7；彩版七一，2）。

元康七年二月庚
辰朔吕子盛
之身死今下
斗瓶五穀铅
人用当复地上
生人青乌子北
辰诏令死者自
受其殃罚
不加两移殃
转远与他乡
如律令

标本Ⅰ M35：6，泥质灰陶。侈口，圆唇，束颈，溜肩，腹部微鼓，近底部外撇至平底。肩腹部朱书镇墓文 9 行，字数为 62。口径 5.4、底径 6、高 6.6 厘米（图一〇，8；彩版七一，3）。

建兴八年九月癸亥朔廿
九日辛卯吕姜子之身
死今下斗瓶五穀铅人
用当复地上生人青
乌子北辰诏令死
自受其殃罚不
□□移殃转咎

远与他乡如
律令

10. 石板砚

1件。

标本ⅠM35：26，利用页岩制作而成。平面呈长方形，正面较平整，有残留墨痕及少量朱砂残痕，背面不甚平整。长13.0、宽7.5、厚0.3厘米（图一〇，9）。

11. 弩机廓

1件。

标本ⅠM35：23，锈蚀严重。平面大致呈“凸”字形，周边有界栏。长6.3、宽1.8～2.8、厚0.5～0.85厘米（图一〇，10）。

12. 铜削刀

1件。

标本ⅠM35：24，锈蚀严重。平面大致呈长方形，刃部较钝，柄部略向上翘。长13.8、宽1.2、厚0.32厘米（图一〇，11）。

13. 铜钱

1组（2枚）。

标本ⅠM35：25，冥钱，圆形方孔，文字锈蚀不清。径1.5、穿0.5、厚0.1厘米。

14. 漆木器

1件。

标本ⅠM35：27，通体髹黑漆，整体呈囷状。上圆隆，底部平整，中竖向穿一圆孔。底径7.4、高4.9、孔径1厘米（图一〇，12）。

五　结语

此次发掘的96座墓葬，其年代范围大致在西晋十六国时期。

ⅠM35出土的3件纪年斗瓶，时间范围也在西晋十六国之内。元康七年显然是西晋惠帝年号，是为公元297年。而历史上使用建兴年号的王朝较多，但在诸多王朝中，建兴八年六月张茂用晋愍帝年号，作建兴八年，而建兴八年九月正为前凉张茂时期，是为公元320年。关于建兴年号的使用前人已有详述，此不赘述。[1]由此可以看出，ⅠM35这座合葬墓，前后沿用23年

[1]　甘肃省文物考古研究所：《敦煌祁家湾——西晋十六国墓葬发掘报告》，文物出版社，1994年，第147页。

之久，从侧面反映出当时合葬墓的流行。

葬具或木棺、或尸罩、或薄帘。葬式以仰身直肢葬为主，分单人葬、双人葬和三人葬。

出土各类器物400余件（组），以陶器为主，间有少量铜、铁、木、泥器。出土陶器组合以盘、罐、盆、钵和斗瓶为主。斗瓶多放置于墓主人头端和脚端，与敦煌其他地区随葬斗瓶类似。

此次发掘的这批墓葬的墓葬形制、出土器物与敦煌地区同时期墓葬发掘所获近似，其出土遗物互为补充，为进一步认识祁家湾墓群的内涵提供了实物证据，也为研究西晋十六国时期的敦煌社会生活习俗提供了宝贵资料。

附记：参加发掘的人员有中央民族大学民族学与社会学学院考古学及博物馆学专业二年级硕士生鄂思琪、贾凯丽、刘学旋，敦煌市博物馆杨俊、段新生。此次发掘得到了敦煌市博物馆的大力支持，在此一并表示感谢。

领队：张俊民
发掘：鄂思琪　贾凯丽　刘学旋　杨　俊　段新生
绘图：孙　峰　景小庆
执笔：马洪连　张爱民

拾叁　玉门市金鸡梁西晋、前凉墓 2013年发掘报告

甘肃省文物考古研究所

2013年4月，为配合西气东输三线工程建设，甘肃省文物考古研究所对玉门市清泉乡金鸡梁墓群进行了抢救性发掘，共发掘墓葬4座，出土有陶器、铜器、木器及丝质随葬品共计8件，现将有关情况报告如下。

第一节　概况

金鸡梁墓群位于甘肃省玉门市清泉乡清泉村西北约2千米的金鸡梁北侧戈壁滩上，其西北约2千米即为著名的火烧沟遗址，东南1.5千米处为市级文物保护单位——骟马城遗址（图一）[1]。

2009年2～4月，为配合西气东输二线工程建设，甘肃省文物考古研究所曾对该墓群进行了抢救性发掘，共清理墓葬24座，时代为西晋至前凉时期[2]。

本次发掘区域即位于西气东输三线工程管道预设施工区横穿金鸡梁墓群，管道线位于光缆线南约15米处，涉及区域东西长约300、南北宽30米，面积约9000平方米。在预设施工区域范围内共清理墓葬4座，编号2013JYJM1～2013JYJM4（简称M1～M4，下同）。墓葬所在地为戈壁滩，地势较为平坦。地表见有凸起的封土堆，3～5个组成一组，呈南北向并排错列分布，未发现茔圈（图二；彩版七二，1）。

本次发掘墓葬皆为带斜坡墓道的砂土洞室墓，其中单室洞室墓3座，双室洞室墓1座。

---

[1]　地图采自国家文物局主编：《中国文物地图集——甘肃分册（上册）》，测绘出版社，2011年，第66、67页，略修改。

[2]　甘肃省文物考古研究所：《甘肃玉门金鸡梁十六国墓葬发掘简报》，《文物》2011年第2期。

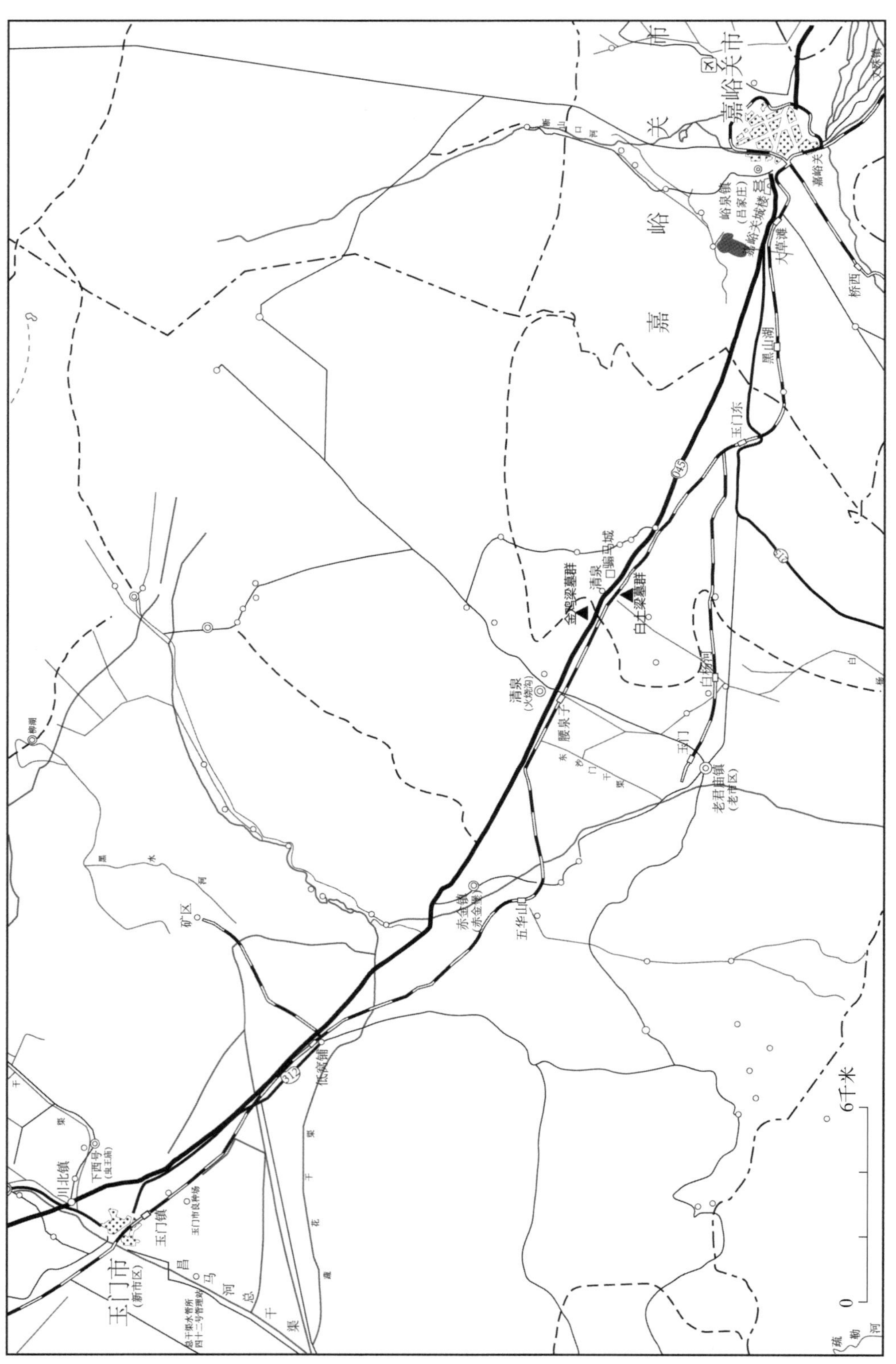

图一　玉门市金鸡梁墓群地理位置示意图

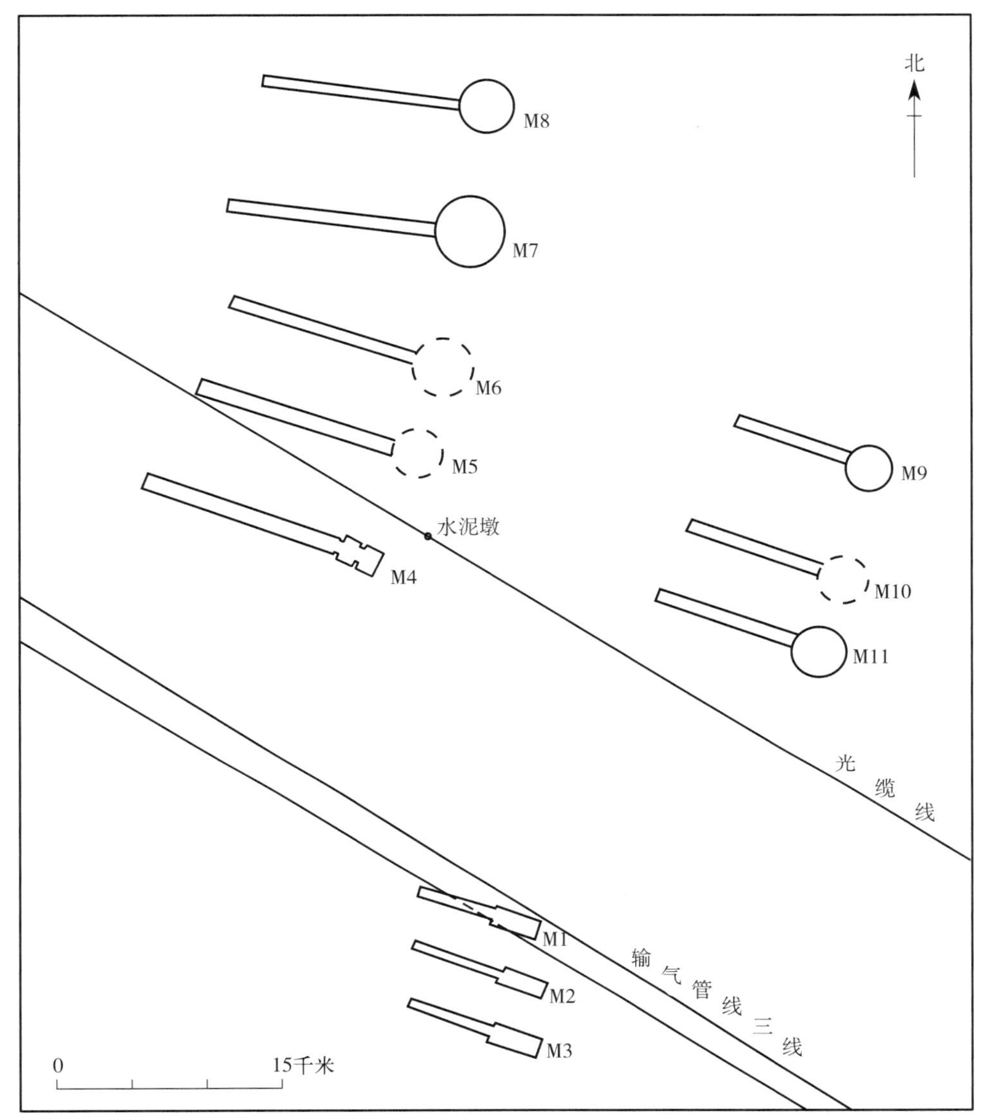

图二　金鸡梁西晋、前凉墓葬群2013年发掘区墓葬分布图

第二节　单室洞室墓

一　M1

M1位于发掘区东侧，西气东输管道三线的正下方，其与南侧毗邻的M2和M3近并列，组成一组。南距M2仅3米，距M3约6.2米。北距光缆线约18米。

（一）墓葬形制

该墓为带斜坡墓道的砂土洞室墓，方向288°（图三；彩版七二，2）。墓葬由封土、墓道、

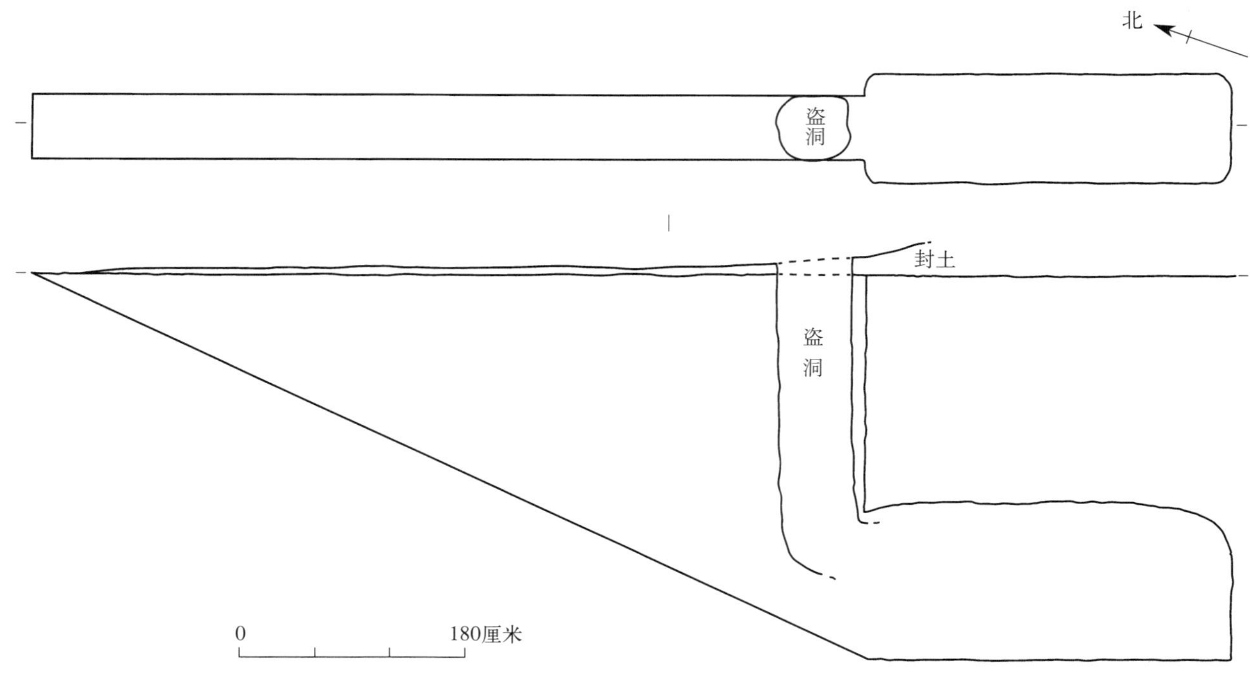

图三　金鸡梁西晋、前凉墓 M1 平、剖面图

墓门及墓室组成。

封土已遭破坏，应为丘状砂土堆，位于墓室的正上方，现仅在地表残存较多的沙砾。

墓道位于墓室西侧。地面部分已遭破坏。平面呈长方形，长 6.6、宽 0.54、深 0 ～ 3.15 米。墓道壁面竖直，内填砂土。

墓门位于墓道东端，拱形顶，与墓道同宽。用石块封堵，封门上端石块被破坏，仅存底部。

墓室平面呈长方形，转角处呈弧状，东西进深 2.9、南北宽 0.9 米。拱形顶，高 0.84 ～ 1.25 米。墓底不甚平整，中间略内凹。

（二）葬式葬具

墓室遭盗扰，墓内未见棺木，仅在墓门口见有少量人骨。

（三）随葬品

未见有任何随葬品。

二　M2

M2 位于西气东输管道三线的南侧，其与南侧的 M3 和北侧 M1 近并列，组成一组。南距 M3 仅 3.2 米，北距 M1 约 3 米。

（一）墓葬形制

该墓为带斜坡墓道的砂土洞室墓，由封土、墓道、墓门及墓室组成。方向288°（图四）。

封土已遭破坏，应为丘状砂土堆，位于墓室的正上方，现仅在地表残存较多的沙砾。

墓道位于墓室西侧。地面部分已遭破坏。平面呈长方形，长6.1、宽0.7、深0～3.2米。墓道壁面竖直，内填砂土。

墓门位于墓道东端，拱形顶，与墓道同宽。用石块封堵，封门上端石块被破坏，仅存底部。

墓室平面呈长方形，转角处呈弧状，东西进深2.8、南北宽1.0米。拱形顶，高0.7～1.1米。墓底不甚平整，中间略内凹。

（二）葬式葬具

墓室遭盗扰，墓内见有被挪动的木棺板及少量人骨，棺板部分保存较好，侧板长1.62、残宽0.4、厚0.08米，由两块木板榫卯套合而成。头挡内侧有墨绘的星象图案。

（三）随葬品

墓室内随葬品被盗一空。仅在人骨附近采集到少量衣物残片。

1. 木棺头挡

标本M2：1，由两块木板上下穿榫拼接而成，大致呈长方形，上端残。头挡内侧中间用墨

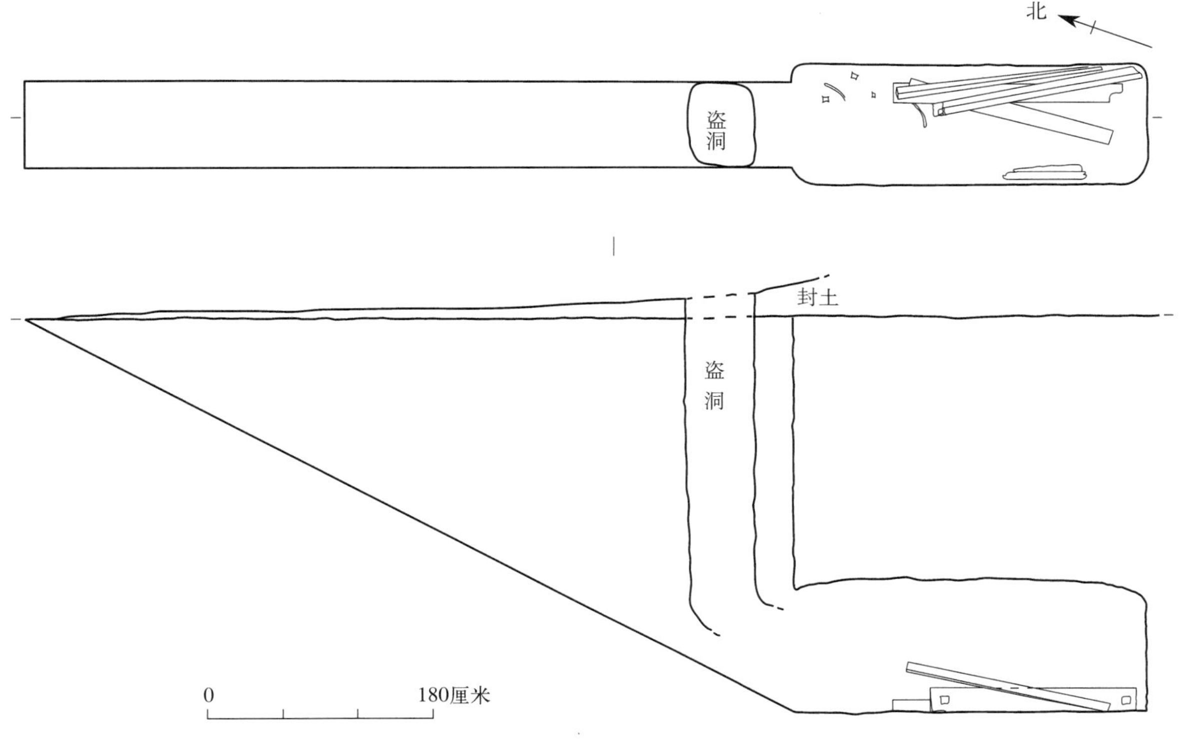

图四　金鸡梁西晋、前凉墓M2平、剖面图

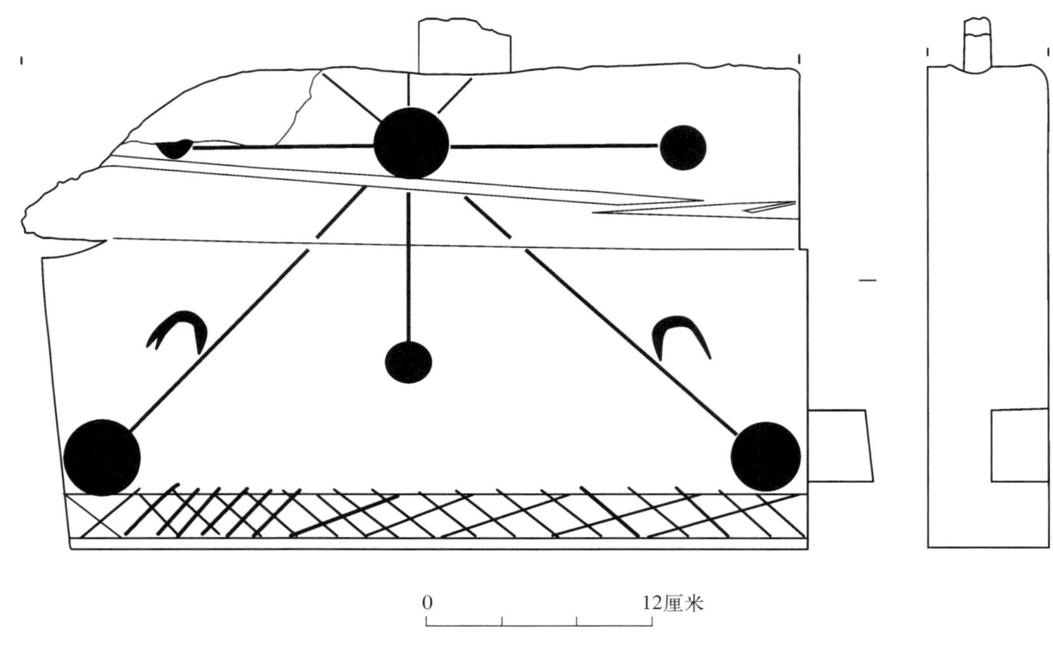

图五　M2 木棺头挡板墨绘星象图 M2：1

线绘制星象图案，间绘云气纹，下端边沿处用墨线绘一组斜线网格纹。长 40.8、残高 29、厚 6.5 厘米（图五；彩版七二，3）。

2. 衣物残片

标本 M2：2，仅存三块，皆为麻织衣物残片，其中一块上结一段麻绳。

三　M3

M3 位于西气东输管道三线的南侧，其与北侧 M1、M2 近并列，组成一组。北距 M2 约 3.2 米。

（一）墓葬形制

该墓为带斜坡墓道的砂土洞室墓，由封土、墓道、墓门及墓室组成。方向 288°（图六）。

封土已遭破坏，应为丘状砂土堆，位于墓室的正上方，现仅在地表残存较多的沙砾。

墓道位于墓室西侧，地面部分已遭破坏，平面呈长方形，长 8.4、宽 0.7、深 0～3.1 米。墓道壁面竖直，内填砂土。

墓门位于墓道东端，拱形，与墓道同宽，高 0.96 米，于 0.68 米处起拱。墓门用石块封堵，封门上端石块被破坏，仅存底部。

墓室平面呈长方形，转角处呈弧状，东西进深 3.15、南北宽 1.1 米。拱形顶，高 1.1～1.2 米。墓底不甚平整，中间略内凹。

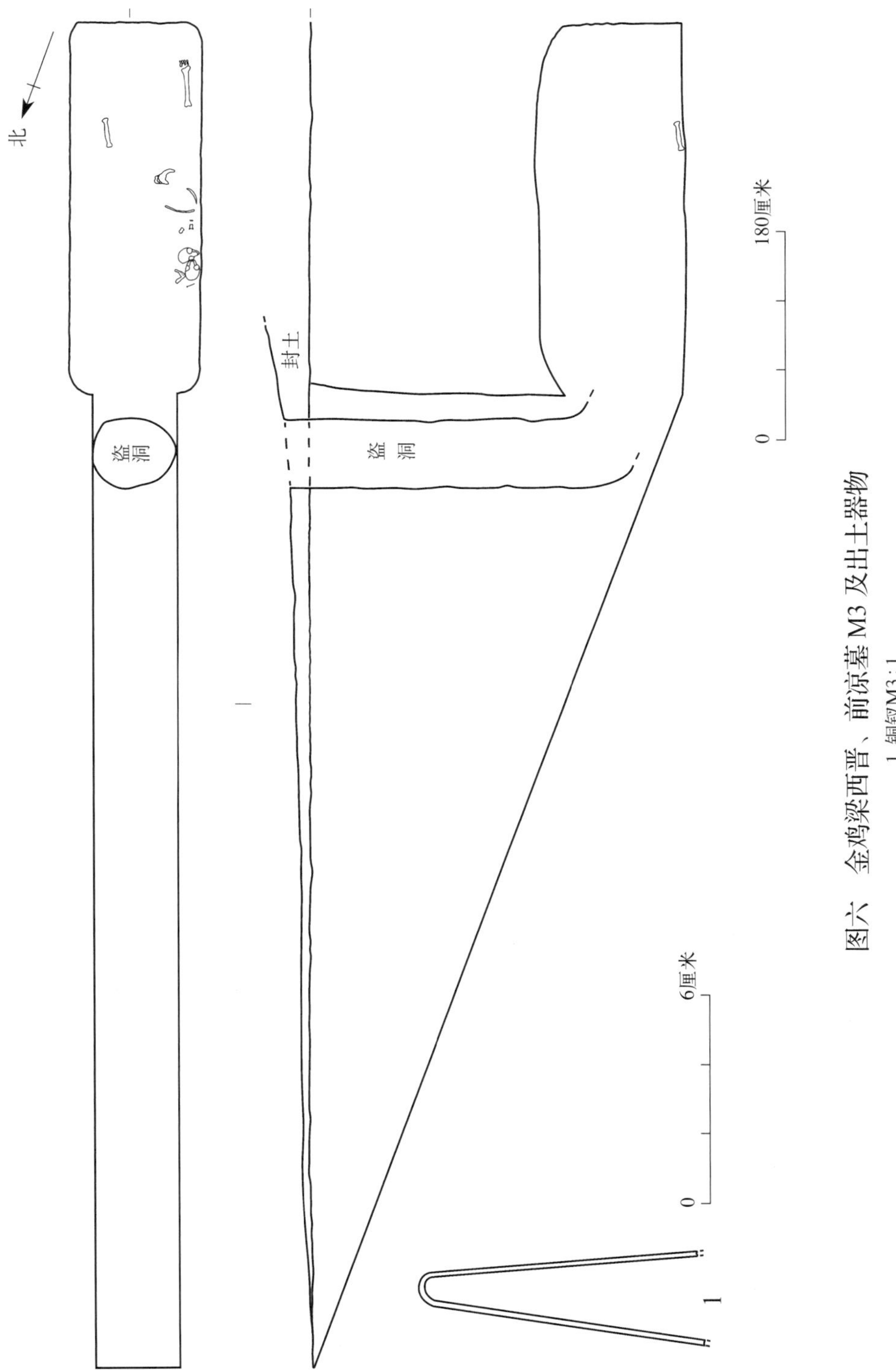

图六 金鸡梁西晋、前凉墓M3及出土器物

1. 铜钗M3:1

（二）葬式葬具

墓室遭盗扰，墓内少量人肋骨及两个头盖骨。棺木已朽，仅存残块。

（三）随葬品

墓室中部仅见残断的铜钗 1 件。

铜钗

1 件。

标本 M3：1，一段细铜丝折为双股，末端微残。长 8、断面 0.2 厘米（图六，1）。

第三节 双室洞室墓

仅 1 座，即 M4。

M4

M4 位于西气东输管道三线的北侧，其与北侧 M5 ～ M8（未发掘）近并列平行，组成一组。北（封土处）距光缆线仅 0.5 米，南距西气东输管道三线 13 ～ 16 米。

（一）墓葬形制

该墓为带斜坡墓道的砂土洞室墓，由封土、墓道、封门墙、前甬道、前室、后甬道及后室组成。方向 290°（图七；彩版七三，1）。

封土已遭破坏，从地表残存痕迹看应为丘状砂土堆，高约 1 米。

墓道位于墓室西侧。开口处竖立较大石块以为“地标”。墓道平面呈长方形，长 13、宽 0.8、深 0 ～ 5.3 米。墓道壁面竖直，内填砂土。

前甬道位于墓道西端，拱形，顶部分坍塌，进深 0.4、宽 0.7、高 1.06 米。甬道内用石块及砖块平砌封堵，形成封门墙，其上端已遭破坏，残高 0.4 米。甬道正上方见有一圆形盗洞，直至甬道口处，由甬道封门处进入墓室。盗洞底及甬道内出土有较多的陶器残片。

前室平面呈弧角的长方形，南北进深 2.2、东西宽 1.9 米。穹隆顶，顶部分坍塌，高 1.1 ～ 1.78 米。墓壁凹凸不平，底部不甚平整，中间略内凹。东壁及西壁下沿壁面平砌一层长条形青砖。

后甬道位于前后室之间，拱形顶，进深 0.2、宽 0.88、高 1.0 米。

后室位于前室北侧。平面呈长方形，顶微拱，向后略弧收。进深 2.74、宽 1.9、高 1.68 米。

（二）葬式葬具

墓葬后室内南北向并列放置木棺两具，棺木盖板均被掀开，置于两棺之间，部分保存较好。

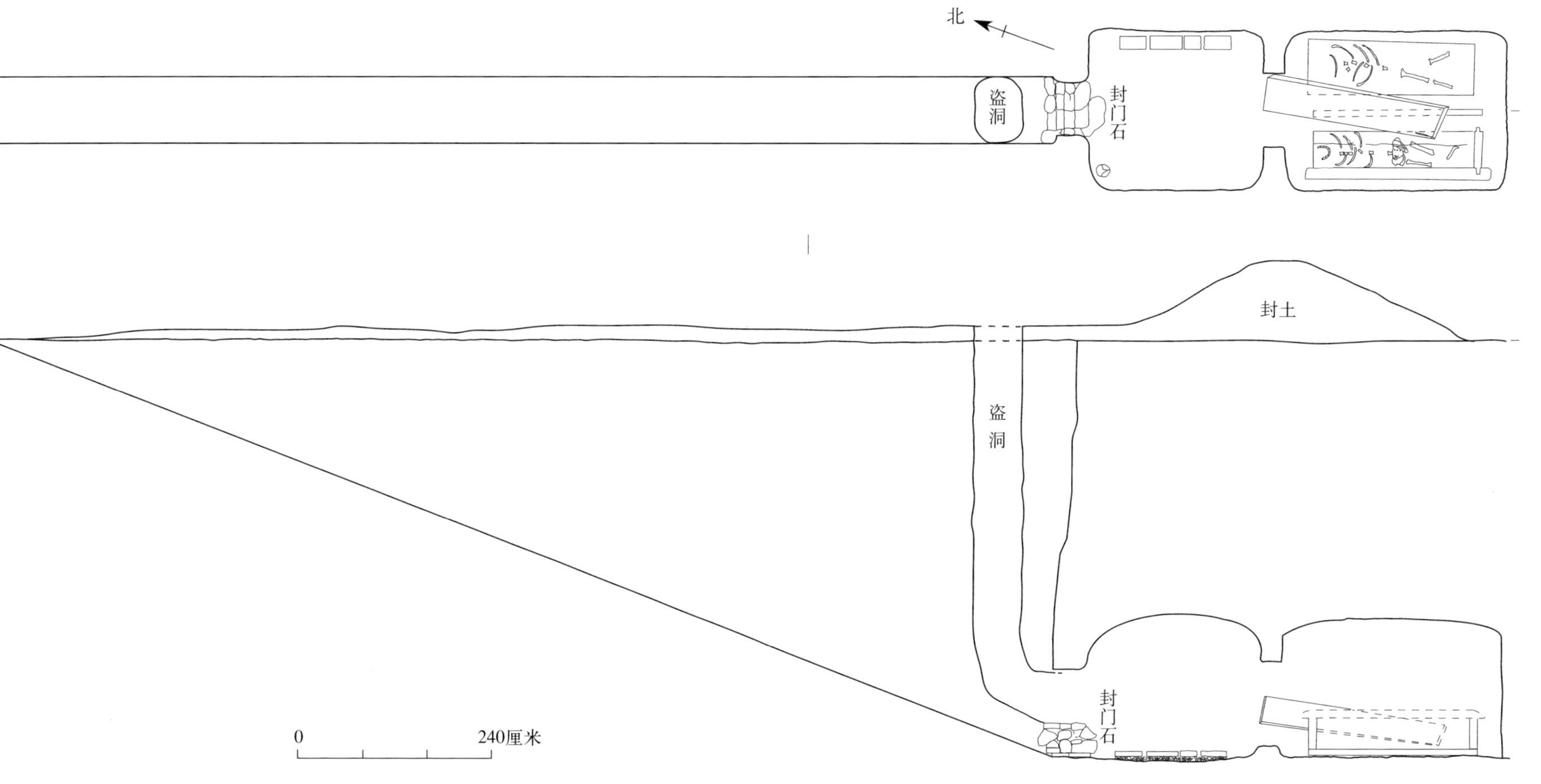

图七　金鸡梁西晋、前凉墓M4平、剖面图

东侧木棺侧板及底板保存较差，多数仅存痕迹，从棺木的朽痕看，其长 2.06、宽 0.64 米，棺内葬人骨一具，已遭严重扰乱，未见人头骨，其股骨多置于南侧，肋骨多置于北侧，其下葬时头应向墓门。人骨周围仅见有未腐朽完的衣物残片，未见有其他随葬品。西侧木棺侧板及底板部分保存较好，侧板及挡板使用榫卯套合，棺板厚 0.08 ～ 0.1 米，侧板由两至三块木板拼合而成。侧板长 2.1、高 0.36 米。前后挡板宽 0.6、厚 0.1 米，其中两端凸榫长 0.1 米。底板亦由三块木板拼合而成，厚 0.1 米。另长侧板上方残留有一块棺盖板，长 2.3、厚 0.12 米。该块木板与两棺之间的残存分散的部分盖板拼合后内侧可见有用墨、红和黄色线条勾绘处的“伏羲”“女娲”图（彩版七三，2）。棺内见有人骨一具，扰乱较严重，头向北。

（三）随葬品

墓室被盗严重，仅在棺内人骨周围见有残存的衣物残片，其余未见有任何随葬品。墓道盗洞内出土较多的陶器残片，应为墓室内随葬品，毁坏严重。经修复及可辨器形有垂帐纹罐、小罐、樽、井等。

1. 陶罐

1 件。

标本 M4：2，夹砂灰陶，轮制。口、腹及底部均部分残失，可复原。侈口，束颈，弧肩，上腹圆鼓，下腹近斜直内收，平底微内凹。肩、腹部等距刻划三组由六道细弦纹组成的弦纹带，三组弦纹带间刻划两组垂帐纹。口径 11.2、腹径 22.4、底径 14.2、通高 19.4 厘米（图八，1；彩版七三，3）。

2. 小陶罐

1 件。

标本 M4：1，夹砂红陶，手捏制而成。直口，口部微残，束颈，垂腹。平底。口部有两对穿小孔。从形制看，应为与陶井配套使用的提水罐。口径 3、腹径 4.6、底径 3.2、通高 4 厘米（图八，2；彩版七三，4）。

3. 陶樽

1 件。

标本 M4：3，泥质灰陶，轮制。仅存部分口及腹部残片。微敛口，筒形腹，底残。腹部有轮制时形成的凹凸相间的弦纹。口径 26、残高 12.8 厘米（图八，3）。

4. 陶罐残片

标本 M4：4，夹砂灰陶。仅存口及部分腹部残片。侈口，卷沿，束颈，广肩，上腹外鼓，下腹残失。素面。口径 6.2、残高 3.4 厘米（图八，4）。

标本 M4：5，泥质灰褐陶，轮制。仅存部分口及腹部残片。近直口，圆唇，微束颈，广肩，

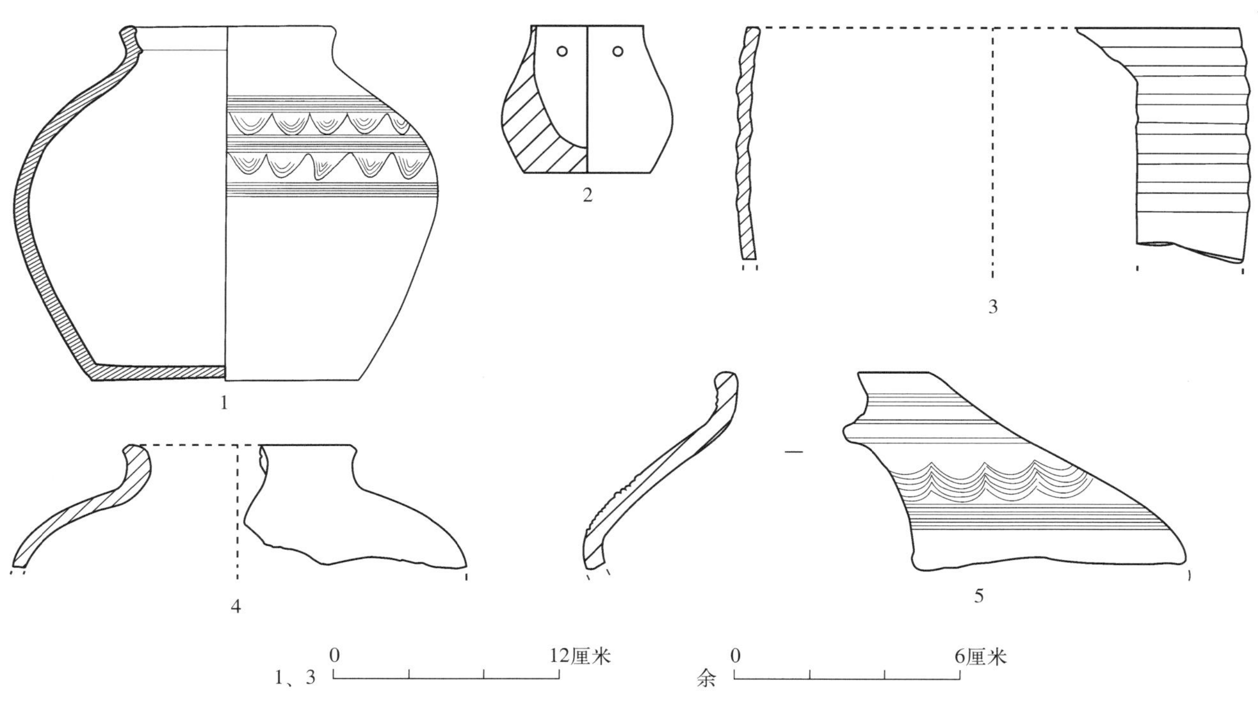

图八　金鸡梁西晋、前凉墓M3、M4出土器物

1. 陶罐M4：2　2. 小陶罐M4：1　3. 陶樽M4：3　4、5. 陶罐残片M4：4、5

折腹，上腹以下残失。颈部饰四周凹弦纹，肩部刻划一周六条细线组成弦纹带。颈、肩弦纹之间刻划一周垂帐纹。罐残高5.4厘米（图八，5）。

另见有陶井、灶等残片。

第四节　结语

此次发掘的4座墓葬均为带斜坡墓道的砂土洞室墓，其中M1～M3形制相同，方向一致，南北并排错列分布，与2009年发掘的墓葬特征一致[1]，明显为同一家族墓葬。M2棺头挡内侧有墨线绘制的星象图，这在嘉峪关新城魏晋墓、高台骆驼城晋墓及敦煌佛爷庙湾（M37）西晋画像砖墓[2]、临泽黄家湾滩魏晋墓（M23）[3]中皆有出土，其时代多集中于西晋时期，故上述三座墓葬大致年代应在西晋时期。M4及未发掘的M5～M7亦具有上述特征，墓内出土的垂帐纹陶罐（M4：2），与该墓群2009年发掘的E型陶罐相同[4]，其在酒泉西沟村（M6：2）[5]、肃

[1]　甘肃省文物考古研究所：《甘肃玉门金鸡梁十六国墓葬发掘简报》，《文物》2011年第2期。

[2]　赵吴成：《河西晋墓木棺上的“五星”图形浅析》，《考古与文物》2006年第5期。

[3]　现存于甘肃省文物考古研究所，整理中。

[4]　甘肃省文物考古研究所：《甘肃玉门金鸡梁十六国墓葬发掘简报》，《文物》2011年第2期。

[5]　甘肃省文物考古研究所：《甘肃酒泉西沟村魏晋墓发掘报告》，《文物》1996年第7期。

州区孙家石滩家族墓（M3：1）[1]、敦煌祁家湾（如M203：1）[2]、嘉峪关文殊镇汉魏墓[3]等墓群中皆有出土，形制相似，是该地区西晋至前凉墓中较为典型的随葬品。墓葬内西侧木棺盖板内侧勾绘有伏羲女娲图，亦为酒泉、嘉峪关及张掖地区魏晋墓中较为常见的一种丧葬习俗，故该墓时代为西晋至前凉时期。

领队：赵建龙

发掘：赵建龙　刘兵兵　马更生

摄影：赵建龙

绘图：刘兵兵　赵亚君

执笔：刘兵兵

[1] 甘肃省文物考古研究所：《甘肃酒泉市肃州区孙家石滩家族墓地发掘简报》，《考古与文物》2017年第3期。

[2] 甘肃省文物考古研究所：《敦煌祁家湾——西晋十六国墓葬发掘报告》，文物出版社，1994年。

[3] 嘉峪关长城博物馆俞春荣、王春梅：《甘肃嘉峪关市文殊镇汉魏墓的发掘》，《考古》2014年第9期。

拾肆　敦煌市佛爷庙湾墓群2014年发掘简报

甘肃省文物考古研究所

敦煌佛爷庙湾墓群位于敦煌古城以东，三危山以北戈壁之上。东西绵延20、南北纵跨5千米，分布面积约100平方千米（图一）。自20世纪40年代以来，先后对该墓群进行过八次考古发掘[1]。

为配合“瓜州—敦煌快速公路”建设，甘肃省文物考古研究所共发掘墓葬91座。其中文化支路两侧为Ⅰ区，清理墓葬51座。文化路西侧为Ⅱ区，清理墓葬21座。文化路东侧为Ⅲ区，清理墓葬8座。东部立交区域为Ⅳ区，清理墓葬11座（图二）。大部分墓葬被盗。现简报如下。

第一节　墓葬概述

墓葬分布具有家族式特点。多以4个、3个、2个为主，另有少量单个墓葬发现（彩版七四，1）。发掘区地表人为活动频繁，茔圈多难以辨识。

墓葬结构多由封土、墓道、墓门、甬道、墓室等几部分构成。封土保存较好者为覆斗形，残存者多为丘形，大小不一。墓道窄且长，斜坡状，部分留有台阶。墓道方向朝西居多，其次为居东、居南者，尚未发现朝北者。少数墓葬有前后双甬道，且第一进高于第二进。封门多为土坯，少量发现石块、泥板、砖块组合形式。墓门形状可分拱形与梯形两类，以拱形为主。墓室皆为单室土洞，平面形状可分长方形、近方形、刀把形三类。墓葬平面为近方形或长方形者，数量共85座。根据带龛及耳室数量多寡，分如下几类：A单室带三龛墓（2座，占总数2%）；

[1]　1944～1945年，中央研究院历史语言研究所西北科学考察团历史考古组在佛爷庙、老爷庙两地发掘两晋和唐墓数十座。见夏鼐：《敦煌考古漫记（一）》，《考古》1955年第1期；《敦煌考古漫记（二）》，《考古》1955年第2期；《敦煌考古漫记（三）》，《考古》1955年第3期。1960年，甘肃省博物馆和敦煌文物研究所在新店台附近发掘两座墓葬。1970年，甘肃省博物馆和敦煌文物研究所在敦煌县城义园湾附近发掘五座墓葬。1960和1970年两次发掘情况见《敦煌晋墓》，《考古》1974年第3期。1980年，敦煌县博物馆在县城东南9千米处发掘十六国时期的三座墓葬。见甘肃省敦煌县博物馆：《敦煌佛爷庙湾五凉时期墓葬发掘简报》，《文物》1983年第10期。1982年，敦煌县博物馆在县城东二十千米的新店台清理四十六座西晋十六国时期墓葬。见敦煌县博物馆、北京大学考古实习队：《记敦煌发现的西晋、十六国墓葬》，《敦煌吐鲁番研究文集（四）》，北京大学出版社，1987年，第623页。1987年，甘肃省文物考古研究所在新店台、佛爷庙湾发掘西晋至唐代墓葬一百一十六座。见何双全：《敦煌新店台、佛爷庙湾晋至唐墓群》，《中国考古学年鉴（1988年）》，文物出版社，1989年，第247页。1995年，甘肃省文物考古研究所在佛爷庙湾清理墓葬609座。资料未发表。2000年甘肃省文物考古研究所在佛爷庙湾清理324座墓葬。见李永宁：《敦煌佛爷庙湾魏晋至唐代墓葬》，《中国考古学年鉴·2002》，文物出版社，2003年，第391、392页。

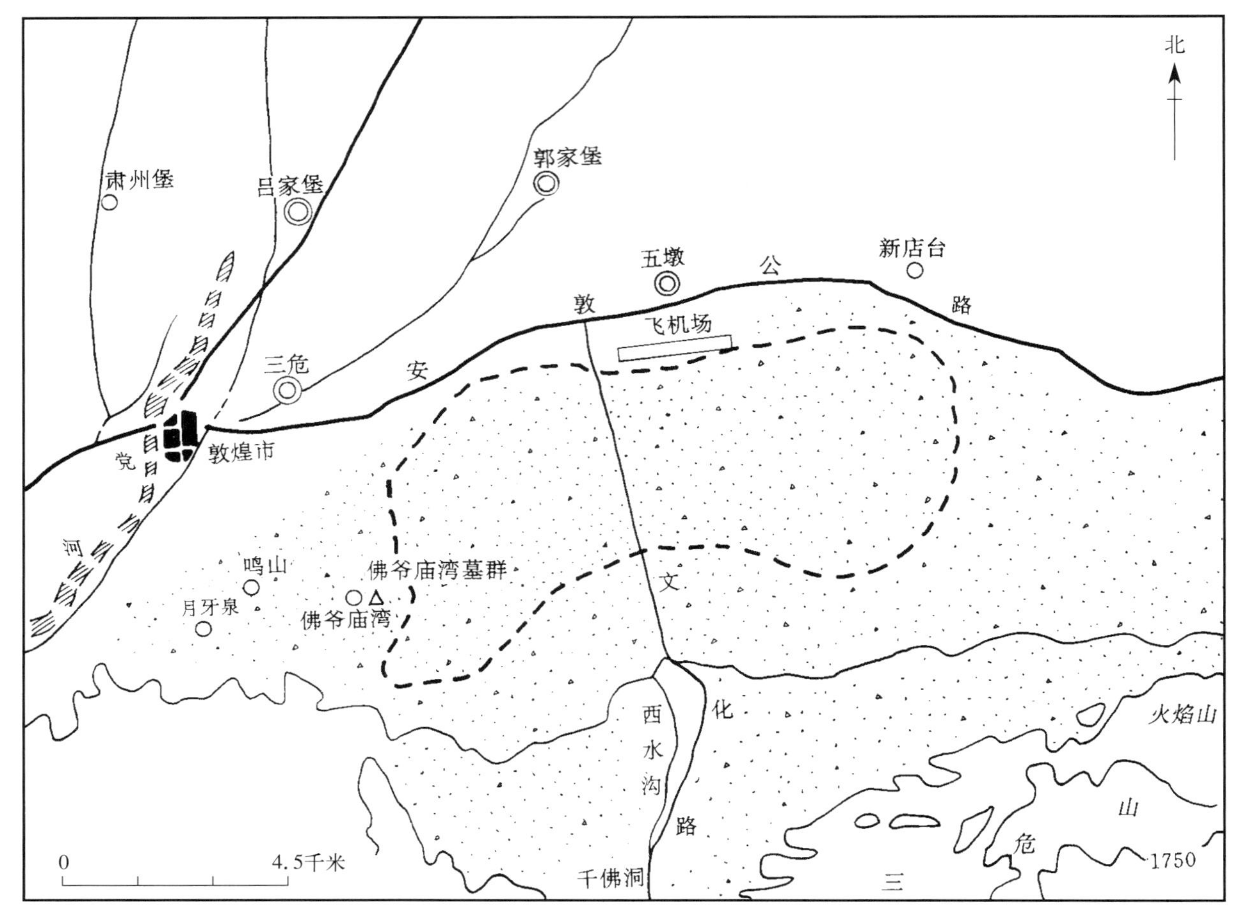

图一　敦煌市佛爷庙湾墓群地理位置示意图

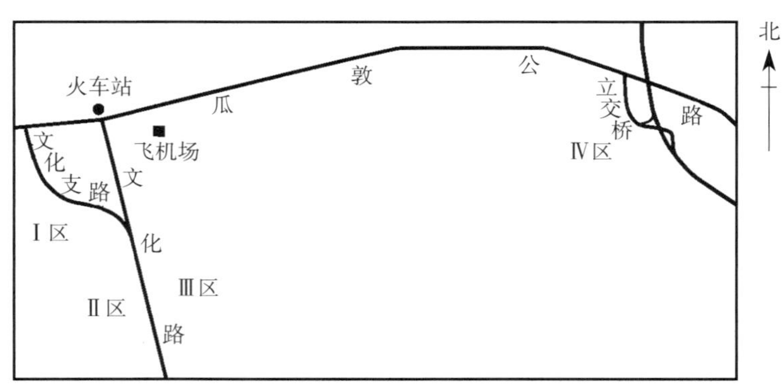

图二　佛爷庙湾墓群2014年发掘分区位置

B单室带双龛墓（17座，占总数20%）；C单室带一耳室一龛墓（5座，占总数6%）；D单室带一耳室墓（1座，占总数1%）；E单室带一龛墓（15座，占总数18%）；F单室无龛墓（45座，占总数53%）。墓葬平面为刀把形者，数量共计6座，皆为无耳室、无龛之墓。墓室顶部结构分拱形顶、穹隆顶、覆斗顶三类。墓室平面形状呈长方形，墓顶多为拱形顶；平面形状近方形，墓顶多为穹隆顶、覆斗顶；平面形状为刀把形，顶部大多为拱形顶。

葬具多见棺罩，底置尸床，上铺席盛尸。少量为木棺，前宽后窄，盖板剖面形状呈“人”字形。墓主人头端多见灰枕、黄泥枕、白灰枕，脚端发现脚踏。葬式分单人葬、双人葬、三人葬，其中以单人、双人葬居多。未遭盗扰墓葬墓主人为仰身直肢葬。部分墓葬墓室后壁发现祭祀供台，尸身周围发现有意打破的钵、盆器物残片等现象。个别墓葬木棺前挡板发现铭旌残留。

现择具有代表性墓葬予以介绍。

第二节　墓葬举例

一　M10

（一）墓葬形制

M10位于发掘Ⅰ区偏东位置，与M9、M11为一家族墓，西北—东南向。单室带双龛土洞墓，方向264°（图三），未被盗。

封土呈丘形，直径约3.8、残高约0.42米。

墓道位于封土西侧，平面呈梯形，西窄东宽，长9.9、宽0.56～0.9米。墓道东端剖面大致呈梯形，上窄下宽，宽0.9～1.2米。斜坡状，西高东低，坡度27°。底部近墓门处距地表深4.60米，有焚烧残留灰烬。土坯封门，横砌平铺十层。土坯长40、宽20、厚8厘米。

墓门呈梯形，上宽0.42、底宽0.84、高1米（彩版七四，2）。

有甬道，平面呈梯形，西窄东宽，进深1.14、宽0.78～1.1米。

墓室为土洞单室带双龛。平面形状大致呈圆角长方形，四边较直，弧壁上收，顶部塌陷呈穹隆。墓室东西长3.1、南北宽2.04、高2.08米。有两龛，北龛底宽0.76、进深0.32、高0.62米，上壁有烟熏痕迹，内搭建石块灶台，有火烧痕迹，旁边置甑、釜厨具（彩版七四，3）。南龛底宽0.36、进深0.14、高0.54米。尸罩因腐朽坍塌，形制不明。尸床由草木灰、白灰堆砌而成。长2、宽0.52、厚0.06米。人骨1具，仰身直肢葬，头朝西，性别鉴定为一成年男性。

出土随葬品皆置于北龛及尸床南侧位置，有陶罐3件、陶甑1件、陶釜1件、陶樽2件、陶碟3件、陶壶1件、陶灯1件、陶盘1件、陶钵1件、陶盆1件。

（二）随葬品

1．陶壶

1件。

标本M10：10，泥质灰陶。敛口，斜平沿，圆唇，束颈，腹部圆鼓，束腰，器座外撇至平底。最大径在腹部、底部。口径7.6、最大腹径11.2、底径11.2、高11.4厘米（图四，1；彩版七五，1）。

2．陶罐

3件。夹细砂红陶。近直口，圆唇，圆鼓腹，下腹收至凹底。肩腹部饰有竖绳纹。

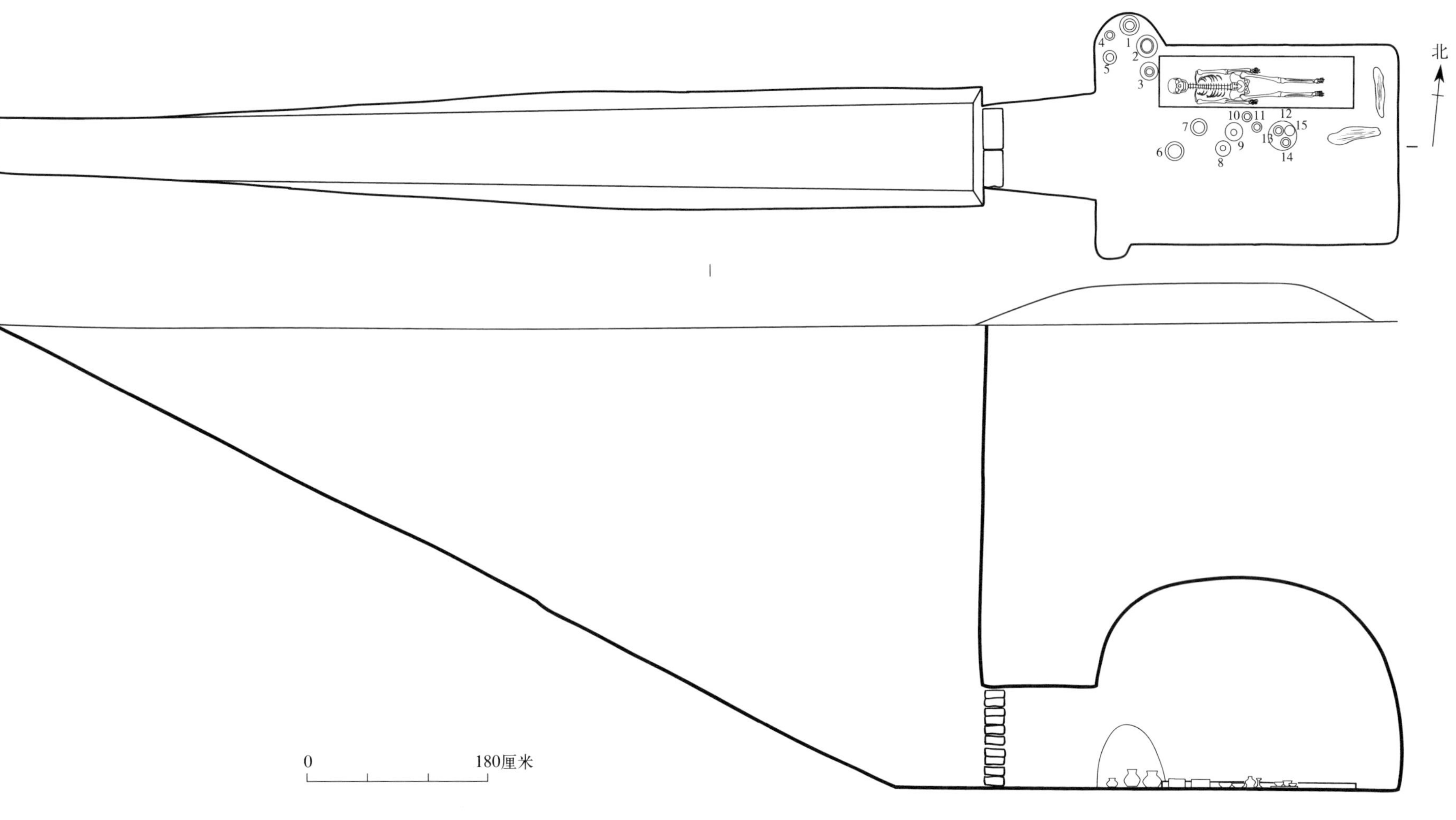

图三　佛爷庙湾墓群M10平、剖面图

1～3. 陶罐　4. 陶甑　5. 陶釜　6、7. 陶樽　8、9、15. 陶碟　10. 陶壶　11. 陶灯　12. 陶盘　13. 陶钵　14. 陶盆

标本M10：1，外沿呈圆三角形成高领，中有一凸棱、圆肩，最大径在肩腹部。近底部有竖向刮削痕迹。内盛有谷物。口径10、最大腹径18、底径12、高18厘米（图四，2）。

标本M10：2，外沿较斜直形成高领，耸肩，最大径在上腹部。器表剥蚀严重。口径10.2、最大腹径18.8、底径12.8、高17厘米（图四，3）。

标本M10：3，外沿呈圆三角、圆肩。底部器表剥蚀严重。内盛有谷物。口径10.6、最大腹径18、底径10、高17厘米（图四，4；彩版七五，2）。

3. 陶樽

2件。泥质灰陶，素面。

标本M10：6，近直口，圆唇，矮领，圆肩，腹部器表凹凸不平，平底。口径15、底径18、高8.4厘米（图四，5）。

标本M10：7，侈口，圆唇，矮领，溜肩，垂腹，大平底。口径14.2、底径17.6、高8.8厘米（图四，6）。

4. 陶钵

1件。

标本M10：13，泥质灰陶。侈口，圆唇，腹部斜收至平底。口径11.5、底径4.8、高4厘米（图四，7）。

5. 陶盆

1件。

标本M10：14，泥质灰陶。侈口，斜平沿，外沿呈尖三角，腹部斜收至平底。口径11.0、沿宽1.2、底径5.6、高4.6厘米（图四，8）。

6. 陶盘

1件。

标本M10：12，泥质灰陶。平沿，盘面中央凸起，齐平于口沿，外沿略呈圆三角。盘面饰四组波浪纹、凹弦纹组合。盘径28.8、厚约2.4厘米（图四，9）。

7. 陶碟

3件。泥质灰陶，部分可复原。敞口，尖圆唇，浅腹，平底。

标本M10：8，口径15.4、底径5.6、高5.6厘米（图四，10）。

标本M10：9，口径15.8、底径5.7、高5.2厘米（图四，11）。

标本M10：15，窄斜平沿，无法复原。口径9厘米。

8. 陶灯

1件。

图四　佛爷庙湾墓群M10出土器物

1.陶壶M10:10　2～4.陶罐M10:1～3　5、6.陶樽M10:6、7　7.陶钵M10:13　8.陶盆M10:14　9.陶盘M10:12　10、11.陶碟M10:8、9　12.陶灯M10:11　13.陶甑M10:4　14.陶釜M10:5

标本 M10：11，泥质灰陶。灯口作碟状，敞口，方唇，浅腹，柄上细下粗，近座时外撇形成低台座，底座中空。灯口 7.8、底座 8.8、高 10.8 厘米（图四，12；彩版七五，3）。

9. 陶甑

1 件。

标本 M10：4，泥质灰陶。盆形甑，可复原。敛口，斜平沿，腹部斜收至小平底。底戳有五孔。口径 12.6、沿宽 0.8、底径 5.2、高 4.8 厘米（图四，13）。

10. 陶釜

1 件。

标本 M10：5，泥质灰陶。敛口，口沿未在一条水平直线上，方唇，矮领，溜肩，腹部圆鼓，近底部外撇至平底。最大径在肩腹部，素面。口径 9.2、最大腹径 13、底径 9.6、高 9 厘米（图四，14）。

二　M22

（一）墓葬形制

M22 位于发掘Ⅰ区西北位置，与 M23、M24、M25 为一家族墓，东北—西南向。单室带单龛土洞墓，方向 92°（图五），未被盗。

封土呈丘形，直径约 4.5、残高约 0.5 米。

墓道位于封土东侧，平面呈长方形，长 10.1、宽 0.65 米。墓道东端剖面呈梯形，上窄下宽，宽 0.65～0.9 米。墓道底部为斜坡台阶状，坡度 28°。台阶分三级，由下至上，第一级台阶长 0.3、第二级台阶长 1.4、第三级台阶长 1.4 米。底部近墓门处距地表深 3.80 米。土坯封门，横砌平铺，残存五层。土坯长 43、宽 22、厚 8 厘米。

墓门略呈梯形，上窄下宽，上宽 0.34、底宽 0.64、高 0.9 米（彩版七五，4）。有甬道，进深 0.45、宽 0.68 米。

墓室为土洞单室单龛。平面形状呈不规则圆角长方形，四边较直，弧壁上收至拱形顶。长 2.38、宽 1.70、高 1.26 米。一龛位于墓室东北角，进深 0.25、宽 0.4、高 0.48 米。内置甑、釜，后壁陶罐内盛谷物。尸罩腐朽坍塌，形制不清。尸床底垫一层细沙，上敷一层白灰，上置席子。平面形状呈梯形，长 1.62、东宽 0.6、西宽 0.5、厚 0.03 米。人骨 1 具，仰身直肢葬，左臂弯曲较甚，头向朝东，性别鉴定为一成年女性。头端有灰枕，平面呈长方形，长 0.34、宽 0.15、高 0.08 米。

随葬品置于单龛及尸床周围。出土物有陶罐 4 件、陶樽 1 件、陶盘 1 件、陶钵 2 件、陶碟 4 件、陶灯 1 件、陶甑 1 件、陶釜 1 件、陶盆 1 件、铜镜 1 件、铁钗 1 件、铜钱 2 枚、铜小件 1 件、铁簪 1 件（彩版七五，5）。

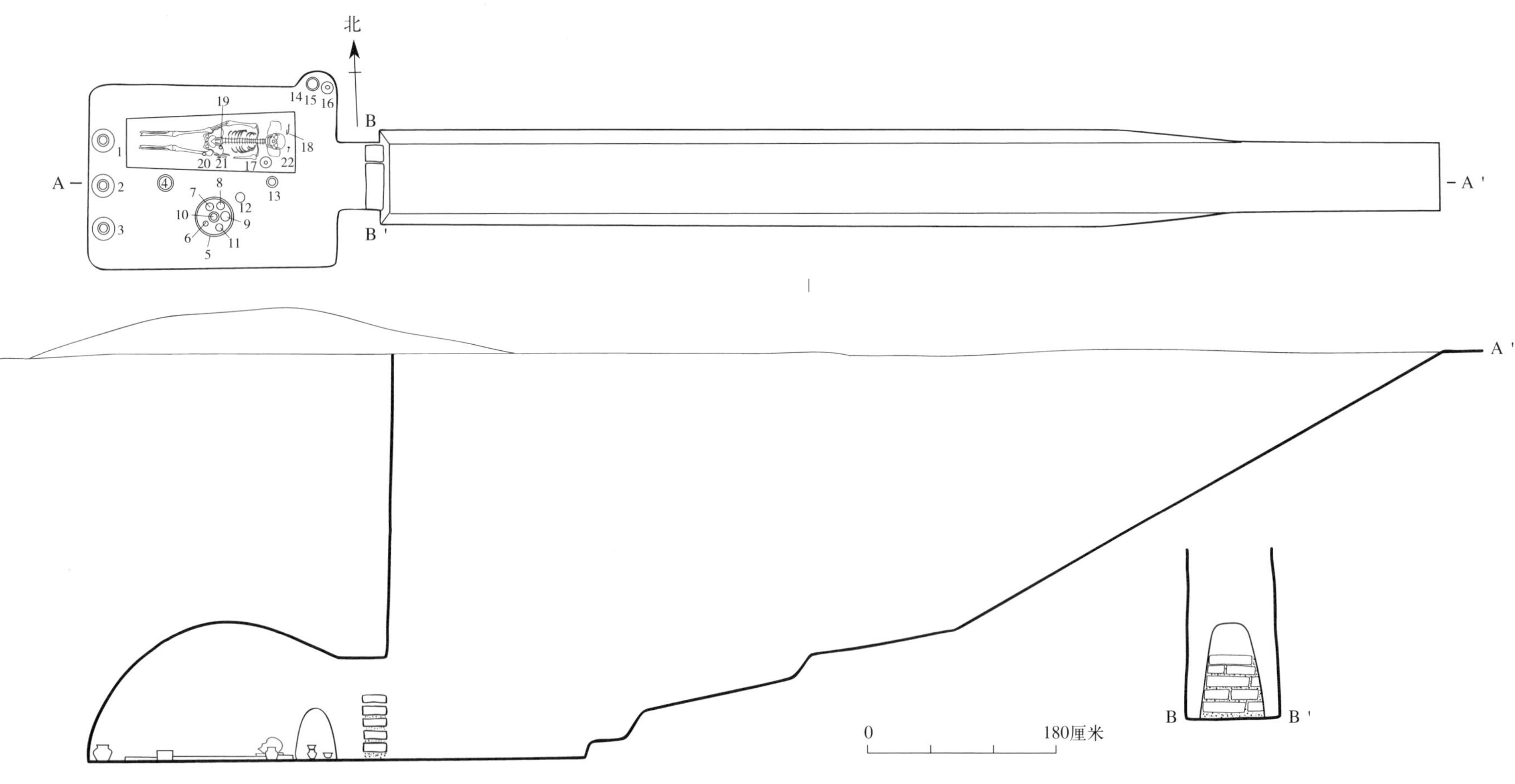

图五　佛爷庙湾墓群 M22 平、剖面图

1～3、13. 陶罐　4. 陶樽　5. 陶盘　6、11. 陶钵　7～10. 陶碟　12. 陶灯　14. 陶甑　15. 陶釜　16. 陶盆　17. 铜镜　18. 铁钗　19、20. 铜钱　21. 铜小件饰　22. 铁簪

（二）随葬品

1. 陶罐

4件。泥质灰陶。近直口，束颈，鼓肩，上腹部圆鼓，下腹斜收至平底。近底部有刮削痕迹。

标本M22：1，圆三角缘，鼓肩近似平直，最大径在上腹部。肩腹部饰三组波浪纹。口径10.2、最大腹径19.8、底径10、高14.5厘米（图六，1）。

标本M22：2，圆三角缘，最大径在上腹部。肩腹部饰三组波浪纹。口径10、最大腹径16.6、底径8.8、高14.7厘米（图六，2）。

标本M22：3，圆三角缘，最大径在上腹部。肩腹部饰三组波浪纹。口径9、最大腹径17.6、底径9.2、高15.3厘米（图六，3；彩版七六，1）。

标本M22：13，凹沿，尖圆唇，外沿呈尖三角，最大径在腹中部。器表部分剥蚀严重。口径5.2、最大腹径12.8、底径7.6、高9.6厘米（图六，4）。

2. 陶钵

2件。泥质灰陶。素面。侈口，圆唇，下腹收至平底。

标本M22：6，口径6.1、底径3.2、高2.5厘米（图六，5）。

标本M22：11，口径5.8、底径3、高2.4厘米（图六，6）。

3. 陶盆

1件。

标本M22：16，泥质灰陶。素面。侈口，斜平沿，腹部斜收至平底。口径13、沿宽0.8、底径5.2、高4.8厘米（图六，7）。

4. 陶盘

1件。

标本M22：5，泥质灰陶。平沿，盘面低于口沿，外沿呈圆三角。盘面饰两组波浪纹、凹弦纹组合。盘径32.6、厚2.4厘米（图六，8）。

5. 陶碟

4件。泥质灰陶。素面。敞口，浅腹，平底。

标本M22：7，口径8.6、底径3.6、高2.4厘米（图六，9）。

标本M22：8，口径9、底径3.2、高2.4厘米（图六，10）。

标本M22：9，口径8.2、底径3.6、高2.4厘米（图六，11）。

标本M22：10，口径8.6、底径3.8、高2.8厘米（图六，12）。

图六 佛爷庙湾墓群M22出土器物

1～4. 陶罐M22∶1～3、13 5、6. 陶钵M22∶6、11 7. 陶盆M22∶16 8. 陶盘M22∶5 9～12. 陶碟M22∶7～10 13. 陶樽M22∶4

6. 陶樽

1件。

标本M22：4，泥质灰陶。敛口，圆唇，矮领，折肩明显，腹部中曲，平底。口径13.2、底径16.8、高11厘米（图六，13；彩版七六，2）。

7. 陶灯

1件。

标本M22：12，泥质灰陶。灯口作碟状，敞口，尖圆唇，浅腹，柄上细下粗，近座时叠涩外撇，底座中空。口径7.2、底径10.8、高13.1厘米（图七，1；彩版七六，3）。

8. 陶甑

1件。

标本M22：14，泥质灰陶。盆形甑，侈口，斜平沿，圆唇，浅腹，小平底。箅有3小孔。口径12.4、沿宽1、底径4.8、高5.8厘米（图七，2）。

9. 陶釜

1件。

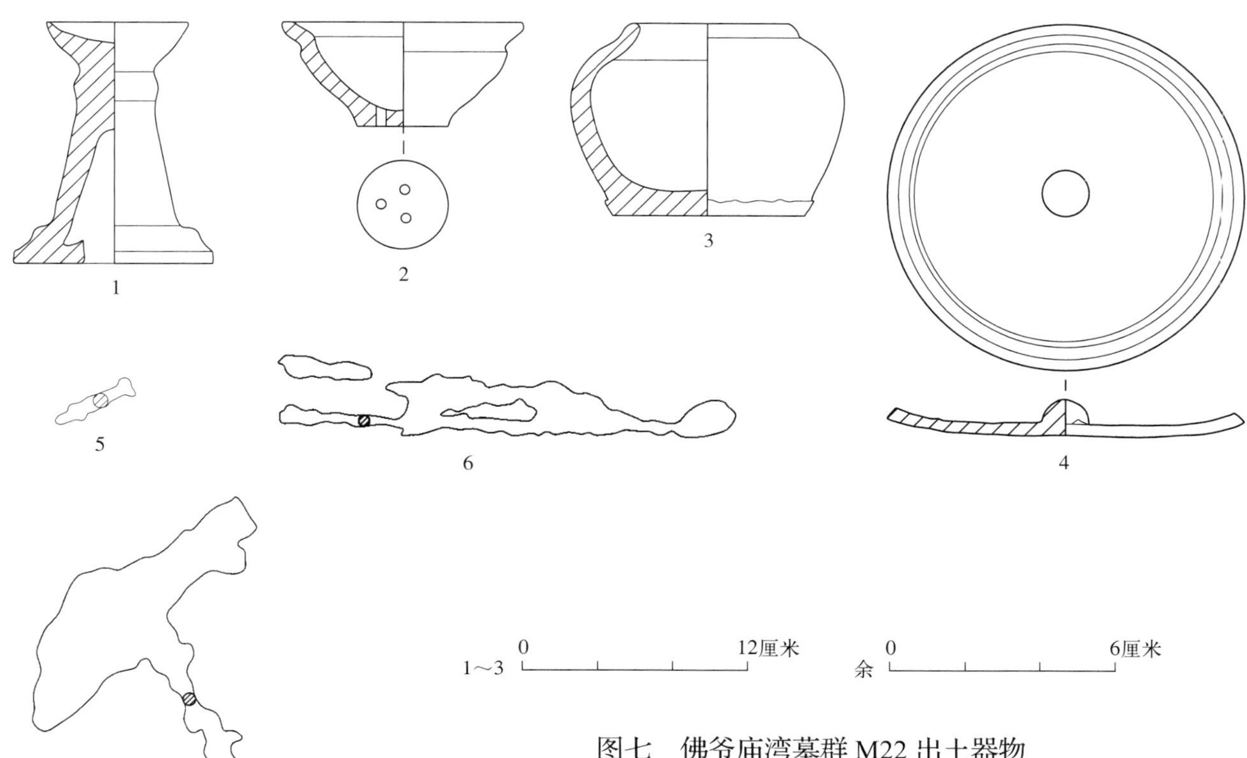

图七　佛爷庙湾墓群M22出土器物

1. 陶灯M22：12　2. 陶甑M22：14　3. 陶釜M22：15　4. 铜镜M22：17　5. 铜小饰件M22：21　6. 铁钗M22：18　7. 铁簪M22：22

标本 M22：15，泥质灰陶。敛口，圆唇，矮领，圆肩，圆鼓腹，下腹收至平底。最大径在肩腹部。口径 8.2、最大腹径 14.3、底径 10、高 10.6 厘米（图七，3）。

10．铜镜

1 件。

标本 M22：17，圆形圆纽，镜面微凸。锈蚀严重，纹饰不清。直径 9.5、内缘 7.6、纽高 0.9、厚 0.6 厘米（图七，4；彩版七六，4）。

11．铜小件饰

1 件。

标本 M22：21，器形似“铁钉”。素面。柄首直径 0.5、身残高 2.2 厘米（图七，5）。

12．五铢铜钱

2 枚。圆形方孔。

标本 M22：19，直径 2.3 ～ 2.6、穿边 0.8 ～ 0.9、厚 0.15 厘米。

标本 M22：20，直径 1.7 ～ 2.6、穿边 0.8 ～ 0.9、厚 0.1 ～ 0.15 厘米。

13．铁钗

1 件。

标本 M22：18，器形呈“U”形。素面。钗长 12、钗间距 0.5、截面直径 0.3 厘米（图七，6）。

14．铁簪

1 件。

标本 M22：22，器形大致呈“T”形。簪柄截面呈圆形。素面。簪头残长 8、簪身残长 6.6、截面直径 0.5 厘米（图七，7）。

三　M61

（一）墓葬形制

M61 位于发掘Ⅱ区中部位置，独墓。单室带单耳室土洞墓，方向 170°，被盗（图八）。

封土呈覆斗型，上边长 1.90、下边长 3.70、残高 0.5 米。

墓道位于封土南侧，平面呈长方形，长 16.10、宽 1.07 米，剖面呈长方形。斜坡至底，坡度 24°。近墓门处距地表深 5.4 米。

有前后双甬道，其中前甬道置于墓门前侧，进深 1.33、宽 1.07、高 1.55 米。封门为土坯，顺砌立铺两层。土坯长 42、宽 20、厚 8 厘米。

墓门呈拱形，宽0.98、高1.25米。后甬道进深0.85米，宽与墓门等宽。

墓室为土洞单室带单耳室。墓室平面形状近似圆角长方形，四壁略直，斜收至覆斗顶。顶部内凹，形成边长0.28、进深0.06米近方形藻井。墓室进深3.25、东西宽2.5、高2.02米。一耳室，位于墓室东南角，平面近似圆角长方形，进深0.79、宽0.45、高0.9米（彩版七七，1）。葬具为尸罩，尸身东西两侧均有残存朽木，西侧无盖板，底板。前后挡板由两块竖木以蝴蝶榫

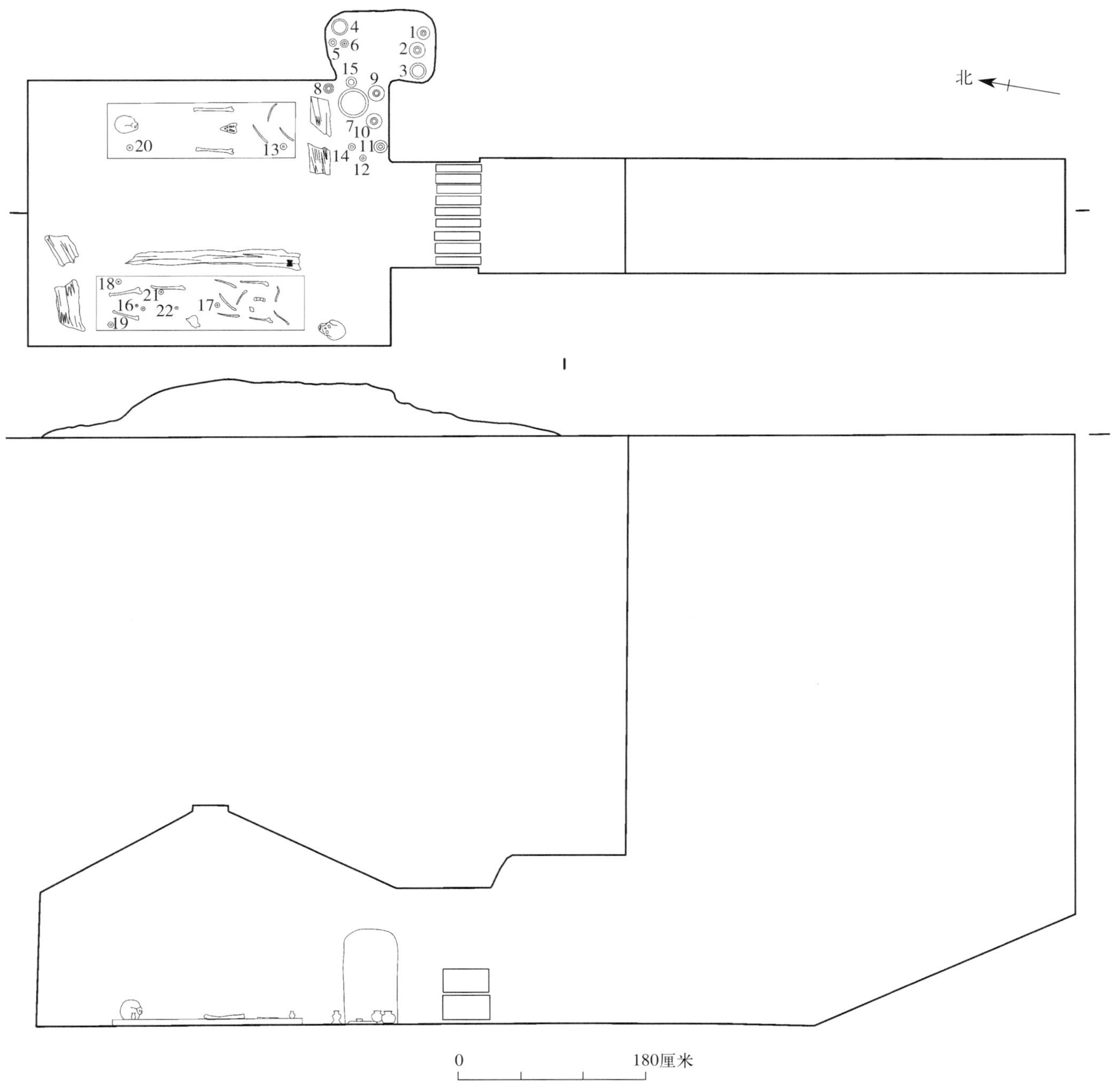

图八　佛爷庙湾墓群M61平、剖面图

1、2、9～11.陶罐　3、4.陶樽　5、6、12.陶钵　7.陶盘　8.陶壶　14.陶甑　15.陶釜　13、18～20.陶斗瓶　16、17.铜钱

连接而成，高 0.46、宽 0.72、厚 0.11 米，侧板由两块竖木以蝴蝶结榫卯而成，长 1.74、高 0.36、厚 0.1 米。两尸床底铺白灰，上砌黄土而成，平面呈长方形。其中东尸床长 1.7、宽 0.53、厚 0.05 米。西尸床长 1.87、宽 0.51、厚 0.05 米。人骨两具，葬式不明，性别初步鉴定为一成年女性与成年男性。

随葬品置于耳室内及外侧、两尸床上，出土物有陶罐 5 件、陶樽 2 件、陶钵 3 件、陶盘 1 件、陶壶 1 件、陶甑 1 件、陶釜 1 件、斗瓶 4 件、铜钱 18 枚。

（二）随葬品

1. 陶壶

1 件。

标本 M61：8，泥质灰陶。侈口，圆唇，高斜直领，束颈，溜肩，腹部圆鼓，束腰，台座较高，外撇至平底，最大径在腹部。肩腹部饰有波浪纹、凹弦纹组合，台座有竖向刮削痕迹。口径 5.4、最大腹径 9.2、底径 9、高 13 厘米（图九，1；彩版七七，2）。

2. 陶罐

5 件。

标本 M61：1，泥质灰陶。侈口，方唇，斜直领，束颈，圆肩，上腹部较圆鼓，下腹斜收至平底，最大径在上腹部。肩腹部饰有波浪纹、凹弦纹组合。口径 9.2、最大腹径 13.2、底径 9.6、高 13.8 厘米（图九，2）。

标本 M61：2，泥质灰陶。侈口，方唇，斜直领，束颈，溜肩，上腹较圆鼓，下腹斜收至平底。最大径在肩腹部。肩腹部饰有波浪纹、凹弦纹组合，器表剥蚀严重。口径 8.2、最大腹径 13.2、底径 8.9、高 13 厘米（图九，3）。

标本 M61：9，夹细砂灰陶。侈口，圆唇，斜直领，束颈，圆肩，腹部圆鼓，底不甚平整，最大径在上腹部。肩腹部饰波浪纹、凹弦纹组合，底部墨绘一奔跑状动物。口径 9.0、最大腹径 14.8、底径 6.4、高 14.4 厘米（图九，4）。

标本 M61：10，泥质黄褐陶。侈口，方唇，束颈，圆肩，上腹部较圆鼓，下腹斜收至平底，最大径在上腹部。口径 8.4、最大腹径 12.4、底径 8、高 12 厘米（图九，5）。

标本 M61：11，泥质灰陶。近直口，方唇，外沿呈圆三角，束颈，溜肩，上腹圆鼓，下腹斜收至平底，最大径在上腹部。肩腹部饰波浪纹、凹弦纹组合。口径 7.8、最大腹径 13.4、底径 8.6、高 12.4 厘米（图九，6）。

3. 陶樽

2 件。泥质灰陶。素面。

标本 M61：3，可复原。侈口，圆唇，领部较矮，肩部发育不明显，斜直腹，平底。口径 15.4、底径 14.8、高 9.6 厘米（图九，7）。

标本 M61：4，近直口，方唇，领部较高，溜肩，直腹，平底。口径 13.2、底径 14.4、高 10.4 厘米（图九，8）。

4. 陶钵

3 件。泥质灰陶。素面。侈口，圆唇，浅腹，平底。

标本 M61：5，口径 7.8、底径 3.8、高 3.9 厘米（图九，9）。

图九　佛爷庙湾墓群 M61 出土器物

1. 陶壶M61：8　2～6. 陶罐M61：1、2、9～11　7、8. 陶樽M61：3、4　9～11. 陶钵M61：5、6、12

标本 M61：6，口径 7.5、底径 3.6、高 3.4 厘米（图九，10）。

标本 M61：12，可复原。口径 7.2、底径 3.2、高 3.4 厘米（图九，11）。

5. 陶盘

1 件。

标本 M61：7，泥质灰陶。斜平沿中凹，盘面平整，低于口沿，外沿斜直。盘面饰三组波浪纹、凹弦纹组合。盘径 23.6、厚 2.4 厘米（图一〇，1）。

6. 陶甑

1 件。

标本 M61：14，泥质灰陶。素面。盆形甑，侈口，斜平沿，腹部斜收至平底。箅有六孔。口径 9.2、沿宽 0.7、底径 4、高 5 厘米（图一〇，2）。

7. 陶釜

1 件。

标本 M61：15，泥质灰陶。素面。直口，方唇，矮领，圆肩，上腹圆鼓，下腹斜收至平底。最大径在肩腹部。口径 7.6、最大腹径 10.8、底径 7.6、高 8.4 厘米（图一〇，3）。

8. 陶斗瓶

4 件。泥质灰陶。侈口，溜肩，直腹，平底。

标本 M61：13，斜平沿，圆唇，束颈。口径 4、底径 5.4、高 6.3 厘米（图一〇，4；彩版七七，3）。肩腹部朱书镇墓文一周，录文作：

建兴廿二年二月
己亥朔十七□乙卯除东
乡昌利里民大女
翟□昭命薄早
终委与地下今日
告己故为汝□铅
人五谷□子左扶右
扶使汝□乐莫
相思苦莫相念□
□为□河道为□□
□□田异畔生人前
行死人却步不得相注
忤天注地注□注行注□
注月注日注□□□□

圣汝昏目□□□□
汝天□死为人地□□
生人□□死人□乡
□□如律
令

标本M61：18，圆唇，颈部较直。口径4.8、底径5.8、高6厘米（图一○，5）。肩腹部朱书镇墓文一周，录文作：

建兴廿二年二月己亥
朔十七日乙卯除东乡
里民大女翟准昭薄
命早终委于地下
今日告己□□□□铅
……
□□□人有□
死…乡以
诣…

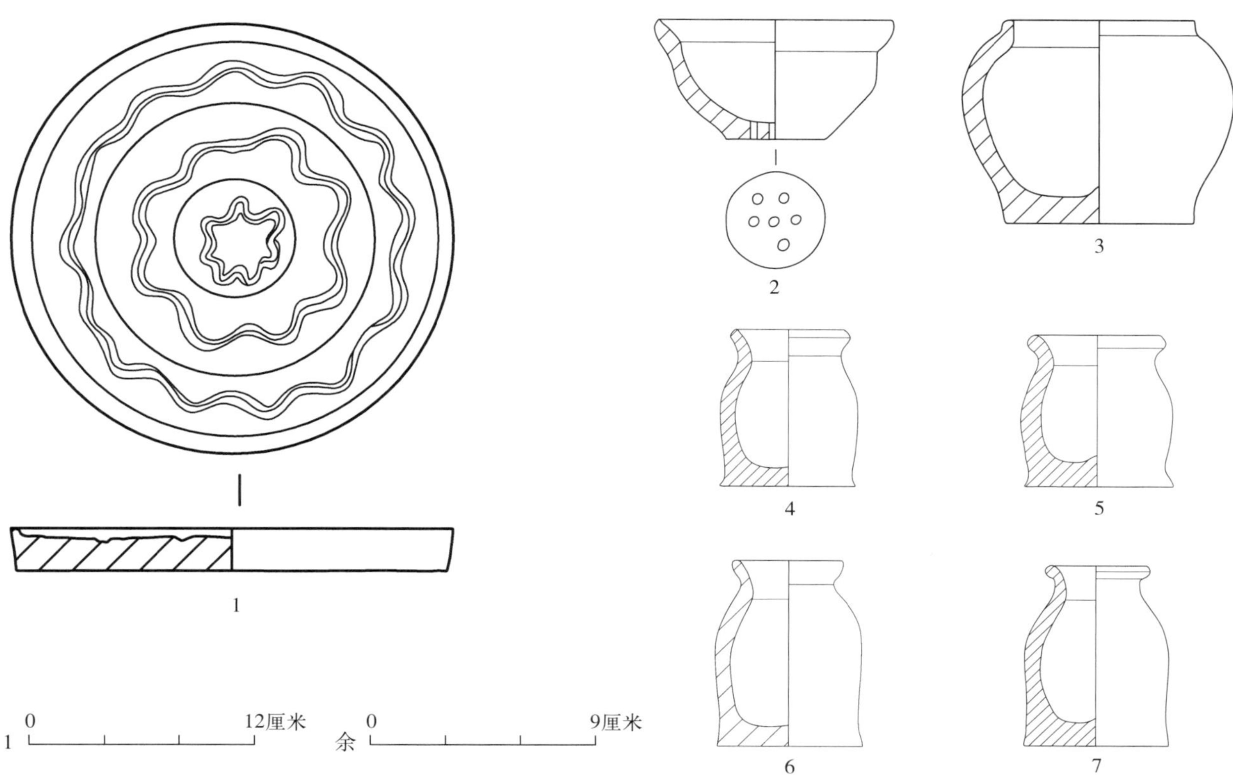

图一○　佛爷庙湾墓群M61出土器物
1.陶盘M61：7　2.陶甑M61：14　3.陶釜M61：15　4～7.陶斗瓶M61：13、18～20

标本 M61：19，方唇，束颈。口径 3.8、底径 5.8、高 7.6 厘米（图一〇，6；彩版七七，4）。肩腹部朱书镇墓文一周，录文作：

建兴七年十
二月廿八日翟
兴伯薄
命早终
天□□□
□□生人
前行死人
却步不相
注忤
死生异
路□□
……

标本 M61：20，方唇，束颈。口径 3.8、底径 5.8、高 7.4 厘米（图一〇，7）。肩腹部朱书镇墓文一周，字迹漫漶不清，可释文字有：

建兴……月廿八日……兴……天……人……

9．铜钱

18 枚。圆形方孔。

标本 M61：16，2 枚。锈蚀严重，文字不清。直径 2.6、穿宽 1、厚 0.15 厘米。

标本 M61：17，16 枚。可辨识为大泉五十。直径 2.5 ～ 2.8、穿宽 0.9 ～ 1、厚约 0.15 厘米。

四　M6

（一）墓葬形制

M6 位于发掘Ⅰ区东南位置，独墓。单室刀把形土洞墓，方向 175°（图一一），未被盗。

封土呈丘形，直径 4.2、高 0.48 米。

墓道位于封土南侧，平面呈长方形，长 6.5、宽 0.74 米。东端剖面呈梯形，口小底大，宽 0.74 ～ 1.06 米。斜坡至底距墓门 1.2 米处有落差，高 0.46 米。坡度 30°。底部近墓门处距地表深 3.4 米。土坯封门，横砌平铺残存六层。土坯长 40、宽 20、厚 8 厘米。

墓门呈拱形，底宽 0.9、高 0.9 米。东侧甬道进深 0.56 米。单室土洞墓，平面形状呈刀把形。四壁上收至拱形顶。墓室底部低于墓门底端 0.62 米。墓室顶部由南向北倾斜，宽 1.60 ～ 0.76 米。墓室长 2.58、宽 1.52 米。未发现葬具。人骨 1 具，仰身直肢葬，头向朝南，性别鉴定为一成年男性。

随葬品置于墓室人骨西侧，出土物有陶盘 1 件、陶耳杯 2 件、陶碗 1 件、陶樽 1 件。

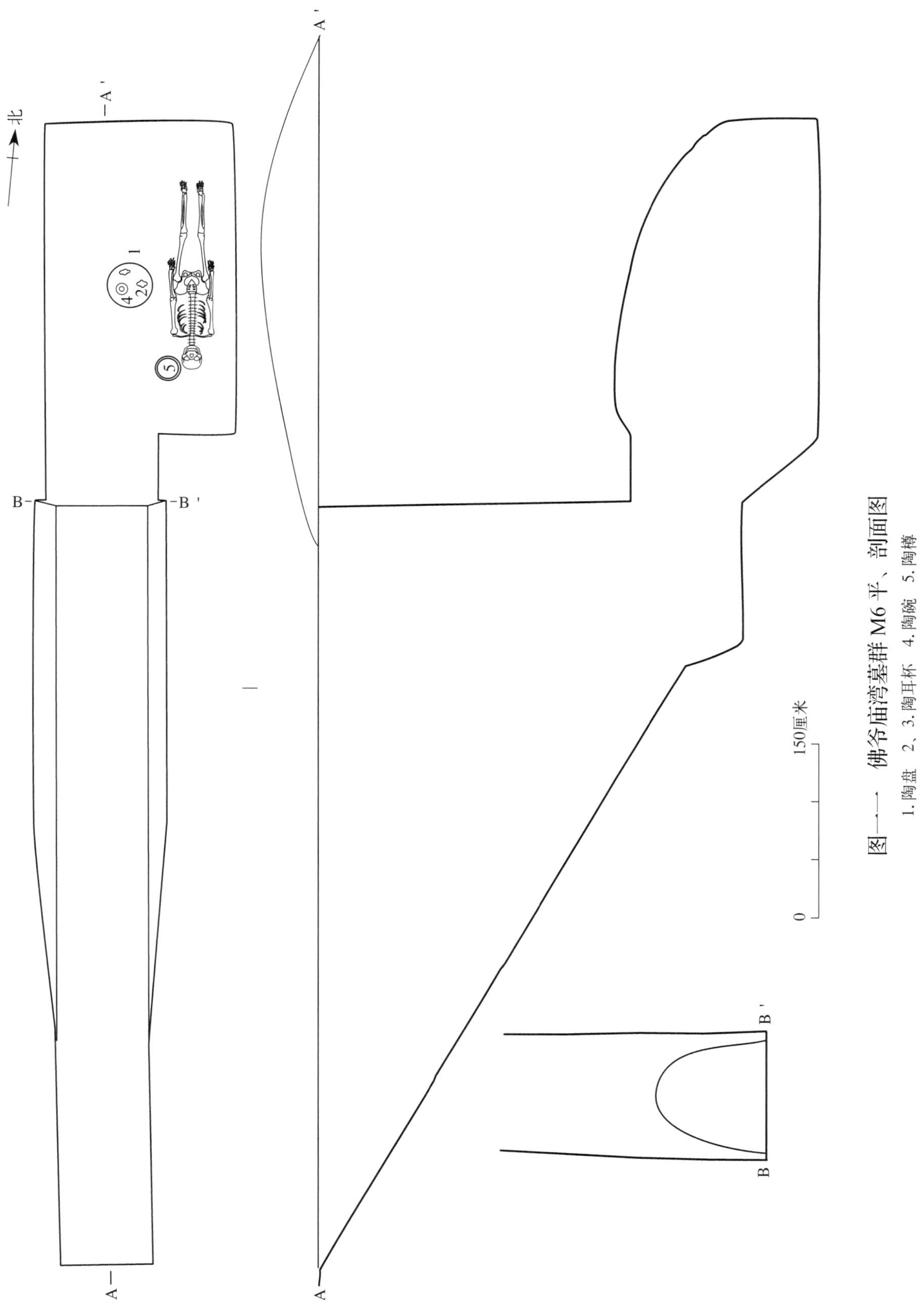

图一一　佛爷庙湾墓群M6平、剖面图

1.陶盘　2、3.陶耳杯　4.陶碗　5.陶樽

（二）随葬品

1. 陶樽

1件。

标本M6∶5，泥质灰陶。敛口，圆唇，矮领，溜肩，直腹，平底。口径14.8、底径18.4、高11.6厘米（图一二，1；彩版七七，5）。

2. 陶碗

1件。

标本M6∶4，泥质灰陶。侈口，圆唇，下腹收至矮圈足。口径9.8、底径4、高3.4厘米（图一二，2）。

3. 陶盘

1件。

标本M6∶1，泥质灰陶。平沿，盘面平整，低于口沿，外沿略呈圆三角。盘面饰两组波浪纹、

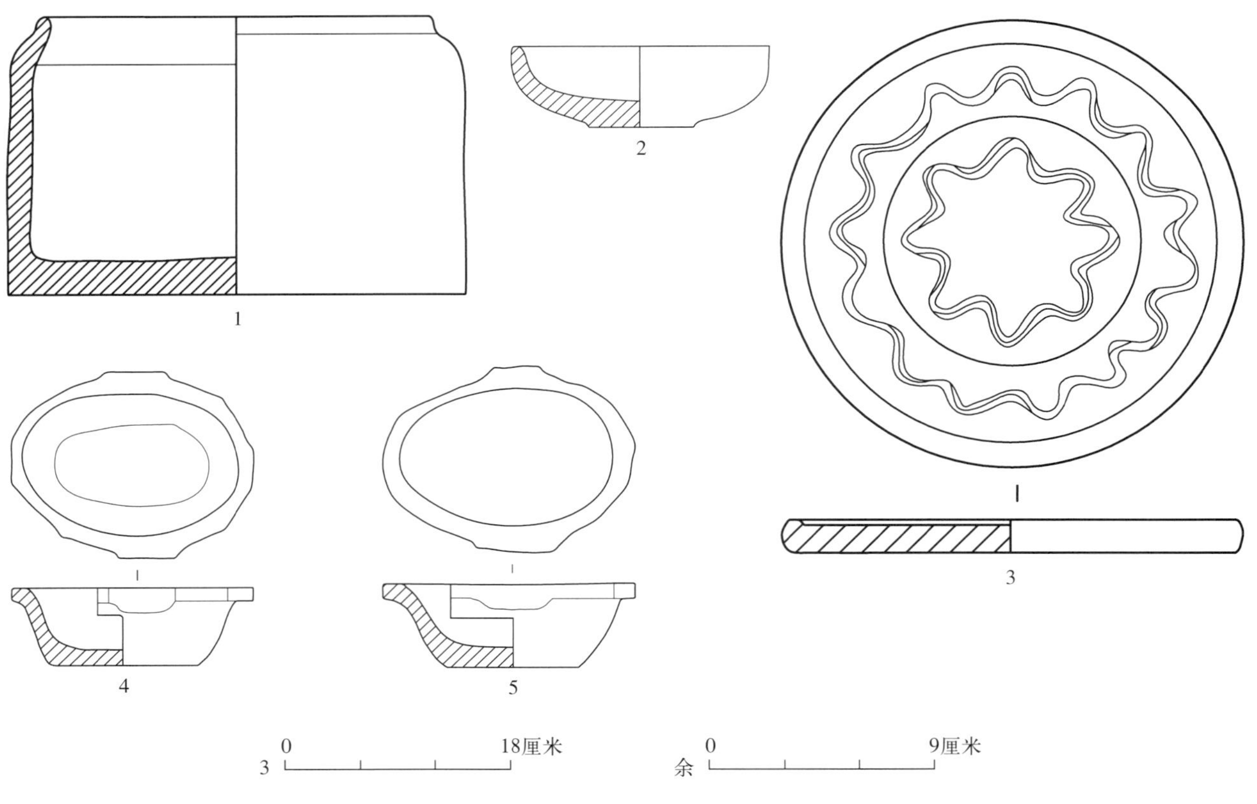

图一二　佛爷庙湾墓群M6出土器物

1. 陶樽M6∶5　2. 陶碗M6∶4　3. 陶盘M6∶1　4、5. 陶耳杯M6∶2、3

凹弦纹组合。盘径37、厚2.9厘米（图一二，3）。

4．陶耳杯

2件。夹细砂灰陶。器口平面呈椭圆，侈口，方唇，口沿两侧附不对称双耳，且耳上端齐平于口沿，腹部斜收至平底。

标本M6：2，口长径9.4、短径7.4、底长径6、短径3.6、高3.2厘米（图一二，4；彩版七七，6左）。

标本M6：3，口长径9.8、短径7.4、底长径5.3、短径3.6、高3.4厘米（图一二，5；彩版七七，6右）。

五　M72

（一）墓葬形制

M72位于发掘Ⅱ区南端，独墓。单室单龛土洞墓，方向255°（图一三），未被盗。

封土呈丘形，几与地表齐平。

墓道位于封土西侧，平面呈长方形，长11.4、宽0.76米。东端剖面呈梯形，口小底大，上宽0.76、底宽1.08米。西高东低，斜坡至底，坡度23°。近墓门处距地表深4.2米。封门为土坯，从下至上，顺砌立铺三层，上横砌平铺三层，周缘以残块土坯封堵。土坯长46、宽24、厚8厘米。墓门呈拱形，宽0.85、高1.16米（彩版七八，1）。

甬道进深0.56米。

墓室为单室单龛土洞墓，平面形状为圆角长方形，四壁略直，距墓室底部高1.16米处起拱，上收至拱形顶。墓室进深2.90、南北宽1.74、高1.64米。一龛，位于墓室西北角，宽0.75、进深0.32、高0.55米。木棺一具，柏木质地，由盖板、侧板、挡板、底板组成。其中盖板由三块木板以蝴蝶嵌榫组合，其与棺身之间以子母口、蝴蝶嵌榫套接、侧板与挡板之间以蝴蝶嵌榫组合。木棺平面呈梯形，前宽后窄、棺身前高后底。木棺前挡板处发现铭旌残余，周缘以云气纹绣以醒目的花边。上以石块压置，下端已残，复原看应垂至其底。墓室后侧置木质框架，上残存素纱痕迹，文献上称为下帐（竹木为框架，纺织品为周顶，高约二、三尺），或是灵座、供台。底由若干横向、单个竖向木条榫卯套接，上置有草席。前置祭品、器具（彩版七八，2）。人骨1具，仰身直肢葬，头向朝西，头端有一白灰枕，平面呈长方形，中部内凹。长0.4、宽0.17、厚0.13米（彩版七九，1）。脚端有脚踏，为一完整土坯，长33、宽20、厚7厘米。另有脚垫，由草木灰组合而成，截面呈圆形，直径0.02、长0.23米。尸身下置草席。下肢骨处发现有一打破的残碎陶片，复原为一钵。尸身头端及上肢骨发现零星云母片。谷物散置在左大腿骨左侧。性别鉴定为一成年女性。

随葬品置于一龛内（彩版七九，2）、木棺西侧、北侧及木棺内。出土物有陶罐5件、陶樽2件、陶簸箕1件、陶仓1件、陶甑1件、陶釜1件、陶鸡首灶1件、陶壶1件、陶鐎斗1件、

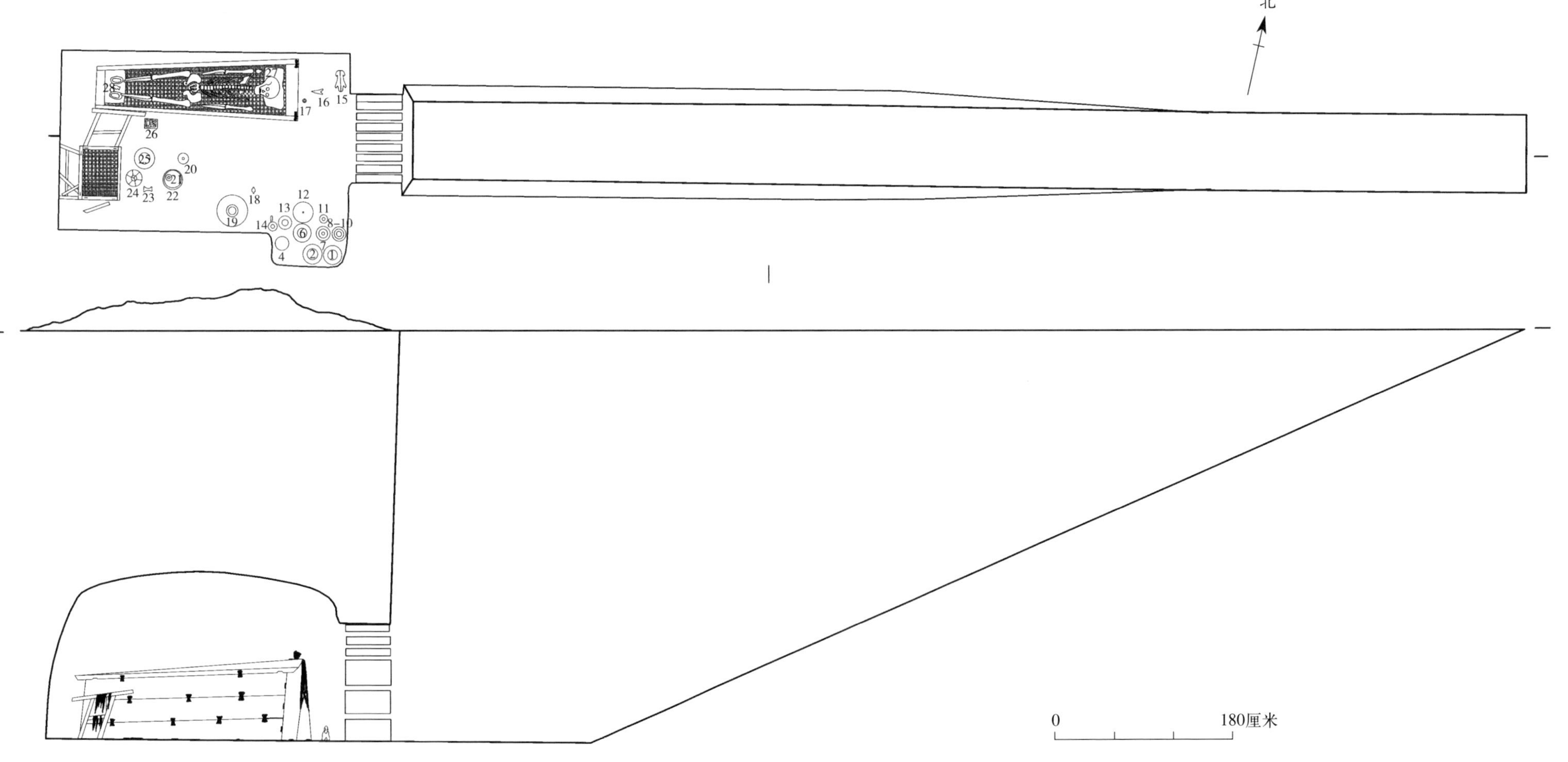

图一三 佛爷庙湾墓群 M72 平、剖面图

1、3、6、7、13. 陶罐 2、12. 陶樽 4. 陶簸箕 5. 陶仓 8. 陶甑 9. 陶釜 10. 陶鸡首灶 11. 陶壶 14. 陶鐎斗 15. 陶独角兽 16. 木禽俑 17. 陶碗 18. 陶耳杯 19. 陶瓮 20. 陶碟 21、25. 陶盆 22. 陶盘 23. 陶灯 24. 陶槅 26. 陶砚台 27、28. 陶斗瓶

陶独角兽1件、陶碗1件、陶耳杯1件、陶瓮1件、陶碟1件、陶盆2件、陶盘1件、陶灯1件、陶榼1件、陶砚台1件、陶斗瓶2件、木禽俑1件（彩版八〇，1）。

（二）随葬品

1. 陶壶

1件。

标本M72：11，泥质灰陶。侈口，方唇，高斜直领，圆肩，鼓腹，束腰，高台座外撇至大平底，最大径在底部。肩部饰有垂幛纹。口径4.4、最大腹径7.2、底径7.6、高10.2厘米（图一四，1）。

2. 陶罐

5件。泥质灰陶。分带盖与不带盖两类。其中带盖类，盖作覆钵状，顶有一孔，敞口，浅腹，圜底，与器身以子母口套结。器身侈口，圆唇，高斜直领，束颈，圆肩，上腹较圆鼓，下腹斜直，平底，最大径在肩腹部。

标本M72：1，带盖，方唇。肩部饰有垂幛纹，腹部饰凹弦纹。内盛有谷物。器盖口径11、高2.4厘米。器身口径6、最大腹径14.7、底径10.5、高12.3厘米（图一四，2）。

标本M72：3，无盖，圆唇，近底部外撇至平底。肩部饰垂幛纹、凹弦纹组合，肩腹部有几周横向刮削旋凸棱。口径8、最大腹径15.6、底径12、高15厘米（图一四，3）。

标本M72：6，带盖，敛口，方唇，溜肩，凹底，最大径在上腹部，整个器形矮胖。肩腹部饰有凹弦纹，近底部有竖向刮削痕迹。内盛有谷物。器盖口径9.5、高2.4厘米。器身口径9.8、最大腹径18、底径10.6、高9.6厘米（图一四，4）。

标本M72：7，有盖，圆唇，近底部外撇至平底。肩部有横向刮削旋凸棱。内盛有谷物。器盖口径10.2、高2.2厘米。器身口径8.2、最大腹径15.4、底径12.7、高16.2厘米（图一四，5）。

标本M72：13，无盖，圆唇，溜肩，腹部较斜直，近底部外撇至平底。肩部有几周横向刮削旋凸棱，肩腹部饰有凹弦纹。口径7.6、最大腹径15.6、底径12.2、高16.3厘米（图一四，6）。

3. 陶樽

2件。泥质灰陶。带盖，盖口吻合较严。盖呈覆钵状，顶有一孔，圆唇，浅腹，圜底。器身直口，圆唇，高直领，平底。

标本M72：2，盖敞口，器身圆肩，近直腹，最大径在腹部、底部。器盖口径17.2、高5厘米。器身口径15.2、最大腹径18.8、底径18.4、高10.8厘米（图一四，7）。

标本M72：12，盖敛口，器身溜肩，腹部中微曲，最大径在底部。内盛有谷物。器盖口径22.8、高7厘米。器身口径15.2、最大腹径19.0、底径19.2、高13.1厘米（图一四，8）。

4. 陶碗

1件。

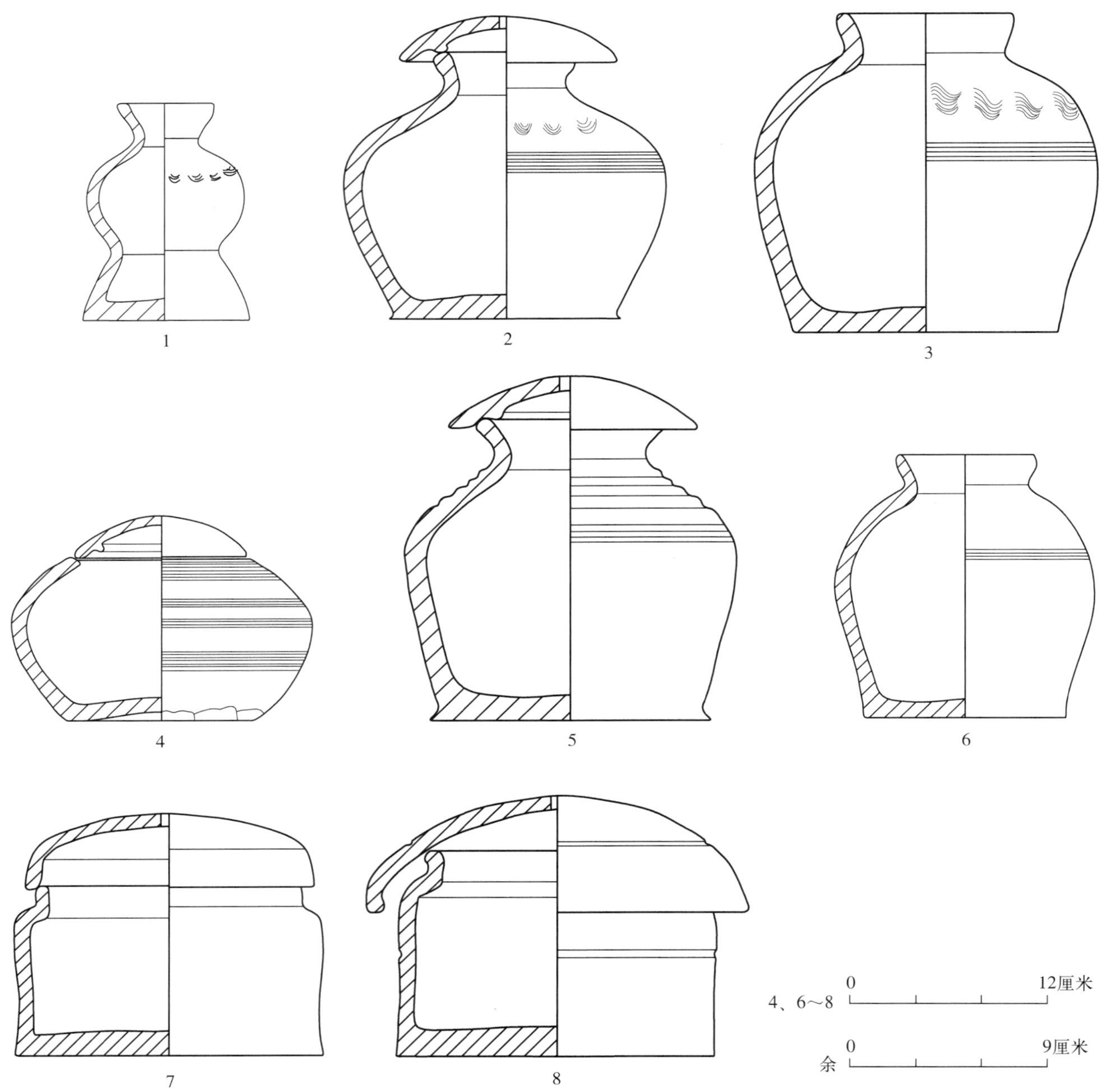

图一四　佛爷庙湾墓群 M72 出土器物

1. 陶壶M72∶11　2～6. 陶罐M72∶1、3、6、7、13　7、8. 陶樽M72∶2、12

标本 M72∶17，泥质黑灰陶。侈口，方唇，浅腹，圈足较高。口径 3.9、底径 3.2、高 2.4 厘米（图一五，1）。

5. 陶耳杯

1 件。

标本 M72∶18，泥质彩绘黑陶。平面呈椭圆形，器口剖面呈船形，两端上翘。侈口，尖圆唇，

图一五　佛爷庙湾墓群M72出土器物

1. 陶碗M72∶17　2. 陶耳杯M72∶18　3、4. 陶盆M72∶21、25　5. 陶盘M72∶22　6. 陶碟M72∶20　7. 陶瓮M72∶19　8. 陶甑M72∶8　9. 陶灯M72∶23　10. 陶簸箕M72∶4　11. 陶仓M72∶5　12. 陶釜M72∶9　13. 陶鸡首灶M72∶10　14. 陶鐎斗M72∶14　15. 陶独角兽M72∶15

两侧附双拱形耳，斜直腹收至小平底。器内以红彩涂之。器口长径7.2、短径5.4、底长径3、短径1.6、高3.2厘米（图一五，2）。

6．陶盆

2件。

标本M72∶21，泥质彩绘灰陶。敛口，斜平沿，圆唇，腹部较圆鼓，矮圈足。腹部饰一周凹弦纹，以红彩勾绘。口径9、沿宽0.9、底径5.4、高6.2厘米（图一五，3）。

标本M72∶25，泥质彩绘灰陶。近直口，宽斜平沿，方唇，浅腹，平底。内底被隔开若干同心圆，外圆饰垂幛纹，内圆饰花瓣纹，以红彩勾勒。口径21.4、沿宽2、底径16.4、高5.2厘米（图一五，4；彩版八〇，2）。

7．陶盘

1件。

标本M72∶22，泥质彩绘灰陶。敞口，斜平沿，盘面低于沿较甚，平底，盘面中央略高于周缘，外沿较齐平。内饰红彩的两周凹槽将盘面分隔成三组同心圆，外圆区间饰有垂幛纹，中圆区间同样饰有垂幛纹，周缘以红彩勾勒，内圆区间饰有凹弦纹、垂幛纹组合，而以红彩勾绘出花瓣纹。口径19.4、底径18.7、高2.8厘米（图一五，5；彩版八〇，3）。

8．陶碟

1件。

标本M72∶20，泥质彩绘灰陶。敞口，圆唇，浅腹，平底。内底留白，以黑红彩勾绘出花瓣纹。口径11.6、底径4.4、高3.0厘米（图一五，6）。

9．陶瓮

1件。

标本M72∶19，泥质灰陶。侈口，尖圆唇，外沿斜直中有一周凹槽，骤收至颈部，圆鼓肩，上腹圆鼓，下腹斜收至平底，最大径在上腹部。上腹部饰有凸弦纹，近底部有竖向刮削痕迹。口径8、最大腹径30.6、底径16.6、高29厘米（图一五，7）。

10．陶甑

1件。

标本M72∶8，泥质灰陶。盆形甑，直口，斜平沿，方唇，斜腹收至平底，箅有五孔。口径8.4、沿宽0.9、底径4、高4.2厘米（图一五，8；彩版八一，4）。

11．陶灯

1件。

标本M72∶23，泥质彩绘灰陶。灯口作碗状，敛口，方唇，腹部较深，灯柄粗细较均匀，低台座，且实心，碗径大于底径。柄部有横向旋凸棱，柄下部至台座面以黑红彩饰有几何纹，寓意不明。灯口径5.9、底径5、高9.6厘米（图一五，9；彩版八一，1）。

12．陶簸箕

1件。

标本M72∶4，泥质彩绘灰陶。平面形状呈半椭圆形。厚圆唇，背面较平整。所饰纹饰唇面刻划有七组（三个为一组）刻槽，内面刻划以长条凹槽，背面刻划以横向、竖向、波折形凹槽，其中竖向、波折形凹槽内以红彩勾绘，象征竹篾编制痕迹，整个造型形象逼真。径长11、高4.4厘米（图一五，10；彩版八一，2）。

13．陶仓

1件。

标本M72∶5，泥质彩绘灰陶。仓顶呈馒头状，无孔，腹部呈圆柱形，中以阴线刻划出门框，平底，最大径在腹部。门框两侧及以下以红彩勾绘，似一兽面。其中两侧卷云纹寓意双眼，门框勾勒似一阔鼻，其下以绘画手法来表现阔口。最大腹径13.2、底径11.6、高14.4厘米（图一五，11；彩版八一，3）。

14．陶釜

1件。

标本M72∶9，泥质灰陶。敛口，方唇，矮领，溜肩，腹部斜收至平底，最大径在肩腹部。肩腹部饰蜕化垂幛纹、凹弦纹组合。口径8.6、最大腹径11.2、底径5.2、高6.4厘米（图一五，12；彩版八一，4）。

15．陶鸡首灶

1件。

标本M72∶10，泥质灰陶。灶体作覆樽状，顶部中央开圆形灶孔，灶面立有鸡首、尾，鸡尾下开长方形灶门。灶口径8、底径14.4、高4.0厘米（图一五，13；彩版八一，4）。

16．陶鐎斗

1件。

标本M72∶14，夹细砂灰褐陶。器身作盆状，敛口，斜平沿，浅腹，腹部一侧附一柄，柄首作龙首形，圜底，底附有三只四棱状足。器底有烟炱。口径11.8、沿宽1.2、高10厘米（图一五，14；彩版八二，1）。

17. 陶独角兽

1件。

标本M72：15，泥质彩绘灰陶。刮削雕刻而成，头端、尾部各有一孔，以作插角、插尾之用。眼部、嘴部前腿部、前足部以黑、红线条勾勒。通长14.4、高10厘米（图一五，15；彩版八二，2）。

18. 陶槅

1件。

标本M72：24，泥质彩绘灰陶。圆盘状，敛口，方唇，中有一周凹槽，外沿齐直方折，形成溜肩，平底。内圆分隔成三格，外圆分隔成六格。内以红彩涂之，盛有的食物，已腐。口径16、底径16.4、高3.2厘米（图一六，1；彩版八二，3）。

19. 陶砚台

1件。

标本M72：26，泥质彩绘黑灰陶。平面呈长方形，直口，圆唇，台面隔成近方形、长方形大小四格，其中一长方形格内另隔一耳杯形单元格，分别作蘸笔、插笔、研墨之用。短直领，齐折肩，与器口形成子母口，胎体较厚，平底。插笔格内雕刻一卷曲兽面似虎纹饰，栩栩如生，以红彩、黑彩勾勒；蘸笔格耳杯形区间内饰以红彩；介于二者之间中间格先以黑彩饰以网格纹，内以红彩填充。上体总长11.4、总宽8.4、下体总长12.6、总宽9.4、胎厚2.8、研墨格长7.2、宽6.4、插笔格长3.3、宽2.5、中间格长3.3、宽2.5、蘸笔格长3.3、宽2.2、耳杯形区间长径3.3、短径1.8厘米（图一六，2；彩版八二，4）。

20. 陶斗瓶

2件。泥质灰陶。侈口，斜平沿，圆唇，直领，折肩，斜直腹，平底，最大径在肩部。内盛有谷物。

标本M72：27，颈、肩腹部朱（墨）书镇墓文一周，底部墨书“钟满”二字。口径3.8、底径4.8、高6.2厘米（图一六，3）。录文作：

麟加六年二月丙辰朔十（原“九”）日
乙丑敦煌郡敦煌
县都乡里民钟
满命绝身死今下斗
瓶铅人五谷谷当
地上……
……
路不得相主忤便利
生人如律令

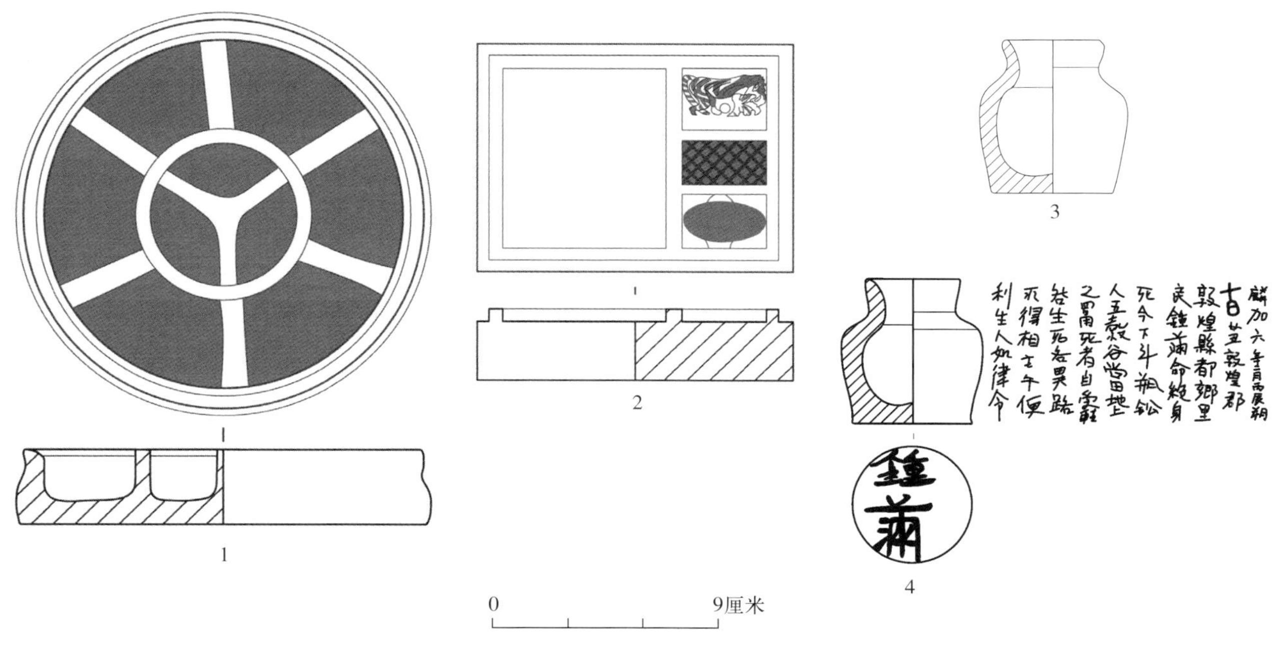

图一六　佛爷庙湾墓群M72出土器物

1. 陶槅M72∶24　2. 陶砚台M72∶26　3、4. 陶斗瓶M72∶27、28

钟满

标本M72∶28，颈、肩腹部朱（墨）书镇墓文一周，底部墨书“钟满”二字。口径3.6、底径4.6、高6厘米（图一六，4；彩版八三）。录文作：

麟加六年二月丙辰朔

十（原“九”）日（原“月”）乙丑敦煌郡

敦煌县都乡里

民钟满命绝身

死今下斗瓶铅

人五谷谷当地上

之罚用死者自受转

咎生死各异路

不得相主午便

利生人如律令

钟满

21. 木禽俑

1件。

标本M72∶16，无法提取。刮削成禽类，长喙，两翼特征明显。通长12.8厘米。

第三节　结语

2014年发掘佛爷庙湾纪年墓葬有11座，占总数12%。如M61，M72出现建兴、麟加（嘉）年号。整个墓群显示的年代范围，为咸宁四年（278年）～麟加六年（394年），即西晋至五凉时期。无纪年墓从葬制、陶器组合及器形特征上比较，未能超出这一纪年范围。参考敦煌祁家湾墓葬[1]、佛爷庙湾1995年墓葬发掘报告[2]，这一纪年范围基本涵盖了祁家湾墓群发展的前四个阶段（即西晋前期～前凉晚期至建元十三年前后），佛爷庙湾1995年墓葬发掘报告一期后段至三期后段（即西晋前期～前秦至北凉时期）。对于敦煌地区西晋五凉时期墓群内涵有一定的补充，也对于全面了解敦煌地区甚至是河西地区这一时期社会生活及丧葬观念有一定的参考价值。

此次发掘墓葬葬式多为双人合葬墓。二者死亡和入葬时间当有先后之别，所以墓主也应有各自的随葬品。以M61为例，墓主人翟兴伯，建兴七年（319年）十二月廿八日下葬。墓主人翟准昭，建兴廿二年（334年）二月己亥朔十七日下葬，二者相差15年。二者死亡时间也正是前凉早期向中期的过渡，故而对于特定时段器物组合演变规律有一定借鉴意义[3]。

附记：本次发掘得到敦煌市文物局、敦煌市博物馆的大力支持，在此谨表谢意。

领队：张俊民
发掘：王永安　杨　俊　赵章赫　赵　祥
绘图：王永安　赵章赫　孙　锋
执笔：王永安　张俊民　孙　锋

[1] 甘肃省文物考古研究所：《敦煌祁家湾西晋十六国墓葬发掘报告》，文物出版社，1994年。
[2] 资料未发表。
[3] 原文发表于《文物》2019年第9期。

后 记

《甘肃省基本建设考古报告集（一）》的编纂工作自启动时起至最终成书行将付印，其间经过简报的编写到稿件的收集，再到出版前的数次修改、校对，历时将近两年。在甘肃省文物局、省文物考古研究所领导和各位同事的关怀和指导下，各种困难都一一化解，最终的成果方得呈现。

陈国科担任本书主编，总体组织本书的出版工作，具体负责稿件的审核，制定出版计划、本书体例。王山、岳晓东担任本书副主编，王山负责稿件的收集、内部校对，并承担与出版社的沟通、协调工作；岳晓东负责编委会成员内部沟通、简报格式及规范的审核等工作。

本书所收集的14篇简报，由数位作者分别承担不同篇章的主要编写工作，其分工如下：

壹、贰、肆章：主要由赵建龙负责，约84000字。

叁、伍、陆、玖、拾壹、拾肆章：主要由王永安负责，约178500字。

柒、拾、拾叁章：主要由刘兵兵负责，约222000字。

捌章：主要由魏美丽负责，约31500字。

拾贰章：主要由马洪连负责，约33000字。

考古发掘成果的转化离不开各位作者的辛勤劳动，能够在短时间内高效完成简报的整理编写工作。编者在此对各位作者表示衷心的感谢！

本书出版得到了文物出版社的大力支持，特别是考古图书第二编辑中心的责编秦彧、彭家宇耐心细致地编辑，将14篇由不同作者完成的发掘简报整合成为体例较为整齐的一本报告集。

在此对所有为本书编写、出版提供帮助的各位同仁一并表示感谢！

编　者

2020年9月

1. 坪上遗址第一发掘现场（南—北）

2. 坪上遗址 H4（北—南）

彩版一　坪上遗址

1. 夹砂陶罐 H4：P12

2. 陶钵 H4：1

3. 陶钵 H4：2

4. 陶盆 H4：P4

5. 陶盆 H4：P6

6. 陶缸 H4：P19

彩版二　坪上遗址出土器物

1. 陶刀 H4：24、23

2. 骨体嵌刃刀、镞 H4：43、44

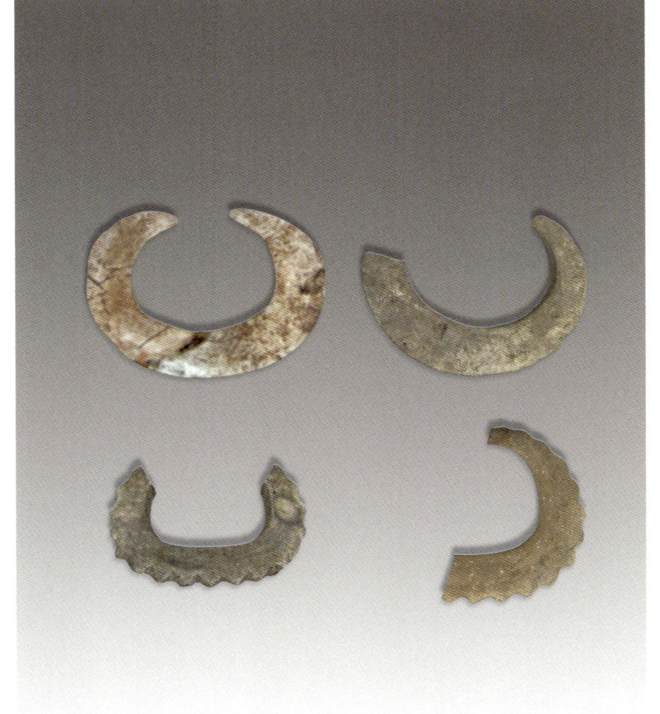

3. 陶束发器 H4：50、52、51、53

4. 陶环 H4：55、56、59、58

彩版三　坪上遗址出土器物

1. 陶罐 T7 ④：P1

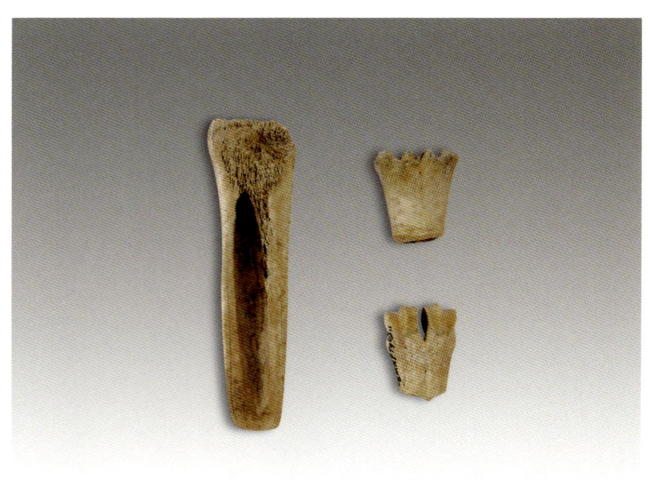

2. 骨器 T7 ④：1、T9 ④：1

3. 石坠 T9 ⑤：1

4. H4 出土鹿骨

5. H4 出土猪骨

6. T6 ②出土大型动物脊椎骨

彩版四　坪上遗址出土遗物

1. H4

2. M5

彩版五　下旋子遗址

1. 泥质陶罐 T4 ②：3

2. 陶壶 T5 ③：P1

3. 陶盆 H2：3

4. 陶瓮 H6：3

彩版六　下旋子遗址出土器物

1. 陶刀 T4 ②：1

2. 陶环 H6：2

3. 石锛 H6：1

4. 石刀 T3 ②：1

5. 陶双耳壶 M5：1

6. 陶双耳壶 M7：1

彩版七　下旋子遗址出土器物

1. 陶双耳罐 M5：2

2. 陶双耳罐 M7：2

3. 陶单耳杯 M5：3

4. 陶单耳杯 M7：3

彩版八　下旋子遗址出土器物

1. 梅家嘴遗址远景

2. F1

彩版九　梅家嘴遗址

1. F1 居住面解剖

3. D1 解剖

2. Z1 解剖

彩版一〇　梅家嘴遗址

1. Y1 和 Y2

2. H3

3. H1

彩版一一　梅家嘴遗址

1. H2

2. H2 和 H17

彩版一二　梅家嘴遗址

1. 石刮削器 H3②：1

2. 石球 H3①：1

3. 石锛 T9①：1

4. 石刀 H7②：1

5. 骨锥 H7②：3

6. 骨笄 H2：1

彩版一三　梅家嘴遗址出土器物

1. 陶罐 H11：8

2. 陶罐 H7 ②：2

3. 陶罐 H7 ①：3

4. 陶罐 H1 ①：5

彩版一四　梅家嘴遗址出土器物

1. 陶罐 H12：1

2. 彩陶瓶 H17：2

3. 陶尊 H3①：2

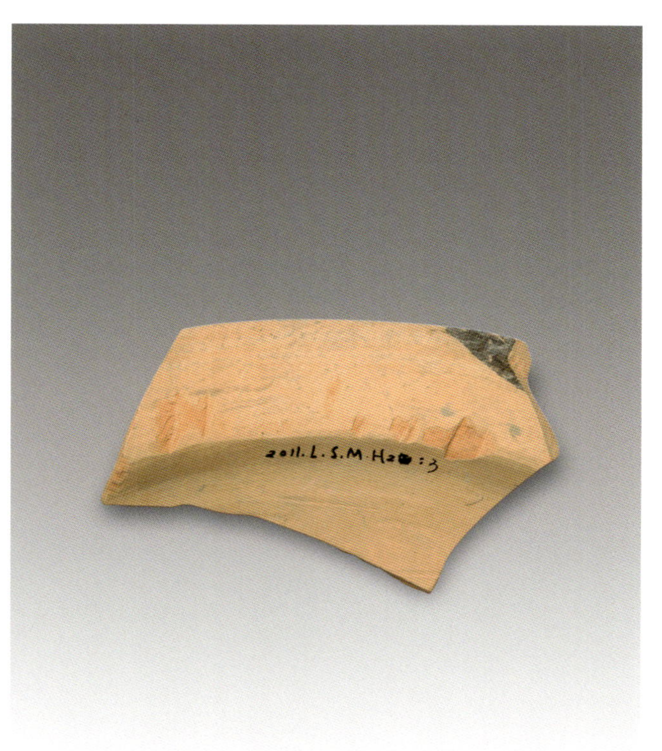

4. 陶盆 H2：5

彩版一五　梅家嘴遗址出土器物

1. 彩陶钵 H17：1

2. 彩陶钵 H17：1

3. 彩陶片 H8 ②：1、H14 ②：1、H3 ②：2、H12：13

4. 陶环 H1 ①：3

彩版一六　梅家嘴遗址出土器物

1. 卓坪遗址（北—南）

2. H1

彩版一七　卓坪遗址

1. 夹砂陶罐 H1：P20、P21

2. 陶钵 H1：P2、P1、P3

3. 细泥陶盆 H1：P4 ～ P6

4. 陶纺轮 H1：8、陶刀 H1：2、石刀 H1：11

彩版一八　卓坪遗址出土器物

1. M1

2. 陶罐 M1：2

3. 铜镜 M1：4

彩版一九　梁家坪遗址 M1 及出土器物

彩版二〇　南坡营遗址远景

1. M2 和 M3

2. M2 椁室

彩版二一　南坡营遗址

1. 陶罐 M2：1

2. 陶罐 M2：2

3. 陶罐 M3：3

4. 陶灶组合 M2：3

5. 陶灶 M2：3-6

6. 琉璃耳珰 M3：2

彩版二二　南坡营遗址出土器物

1. 白土梁墓地发掘现场

2. 白土梁墓地发掘现场

彩版二三　白土梁汉晋墓

1. 白土梁墓地第Ⅰ区（西北—东南）

2. 白土梁墓地第Ⅱ区（东北—西南）

彩版二四　白土梁汉晋墓

1. M1（北—南）

2. M1 棺西侧随葬品出土状况（北—南）

彩版二五　白土梁汉晋墓 M1

1. 陶罐 M1：1

2. 陶罐 M1：2

3. 陶罐 M1：7

4. 铜鼎 M1：6

5. 铜带钩 M1：11

6. 铅盖弓帽 M1：5

7. 粉扑（？）M1：13

彩版二六　白土梁汉晋墓 M1 出土器物

1. M2（南—北）

2. M2 出土动物骨骼

彩版二七　白土梁汉晋墓 M2

1. M2 出土陶器组合

2. 五铢铜钱 M2：8

3. 五铢铜钱 M2：9

彩版二八　白土梁汉晋墓 M2 出土器物

1. 陶罐 M2：1

2. 陶罐 M2：2

3. 陶罐 M2：3

4. 陶罐 M2：4

5. 陶罐 M2：5

6. 陶罐 M2：6

彩版二九　白土梁汉晋墓 M2 出土器物

1. M3（北—南）

2. M3 随葬器物（南—北）

彩版三○　白土梁汉晋墓 M3

1. 陶罐 M3：1

2. 陶罐 M3：2

3. 漆盒 M3：3

4. 漆盒 M3：3

彩版三一　白土梁汉晋墓 M3 出土器物

1. M4（南—北）

2. M4 出土器物组合

3. 五铢铜钱 M4：7

彩版三二　白土梁汉晋墓 M4 及出土器物

1. M5、M6（东—西）

2. 陶罐 M5：2

3. 陶罐 M5：3

4. 陶罐 M5：4

5. 铁锸 M5：1

6. 漆奁 M5：5

彩版三三　白土梁汉晋墓 M5、M6 及出土器物

1. 陶罐 M6：1

2. 陶罐 M6：2

3. 陶罐 M6：3

4. 陶罐 M6：8

5. 铜镜 M6：4

6. 铜带钩 M6：5

7. 骨口琀 M6：7

彩版三四　白土梁汉晋墓 M6 出土器物

1. M7木椁椁盖痕迹（南—北）

2. M7（南—北）

3. 漆器盖M7：4

彩版三五　白土梁汉晋墓M7及出土器物

1. 陶罐 M7：1

2. 陶罐 M7：2

4. 陶罐 M7：3

3. 陶罐 M7：2 刻文

5. M8 出土陶器组合

彩版三六　白土梁汉晋墓 M7、M8 出土器物

1. M8

2. M9

彩版三七　白土梁汉晋墓 M8、M9

1. M9 出土陶器组合

2. 串珠 M9：5

3. M10 出土陶器组合

彩版三八　白土梁汉晋墓 M9、M10 出土器物

3. 漆樽 M10：6 出土情况

1. M10

2. M10 棺面席纹痕迹

彩版三九　白土梁汉晋墓 M10

1. M11

2. 漆盒 M11：6 出土情况

3. 漆樽 M11：5 出土情况

彩版四〇　白土梁汉晋墓 M11

1. 陶壶 M11：1

2. 陶壶 M11：2

3. 铜带钩 M11：3

4. 铜带钩 M11：4

5. 铅条 M11：7

彩版四一　白土梁汉晋墓 M11 出土器物

1. M12（南—北）

2. M12 随葬器物出土情况

4. 五铢铜钱 M12：7

3. M12 出土陶器组合

彩版四二　白土梁汉晋墓 M12 及出土器物

1. M13 棺木及人骨出土情况

2. M13 随葬器物出土情况

3. 陶罐 M13：1

4. 陶罐 M13：3

彩版四三　白土梁汉晋墓 M13 及出土器物

1. M14（南—北）

2. M14 随葬器物出土情况

3. M14 出土陶器组合

彩版四四　白土梁汉晋墓 M14 及出土器物

1. M16

2. M16 随葬器物出土情况

彩版四五　白土梁汉晋墓 M16

1. M16 出土陶器组合

2. 陶壶 M16：3

3. 陶壶 M16：4

4. 陶罐 M16：2

5. 陶罐 M16：5

彩版四六　白土梁汉晋墓 M16 出土器物

1. 陶罐 M16：6

2. 陶罐 M16：9

3. 陶器盖 M16：11

4. 青土灯 M16：10

5. 串珠 M16：15

6. 五铢铜钱 M16：16

7. 铅碟 M16：14

8. 丝织品残片（铅碟 M16：14 内采集）

彩版四七　白土梁汉晋墓 M16 出土器物

1. M15 墓道殉人及墓室

2. M15 墓室第一层（墓门、石椁外露情况）

彩版四八　白土梁汉晋墓 M15

1. M15 墓室第二层（南—北）

2. M15 墓室第三层（南—北）

彩版四九　白土梁汉晋墓 M15

1. M15 出土陶器组合

2. M15 出土陶器组合

彩版五〇　白土梁汉晋墓 M15 出土器物

1. 陶罐 M15：8

2. 陶罐 M15：9

3. 陶罐 M15：11

4. 陶瓶 M15：2

彩版五一　白土梁汉晋墓 M15 出土器物

1. 青土灯 M15：5

2. 铜带钩 M15：19

3. 铜印 M15：20

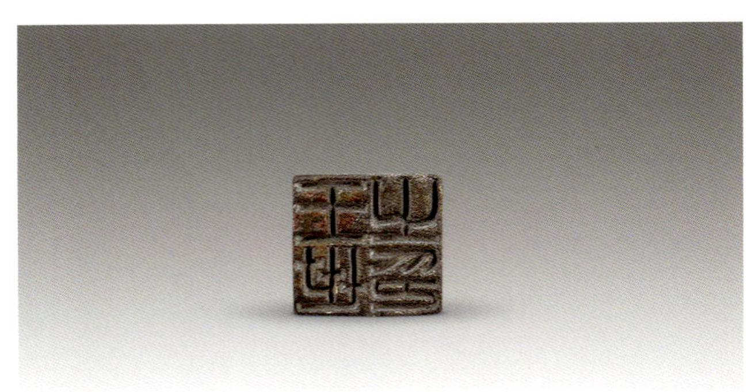
4. 铜印 M15：20

5. 五铢铜钱 M15：12

6. 五铢铜钱 M15：14

7. 五铢铜钱 M15：17

8. 铁锸 M15：16

彩版五二　白土梁汉晋墓 M15 出土器物

1. M18 出土陶器组合

2. 陶井及水桶 M18∶11

3. 骨肛塞 M18∶1

彩版五三　白土梁汉晋墓 M18 出土器物

1. 野猪沟墓地

2. M3 墓门内侧

彩版五四　野猪沟墓地

1. M3 墓室墓主人

3. 陶壶 M3：8

2. 陶壶 M1：2

4. 陶罐 M2：9

5. 陶罐 M3：13

彩版五五　野猪沟墓地及出土器物

1. 陶盒 M3：6

2. 陶盒 M3：5

3. 陶仓 M1：1

4. 陶仓 M3：10

5. 陶灶 M3：1

6. 陶井 M3：3

彩版五六　野猪沟墓地出土器物

1. 三坝湾墓群远景

2. M1

3. M1 后室出土情况

彩版五七　三坝湾魏晋墓

1. M1 棺板彩绘

2. M1 彩绘棺盖上的女娲画像

3. M1 彩绘棺盖上的伏羲画像

彩版五八　三坝湾魏晋墓 M1

1. M1 出土陶器组合

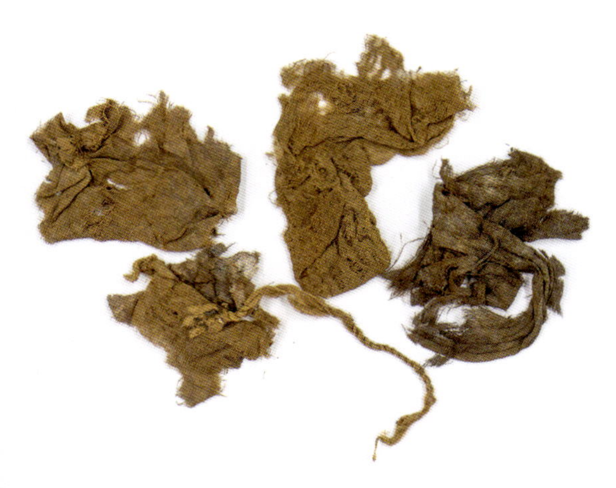

2. M1 男性墓主衣物残片

3. 陶罐 M1：2

4. 陶罐 M1：3

5. 谷物（陶罐 M1：4 内采集）

彩版五九　三坝湾魏晋墓 M1 出土遗物

1. 陶罐 M1：5

2. 陶罐 M1：6

3. 陶甑 M1：9

4. 陶盘 M1：11

5. 陶碗、碟、耳杯、盘 M1：15～18

6. 陶盘、碗 M1：19、20

彩版六〇　三坝湾魏晋墓 M1 出土器物

1. 陶钵 M1：10

2. 陶釜、灶 M1：7、8

3. 陶井 M1：13

4. 陶仓 M1：14

5. 谷物（陶仓 M1：14 内采集）

6. 铜镜 M1：22

彩版六一　三坝湾魏晋墓 M1 出土遗物

1. 木梳 M1：23

2. 木梳 M1：24

3. 木质买地券 M1：27

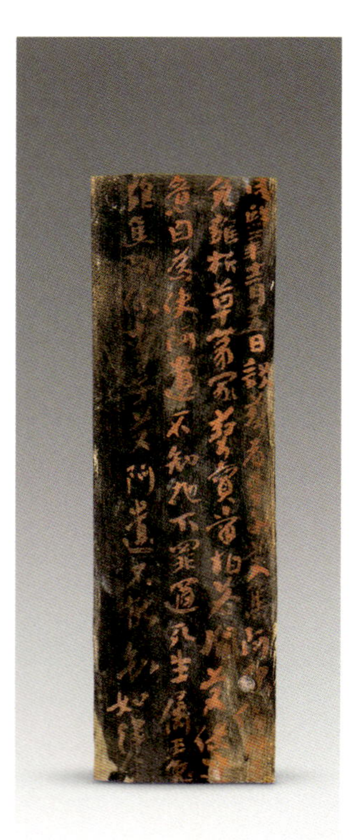

4. 木质镇墓券 M1：28

5. 丝质铭旌 M1：29

6. 墨绘人形木片
M1：30（正面）

7. 墨绘人形木片
M1：30（背面）

彩版六二　三坝湾魏晋墓 M1 出土器物

1. M2 墓道及墓门（东—西）

2. 陶罐 M2：1

3. 陶盘 M4：3

4. 陶灶 M4：1

彩版六三　三坝湾魏晋墓 M2、M4 及出土器物

1. 陶井 M4：2

2. 陶壶 M5：1

3. 陶壶 M5：2

4. M6 墓道及墓门（东—西）

彩版六四　三坝湾魏晋墓 M4、M5 出土器物与 M6

2. M1 墓门

1. 十工山墓群发掘工地远景

2. M1 墓门

彩版六五　十工山墓群

1. M2 ～ M4

2. M2 墓门

3. M2 墓室后壁

彩版六六　十工山墓群

1. 陶罐 M2：7

2. 陶釜 M2：1

3. M3 墓室北壁侧随葬品

4. 陶釜 M3：10

5. 陶罐 M3：18

彩版六七　十工山墓群 M2、M3 及出土器物

1. M4 龛内灶台遗存

2. M4 出土陶器组合

彩版六八　十工山墓群 M4

1. M5 前后室

2. 陶罐 M5：7

3. 铜镜 M5：10

彩版六九　十工山墓群 M5 及出土器物

1. Ⅰ M10 出土器物组合

2. Ⅱ M8 出土器物组合

3. Ⅰ M35 出土器物组合

彩版七〇　祁家湾墓群出土器物

背

正

1. 式盘Ⅰ M35：22

2. 陶斗瓶Ⅰ M35：5

3. 陶斗瓶Ⅰ M35：6

彩版七一　祁家湾墓群Ⅰ M35 出土器物

1. 2013 年金鸡梁墓地发掘前外景

2. M1 墓室及人骨

3. M2 木棺头挡板墨绘星象图

彩版七二　金鸡梁墓地

1. M4 后室棺木出土情况

2. M4 西侧木棺棺盖板内侧残存的伏羲、女娲图案

3. 陶罐 M4：2

4. 小陶罐 M4：1

彩版七三　金鸡梁墓地 M4 及出土器物

1. M22 ～ M25 家族墓地（西南—东北）

2. M10 土坯封门

3. M10 北龛内随葬器物

彩版七四　佛爷庙湾墓群

1. 陶壶 M10：10

2. 陶罐 M10：3

3. 陶灯 M10：11

4. M22 土坯封门

5. M22 出土陶器组合

彩版七五　佛爷庙湾墓群 M10、M22 出土器物

1. 陶罐 M22：3

2. 陶樽 M22：4

3. 陶灯 M22：12

4. 铜镜 M22：17

彩版七六　佛爷庙湾墓群 M22 出土器物

1. M61 耳室内随葬器物

2. 陶壶 M61：8

3. 陶斗瓶 M61：13

4. 陶斗瓶 M61：19

5. 陶樽 M6：5

6. 陶耳杯 M6：2、3

彩版七七　佛爷庙湾墓群 M61、M6 及出土器物

1. M72 土坯封门

2. M72 墓室

彩版七八　佛爷庙湾墓群 M72

1. M72 棺内人骨头端

2. M72 单龛内随葬器物

彩版七九　佛爷庙湾墓群 M72

1. M72出土陶器组合

2. 陶盆 M72：25

3. 陶盘 M72：22

彩版八〇　佛爷庙湾墓群 M72 出土器物

1. 陶灯 M72：23

2. 陶簸箕 M72：4

3. 陶仓 M72：5

4. 陶灶、釜、甑组合 M72：8 ～ 10

彩版八一　佛爷庙湾墓群 M72 出土器物

1. 陶鐎斗 M72：14

2. 陶独角兽 M72：15

3. 陶槅 M72：24

4. 陶砚台 M72：26

彩版八二　佛爷庙湾墓群 M72 出土器物

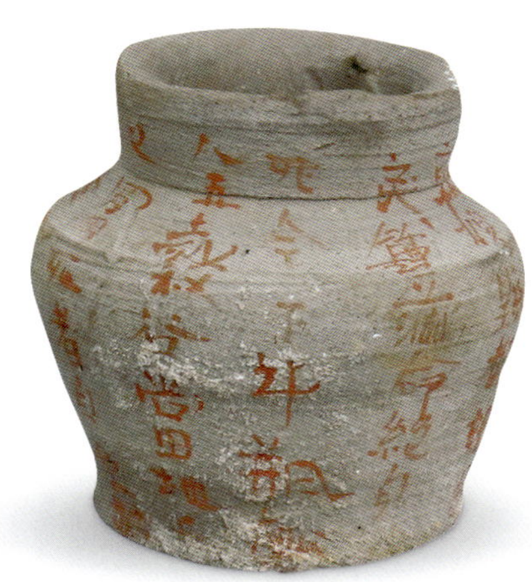

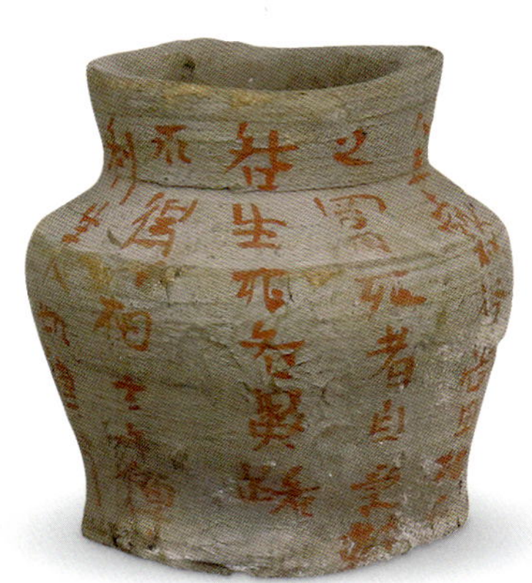

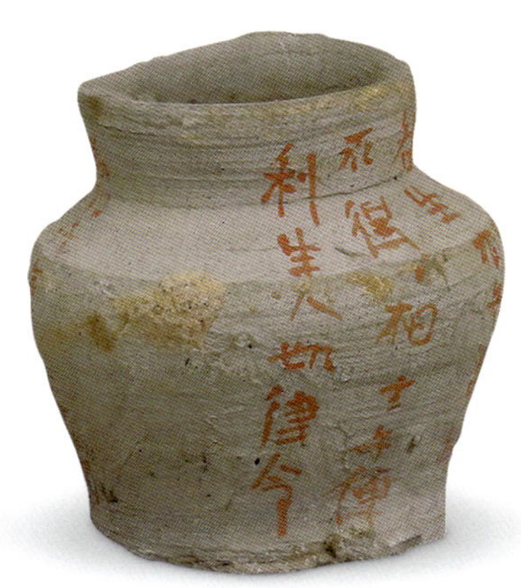

彩版八三　佛爷庙湾墓群 M72 出土陶斗瓶 M72：28